W0065041

Peter Hopkirk

Der Griff nach Lhasa

Die Erschließung Tibets im 19. und 20. Jahrhundert

Aus dem Englischen von Götz Burghardt

List Verlag

Die Originalausgabe erschien unter dem Titel »Trespassers on the Roof of the World. The Race for Lhasa« 1982 im Verlag John Murray, London.

Umschlagentwurf: Design Team, München,
unter Verwendung einer Photographie des Potala (© IFA-Bilderteam, München). Karten auf den Seiten 295–298: John Murray, London.

ISBN 3-471-77876-4

© Peter Hopkirk 1982
© der deutschen Ausgabe 1989 Paul List Verlag
in der Südwest Verlag GmbH & Co KG, München
Alle Rechte vorbehalten. Printed in Austria
Satz: Typodata GmbH, München
Druck und Bindung: Wiener Verlag, Himberg

Inhalt

Danksagung 7

Vorwort 9

1 Tibet – das verbotene Land 13

2 Die ganz und gar nicht frommen Spione
des Hauptmanns Montgomerie 29

3 Mit Gebetsmühle und Sextanten nach Lhasa 39

4 Goldwäscher auf dem Dach der Welt 49

5 Der Wettlauf nach der Heiligen Stadt 69

6 Vier Träume von Lhasa 83

7 Tod eines Forschers 109

8 Das phantastische Abenteuer Henry Savage Landors 133

9 Der Alptraum der Susie Rijnhart 157

10 Lhasa 179

11 »Goldene Kuppeln wie lodernde Flammen« 205

12 Das Rätsel des Schnees 229

13 Lhasa öffnet seine Tore 245

14 Der Sprung ins Land Gottes 263

15 Rote Garden in Lhasa 275

Landkarten I–III. 295

Bildnachweis. 303

Bibliographie 305

Namenregister 309

Ortsregister 313

Danksagung

Den größten Dank für das Zustandekommen dieses Buches schulde ich jenen außergewöhnlichen Männern und Frauen, die an dem Wettlauf nach Lhasa teilgenommen haben und längst verstorben und zum größten Teil auch vergessen sind. Ihre Abenteuer und Mißgeschicke bilden den dramatischsten Teil dieses Buches. Ähnlichen Dank schulde ich den anderen Reisenden, deren Vorstoß nach Tibet einen weiteren Schwerpunkt des Buches darstellt. Ohne ihre Aufzeichnungen über das, was ihnen in diesem wilden, abgelegenen Gebiet Asiens widerfuhr, hätte es nicht geschrieben werden können. All diese Quellen, die seit langem vergriffen und weitgehend vergessen sind, habe ich in meine Bibliographie aufgenommen.

Meine Kenntnis der Politik und Diplomatie der betreffenden Zeit verdanke ich Professor Alastair Lambs Arbeiten, insbesondere *Britain and Chinese Central Asia*, einem Buch, an dem keiner, der heute über Tibet schreibt, vorbeikommt. Wie er, so habe auch ich aufschlußreiche Stunden damit verbracht, die sogenannten politischen und geheimen Akten durchzustöbern; und ich bin den Angestellten der India Office Library und des Public Records Office dankbar für ihre Hilfe. Für das Verständnis der jüngeren Geschichte Tibets fand ich Hugh Richardsons *Tibet and its History* von unschätzbarem Wert, denn er hat viele dieser Ereignisse selbst miterlebt.

Am meisten verdanke ich jedoch meiner Frau Kath, deren Gründlichkeit in allen Dingen so viel zu meinem Buch in jedem seiner Entstehungsstadien beigetragen hat. Dankbar für ihre Unterstützung bin ich außerdem den Tibetexperten Dr. Michael Aris vom Wolfson College in Oxford und Zara Fleming, ehemals vom Victoria and Albert Museum. Ebenfalls zu Dank verpflichtet bin ich Mrs. Joan Mary Jehu aus Fulham, die als Teenager vor dem Krieg die zweite Frau war, die jemals Lhasa besuchte (ihre Mutter war die erste); ihre Erinnerungen an diese Zeit waren sehr aufschlußreich für mich. Meine Dankbarkeit gilt auch Janina Slater, vormals in Peking, die jetzt bei der *Times* arbeitet. Im Kampf gegen die Zeit tippte sie das Manuskript und machte zahlreiche Verbesserungsvorschläge.

Schließlich möchte ich noch meinem Verleger John R. Murray danken, ohne dessen ständige Ermutigung dieses Buch nur ein Exposé auf der Rückseite eines Einkommensteuerbescheides geblieben wäre. P. H.

Vorwort

Dieses Buch erzählt die oftmals phantastische, bisweilen tragische, mitunter haarsträubende Geschichte von der gewaltsamen Öffnung Tibets durch eine neugierige Außenwelt. Kein anderes Land hat jemals die Phantasie der Menschen zu solchen Spekulationen angeregt wie dieses geheimnisvolle verborgene Reich im Herzen Zentralasiens. Bewohnt von einem Volk, das das Rad nur in der Gebetsmühle kannte und von einem Gottkönig regiert wurde, hat Tibet stets die Träume von Reisenden inspiriert. Wenngleich die Welt kaum noch Geheimnisse barg, schien hier noch so gut wie alles möglich.

Obgleich schon Herodot und Ptolemäus von einem seltsamen Land jenseits des Himalaja gehört hatten, drang die erste Beschreibung Tibets nicht vor dem vierzehnten Jahrhundert nach Europa; ein Franziskanermönch namens Odoric behauptete, bei seinen Reisen auf das Land gestoßen zu sein. Ob er tatsächlich den Fuß in dieses Land gesetzt oder nur Berichte von ihm gehört hat, als er durch Asien reiste, darüber streiten sich heute noch die Gelehrten. Doch seine Schilderung Lhasas, eine Mischung aus Dichtung und Wahrheit, verlockte andere Reisende dazu, sich auf die Suche nach jenem Land zu begeben, in dem manche das legendäre Christenreich des Johannes vermuteten. Seitdem hat dieses unzugängliche Land Männer und Frauen immer wieder dazu gebracht, keine Unannehmlichkeiten und Gefahren zu scheuen, um dorthin zu gelangen.

Zu Anfang hinderten die Tibeter Reisende aus dem Westen nicht daran, ihr Land zu betreten und sogar Lhasa zu besuchen, denn nur wenigen Fremden – zumeist Jesuiten und Franziskanern – gelang es, Tibets massive natürliche Befestigungen zu überwinden, beziehungsweise unbehelligt von den gefährlichen Volksstämmen zu bleiben, die den Zugang zu Tibet versperrten. Doch als Großbritannien und Rußland, die neuen Großmächte in Asien, darangingen, ihren Machtbereich auszudehnen, und den schlecht bewachten Grenzen Tibets immer näher rückten, erschraken die Tibeter – sie sahen ihre Lebensweise und ihre Religion gefährdet, von den Goldvorkommen ganz zu schweigen. Von da an wurde dieses seltsame und für jeden bis auf die Einheimischen fremde mittelalterliche Königreich zum verbotenen Land – geschlossen für alle, außer für die Chinesen. Die Mandschukaiser hielten seit Anfang des achtzehnten Jahrhunderts eine gewisse Präsenz aufrecht und betrachteten Tibet mittlerweile als Bestandteil ihres riesigen, wenn auch wackeligen Reiches. Ein chinesischer *Amban* (Generaladministrator) hatte seinen Sitz in Lhasa, doch mit der Macht der Mandschus schwand auch sein Einfluß.

Das Schließen der Grenzen sollte jedoch jene, die ihr Herz und mitunter ihr ganzes Ansehen daran gehängt hatten, Tibet und – wenn menschenmöglich – seine heilige Hauptstadt zu erreichen, nicht im geringsten beirren. Ausgestattet mit Sextanten und Theodoliten, modernen Schußwaffen und Gold, oftmals verkleidet, machten die entschlossenen Eindringlinge die einsamen Pässe zum Land ausfindig und spielten Verstecken mit den tibetischen Grenzposten. Sehr bald entwickelte sich ein Wettlauf, in dem Reisende aus neun verschiedenen Ländern darum wetteiferten, als erste Lhasa zu erreichen.

Mit der Darstellung einer Reihe bemerkenswerter Männer und Frauen – Geheimagenten und Soldaten, Forscher und Missionare, Mystiker und Bergsteiger – habe ich zu zeigen versucht, wie der Welt letzte Zuflucht von Mysterium und Abenteuer nach und nach gezwungen wurde, ihre Geheimnisse preiszugeben. Die Beweggründe, die diese Männer und Frauen so unerbittlich nach Lhasa zogen, waren von ebenso schillernder Vielfalt wie die einzelnen Persönlichkeiten. Manche waren Regierungsbeauftragte in zweifelhafter Mission, deren Berichte sich in den Archiven des British Foreign Office befinden und noch heute den Vermerk tragen: »politisch und geheim«. Einige kamen, um die Geheimnisse der tibetischen Mystik zu entschlüsseln oder um geographische Rätsel wie die Frage nach dem Ursprung der heiligen Flüsse Indiens zu lösen. Andere waren fest entschlossen, in der heiligen Stadt des

Buddhismus das Evangelium zu verkünden. Und alle setzten sie ihr Leben aufs Spiel.

Unsere Geschichte beginnt in der Mitte des neunzehnten Jahrhunderts mit den heimlichen Aktivitäten jener erstaunlichen von den Briten ausgebildeten indischen Spione, der Pandits. Als fromme Männer maskiert, karthographierten sie für ihre englischen Herren gegen kärgliches Entgelt riesige Gebiete Tibets. Jene Zeit war der Höhepunkt dessen, was Kipling und andere als »The Great Game« bezeichneten, des heimlichen Kampfes zwischen Großbritannien und Rußland um die politische Vorherrschaft in Zentralasien. Hier begegnen wir dem berühmten russischen Abenteurer Oberst Nikolai Prschewalski, der Lhasa unter allen Umständen als erster erreichen wollte.

Die Geschichten, die manche Abenteurer nach ihrer Rückkehr aus Tibet erzählten, klangen wenig glaubwürdig. Andere kamen gar nicht erst zurück. In einer Reiseapotheke wurden irgendwo in der Erde des Tschang-tang-Plateaus, der trostlosen nördlichen Hochebene Tibets, die Gebeine eines kleinen Jungen namens Charlie begraben. Auch sein Vater kam dort um; nur die Mutter überlebte und konnte davon berichten. Ein anderer Eindringling, der französische Forscher Dutreuil de Rhins, wurde überfallen und tödlich verletzt in einen Fluß geworfen. Wieder andere kamen gerade noch mit heiler Haut davon. Der viktorianische Abenteurer Henry Savage Landor, dessen Berichte die Gutgläubigkeit seines Publikums bisweilen aufs äußerste strapazieren, wurde von den Tibetern ergriffen und gefoltert. Doch sein Mißgeschick bescherte ihm, was er gesucht hatte – ein Buch, das sich sehr gut verkaufte.

Lediglich mit Musketen und Schwertern bewaffnet, konnten die Tibeter sich kaum erhoffen, ihre selbstgewählte Isolation für immer zu bewahren. Im Jahre 1904 kapitulierte Lhasa schließlich vor den britischen Waffen und der Überzeugungskraft von Sir Francis Younghusband. Doch obgleich der Wettlauf um die Hauptstadt entschieden war, besaß Tibet noch genug Geheimnisse. Verkleidete Eindringlinge versuchten weiterhin ihr Glück mit den Grenzposten. Einige von ihnen hatten nun den Mount Everest zum Ziel. Die erste Expedition war die geheimgehaltene Reise von Hauptmann John Noel im Jahr 1913, der heute noch am Leben ist. Andere hatten weniger Glück. Der gefrorene Leichnam Maurice Wilsons wurde zusammen mit seinem Tagebuch gefunden. Er hatte den verrückten Plan gehabt, auf dem Berg mit einem Flugzeug eine Bruchlandung zu machen, dann bis zum Gipfel zu steigen, einen Union Jack zu hissen und so den Berg für britisch zu erklären.

Andere gelangten zufällig nach Tibet, so eine Flugzeugbesatzung der US-Luftwaffe, die im Zweiten Weltkrieg über dem verbotenen Land absprang, weil sie sich in einem Unwetter verirrt hatte und ihr der Treibstoff ausging. Ihre Geschichte hat mittlerweile Eingang in das tibetische Legendengut gefunden. Und dann gab es Heinrich Harrer, einen österreichischen Bergsteiger, der bei Kriegsausbruch in Indien in ein britisches Internierungslager gesteckt wurde, 1944 fliehen konnte und nach Lhasa gelangte. Es sollte jedoch bis zu den achtziger Jahren des 20. Jahrhunderts dauern, ehe die ersten westlichen Touristen nach Lhasa flogen und diesem außergewöhnlichen Land der letzte Schleier des Geheimnisvollen entrissen wurde.

Dieses Buch stellt keine Auflistung all jener dar, die sich seit 1860 nach Tibet aufgemacht haben. Ich habe mich mit allen befaßt, die ernsthaft nach Lhasa suchten, und mit jedem Eindringling von Bedeutung und Interesse. Um Eintönigkeit zu vermeiden, mußten die Reiseberichte bisweilen gestrafft werden; aus dem gleichen Grund werden manche Personen ausführlicher behandelt als andere. Eines hatten sie miteinander gemein: Den Tibetern waren sie alle unwillkommen. Heute noch ist der Pauschaltourist ein regelrechter Eindringling, denn nicht die Tibeter, sondern die Chinesen haben ihn eingeladen.

Aus den Berichten all dieser ungebetenen Gäste habe ich zum ersten Mal die Geschichte der erzwungenen Öffnung eines Landes rekonstruiert, das einzig den Wunsch gehabt hatte, in Frieden gelassen zu werden. Doch bevor wir uns in ihren Fußstapfen auf die Himalajapässe begeben, sollten wir zunächst die Karte Zentralasiens betrachten, denn hier haben sich die Ereignisse dieser längst vergessenen Geschichte zugetragen.

1. Tibet – das verbotene Land

Vom höchsten Gebirge der Erde gestützt, ragt im Herzen Zentralasiens die mächtige natürliche Festung Tibet auf. Die außergewöhnliche Höhenlage – beinahe viereinhalbtausend Meter über dem Meeresspiegel – veranlaßte viktorianische Reisende dazu, dieses Land als »Dach der Welt« zu bezeichnen. Lhasa, seine unzugängliche und geheimnisvolle Hauptstadt, nannten sie »die verbotene Stadt«.

Der berühmte Forschungsreisende Sven Hedin beschrieb Tibet als »die phantastischste Erhebung, die auf der Oberfläche unseres Planeten zu finden ist«. Ein Blick auf eine Reliefkarte beweist, daß das keine Übertreibung war. Einige der Pässe verlaufen in einer Höhe von 6000 Metern, während zwei Drittel dieses riesigen, sturmgepeitschten Hochlandes in über 4500 Meter Höhe liegen. Lhasa ist mit 3650 Metern über dem Meeresspiegel die höchstgelegene Hauptstadt der Welt, und Reisende mit erhöhtem Blutdruck, sollten ihr tunlichst fernbleiben. Aber das Reisen in Tibet birgt noch ganz andere Probleme. Wasser kocht bei viel niedrigeren Temperaturen als anderswo. Man kann die Hand in kochendes Wasser tauchen, ohne sich zu verbrühen. Folglich ist das Kochen ein langwieriges Geschäft, und es erstaunt kaum, daß Tibet noch nie für seine Küche gerühmt wurde.

Welche geologischen Veränderungen haben dazu geführt, daß sich dieses Land in so schwindelerregender Höhe neben seinen Nachbarländern aufgetürmt hat? Vor über sechzig Millionen Jahren, so vermutet die Wissenschaft, kam es zu einem heftigen, aber unglaublich langsamen Zusammenstoß zwischen dem indischen Subkontinent, der ursprünglich eine riesige Insel war, und dem asiatischen Festland. Dadurch wurde das gesamte Ozeanbett dazwischen mit brutaler Kraft nach oben gedrückt, und es entstand das tibetische Hochplateau mit den umliegenden Gebirgen. Die

Entdeckung maritimer Fossilien in Tibet, weit von jedem Meer entfernt, scheint diese These zu bestätigen.

Was auch immer die Ursache für diese gigantische Bodenerhebung gewesen sein mag, sie hat den Tibetern ein Land mit den besten natürlichen Befestigungsanlagen beschert. Nach drei Seiten hin wird es durch die höchsten Gebirge der Erde umgrenzt. Im Norden wird es durch das Kunlun-Gebirge – das Gebirge der Finsternis – und die Nanschan-Berge geschützt, die zusammen eine abschreckende Bastion für Invasoren darstellen. Von Westen her Anrückenden stellen sich der mächtige Karakorum und der Ladakh entgegen, und den Süden des Landes schützt der Himalaja. Vereinzelte Pässe durchqueren diese eisigen Zinnen wie riesige Treppen, doch sie lassen sich leicht bewachen und gegen Eindringlinge verteidigen, und die meiste Zeit des Jahres sind sie ohnehin durch den Schnee unpassierbar.

Wie die Chinesen 1950 bewiesen, ist Tibets Ostgrenze weniger geschützt. Als sich die Ereignisse zutrugen, von denen dieses Buch handelt, waren weite Teile dieses Gebietes in der Hand gefährlicher Volksstämme und Banditen, die es äußerst gefährlich machten, von Osten zu kommen. Hier verliefen die Grenzen Tibets zu dem mächtigen Nachbarn China sehr vage und waren häufig Anlaß von Streitigkeiten. Heute sind die Grenzen zwischen Tibet und China kein Thema mehr, denn heute gehört Tibet zu China. Doch die meisten Ereignisse, die ich schildern werde, fanden vor der chinesischen Invasion statt, und deshalb will ich kurz erläutern, wie Tibet damals beschaffen war.

Eigentlich gab es zweierlei Tibets. Sir Charles Bell, der distinguierteste Tibetforscher der Zeit zwischen den beiden Weltkriegen, unterschied das »politische« Tibet, das Land, in dem die Dalai Lamas beziehungsweise ihre Regenten mehr oder weniger kontinuierlich geherrscht hatten, und das weiter gefaßte »ethnographische« Tibet. Dieses Tibet umfaßt nicht nur das »politische« Tibet, sondern auch die umliegenden Regionen, in denen Menschen überwiegend tibetischer Herkunft leben. Zu ihm gehören die chinesische Provinz Xinjiang, Teile von Qinghai, Gansu, Sichuan und Yunnan ebenso wie Ladakh im Westen. Bis zum zehnten Jahrhundert waren die kriegerischen Tibeter sogar eine der größten Mächte Asiens.

Ihre Truppen operierten bis nach Samarkand, Kaschgar und Turfan und weit in den westlichen Teil Chinas hinein.

Weil Tibets Ostgrenze zu China bis zur Invasion von 1950 immer wieder umkämpft wurde, variierte ihr Verlauf auf den verschiedenen Karten aus verschiedenen Zeiten ganz erheblich. Ich habe den Grenzverlauf verwendet, dem die meisten, wenn nicht alle Forschungsreisenden, die in diesem Buch vorkommen, zustimmen würden – was freilich nicht für die Chinesen gilt –, den Grenzverlauf, den Sir Charles Bell in die Begleitkarten zu seinen vier berühmten Untersuchungen der tibetischen Geschichte eingezeichnet hat. Sie beziehen das große, öde Wüsten- und Sumpfgebiet von Kuku-nor und Zaidam mit ein, dessen Souveränität nie ganz klar war. Das Tibet dieses Buches ließe sich vielleicht am ehesten als Großtibet bezeichnen.

Die ausgedehnten Grenzen umschließen einen der ungastlichsten Lebensräume der Erde. Über Tausende von Jahren entwickelte sich hier eine einzigartige Lebensweise. Auf diesem Hochland lebte eine von allen äußeren Einflüssen abgeschirmte Menschengemeinschaft. Annehmlichkeiten und alltägliche Bedarfsgüter, die anderswo als völlig selbstverständlich gelten, darunter das Holz, blieben ihr versagt. Sie mußte die rauhesten klimatischen Bedingungen ertragen (in Tibet kann man sich zur gleichen Zeit Erfrierungen zuziehen und einen Sonnenbrand holen). Die Anpassung an das Leben so hoch über dem Meeresspiegel seit Tausenden von Jahren führt dazu, daß Tibeter sich unwohl fühlen – das Pendant zur Höhenkrankheit –, wenn sie in die Ebenen von Indien oder China hinabsteigen. Umgekehrt dürfen chinesische Flugzeugbesatzungen, die Lhasa anfliegen, dort nicht übernachten, damit sie kein Gesundheitsrisiko eingehen. Und es ist wohl keine große Überraschung, wenn wir erfahren, daß die Tibeter eine höhere Schmerzschwelle haben als der gewöhnliche Sterbliche.

Bis zur chinesischen Invasion hatte sich die spartanische Lebensweise in Tibet seit dem Mittelalter kaum verändert. Es gab keinen elektrischen Strom, keinen Rundfunk, keine Uhren, keine Nähmaschinen, keine modernen Arzneien, weder Autos noch Fahrräder und nicht einmal die primitivsten Transportmittel mit Rädern. Bis auf einige wenige vornehme Tibeter, die schon einmal außer Landes gereist waren, hatten die meisten Landesbewohner keine Ahnung, daß es eine Außenwelt überhaupt gab. Wie Shangri-La, das »verlorene« Tal in James Hiltons *Lost Horizon*, war Tibet ein Land, in dem die Zeit stillstand und die Menschen ihre Unschuld noch nicht verloren hatten. Vielleicht lag gerade darin der besondere Reiz des Landes für die Europäer – hier mußte Rousseaus edler Wilder endlich anzutreffen sein!

Nahezu alles an den Tibetern war geheimnisvoll, angefangen bei der Frage, wie viele von ihnen eigentlich in der selbstgewählten Isolation in ihrem riesigen Bergversteck lebten. Die Schätzungen divergierten aufs heftigste. Ein reisender Kapuzinermönch schätzte die Tibeter um die Mitte des achtzehnten Jahrhunderts (auf welchen Grundlagen, wissen wir nicht) auf mehr als dreißig Millionen. Noch in den dreißiger Jahren unseres Jahrhunderts variierten die Angaben zwischen einer und vier Millionen – letzteres war die offizielle Zahl, die sowohl die Chinesen nannten als auch Bell. Die Tibeter zu zählen wird dadurch erschwert, daß fast die Hälfte der Bevölkerung seit jeher ein nomadisches Leben führt. Die letzte Volkszählung vor der chinesischen Invasion hatte im Jahr 1795 stattgefunden.

Heute wird die Einwohnerzahl Tibets offiziell mit 1,8 Millionen angegeben. Für ein Gebiet, das beinahe so groß ist wie ganz Westeuropa und das heute zum bevölkerungsreichsten Land der Welt gehört, ist das eine überraschend kleine Zahl. Sie bedeutet, daß die Bevölkerungsdichte bei nicht einmal zwei Einwohnern pro Quadratkilometer liegt. Erklären läßt sie sich durch die extrem unwirtschaftlichen Lebensbedingungen, eine hohe Kindersterblichkeit, Vielmännerei, Krankheiten und – interessanterweise – weitverbreitetes Zölibat in einer Gesellschaft, in der jeder sechste Mann gewöhnlich im Kloster lebt.

Am dünnsten besiedelt ist die unwirtschaftliche Tschang-tang-Hochebene im Norden. In dieser baumlosen Wildnis aus kargen Tälern und schroffen Bergen leben nur Nomaden. Beständig auf der Suche nach spärlichen Weideflächen wohnen sie in ihren typischen schwarzen Jakhaar-Zelten, die von riesigen Doggen bewacht werden (»so groß wie Esel«, berichtete Marco Polo, der sie nie gesehen hatte). Viele wurden aus Armut zu Banditen und raubten die Karawanen von Händlern und Pilgern aus, die aus der Mongolei und Xinjiang kamen und die Tschang-tang-Ebene überquerten.

Das Klima der großen nördlichen Hochebene ist äußerst rauh. Die Temperaturen fallen bis unter vierzig Grad minus. Über acht Monate im Jahr ist der Boden dieser weglosen Gegend gefroren, und er wird zum Sumpf, wenn im Sommer Schnee und Eis schmelzen. Die Höhe über Normalnull beträgt nur selten weniger als 4500 Meter. Eines der beunruhigendsten Merkmale des Tschang-tang-Plateaus sind Windstürme von solcher Gewalt, daß sie einen Reiter vom Pferd werfen. Gleichzeitig ist die Luft so unnatürlich klar, daß man einen Menschen noch auf über fünfzehn Kilometer Entfernung erkennen kann. Unzählige Seen – die höchstgelegenen der Welt – sind eine weitere Kuriosität dieser öden Mondlandschaft. Manche dieser Seen sind mehr als achtzig Kilometer lang, doch die plötzlichen, gewaltigen Stürme, die über sie hinwegjagen, machen es zu gefährlich, sie zu befahren. Da die meisten von ihnen zudem brackig sind, nützen sie dem durstigen Reisenden wenig. Diese Gegend ist selbst für die Nomaden so unwirtlich, daß ein Europäer dort einmal einundachtzig Tage lang unterwegs war, ohne einer Menschenseele zu begegnen.

Der größte Teil der Bevölkerung Tibets lebt in den vier größten Städten: Lhasa, Schigatse, Gjangtse und Tschiamdo. Die ersten drei liegen im Süden, im Tal des Tsangpo, des größten Flusses Tibets, beziehungsweise seiner Nebenflüsse. Tschiamdo liegt im Osten Tibets an der alten Teestraße zwischen Lhasa und China. Außer diesen gibt es kaum nennenswerte Städte oder Ortschaften. Phari, einer der höchstgelegenen bewohnten Orte der Welt, liegt an der Hauptverbindungsstraße zwischen Lhasa und Indien, ebenso Jatung, dreizehn Kilometer von der Grenze zu Sikkim entfernt. Rudok und Gartok, die auch heute nur selten besucht werden, liegen weit im Westen an der alten Karawanenstraße nach Ladakh.

Im Hochland von Tibet entspringen einige der mächtigsten Flüsse Asiens. Sie werden gespeist von den Schmelzwassern des Schnees und der Gletscher. Zu ihnen gehören der Hoangho – der Gelbe Fluß –, der Jangtsekiang, der Mekong, der Salwin, der Brahmaputra und der Indus. Weil Tibet ausländischen Forschern nicht zugänglich war, blieben die Quellen und der genaue Verlauf dieser gewaltigen Wasserwege bis zu ihrem Eintritt nach China, Burma und Indien lange Zeit Geheimnis und Gegenstand heftiger Debatten unter den Geographen. Wie auf der Karte unschwer zu erkennen ist, nähern sich drei dieser Flüsse – der Jangtsekiang, der Mekong und der Salwin – im Südosten Tibets einander in benachbarten Schluchten bis auf achtzig Kilometer. Diese Schluchten sind stellenweise so tief, daß sie nur für eine Stunde am Tag das Sonnenlicht erreicht. Ähnlich begierig, die Geheimnisse der Flüsse Tibets zu ergründen, wie die Geographen – wenn auch aus anderen Gründen – waren fromme Hindus und Buddhisten, denen die Flüsse als heilig galten. Wenn sie ihre Quellen entdeckten, konnten sie sich religiöse Verdienste erwerben, indem sie Wallfahrten dahin unternahmen. Das größte Geheimnis jedoch war die Frage, was aus dem Tsangpo, dem bedeutendsten Fluß Tibets, wurde, nachdem er im Himalaja verschwand. Allerhand Einfallsreichtum und Mut sollten auf die Lösung dieser Frage verwendet werden.

So rauh und unwirtlich also ist das Land eines der außergewöhnlichsten Völker der Welt beschaffen. Da sich in diesem Gebiet viele Völkerwanderungen gekreuzt haben, erhebt sich die Frage: Woher kamen die Tibeter ursprünglich? Die Anthropologen haben noch keine befriedigende Antwort darauf gefunden. Die Tibeter selbst hegen allerdings keinerlei Zweifel an ihrer Herkunft. Darwin vorwegnehmend, erklärt die tibetische Überlieferung, daß sie die Nachfahren eines heiligen Affen und einer Dämonin seien, die in einer Höhle lebten, deren Lage noch heute bekannt ist. Die sechs Kinder, die aus dieser Vereinigung hervorgingen, wurden mit zauberkräftigem Getreide ernährt, so daß sie nach und nach das Affenwesen verloren und sich in Männer und Frauen verwandelten – in die ersten Tibeter.

Ihre ersten Könige stiegen nach tibetischem Glauben an Seilen vom Himmel zur Erde nieder. Wenn sie starben, gingen sie einfach dorthin zurück, von wo sie gekommen waren. Das ging solange gut, bis der achte Herrscher aus diesem sagenhaften Geschlecht starb. Ob zufällig oder absichtlich – sein »Himmelsseil« wurde zerschnitten, und er konnte nicht mehr in den Himmel zurückkehren. Sein irdisches Grab soll heute noch in den Kongbo-Bergen im

Süden Tibets zu finden sein. Da Ausgrabungen nie zugelassen wurden, gibt es keinerlei archäologisches Material, das etwas Licht in die Frühgeschichte Tibets bringen könnte. Die Historiker haben folglich wenig mehr Anhaltspunkte als tibetische Legenden. Und den Anthropologen erleichtert der Mangel an Menschenschädeln auch nicht gerade ihre Aufgabe – denn bei den Tibetern ist es Sitte, die Leichen der Verstorbenen zu zerschneiden, die Knochen – einschließlich des Schädels – zu zerquetschen und die Überreste den Geiern und wilden Hunden vorzuwerfen (was seinen Grund darin hat, daß die meiste Zeit des Jahres der Boden zu hart gefroren war, als daß man Gräber ausheben konnte, während der Holzmangel in diesem baumlosen Land eine Leichenverbrennung ausschloß).

Erst in den fünfziger Jahren unseres Jahrhunderts konnte ein Anthropologe – Prinz Peter von Griechenland und Dänemark – nach der chinesischen Invasion detaillierte Vermessungen des Kopfes und anderer Körperteile an fünftausend tibetischen Flüchtlingen aus allen Teilen des Landes vornehmen, die über Kalimpong nach Indien einwanderten. Abgesehen von ihrer wissenschaftlichen Bedeutung erzeugte seine Arbeit auch Heiterkeit, denn die Tibeter haben selbst in der größten Not einen ausgeprägten Sinn für Humor. Ein Mann, den er untersuchte, gab ihm auf anzügliche Weise zu verstehen, er habe alles Unwesentliche gemessen und das Wesentliche nicht. Als er Tibeter nach ihrer Körperbehaarung fragte – ein wichtiges anthropologisches Detail –, brachen sie in schallendes Gelächter aus, denn die Tibeter haben wie die Japaner nur eine sehr spärliche Körperbehaarung. Als der Prinz ihnen dann das Haar auf seiner Brust zeigte, waren sie überwältigt und meinten, er müsse ein Affe sein. Einer fragte ihn ganz ernsthaft, warum er ein Hemd trage, wenn er so behaart sei.

Prinz Peters Arbeit wurde mit einem Schlag beendet, als die Chinesen die indische Regierung unter Druck setzten und behaupteten, er sei in Wirklichkeit da, um Agenten zu rekrutieren und auszubilden, die nach Tibet eingeschleust werden sollten. Im Grunde haben seine Erkenntnisse bestätigt, was die Historiker seit langem angenommen hatten – daß die Tibeter zur mongoliden Rasse gehören. Er stellte fest, daß bei Tibetern aus dem Süden, die also in näherer Nachbarschaft zu Indien gelebt hatten, die mongoliden Merkmale mit europiden Zügen vermischt waren, während die Tibeter aus dem Osten und dem Nordosten markantere mongolide Züge aufwiesen, gemäß ihrer größeren Nähe zur Mongolei und zu China.

Den Namen Tibet, den alle bis auf die Tibeter benutzen, scheinen die Europäer von arabischen Geographen übernommen zu haben, die das Land *Tubbat* nannten, oder von den Chinesen, bei denen es in alten Zeiten *Tu-bat* hieß. Die genaue Bedeutung des Namens konnte nicht befriedigend geklärt werden, wenngleich er auf eine Verbindung des chinesischen Wortes *To* – »hoch« – mit dem tibetischen Wort *Bod* zurückgehen könnte – der Bezeichnung, die die Tibeter für ihr Land benutzen. Die Historiker sind sich auch der Herkunft des Wortes *Bod* ungewiß, obgleich wahrscheinlich ist, daß es sich von *Bon* herleitet, dem Namen der teufelsanbeterischen, schamanistischen Religion, die von den Tibetern vor dem Vordringen des Buddhismus praktiziert wurde. Um die Verwirrung vollständig zu machen, gibt es heute noch zwei weitere Bezeichnungen für Tibet. *Gangjong*, was »Land des Schnees« bedeutet, wird bisweilen von den Tibetern selbst benutzt, während *Xizang* der moderne chinesische Name für Tibet ist, zusammengesetzt aus den Wörter für »Westen« und für »verbergen« – also »Im Westen verborgen«.

Der Buddhismus gelangte in der Mitte des siebten Jahrhunderts nach Tibet und sollte große Veränderungen für das dortige Volk mit sich bringen. Bis zur Annahme dieser Religion waren die Tibeter ein kriegerisches Volk gewesen, das immerzu auf Raub aus war und eine ständige Bedrohung für seine Nachbarn darstellte, insbesondere für die Chinesen. Eine Zeitlang hatten sie sogar über Chang'an, Chinas alte Hauptstadt, geherrscht und praktisch die gesamte Provinz Gansu, große Teile von Sichuan und das nördliche Yunnan sowie das obere Burma und Nepal besetzt gehalten. Doch im Verlauf ihrer Konversion zum Buddhismus mit seiner friedfertigen Botschaft der Demut verloren die Tibeter allmählich ihren einst gefürchteten kriegerischen Ruf. Um das zehnte Jahrhundert herum brach das, was von ihrem Reich noch übrig war, endgültig zusammen. Die Tibeter zogen sich hinter den Schutz der Berge zurück, und es begann ihre Jahrhunderte währende Isolation.

Der Buddhismus, der mehr als tausend Jahre nach dem Tod seines Begründers nach Tibet gelangte, war der abgewandelte Buddhismus der nordindischen Schule, eine Verschmelzung mit dem Tantrismus, einem animistischen Glauben, zu dem Magie, Hexerei und Zauberei gehörten. In Tibet geriet die neue Religion schnell in ernsthaften Konflikt mit dem alten Bon-Glauben und seinen Anhängern, die eine besonders primitive Art des Animismus ausübten, mit Menschenopfern, Kannibalismus, Teufelskult und sexuellen Orgien. Obgleich er eine Zeitlang sogar verboten war, setzte sich der Buddhismus nach und nach durch. Doch die Bon-Religion wurde weiterhin praktiziert und konnte nie völlig verdrängt werden. Freigebig hat sich der tibetische Buddhismus bei den Bon-Göttern und bei anderen Religionen bedient, einschließlich des nestorianischen Christentums, das in jener Zeit bis nach Zentralasien vorgedrungen war. In diesem Buddhismus – dem Lamaismus, wie die tibetische Variante häufig genannt wird – hätte der Begründer wohl kaum seine Religion wiedererkannt. Ein katholischer Missionar, der im siebzehnten Jahrhundert Tibet bereiste, behauptete gar, es handle sich bei dieser Religion um eine degenerierte Form des Christentums.

Der Lamaismus erhielt diesen Namen nach den geistlichen Oberhäuptern, den Lamas oder »Erhabenen«, und er wurde schnell zur Bezeichnung eines hierarchisch geordneten Priesterstaatswesens, an dessen Spitze der Dalai Lama stand. Das erste buddhistische Kloster in Tibet soll um das Jahr 775 erbaut worden sein; insgesamt belief sich die Zahl der Klöster zuletzt auf zweitausendsiebenhundert. Ein früher Reisender beschrieb das Land als »ein riesiges Kloster, das von einer Nation von Mönchen bewohnt wird«. Von jeder tibetischen Familie wurde erwartet, daß sie ein Kind der Kirche weihte. Das war eine Sitte, die die chinesischen Nachbarn – und bisweilen Oberherren – gern unterstützten, denn mehr Mönche bedeuteten weniger Soldaten. So kam es, daß jede Stadt und jedes Dorf ein eigenes Kloster besaß, das aus taktischen Gründen häufig auf einem Berg errichtet worden war, von wo aus man ein strenges Auge auf die umliegende Bevölkerung haben konnte.

Den ersten Dalai Lama finden wir im fünfzehnten Jahrhundert, obgleich der Titel selbst erst im nachhinein ein Jahrhundert später eingeführt wurde. Er war der Führer einer Sekte, die Gelbmützen genannt wurde (wegen ihrer gelben Gewänder) und die mit starker mongolischer Unterstützung allmählich die rivalisierenden Rotmützen als mächtigste Gruppierung in Tibet verdrängte. Bis dahin war das Land von einem von den Rotmützen unterstützten Königshaus regiert worden. Nominell regierten die Könige weiter, doch nach und nach gingen weltliche und geistliche Macht an die Dalai Lamas über. Um die Mitte des siebzehnten Jahrhunderts war dieser Machtwechsel eine vollendete Tatsache, und Tibet befand sich in der festen Hand des mächtigen fünften Dalai Lama, der im Potala residierte, dem heute weltberühmten Palast, den er eigens für sich und seine Nachfolger – besser gesagt, seine Reinkarnationen – erbauen ließ. Der Große Fünfte, wie er heute noch genannt wird, schuf auch eine Institution, die manche seiner Nachfolger verwünschen sollten: das Amt des Pantschen (oder Taschi) Lama, das er als Geste der Verehrung seinem alten Lehrer, dem Abt des Klosters Taschilhunpo unweit Schigatses, Tibets zweitgrößter Stadt, übertrug. Sowohl den Dalai Lama als auch den Pantschen Lama halten die Tibeter für Reinkarnationen verschiedener Aspekte Buddhas selbst, wobei der Pantschen Lama ausschließlich mit geistlichen Dingen befaßt ist, während dem Dalai Lama außerdem noch die Staatsgewalt obliegt. Solange die Pantschen Lamas sich auf das Geistliche beschränkten und alle weltlichen Angelegenheiten den Dalai Lamas überließen, gab es keinen Streit, doch das blieb nicht immer so.

Wenn ein Dalai Lama starb, machte man sich auf die Suche nach seiner Reinkarnation. Der zu erwählende Knabe mußte bestimmte mystische Eigenschaften besitzen, die ihn von gewöhnlichen Sterblichen unterschieden. Eine zum Beispiel war die Fähigkeit, die persönlichen Besitztümer seines Vorgängers beziehungsweise seines vorherigen Selbst zu identifizieren. Ein weiteres Erfordernis war, daß er große Ohren haben mußte, schräg nach oben ausgestellte Augen und Brauen, und eine seiner Hände mußte ein Mal aufweisen, das wie eine Muschel aussah. Der ausgewählte Kandidat, meist im Alter von zwei, drei Jahren, wurde von seiner Familie entfernt und nach Lhasa gebracht, wo ihn eine lange geistliche Ausbildung für seine spätere Funktion erwartete. Auf ähnliche

Weise wurden auch die Pantschen Lamas ausgewählt. Fast immer wurden die wiedergeborenen Führer in einfachen Familien »entdeckt« und nicht in vornehmen Häusern. Dies, so heißt es, sollte verhindern, daß eine einflußreiche Familie den Titel an sich riß und ihn erblich machte.

Bis der junge Dalai Lama achtzehn Jahre alt war, wurden seine weltlichen Pflichten von einem Regenten wahrgenommen. Einige dieser Vertreter gaben die Macht offenbar nur sehr widerwillig aus der Hand, denn verdächtig viele Dalai Lamas starben, ehe sie das Alter von achtzehn Jahren erreicht hatten. In einem Zeitraum von hundertzwanzig Jahren regierten einmal fünf aufeinanderfolgende Dalai Lamas insgesamt sieben Jahre lang. Und nicht alle Dalai Lamas waren vorbildliche Heilige: Der sechste Dalai Lama, der 1697 auf den Thron erhoben worden war, zeigte wenig Interesse an seinen geistlichen und weltlichen Aufgaben und gab sich lieber sexuellen Abenteuern und dem Trunk hin und schrieb erotische Gedichte. Doch beim Volk war er so beliebt, daß es einen Versuch, ihn zu stürzen, vereitelte.

Religiosität und Alltagsleben waren in dieser einzigartigen Theokratie unlösbar ineinander verschlungen. Bis zur chinesischen Invasion verrichtete jede tibetische Familie tägliche Andachten am häuslichen Schrein. Ob reich oder arm (und im Vergleich zu anderen Ländern gab es hier nur bescheidenen Reichtum), ob in einem Palast, einer armseligen Hütte oder in einem Nomadenzelt, jede Familie besaß eine Ecke, in der Devotionalien aufgestellt waren. Außer den zahlreichen Klöstern, die über das ganze Land verteilt waren, gab es noch Tausende von *Chortens* oder *Stupas*, die zum Gedenken an Heilige oder zur Aufbewahrung von Opfergaben und Reliquien errichtet worden waren. Man muß sich hier tatsächlich der Vergangenheitsform bedienen, denn sie sind beinahe ausnahmslos Roten Garden der Kulturrevolution zum Opfer gefallen, sofern sie nicht schon vorher zerstört worden waren. Überall waren außerdem Gebetsfahnen aufgehängt. Mit jedem Flattern senden diese Fahnen – so glauben die Tibeter – das auf sie geschriebene Gebet zum Himmel.

Ein einzigartiges Gerät, das es nur in Tibet gibt, ist die Gebetsmühle oder *Mani-chuskor*. Sie besteht aus einem Metallzylinder,

der eine Höhe von wenigen Zentimetern bis zu über zweieinhalb Metern haben kann und in dem sich eine lange Schriftrolle mit unzähligen Wiederholungen des allmächtigen tibetischen Gebets *Om mani padme hum!* befindet. Wörtlich übersetzt heißt das: »O du Kleinod im Lotos!« Die Bedeutung dieser Worte ist ein Rätsel geblieben. Jede Drehung des Zylinders bedeutet eine Rezitation des Gebets. Die am weitesten verbreitete Art der Gebetsmühle ist das kleine, von Hand zu drehende Modell, das jeder besitzt. Die an einem hölzernen Griff befestigten Zylinder sind meist aus Kupfer oder Silber gefertigt und oft reich verziert. Ein kleines metallenes Gewicht, das mit einer kurzen Kette an dem Zylinder befestigt ist, ermöglicht es dem Benutzer, die Mühle mit ziemlicher Geschwindigkeit rotieren zu lassen. Einige der größten Gebetsmühlen, die Klöstern oder Tempeln gehören, sollen die mystischen Worte bis zu einer Million Mal aufweisen. Wegen ihres enormen Gewichts werden diese Mühlen gewöhnlich mittels Handkurbeln oder durch Wind- und Wasserkraft in Drehung versetzt. Auf diese Weise kann das Gebet durch wenig Anstrengung Hunderte von Millionen Male gen Himmel gesandt werden.

Eine weitere Gebetshilfe ist der tibetische Rosenkranz. Er besteht für gewöhnlich aus einhundertacht Knochen-, Korallen- oder Holzperlen, denn das ist eine heilige Zahl. Jede Perle wird auf der Schnur weitergeschoben, wenn ein Gebet rezitiert wird, bis der Rosenkranz ganz gebetet ist. An diesem Rosenkranz sind zwei weitere Ketten aus jeweils zehn kleineren Perlen angebracht, die dazu dienen, jede komplette Gebetsrunde zu zählen. Auf diese Weise kann eine große Zahl von Gebeten registriert werden. Solche Rosenkränze und die unschuldig anmutenden Gebetsmühlen wurden von den britisch-indischen Spionen zu weit weniger frommen Zwecken verwendet, wie wir noch sehen werden.

Dicke gelehrte Bücher sind über die Religion der Tibeter geschrieben worden. Ihnen können sich diejenigen zuwenden, die tiefer in die Materie eindringen wollen. Hier noch weiter darauf einzugehen, würde den Rahmen dieses Buches sprengen. Doch gibt es einige Glaubensformen und -praktiken, die für uns von Interesse sind, weil sie die tibetische Einstellung zu Leben und Tod und die große Kraft ihres Glaubens verdeutlichen. (Wenn sie uns widerstreben, dann sollte nicht vergessen werden, daß manche westliche Sitten den Tibetern ähnlich absonderlich erscheinen.)

Eine der haarsträubendsten dieser Praktiken war die Selbsteinkerkerung. Die Zeitspanne, die ein Eremit in einsamer Abgeschiedenheit, eingemauert in einer finsteren Höhle zubrachte, konnte ein paar Monate oder ein ganzes Leben betragen, in welch letzterem Fall die Tortur einzig durch den Tod beendet wurde. Mit dieser langsamen Form des Selbstmords ersparte man sich – so wurde geglaubt – die endlosen Kreisläufe der irdischen Wiedergeburt und konnte in nur einem Leben das Nirwana erreichen. Viele jener, die dies auf sich nahmen, wurden verständlicherweise verrückt. Ihr einziger menschlicher Kontakt bestand in der behandschuhten Hand, die einmal am Tag bei völligem Schweigen Nahrung durch eine winzige Öffnung in der Mauer reichte. Man braucht nicht viel Phantasie, um sich vorzustellen, wie es in einer solchen Zelle aussah, die seit dreißig, vierzig Jahren bewohnt war. Wenn der Einsiedler spürte, daß der Tod – und hoffentlich das Nirwana – nahe war, zog er sich in eine Ecke zurück, setzte sich hin, kreuzte die Beine wie ein Buddha und wartete so auf das Ende. Wenn er mehrere Tage lang keine Nahrung angenommen hatte, hielt die Außenwelt ihn für tot. Dann wurde die Mauer niedergerissen und die Leiche herausgetragen und mit großem Zeremoniell verbrannt und nicht – wie sonst üblich – zerstückelt und den Geiern zum Fraß überlassen.

Ein anderes hartes Ritual bestand darin, eine Wallfahrt zu unternehmen, indem man sich immer wieder zu Boden warf. Mitunter legten Pilger Hunderte von Kilometern auf diese Art zurück und setzten den Fuß jedesmal auf die Stelle, die sie zuvor mit der Stirn berührt hatten. Gewöhnlich war Lhasa mit seinen heiligen Stätten das Ziel der Pilger; es konnte aber auch jeder andere geheiligte Ort sein. Sven Hedin stieß einmal auf zwei junge Lamas, die gerade eine solche Wallfahrt um den Berg Kailas unternahmen, der den Tibetern als Zentrum des Universums gilt. Von ihrem Dorf bis zu der Stelle, wo Hedin ihnen begegnete, hatten sie schon neun Tage gebraucht, und sie rechneten mit noch zwölf Tagen bis zum Ende der Pilgerreise. Danach wollte einer der beiden sich für den Rest seines Lebens einmauern lassen – er war gerade zwanzig Jahre alt.

Andere schleppten bei ihrer Pilgerfahrt mitunter schwere Steine mit sich, um ihre Bußfertigkeit unter Beweis zu stellen.

In Tibet erzählt man sich unzählige Geschichten von Heiligen mit übernatürlichen Kräften, von Hexenmeistern mit gewaltiger Zerstörungsmacht und von Zauberern, die zu den Gipfeln des Himalaja fliegen, Tote erwecken und andere Wunder vollbringen können. Zweifellos wurden viele dieser Geschichten von der priesterlichen Hierarchie in die Welt gesetzt, um die einfachen Dorfbewohner, auf deren Wünsche und Glauben sie angewiesen war, von ihrer Macht zu überzeugen. Aber viele moderne Tibeter glauben noch heute halb an diese Dinge. Tibetische Flüchtlinge erzählen von den *Lung-pa* oder Windmenschen, die sich nach Jahren äußerster Askese und intensiver Vorbereitung von ihrem normalen Körpergewicht freimachen, die Schwerkraft überwinden und Hunderte von Kilometern an einem Tag fliegen können. Ein bekannter europäischer Reisender hat allen Ernstes behauptet, einen dieser Windmenschen gesehen zu haben.

Auch in der traditionellen Medizin spielt die Magie eine wesentliche Rolle. Tibetische Ärzte behaupten, am Puls eines Patienten fühlen zu können, ob ein anderes Mitglied der Familie krank ist, mag es sich noch so weit entfernt befinden, und sodann die Diagnose stellen und die Krankheit kurieren zu können. Es soll vierhundertvierzig verschiedene Krankheitsformen geben, deren jede mit einem speziellen Zauber oder Bann geheilt werden könne, doch auch Kräuter finden Verwendung als Arzneien. Noch absonderlicher muten einige der Zaubertränke an, die die Lama-Ärzte in der Vergangenheit verabreicht haben. Laut David Macdonald, einem britischen Oberst, der die Tibeter vielleicht besser kannte als jeder andere Europäer, waren die begehrtesten und teuersten Medikamente Tibets Pillen, die aus den gemischten Exkrementen des Dalai Lama und des Pantschen Lama bestanden. Exzentrisch erscheint uns auch der Glaube, daß ein alternder Mann die Potenz wiedererlangen könne, wenn er den Urin eines Knaben trinkt.

Wie beinahe alles in diesem legendären Land waren auch die Strafen äußerst hart. Schwere Verbrechen wurden mit Verstümmelungen – einschließlich der Zerstörung des Augenlichts – und mit Amputationen geahndet. Macdonald beschrieb 1929, wie Delinquenten geblendet wurden: Entweder wurden ihnen die Augen mit glühenden Eisen ausgestochen, oder sie wurden mit kochendem Öl oder Wasser versengt. »Blinde Bettler«, erzählt er in *The Land of the Lama*, »die wegen Mordes oder Diebstahls in Klöstern oder Häusern hoher Würdenträger geblendet wurden, kann man in den Basaren um Almosen betteln sehen.«

Die Todesstrafe (obgleich selten verhängt, da der Buddhismus das Töten verbietet), wurde vollstreckt, indem man das Opfer einen Felsen hinunterstürzte oder in einen Sack eingenäht in einen Fluß warf. Eine andere Bestrafung, die allerdings nur vom Dalai Lama angeordnet werden konnte, bestand darin, der Seele eines Menschen das Recht auf Wiedergeburt zu versagen und ihn somit zu ewiger Vorhölle zu verurteilen. Dies konnte mit der Todesstrafe verbunden sein, wobei der Kopf des Verurteilten getrocknet und in einem besonderen Gebäude in der Nähe von Lhasa aufgestellt wurde – »in einer Art Verbrechergalerie«, wie Macdonald es nennt. Wurde die Todesstrafe nicht verhängt, dann wurde der Verurteilte für den Rest des Lebens als Ausgestoßener gemieden – ein Schicksal, das in einer solchen Gesellschaft fast schrecklicher war als der Tod. Und als wäre all das noch nicht genug, lebten die tibetischen Sünder in der ständigen Furcht vor sechzehn verschiedenen Höllen, acht brennend heißen und acht eisig kalten.

Doch trotz der unbarmherzigen Härte des Lebens in Tibet – wo nicht nur böse Geister und despotische Lamas wüteten, sondern auch Erdbeben, Pocken, Wölfe, Räuber und Banditen – haben Reisende im Lauf der Geschichte das tibetische Volk immer wieder als anziehend geschildert. Mit einem gesunden Humor gesegnet, erwiesen sie sich als gastfreundlich und vertrauenswürdig. Im allgemeinen verhielten sie sich erstaunlich nachsichtig den Eindringlingen gegenüber. Wenn sie sich aber bedroht fühlten und von den Lamas angestachelt wurden, konnten sie hitzig und unerbittlich sein, selbst wenn ihre Waffen und Kampftaktik mittelalterlich waren. Sie konnten auch außergewöhnlich tapfer sein – bedauernswert tapfer, wie britische MG-Schützen auf dem Schlachtfeld von Guru erfahren sollten.

Meine Geschichte beginnt in der Mitte des neunzehnten Jahrhunderts, als Tibet seine Grenzen für Ausländer geschlossen hatte.

Zaristische Armeen rückten – in den Augen der Briten auf bedrohliche Weise – über Zentralasien nach Indien vor. Die Furcht um die Sicherheit dieses Subkontinents brachte die Strategen in London und Kalkutta dazu, jene Königreiche und Khanate, die auf dem Weg der Russen lagen, mit neuem Interesse zu betrachten. Bis dahin hatten diese Länder, von Afghanistan abgesehen, nur wenig gegolten, doch nun waren sie plötzlich von entscheidender Bedeutung – keines so sehr wie das buddhistische Tibet, das von all diesen Ländern das größte und unbekannteste war.

2. Die ganz und gar nicht frommen Spione des Hauptmanns Montgomerie

Als die schwerbeladene Karawane durch die verschneiten Täler und Pässe im südlichen Tibet nach Lhasa zog, schleppte sich ein einsamer buddhistischer Pilger mit dem Rosenkranz in der Hand neben den alle Kräfte aufbietenden Jaks dahin. Unaufhörlich murmelte er das heilige tibetische Mantra *Om mane padme hum!* vor sich hin. Von Zeit zu Zeit zog er aus den Falten seines dicken Schaffellmantels eine Gebetsmühle hervor, versetzte sie mit schnellen Drehungen des Handgelenks in ständige Bewegung und erfüllte die dünne tibetische Luft mit Gebeten. Die Männer der ladakhischen Karawane respektierten das Bedürfnis ihres Wegbegleiters nach Einsamkeit und ließen ihn in solchen Augenblicken in Ruhe.

Es war der Winter des Jahres 1865. Der Führer der Karawane, die Waren von Ladakh nach Lhasa brachte, hatte dem harmlosen Pilger gestattet, sich ihnen auf dem letzten, dreimonatigen Abschnitt ihrer Reise zur tibetischen Hauptstadt anzuschließen. Was sie nicht wußten und auch nie erfahren sollten, war, daß er keineswegs ein frommer Buddhist war. Hätten sie Verdacht geschöpft und sich die Mühe gemacht, die Perlen an seinem Rosenkranz zu zählen, dann hätten sie herausgefunden, daß es nur hundert waren statt hundertacht. Hätten sie, während er schlief, seine Gebetsmühle geöffnet, dann hätten sie auf der darin befindlichen Schriftrolle statt der üblichen Gebete winzige Figuren und mysteriöse Notizen in Urdu entdeckt.

Wenn sie erst einmal Verdacht geschöpft hätten, dann hätten sie vielleicht auch bemerkt, daß dieser fromme Mann bisweilen sogar noch hinter der langsamen Karawane zurückblieb. Dann holte er verstohlen ein kleines, seltsam aussehendes Gerät aus Metall und Glas aus dem Ärmel hervor, warf hastige Blicke in die Ferne hindurch und kritzelte eine kurze Notiz auf ein Stück Papier, das er dann in der Gebetsmühle versteckte. Bei anderen Gelegenheiten entnahm er, nachdem er sich vergewissert hatte, daß ihn niemand beobachtete, seinen Pilgerutensilien ein dünnes gläsernes Objekt (das seine Reisebegleiter als Thermometer erkannt hätten) und tauchte es kurz in einen Kessel, in dem Wasser kochte. Das Ergebnis schrieb er wieder geschwind auf und versteckte es in der Gebetsmühle.

Dieser Reisende war nicht nur kein Buddhist, sondern er war auch kein frommer Mann. Er war Hindu – und schlimmer noch, er war ein britischer Spion. Wäre man hinter seine wahre Identität gekommen, hätte man ihn zweifellos auf der Stelle getötet. Nicht lange darauf sollte er Zeuge der öffentlichen Enthauptung eines anderen Reisenden werden, der ohne Erlaubnis Lhasa betreten hatte. Wer aber war dieser Mann, und warum nahm er für seine britischen Herren so unglaubliche Mühen und entsetzliche Risiken auf sich?

Seit die Tibeter die Grenzen zu Indien geschlossen hatten, erfuhr man dort nur wenig von dem, was in Tibet vor sich ging. Jenen Beamten Britisch-Indiens, die damit beauftragt waren, sich über den Nachbarstaat im Norden zu informieren, muß es mitunter vorgekommen sein, als warteten sie auf Signale aus dem Weltall. Das wenige, das die Grenzbeamten herausbekamen, hörten sie von einheimischen Händlern, die sich regelmäßig zwischen Indien und Tibet bewegten. In geringem Ausmaß kamen auch Informationen von der britischen Gesandtschaft in Peking und von Konsuln und Missionaren, die in westlichen Teilen Chinas lebten. Was jedoch die neuesten Bewegungen der russischen Truppen in Zentralasien betraf, so waren die Geheimdienstchefs in Kalkutta und Whitehall beinahe gänzlich auf die Zeitungen von Petersburg angewiesen. Zudem erwiesen sich die Informationen aus den vorgenannten Quellen als höchst unzuverlässig – insbesondere die, welche Tibet betrafen, das von Kalkutta, der damaligen Hauptstadt Britisch-Indiens, kaum fünfhundert Kilometer entfernt lag.

Auf amtlichen britischen Karten aus jener Zeit erscheint Tibet als großer weißer Fleck, als wäre das ganze Gebiet von Schnee bedeckt. Die Karthographen der Survey of India, der Landvermessungsbehörde Britisch-Indiens, in der Bergstation von Dehra-Dun ignorierten einfach die Positionen von Städten und Flüssen, wie sie in den alten chinesischen Bildkarten von Tibet verzeichnet waren. So kam es, daß man in den sechziger Jahren des vorigen Jahrhunderts die genaue Lage von so bedeutenden Städten wie Lhasa und Schigatse und – im weiter entfernten chinesischen Turkestan – Jarkend und Kaschgar nur mit einer Abweichung von bis zu zweihundert Kilometern angeben konnte. Ähnlich verhielt es sich mit Straßen und Pässen, Bergen und Flüssen. Doch nun, da die Russen über die weiten, leeren Flächen Zentralasiens vorrückten, wurde plötzlich der Ruf nach verläßlichen Karten von diesem riesigen politischen Niemandsland im Norden laut.

Abhilfe, wenn es überhaupt eine gab, war schwierig. Junge, in Karthographie ausgebildete Beamte durch die Pässe zu schicken, so tapfer, willig und gut getarnt sie auch sein mochten, wäre nicht nur für diese, sondern auch in politischer Hinsicht riskant gewesen. Ein berühmter Reisender – Thomas Moorcroft – war beim unerwünschten Betreten Tibets umgebracht worden. Andere sollte das gleiche Schicksal ereilen, einschließlich solcher alten Zentralasien-Hasen wie Andrew Dalgleish, der auf einem einsamen Karakorumpaß von einem riesigen Afghanen erschlagen wurde, und George Hayward, über dessen gewaltsames Ende Sir Henry Newbolt das Epos *He Fell Among Thieves* geschrieben hat. Jeder, der tapfer oder verrückt genug war, sich in diese Einöde zu wagen, wurde von den gesetzlosen Eingeborenen und Banditen, die vom Plündern lebten, als Freiwild angesehen. Und da es so gut wie ausgeschlossen war, die Täter vor Gericht zu bringen, wurden derartige Unternehmungen den abenteuerlustigen Beamten Britisch-Indiens (Freiwillige gab es genug) ausdrücklich verboten. Selbst wenn es ihnen gelungen wäre, den gefährlichen Eingeborenen auszuweichen, wäre es fast unmöglich gewesen, die wachsamen tibetischen Grenzwächter zu überlisten, die an jedem Paß und Zugang warteten.

Berühmtheit erlangte ein Vorfall aus dem Jahre 1849. Beim Pflanzensammeln hatte der bekannte Botaniker Joseph Hooker zusammen mit einem Freund von Sikkim aus kurz tibetisches Territorium betreten, ungeachtet der inständigen Bitten des tibetischen Grenzschutzkommandeurs (der sein Versäumnis mit dem Leben bezahlt haben soll) und des Einspruchs der sikkimesischen Beamten. Im Monat darauf versuchten beide erneut einzudringen, doch sie wurden von tibetischen Truppen zurückgeschickt. Bei ihrer Rückkehr nach Sikkim wurden sie festgenommen, und Hookers Begleiter, ein britisch-indischer Beamter, wurde mißhandelt, indem man ihm Bambusschnüre um die Handgelenke wickelte und ihn mit den Händen an den Schwanz eines Maulesels band, dem er folgen mußte. Die Täter wurden zwar bestraft, doch es war genau einer jener Zwischenfälle, die die britischen Behörden vermeiden wollten, und Hooker und sein Gefährte Dr. Archibald Campbell hatten Glück, daß sie ohne ernsthaftere Folgen davonkamen.

So blieb Tibet auf Jahre hinaus ein Sperrgebiet für Karthographen und folglich ein weißer Fleck auf den Landkarten. Dann, im Jahre 1862, stieß ein junger Offizier der Royal Engineers, der der Landvermessungsbehörde in Britisch-Indien zugeteilt war, auf eine brillante Lösung. Warum, so fragte er sich, sollte man nicht einheimische Kundschafter schicken, »handverlesen« nach Intelligenz und Findigkeit und ausgebildet in geheimen Vermessungstechniken? Der Offizier, Hauptmann Thomas George Montgomerie, erklärte seine Idee folgendermaßen:

»Als ich mich in Ladakh befand, fiel mir auf, daß sich die Inder zwischen Ladakh und Jarkend im chinesischen Turkestan ungehindert bewegen konnten; daraus folgerte ich, daß es uns möglich sein müsse, Erkundungen auf diese Art und Weise einzuholen. Wenn ein entsprechend gewitzter Mann gefunden werden konnte, würde es ihm keine Schwierigkeiten bereiten, unter seinen Waren ein paar kleine Instrumente mitzuführen, mit deren Hilfe gute geographische Arbeit geleistet werden konnte.«

Montgomeries Vorgesetzte waren einverstanden, ihn seine Idee ausprobieren zu lassen, vermutlich in der Überzeugung, daß man einen Einheimischen notfalls leicht verleugnen könne und daß man im Falle seines Todes kaum mit Schwierigkeiten zu rechnen haben würde. Angesichts ihrer Besorgnis, die asiatischen Nachbarn, insbesondere Mandschu-China, zu verärgern, war es dennoch eine überraschende Entscheidung, denn Jarkend im Herzen Chinesisch-Zentralasiens wurde zum Ziel dieser gefährlichen Erkundungen erwählt.

Montgomeries erster Kundschafter war Mohamed-i-Hameed, der sich mit einfachen Vermessungen bereits etwas auskannte. Im

Sommer 1863 verließ er Ladakh, den letzten Vorposten britischen Einflusses, und machte sich über die Karakorumpässe auf den Weg nach Jarkend, eine Oasenstadt an der alten Seidenstraße. Sowohl er als auch Hauptmann Montgomerie waren sich darüber im klaren, daß er sein Leben riskierte und daß Entlarvung beinahe mit Sicherheit den Tod bedeutete. Deshalb war alles Erdenkliche unternommen worden, um diese Gefahr auf ein Minimum zu reduzieren. Die Vermessungsinstrumente, die er mit sich führte, waren so klein gehalten wie nur irgend möglich. Sie waren in den Werkstätten der Vermessungsbehörde eigens entworfen und angefertigt worden. In diesen Anfangszeiten waren Montgomerie und seine Mitarbeiter noch nicht darauf verfallen, buddhistische Gebetsmühlen und Rosenkränze für ihre geheimen Pläne einzusetzen – und das chinesische Turkestan war zwar nur einen Steinwurf von Tibet entfernt, aber moslemisches Gebiet.

Unbehelligt erreichte Mohamed Jarkend und blieb sechs Monate dort. Die ganze Zeit über führte er weitere Beobachtungen mit seinen geheimen Instrumenten durch und hatte für alle Neuigkeiten über russische Aktivitäten in der Region offene Ohren. Gegen Ende seines Aufenthalts wurde er von einem Freund gewarnt, daß den chinesischen Behörden seine Aktivitäten verdächtig erschienen und Erkundigungen über ihn eingezogen würden. Das einzige, was ihm zu tun blieb, war, diskret, aber schnell zu verschwinden. Und das tat er. Eilig machte er sich über den Karakorum nach Ladakh und in die Sicherheit auf, doch er kam nie an.

Zunächst wurde angenommen, daß er, ebenso wie ein Mitreisender, auf chinesischen Befehl ermordet worden wäre; spätere Nachforschungen ergaben jedoch, daß die beiden an einer Krankheit gestorben waren, die möglicherweise eine Folge der Entbehrungen auf ihrer Reise durch die schroffen, unwirtlichen Berge war. Glücklicherweise konnten die sorgfältig aufbewahrten Notizen des jungen Kundschafters geborgen und Montgomerie überbracht werden. Sie erwiesen sich in topographischer Hinsicht als sehr wertvoll und ermöglichten es Montgomerie unter anderem, Position und Höhenlage von Jarkend sowie der umliegenden Städte und Dörfer zu bestimmen. Sie enthielten auch einen kurzen Bericht über russische Aktivitäten in dieser entlegenen Ecke des chinesischen

Reichs. Montgomerie konnte mit Zufriedenheit – die vom Schicksal seines Agenten freilich getrübt wurde – seinen Vorgesetzten vom Erfolg seiner ersten geheimen Mission berichten.

Nun wollte man Montgomeries schlauen Einfall in Tibet ausprobieren. In kluger Voraussicht hatten Montgomerie und sein unmittelbarer Vorgesetzter, Oberst James Walker, unter der Mithilfe von Major Etwall Smyth, eines Regierungsbeamten, der im Grenzgebiet eingesetzt war, bereits zwei tibetisch sprechende Bergbewohner britischer Staatsangehörigkeit für diese Aufgabe ausgewählt. Die beiden Männer waren der dreiunddreißigjährige Nain Singh, Dorfschulmeister in Milam, das auf fast 3400 Meter Höhe im Himalaja lag, und Mani Singh, sein etwas älterer Cousin. Beide waren erfahrene Bergwanderer. Wenige Jahre zuvor hatten sie eine deutsche Expedition begleitet und waren von deren Mitgliedern als intelligent und einfallsreich gelobt worden.

Die beiden Angeworbenen wurden nach Dehra-Dun gebracht, wo sie zwei Jahre lang in Landvermessung und Aufklärungsarbeit ausgebildet wurden. Ihnen wurde der Umgang mit Sextanten und Kompaß beigebracht, und sie lernten, wie man die einzelnen Sterne auseinanderhielt und sich mit ihrer Hilfe orientierte und wie man die Höhenlage anhand des Siedepunkts von Wasser bestimmte. Das war noch nicht mehr, als die Landvermessungsbehörde allen neuen einheimischen Mitarbeitern beibrachte. Als nächstes erhielten Nain und Mani eine Agentenausbildung, wie wir heute sagen würden – eine Welt, die jenen überraschend vertraut vorkommen mag, die sich an *Kim* erinnern, Kiplings Geschichte eines kleinen Jungen, der in das »große Spiel« verwickelt und schließlich vom britisch-indischen Geheimdienst rekrutiert wird. Nun wurden sie in raffinierten Techniken unterwiesen, die sich Montgomerie und Walker für das heimliche Vermessen von Territorien ausgedacht hatten, die sehr unwirtlich oder politisch brisant waren, beziehungsweise zu fremden Staaten gehörten – wenn nicht gar, wie im Fall Tibets, dies alles zutraf.

Zuerst wurden sie in endlosen Übungen darin trainiert, stets gleich lange Schritte zu machen, egal, ob es bergauf, bergab oder geradeaus ging – im Falle von Nain Singh genau 33 Zoll (83,82 Zentimeter). Als nächstes lernten sie, sich die Zahl der Schritte zu merken, die sie an einem Tag oder zwischen zwei Orientierungspunkten zurücklegten: Das geschah mit Hilfe des buddhistischen Rosenkranzes, der, wie wir wissen, normalerweise hundertacht Perlen enthält. Acht Perlen wurden entfernt, was nicht weiter auffiel, so daß hundert blieben, was mathematisch viel zweckmäßiger war. Nach jedem hundertsten Schritt wurde eine Perle weitergeschoben. Ein vollständiger Rosenkranz entsprach demzufolge zehntausend Schritten oder 5,2 Meilen (8,382 Kilometern) im Falle von Nain Singh, der mit zweitausend Schritten etwa eine Meile zurücklegte. Die zwei kleineren Ketten des Rosenkranzes mit jeweils zehn Perlen wurden dazu verwendet, die vollständigen Rosenkränze zu zählen.

Nain und Mani Singh wurde beigebracht, wie man sich verstellte und verkleidete (genau wie es der düstere Lurgan Sahib in Simla Kim lehrt). Ihr Leben würde davon abhängen, wie überzeugend sie die Rolle eines frommen Mannes, eines Himalaja-Händlers oder sonst einer Figur, wie sie die Situation erforderte, spielen konnten. Ihre Maske würde der Probe einer monatelangen Reise in engster Nähe zu echten Händlern oder Pilgern standhalten müssen. Wie Kim mußten auch sie lernen, ihre Namen zu vergessen und unter einer Nummer oder einem Decknamen zu arbeiten. So wurde Nain Singh zu »Nummer eins«, zum »Pandit« oder »Chefpandit«. Sein Cousin erschien in den Berichten der Vermessungsbehörde als »Pandit Nummer zwei«, »Zweiter Pandit«, oder einfach als »G-M«, was zustande kam, indem zwei Buchstaben aus seinem Namen genommen und in ihrer Reihenfolge umgekehrt wurden. Das Wort »Pandit«, Ehrentitel, der soviel wie »Gelehrter« bedeutet, sollte zur generellen Bezeichnung für sie und alle weiteren Spione werden. Ihre wirklichen Namen wurden erst enthüllt, als sie zu alt waren, um weitere geheime Reisen zu unternehmen.

Nicht nur der Rosenkranz wurde von Montgomerie so raffiniert für seine unfrommen Zwecke eingesetzt, sondern auch die Gebetsmühle. Gebetsmühlen wurden mit einer versteckten Verschlußvorrichtung versehen, die es dem Pandit ermöglichte, den kupfernen Zylinder zu öffnen und Papierröllchen mit Geheimnachrichten hineinzutun und herauszunehmen. Später bauten die Werkstätten in Dehra-Dun sogar Kompasse in die Gebetsmühlen ein, so daß ein

Pandit seine Position feststellen konnte, während er vorgab zu beten. Größere Instrumente wie Sextanten wurden in eigens gefertigten doppelten Böden in den Reisekisten, wie sie die einheimischen Reisenden mit sich führten, untergebracht, und in die Kleidung wurden Geheimtaschen eingenäht. Thermometer, mit deren Hilfe man die Höhenlage ermitteln konnte, wurden in ausgehöhlten Stöcken und Stäben verborgen, und Quecksilber – das man für einen künstlichen Horizont benötigte, wenn man mit dem Sextanten arbeitete – wurde im verschlossenen Haus einer Kaurischnecke versteckt und, wenn es gebraucht wurde, in eine Pilgerschale gegossen.

Für den Roman *Kim*, der etwa vierzig Jahre nachdem Nain und Mani Singh die Agentenschule von Dehra-Dun absolviert hatten, entstand, entlehnte Kipling mindestens zwei Figuren Montgomeries zwielichtiger Welt. Der liebenswürdige Hurree Chunder Mookerjee – R. 17 auf der Great-Game-Gehaltsliste – ist bekanntlich Sarat Chandra Das, einem der späteren Pandits, nachempfunden, während Oberst Creighton, der den jungen Kim rekrutiert und seine Ausbildung überwacht, nur Montgomerie selbst sein kann.

Nach zweijähriger Ausbildung wurde es für die beiden Schützlinge Montgomeries Zeit, zu zeigen, was sie gelernt hatten. Die Route, die er und Oberst Walker ausgearbeitet hatten, sollte sie fast zweitausend Kilometer durch Tibet führen, nach Lhasa und zurück. Die beiden Männer würden, so hoffte man, mit Ergebnissen zurückkehren, die Montgomerie in die Lage versetzten, eine ganze Anzahl beschämender weißer Flecken auf der Karte von Tibet auszufüllen. Zu den weißen Flecken gehörten die exakte Position und Höhe von Lhasa, der Verlauf der südlichen Karawanenstraße von Lhasa westwärts nach Gartok und der des mysteriösen Flusses Tsangpo, der Tibet von Westen nach Osten durchquerte. Außerdem hoffte man, daß die Kundschafter mit wertvollen politischen Informationen zurückkehren würden. Trotz der Vorbereitungszeit von nahezu zwei Jahren war es eine beängstigende Aufgabe für die beiden Bergbewohner – und alles für vielleicht zwanzig Rupien pro Monat und das Versprechen einer zusätzlichen Belohnung im Falle des Erfolges.

Die Reise würde viele Monate dauern; jede Minute mußten sie auf der Hut davor sein, bei den Tibetern Verdacht zu erregen. Jeden Meter des Weges mußten sie mit Schritten ausmessen, Breite und Höhe bestimmen und sorgfältig aufzeichnen. Wie sich zeigen sollte, fing das Unternehmen trotz Montgomeries sorgfältiger Vorbereitungen schlecht an.

3. Mit Gebetsmühle und Sextanten
nach Lhasa

Die letzten Worte von Montgomeries Rat waren kaum verklungen, als die beiden Pandits sich voll ängstlicher Erwartung dessen, auf das sie sich da eingelassen hatten, im Januar 1865 nach Tibet aufmachten. Wohl kaum ahnten sie bei ihrem Aufbruch, daß es nur einem von ihnen bestimmt sein sollte, die Grenze nach Tibet zu überwinden – und auch das erst nach weiteren acht Monaten. Es war bereits ein Fehlstart vorausgegangen: Montgomeries ursprünglicher Plan hatte vorgesehen, sie an einer Stelle, die nur zweihundertfünfzig Kilometer von Dehra-Dun entfernt war, über die Grenze zu schleusen. Aber aus Gründen, die er in seinem offiziellen Bericht über die Mission nicht erwähnt (er schreibt nur, daß die beiden Pandits »es nicht durchführbar fanden«), kehrten sie nach Dehra-Dun zurück.

Enttäuscht, doch keineswegs entmutigt, schickte Montgomerie sie jetzt nach Osten, wo sie von Nepal aus ihr Glück versuchen sollten, da dieses Land regelmäßigen Verkehr mit seinem isolierten nördlichen Nachbarn pflegte. Nachdem sie in der kleinen Stadt Bareilly, deren exakte Lage der Landvermessungsbehörde bekannt war, ihre Instrumente geeicht hatten, überquerten sie erfolgreich die Grenze nach Nepal und trafen am 7. März in Katmandu ein. Hier holten sie Erkundigungen über die beste Route nach der tibetischen Hauptstadt ein. Der kürzeste Weg, so hieß es einhellig, war so früh im Jahr gewiß unpassierbar, da der Schnee noch nicht weggetaut sein würde. Darum entschieden sie sich für eine andere Route, die über den tibetischen Grenzposten bei Kirong führte. Zwei Tage bevor sie die Grenze erreichten, wählten sie eine Verkleidung, die den Tibetern vertraut sein mußte. Sie schlüpften in die Rolle und das Kostüm von Bisaharis, Angehörigen eines Volkes, das in einem Tal gleichen Namens unweit von Simla lebte. Seit vielen Jahren kamen und gingen die Bisaharis ungehindert über die

Pässe zwischen Indien und Tibet. Es würde niemandem einfallen, sich die beiden genauer anzuschauen, sofern sie ihre Rollen überzeugend spielten. Sie ließen durchblicken, daß sie nach Lhasa reisen wollten, um dort Pferde zu kaufen und an den heiligen Stätten zu beten.

An der nepalesisch-tibetischen Grenze hatten sie ihre erste Bewährungsprobe zu bestehen. Es muß ein aufregender Augenblick gewesen sein, als die Zollbeamten ihr Gepäck untersuchten, einschließlich der beiden Kisten mit den Geheimfächern, die die höchst kompromittierenden Vermessungsinstrumente enthielten. Doch Montgomeries Handwerker hatten gute Arbeit geleistet, und die Sextanten und anderen Instrumente blieben unentdeckt. Nachdem Nain und Mani Singh ihre Kopfsteuer entrichtet hatten, durften sie ihren Weg über das Niemandsland zum tibetischen Grenzposten fortsetzen. Hier wurde ihr Gepäck wiederum durchsucht. Wieder wurden die Geheimfächer nicht entdeckt. Doch ihre Geschichte gefiel den Beamten nicht, die beschlossen, ihren Vorgesetzten die Sache entscheiden zu lassen. Zum Glück wurden die Spione nicht zu ihm gebracht, denn wie sie später zufällig herausfinden sollten, hatte er Mani Singh an seinem vorherigen Grenzposten unweit ihres Heimatorts kennengelernt und hätte ihn gewiß wiedererkannt.

Zu ihrem Verdruß durften die Pandits nicht nach Tibet einreisen. Der Kommandant des Grenzpostens ließ sie wissen, daß er von ihrer Geschichte nicht überzeugt war. Zum einen war es für Bisahari-Pferdehändler die falsche Jahreszeit für einen Besuch in Tibet, und zum anderen war die Reiseroute, die sie ausgewählt hatten, für Männer dieses Gewerbes höchst ungewöhnlich. Noch ärgerlicher war, daß sie bereits eine tibetische Kopfsteuer entrichtet hatten, die jetzt verfallen war. Ihnen blieb also nichts weiter übrig, als nach Katmandu zurückzukehren. Zum Glück wurden sie nicht auch noch eingesperrt.

In der nepalesischen Hauptstadt zogen sie neue Erkundigungen ein und fanden schließlich zwei kleine Gruppen von Händlern, die sich für den Weg nach Tibet rüsteten und willens waren, sie mitzunehmen. Inzwischen waren vier Monate vergangen, seit sie Montgomerie verlassen hatten, und sie befanden sich immer noch in Nepal. Um ihre Chancen zu vergrößern, beschlossen die beiden

Cousins, sich zu trennen und mit zwei verschiedenen Gruppen zu ziehen. Doch dann änderte der Karawanenführer, der zuerst bereit gewesen war, Mani Singh mitzunehmen, plötzlich seine Meinung. Für Mani kam es jedoch nicht in Frage, sich der Karawane seines Cousins anzuschließen, da diese plante, Tibet dort zu betreten, von wo sie eben erst zurückgekehrt waren und wo der Grenzpostenkommandeur ihn kannte. Auch Nain Singh würde Gefahr laufen, von den Beamten erkannt zu werden, die sie zurückgeschickt hatten, doch er beschloß, das Risiko einzugehen. Zunächst verkleidete er sich neu, als Ladakhi, wozu auch das Tragen eines Zopfes gehörte.

Sein niedergeschlagener Cousin versuchte unterdessen sein Glück an einem weiter westlich gelegenen Paß, doch es gelang ihm wieder nicht, nach Tibet hineinzukommen, und er kehrte schließlich nach Dehra-Dun zurück. Obgleich der Pandit seinen Mißerfolg gesundheitlichen Problemen und den Gefahren seines Weges zuschrieb, führte der enttäuschte Montgomerie ihn in seinem offiziellen Bericht auf einen »erheblichen Mangel an Entschlossenheit« zurück.

Ob das nun gerecht war oder nicht, Nain, dem jüngeren der beiden, fehlte es gewiß nicht an Entschlossenheit. Er sollte sich als erstaunlich resolut und findig erweisen und unter Forschungsreisenden zu einer Legende werden, noch bevor sie überhaupt seine wahre Identität erfahren konnten. Zeugenberichten zufolge besaß er großen Charme, war in jeder Karawane, der er sich anschloß, beliebt und an jedem Lagerfeuer willkommen. Zweifellos war es seinem Charme zu verdanken, daß es ihm gelang, sich bei dem Führer der nepalesischen Karawane einzuschmeicheln, die ihn schließlich bei Kirong sicher über die Grenze brachte, gut acht Monate nach seinem Aufbruch von Dehra-Dun. Mit seiner neuen Verkleidung gelang es ihm, die Grenzwachen vollkommen zu täuschen, und auch diesmal war der doppelte Boden in seinem Reisekoffer unentdeckt geblieben.

Die nepalesische Karawane zog nun nach Westen, zum Manasarowar-See, in die entgegengesetzte Richtung zu jener, die er einschlagen wollte. Deshalb täuschte er Krankheit vor und ließ die anderen ziehen. Vorher mußte er drei seiner Mitreisenden ertrinken sehen, als das Boot aus Jakhäuten, das sie über den wilden Tsangpo bringen sollte, kenterte. Das war seine erste Begegnung mit diesem mächtigen Strom, der tausendfünfhundert Kilometer ostwärts durch Tibet fließt und schließlich Tausende Meter tief in das indische Tiefland hinabstürzt, wo er zum heiligen Brahmaputra wird.

Schon bald gelang es dem Pandit, sich einer Ladakhi-Karawane anzuschließen, die von Westen kam und nach Lhasa unterwegs war. Eines schönen Tages luden die ladakhischen Händler ihre Waren jedoch auf Boote und fuhren hundertvierzig Kilometer flußabwärts nach Schigatse, der zweitgrößten Stadt Tibets. Nain Singh mußte seinen Weg natürlich zu Fuß fortsetzen (unter welchem Vorwand, ist nicht bekannt), damit in seinem heimlichen Vermessen der Route seit Bareilly keine Lücke entstand. Keiner seiner Mitreisenden hatte bisher den leisesten Verdacht geschöpft, daß er mit seinem Rosenkranz und der Gebetsmühle etwas anderes anfing, als zu beten.

Während des Aufenthalts in Schigatse, wo er auf den Rest der Karawane wartete, wurde er zu seiner Bestürzung eingeladen, einer Audienz beim Pantschen Lama im großen Kloster Taschilhunpo beizuwohnen. Da er als buddhistischer Pilger auftrat, gab es keine Möglichkeit, diese Begegnung zu umgehen, die mit Sicherheit sein Verderben bedeutete. Wenn seine Verkleidung je durchschaut werden sollte, dann mußte es am Hof dieses lebenden Buddhas geschehen. Überdies hatte Nain Singh gehört, daß dem Pantschen Lama ebenso wie dem Dalai Lama die Fähigkeit zugeschrieben wurde, die geheimsten Gedanken der Menschen zu erraten. Zu seiner großen Erleichterung erwies sich Tibets zweitheiligste Autorität als Knabe von elf Jahren, der sich, wie der Pandit später Montgomerie erzählte, in nichts von anderen Kindern dieses Alters unterschied, in der Intelligenz schon gar nicht.

Genau ein Jahr nachdem Nain Singh Dehra-Dun verlassen hatte, kam er in Lhasa an. Er hatte jeden seiner Schritte gezählt und unzählige heimliche Kursbestimmungen und andere Beobachtungen vorgenommen. Drei Monate sollte er in der Heiligen Stadt bleiben. In einer Karawanserei mietete er zwei Zimmer, die für heimliche Sternenbeobachtungen besonders geeignet waren. Da er schon lange unterwegs war, ging das Geld, mit dem Montgomerie ihn ausgestattet hatte, allmählich zur Neige. Dem einfallsreichen Pandit gelang es jedoch, sein Budget aufzubessern, indem er nepalesische Händler, die in der Hauptstadt lebten, in hinduistischer Buchführung unterrichtete.

Als Hauptaufgabe hatte er die exakte Position und Höhenlage der Hauptstadt zu ermitteln, denn beide waren bisher nicht genau bekannt. Zu diesem Zweck mußte er über zwanzig verschiedene Beobachtungen sowohl der Sonne als auch der Sterne vornehmen, um schließlich den genauen Breitengrad bestimmen zu können. (Nicht ausgebildet waren die Pandits in der weitaus schwierigeren Ermittlung des Längengrades.) Nain Singhs Beobachtungen ergaben, daß Lhasa sich auf 29 Grad, 39 Minuten und 17 Sekunden befand. (Heutige Atlanten zeigen, daß er sich um weniger als zwei Minuten geirrt hatte; Lhasa liegt auf 29 Grad und 41 Minuten.) Die Höhenbestimmungen, die auf der Ermittlung des Siedepunkts von Wasser basierten, ergaben, daß die Hauptstadt von Tibet 3566 Meter über dem Meeresspiegel lag. Das ist im Verhältnis zu den 3650 Metern, mit denen Lhasas Höhe heute im allgemeinen angegeben wird, ziemlich genau. Die Differenz mag sich auch daraus ergeben, daß an unterschiedlichen Punkten gemessen wurde.

Neben der Ermittlung wissenschaftlicher Daten trug Nain Singh fleißig auch allgemeineres Wissen zusammen, so zum Beispiel eine sehr detaillierte Beschreibung der Stadt und ihrer Umgebung, ihrer klimatischen Verhältnisse und ihrer Landwirtschaft, ihrer Wasserversorgung, der Lebensweise, der Verwaltung und der religiösen Bräuche. Diese Beobachtungen stellten eine wichtige Ergänzung des bis dahin Bekannten dar. Die ganze Zeit über führte Nain Singh ein abenteuerliches Leben; er mußte hoffen, daß niemand entdeckte, was er wirklich tat. Sein Geheimnis wurde schließlich sogar von zwei in Lhasa lebenden muslimischen Händlern gelüftet, die ihn zwangen, ihnen seine wahre Identität zu verraten. Doch aus Gründen, die nur sie kannten, behielten sie ihre Entdeckung für sich, ja, sie halfen dem bedrängten Pandit sogar mit Geld aus.

Allmählich wurde Nain Singh nervös, zumal er Zeuge der – von Peking angeordneten – öffentlichen Enthauptung eines Chinesen geworden war, der Lhasa ohne Erlaubnis betreten hatte und bezichtigt wurde, Unfrieden zu stiften. Er entschloß sich daher, Lhasa bei der nächstbesten Gelegenheit zu verlassen. In der Zwischenzeit verlegte er sein Quartier und ließ sich so wenig wie möglich draußen blicken. Er hatte alle Aufgaben, die ihm von Montgomerie aufgetragen worden waren, erledigt – und sogar noch mehr, denn er hatte tatsächlich einer Audienz beim Dalai Lama, der damals nur ein Teenager war, im Innern des Potala beigewohnt. Nicht viele Geheimagenten konnten von sich behaupten, unerkannt im Heiligtum des Staatsoberhaupts gewesen zu sein und sogar Tee mit ihm getrunken zu haben.

In einem geheimen Tagebuch, das er während seiner ganzen Reise führte (im Zylinder seiner Gebetsmühle versteckte er offenbar nur die kompromittierenden Vermessungsergebnisse), beschreibt Nain Singh, wie er in den Thronsaal des jungen Gottkönigs geführt wurde. Der zwölfte Dalai Lama saß auf einem etwa zwei Meter hohen Thron. Zu seiner Rechten, auf einem niedrigeren Thron, saß der Regent. Der Dalai Lama war damals erst dreizehn Jahre alt und hatte somit noch nicht die völlige Regierungsgewalt inne. Bedauerlicherweise sollte er einen mysteriösen Tod erleiden, kurz nachdem er sie übernommen hatte. Doch obgleich offiziell der Regent das Land regierte, stand dieser, wie Nain Singh berichtete, unter der Gewalt des chinesischen *Amban*, Pekings Vertreter in Lhasa. (Dies wird von tibetischen Historikern allerdings bestritten. Sie behaupten – nicht sehr überzeugend –, daß die Mandschukaiser damals nur geringen Einfluß in Tibet besessen hätten, daß die Aufgabe des *Amban* nur noch darin bestanden habe, an Feierlichkeiten teilzunehmen, und daß die kleine chinesische Garnison gezwungen gewesen sei, sich ihren Unterhalt zu verdienen, indem die Soldaten von Haus zu Haus zogen und Löwen- und Drachentänze darboten.)

Nach dem Jakbutter-Tee und dem Austausch von weißen Tüchern und anderen Geschenken legte der Dalai Lama der Reihe nach jedem Besucher die Hand auf den Kopf und stellte ihm drei Fragen. Der Pandit mit seinem schlechten Gewissen hatte sich unnötige Sorgen gemacht. Wenn der Gottkönig die geheimsten Gedanken aller Menschen erraten konnte, dann ließ er sich zumindest nicht anmerken, daß er Nain Singhs Geheimnisse erkannt hatte. Seine Fragen bezogen sich lediglich auf die Gesundheit des Landesherrn jedes Besuchers, den Wohlstand des betreffenden Landes und die Gesundheit des Besuchers selbst. Damit war die Audienz vorbei; den Besuchern wurden, bevor sie gingen, noch einige Räume des Potala mit den kostbaren Seidengewändern und den goldenen Skulpturen gezeigt.

Mitte April 1866 erfuhr Nain Singh, daß die Ladakhi-Karawane, mit der er nach Lhasa gekommen war, im Begriff stand, nach Hause zurückzukehren, beladen mit großen Mengen chinesischen Tees, den sie in Lhasa erworben hatte. Der Pandit, der mittlerweile mehr als drei Monate in der Hauptstadt verbracht hatte, fragte den Führer der Karawane, ob er sich ihr wieder anschließen könne. Die Reise nach Westen allein zu wagen, wäre viel zu gefährlich gewesen, da es, wie Nain Singh in seinem Tagebuch schrieb, in Tibet von Banditen wimmelte, die bis zu den Zähnen bewaffnet waren. Sicherheit gab es für Reisende nur, wenn man sich zusammen- schloß. Nain Singh war beliebt bei den Leuten der Karawane, und bereitwillig nahm man ihn mit.

Der Marsch über achthundert Kilometer dauerte mehr als zwei Monate und folgte dem Verlauf der alten Jong-lam-Handelsroute, die sich von Ost nach West quer durch ganz Tibet zieht. Für einen Großteil der Strecke stellt sie die höchstgelegene Straße der Welt dar, mit einer durchschnittlichen Höhe von über 4500 Metern über Null. Die tiefste Stelle liegt bei 3450 Metern. Unterwegs begegnete die Karawane häufig amtlichen Kurieren, die in rasendem Galopp wichtige Post beförderten. Nain Singh erfuhr, daß diese zähen Männer ununterbrochen ritten, Tag und Nacht, bis sie ihr Ziel erreichten. Sie hielten nur an, um ihr Essen hinunterzuschlingen, die Pferde zu wechseln oder einen Fluß zu durchwaten. Um zu gewährleisten, daß sie nie ihre Kleider ablegten, wurde am Ver- schluß ihres Mantels ein Siegel angebracht, das nur der Beamte, zu dem der Bote geschickt wurde, brechen durfte. Der Pandit war schon einmal in Lhasa Zeuge der Ankunft eines solchen Eilboten nach einem Ritt von tausenddreihundert Kilometern von Gartok her quer durch Tibet gewesen. Seine Gesichtshaut war rissig, seine Augen waren eingefallen und blutunterlaufen und der ganze Körper von Läusen zerbissen.

Wieder konnte Nain Singh, ohne daß irgend jemand Verdacht schöpfte, den ganzen Weg mit Schritten vermessen und die notwendigen Beobachtungen zur Bestimmung des Verlaufs der Route vornehmen. Da die Jong-lam-Straße und der Tsangpo sehr lange dicht beieinander verlaufen, konnte er diese wichtigen Lebensadern gleich beide kartographieren, den Fluß sogar bis zu seiner Quelle in der Nähe des Manasarowar-Sees. Dort verabschiedete er sich am 17. Juni 1866 von seinen ladakhischen Freunden, die weiter nach Westen zogen. Seine Mission war beendet, und er wandte sich nun nach Süden zum nächsten Paß, der aus Tibet heraus nach Britisch-Indien führte. Doch ohne den Schutz seiner bewaffneten Weggenossen war er den Räubern und Banditen und den gesetzlosen Eingeborenen, die dieses wilde Grenzgebiet unsicher machten, auf Gedeih und Verderb ausgeliefert. Einmal wurde er gefangengenommen und eingesperrt, doch er konnte entkommen. Nach eineinhalb Jahren betrat er endlich wieder den Boden Britisch-Indiens und war in Sicherheit.

Was er geleistet hatte, war bemerkenswert und als geheimdienstliche Operation höchst erfolgreich. Montgomerie, der in Dehra-Dun Nain Singhs Bericht entgegennahm und später sämtliche Entfernungsangaben, Richtungen, Breitengrade und Höhen in eine Karte dieser wichtigen Region Tibets übertrug, war des Lobes voll und schrieb an Sir Roderick Murchison, den damaligen Präsidenten der Royal Geographical Society: »Ich wünschte, ich könnte Ihnen den Pandit persönlich vorstellen! Ich bin mir sicher, er würde überall einen guten Eindruck hinterlassen, und ich kann gut verstehen, daß die Ladakhis, die ihn in die Heilige Stadt mitnahmen, so begeistert von ihm waren. Ohne ihre Hilfe wäre seine Aufgabe weitaus schwieriger gewesen, obschon sie noch schwierig genug war, und das in jeder Hinsicht. Meiner Meinung nach gebührt dem Pandit höchstes Lob. Seine Arbeit hat jeder Prüfung aufs prächtigste standgehalten .. «

Zu den geographischen Leistungen Nain Singhs, dessen wahren Namen er nicht einmal Sir Roderick gegenüber enthüllte, berichtete Montgomerie, daß die Bestimmungen der Breitengrade äußerst genau waren und daß die Position von Lhasa nun mit vermutlich »nur einer halben Minute Abweichung« angegeben werden konnte.

Die Angabe der geographischen Länge, die er nach den Kursbestimmungen des Pandit selbst vornahm, war seiner Ansicht nach von einer Ungenauigkeit von höchstens einem viertel Grad. »Wenn man die große zurückgelegte Wegstrecke in Betracht zieht«, fügte Montgomerie hinzu, »kann man den Längengrad wohl kaum genauer bestimmen.« Nain Singhs Höhenangabe von 3566 Metern für die tibetische Hauptstadt schätzte er als »vielleicht um zwei-, dreihundert Fuß [siebzig bis hundert Meter] falsch angegeben« ein – wahrlich ein erstaunliches Urteil!

Mit seiner Streckenvermessung, in deren Verlauf er zweitausend Kilometer gegangen war und mit Hilfe seines Rosenkranzes zweieinhalb Millionen Einzelschritte gezählt hatte, konnte Nain Singh die verbreitete Annahme, die bestehenden Karten könnten in mancher Hinsicht stimmen, widerlegen. Die Beobachtungen des Pandit bewiesen, so teilte Montgomerie Murchison mit, daß die alten Karten »nicht einmal in bezug auf die Breitengrade leidlich korrekt« waren. Soweit ihm bekannt war, hatte kein einziger jesuitischer Missionar jemals in Tibet irgendwelche Vermessungen vorgenommen.

Eine der »alten« Karten, auf die sich Montgomerie bezieht, stammt aus dem frühen achtzehnten Jahrhundert und hat eine interessante Geschichte. Als der Kaiser Kang-hsi eine von Jesuiten gezeichnete Karte von Peking und Umgebung gesehen hatte, war er davon dermaßen beeindruckt, daß er sie einlud, sein gesamtes Reich zu karthographieren, einschließlich Tibet. 1708 wurde damit begonnen, und um topographische Daten von Tibet zu bekommen, bildeten die Jesuiten zwei Lamas in der Vermessungstechnik aus. Das Ergebnis war die malerische Karte von 1717, die 1735 in Paris in dem berühmten Atlas von d'Anville veröffentlicht wurde. Weil die Vermessung des übrigen Chinas durch die Jesuiten sich als bemerkenswert genau erwiesen hatte, nahm man an, daß dies in gewissem Grad auch für ihre Tibetkarte zutreffen würde, auch wenn sie für militärische und strategische Zwecke nicht genau genug war. Jetzt hatte Nain Singh, der unter unendlich schwierigeren Bedingungen arbeiten mußte, die Fehler und Schwächen der sogenannten »Lama-Vermessung« aufgedeckt.

Montgomerie wies Murchison darauf hin, daß Nains Vorfahren

Buddhisten gewesen waren, und stellte fest: »Da kann man sich leicht vorstellen, was für Gefühle ihn bewegten, als er vor den Lama geführt wurde, mit seinen heimlichen Vermessungsdaten in der Gebetsmühle und dem englischen Kompaß im Ärmel.« Und als er feststellte, daß der Allessehende doch nicht seine Gedanken gelesen hatte, brachte es der gewitzte Pandit sogar fertig, für seine Auftraggeber in Dehra-Dun den Potala zu vermessen.

Montgomerie und seine Kollegen hatten einen Superspion geschaffen und waren nun keineswegs gewillt, ihn auf seinen Lorbeeren ausruhen zu lassen. Sechs Monate nach seiner Rückkehr nach Indien wurde Nain Singh auf eine weitere Geheimmission geschickt. Diesmal sollte er die legendären tibetischen Goldfelder von Thok-Jalung auskundschaften.

1 Der Pandit Nain Singh.　　2 Oberst Nikolai Prschewalski.

3 Hauptmann T. G. Montgomerie.　　4 Der Pandit Sarat Chandra Das.

5 Der Pandit Kishen Singh – Deckname »A-K« – in späteren Jahren.

6 Dr. Susie Rijnhart in tibetischer Kleidung.

7 Annie Taylor und ihr Helfer Pontso.

8 William Rockhill.

9 Gabriel Bonvalot.

10 Jules Dutreuil de Rhins.

4. Goldwäscher auf dem Dach der Welt

Seit frühesten Zeiten haben die Völker des indischen Subkontinents geglaubt, in Tibet gebe es sagenhaft reiche Goldvorkommen. Die meisten der großen Flüsse, die im Hochland von Tibet entspringen, führten Goldstaub mit sich, und jahrhundertelang hatten diejenigen, die an ihren Ufern wohnten, das glänzende Metall aus dem Schwemmsand gewaschen. Der Glaube an Tibet als ein asiatisches Eldorado läßt sich in Europa bis zu Herodot zurückverfolgen, den »Vater der Geschichtsschreibung« und ersten Autor des Okzidents, der dieses schemenhafte Land im Norden Indiens erwähnt. Mehr als vierhundert Jahre vor Christus hatte er von »großen Ameisen« geschrieben, die dort in der Wüste lebten und große Sandhaufen voller Gold aufwühlten. In der Tat bezeichnete man im benachbarten Ladakh bis vor nicht allzulanger Zeit das Gold als »Ameisengold«, in dem Glauben, daß diese Insekten, wenn sie die Erde umwühlten, um ihre Ameisenhügel zu bauen, mitunter Nuggets ans Tageslicht beförderten.

Zum erstenmal wurde das britische Verlangen nach tibetischem Gold im Jahre 1775 angestachelt, als der Pantschen Lama Warren Hastings einige Goldbarren und etwas Goldstaub als Geschenk schickte. Nach Nain Singhs Rückkehr aus Tibet erhielt es neue Nahrung, denn unter den Neuigkeiten, die er mitbrachte, waren Berichte über Goldfelder in verschiedenen Teilen des Landes. Und hatte er nicht mit eigenen Augen die vielen reich vergoldeten Buddhas und andere goldene Objekte in den Tempeln von Lhasa und Schigatse gesehen? Er hatte aber auch erfahren, daß es den Tibetern widerstrebte, ihre Goldvorkommen auszubeuten, weil sie der sonderbaren Überzeugung waren, die Nuggets enthielten Leben und wären die Eltern des Goldstaubs. Wenn sie sich an den ersteren vergriffen, so glaubten sie, bliebe der Nachschub an zweiterem aus, und ihr Land müßte verarmen. Wenn ein Nugget aus

Versehen ausgegraben wurde, steckte man es sofort wieder zurück. Ein ähnlicher Aberglaube bestand in bezug auf Silber. Nain Singh hatte von einem Chinesen gehört, dem vor nicht allzulanger Zeit die Hände amputiert worden waren, als den Behörden zu Ohren gekommen war, daß er aus einem Berg sechs Kilometer südlich der Hauptstadt Silbererz gefördert hatte. Der Pandit erfuhr aber auch, daß in gebührender Entfernung von der Hauptstadt und anderen religiösen Zentren bestimmte Goldfelder ausgebeutet werden durften und auch wurden.

Montgomerie war entschlossen, die Wahrheit über diese sagenhaften Goldvorkommen herauszubekommen. Die nächstliegenden befanden sich, wie sich herausstellte, in der Nähe eines kleinen Orts mit Namen Thok-Jalung im Westen Tibets. Vorausgesetzt, man kam an den tibetischen Grenzwachen vorbei, dann war dieses trostlose Gebiet von Ladakh aus im Westen ziemlich einfach zu erreichen; und es war eine Gegend, über die Montgomerie besser Bescheid wußte als die meisten. Seit immerhin neun Jahren leitete er die karthographischen Unternehmungen der Landvermessungsbehörde in Kaschmir, einschließlich der Region von Ladakh. Insgesamt war das ein Gebiet von über einhundertachtzigtausend Quadratkilometern, das von Bergen durchzogen war und in dem es während des größten Teils der Vermessungsarbeiten von aufrührerischen Soldaten wimmelte. Doch Montgomerie hatte die wichtige Karte bis zum Jahre 1864 erfolgreich fertiggestellt, ohne einen einzigen Menschen zu verlieren, und erhielt dafür die begehrte Goldmedaille der Royal Geographical Society.

Er wußte jedoch besser als jeder andere, wie aufmerksam die Tibeter ihre Grenze zu Ladakh bewachten. Das Treiben der britischen Landvermesser auf der anderen Seite der Grenze erfüllte sie mit größtem Mißtrauen. Deshalb beschloß er, seine Männer – diesmal waren es drei – über den 5660 Meter hohen Mana-Paß nach Tibet hineinzuschleusen, auch diesmal als bisaharische Händler verkleidet. Die drei waren der hervorragende Nain Singh als Leiter der Gruppe, sein Cousin Mani und ein neu ausgebildeter Pandit. Den Mana-Paß erreichten sie im Juni 1867. Sie mußten feststellen, daß er immer noch vom Schnee blockiert war, und sie erfuhren, daß der Paß jedes Jahr von den Tibetern offiziell freigegeben wurde, nachdem diese sich davon überzeugt hatten, daß auf der indischen Seite nicht etwa Krieg, Seuche oder Hungersnot herrschte. Im Monat darauf gaben die Tibeter den Paß frei, und die drei Pandits machten sich auf den Weg, zusammen mit acht Kulis, die sie während ihrer Wartezeit angeworben hatten. Sie waren alle gut bewaffnet, um sich notfalls gegen die Räuberbanden, die dieses wilde, unzivilisierte Gebiet terrorisierten, zur Wehr zu setzen. An der Grenze wurde ihr Gepäck gründlich untersucht, ihre versteckten Vermessungsgeräte konnten die tibetischen Zollbeamten jedoch nicht finden.

Auf ihrem Treck durch die trostlosen Berge nach Gartok überquerten sie den Satlesch auf einer alten, zwanzig Meter langen Kettenbrücke, die der Legende nach von Alexander dem Großen vor über zweitausend Jahren erbaut worden war. Die Brücke war zwei Meter breit und hing zwölf Meter über den tosenden Wassern. Die Kettenglieder maßen jeweils dreißig Zentimeter Länge und waren in Form einer Acht geschmiedet. Damit die Ketten nicht rosteten, wurden sie einmal im Jahr dick mit Jakbutter eingeschmiert. Nachdem sie zwei Pässe in über 5800 Meter Höhe und einen dritten in 5400 Meter überquert hatten, gelangten sie schließlich an ein großes Nomadenlager. Hier wollte das Stammesoberhaupt zunächst nicht glauben, daß sie bisaharische Händler seien, die Korallen verkauften und hofften, tibetische Tuchwolle für den indischen Markt erstehen zu können. Doch mit Hilfe von Geschenken gelang es dem beredsamen, findigen Nain Singh, ihn halbwegs davon zu überzeugen, daß sie echte Bisaharis waren, bis er ihnen gestattete, weiterzuziehen. Als Garantie für ihre Rückkehr mußten sie jedoch den glücklosen Mani als Geisel zurücklassen.

Nachdem sie das Lager hinter sich hatten, schickte Nain Singh den dritten Pandit auf eine Vermessungstour soweit wie möglich den Indus hinauf, während er selbst sich nach Osten wandte, den Goldfeldern zu, die es in der Nähe von Thok-Jalung geben sollte. Als Nain Singh dieser verlassenen Gegend näher kam – wie gewöhnlich zählte er jeden seiner Schritte – vernahm er in der Ferne den geisterhaften Singsang vieler Stimmen. Das waren die Goldgräber mit ihren Familien, die sangen, um bei Laune zu bleiben und nicht zu frieren auf dieser öden Hochebene, über die der Wind fegte. Obgleich es erst August war, hatte der Pandit, wie er später Montgomerie erzählte, bei all seinen Reisen noch nie eine solche Kälte erlebt.

Zum Glück hatte sich der umsichtige Nain Singh die Mühe gemacht, als erstes die ganz spezielle Schwäche des Minenaufsehers, eines Regierungsbeamten aus Lhasa, herauszufinden. Wenngleich dieser auch sichtlich zufrieden war mit dem Geschenk, indischem Tabak bester Qualität, blieb er seinem Besucher gegenüber doch äußerst mißtrauisch und riet ihm, seine Geschäfte in der Stadt so schnell wie möglich zu erledigen und wieder abzureisen. Es gebe eine Anweisung, so sagte er zu Nain Singh, alle Bisaharis von diesem Gebiet fernzuhalten. Doch zum Glück für den Pandit erfuhr die Frau des Aufsehers, daß Nain Singh mit Korallen handelte, für die sie eine Leidenschaft besaß, und sie überredete ihren Mann, ihr für Gold Korallen zu kaufen. Nach diesem Handel legte sich sein Mißtrauen, und er sprach mit dem Pandit ungezwungen über das Leben und die Arbeit auf den Goldfeldern, die, wie Nain Singh heimlich ermittelte, in 4980 Meter Höhe lagen.

Wegen des fürchterlichen Windes, der unaufhörlich über das trostlose Hochland fauchte, hausten die zerlumpten Goldgräber in Jakhaar-Zelten, die sie in eigens ausgehobenen zwei Meter tiefen Gruben aufgeschlagen hatten. In einem Umkreis von etwa zwei Kilometern wühlten sie mit langstieligen Spaten die Erde um, und zwar bis zu einer Tiefe von sieben bis acht Metern. Günstigerweise floß ein kleiner Bach über dieses Gelände und wurde dazu benutzt, aus der ausgehobenen Erde das Gold zu waschen. Äußerst ergiebig erschien Nain Singh das Goldfeld von Thok-Jalung. Er sah sogar ein Nugget, der mindestens zwei Pfund wog. Etliche weitere, allerdings verlassene Goldfelder bemerkte er in der näheren Umgebung; er hörte auch, daß es zwischen Thok-Jalung und Gartok in fünfundzwanzig Kilometer Entfernung noch mehr Goldfelder gebe.

Nain Singh erfuhr, daß jeder Tibeter, der nach Gold schürfen wollte, dies auf den Feldern von Thok-Jalung gegen eine Gebühr, die an den Staat zu entrichten war, tun konnte. Er erfuhr, daß im Winter die Zahl der Goldgräber unvermutet stark zunahm: Von bloß dreihundert Schürfern im Sommer stieg sie dann bis auf sechstausend an. Der Grund dafür lag darin, daß im Sommer manchmal die Erde über den Goldgräbern einstürzte, so daß die Arbeit recht gefährlich war, während im Winter bei gefrorenem Boden mehr Sicherheit bestand. Doch trotz der bitteren Lebens- und Arbeitsbedingungen waren die Leute eine sehr fröhliche Gemeinschaft, wie Nain Singh fand; beim Schürfen sangen die Männer ständig, und die Frauen und Kinder stimmten in einiger Entfernung mit ein. Auf diesem baumlosen Plateau war der einzige Brennstoff, der ihnen zum Kochen und Heizen zur Verfügung stand, der getrocknete Dung von ihren Jaks, Ponys und Schafen. Nachts schliefen sie in der seltsamen tibetischen Stellung – auf den Knien und Ellenbogen, mit eingezogenem Kopf und jedes Bekleidungsstück, das sie besaßen, über sich aufgehäuft. Der Sinn dieser seltsamen Sitte bestand vermutlich darin, die empfindlicheren Körperteile vom tiefgefrorenen Boden fernzuhalten.

Nur vier Tage konnte Nain Singh in diesem sonderbaren zentralasiatischen Klondike bleiben, denn der Aufseher duldete ihn trotz inständiger Bitten seiner in die Korallen vernarrten Frau nicht länger. Doch auch in dieser kurzen Zeit gelang es dem Pandit, erstaunlich viel für Montgomerie auszukundschaften. Der Preis, den die Goldgräber erzielten, war, wie er erfuhr, gering – weniger als dreißig indische Rupien pro Unze. Gezahlt wurde in Silber, und der hauptsächliche Markt für das Gold außerhalb Tibets war China. Als Gegenleistung lieferten die Chinesen Unmengen Tee, den die Tibeter über alles lieben. Nain Singh fand heraus, daß sie überwiegend chinesischen Ziegeltee dem indischen Pendant vorzogen, obwohl letzterer wesentlich billiger war, weil er nicht so weit transportiert werden mußte. Wie die Goldgräber ihm erzählten, fanden sie indischen Tee zu »erhitzend« (was immer das heißen mochte), ein Getränk, gut genug für die Armen. Das war eine wenig ermutigende Nachricht für britische Teeanbauer in Darjeeling, die lange die Hoffnung gehegt hatten, China als Teehauptlieferanten für ein Volk verdrängen zu können, das pro Kopf bis zu fünfzig, sechzig Tassen am Tag trank – wenn auch mit Jakbutter vermischt. Und noch etwas anderes hinderte sie daran, die Chinesen zu übertrumpfen: Die einflußreichen tibetischen Klöster hielten gewissermaßen das Monopol auf allen Tee, der aus China kam, und weder sie noch die Chinesen hätten die Kontrolle über diesen äußerst lukrativen Markt ohne erbitterte Gegenwehr aus den Händen gegeben.

Am 31. August 1867 verließ Nain Singh das trübselige Goldgräberlager und ging, wie immer sorgfältig seine Schritte zählend, in Richtung Westen, wo er wieder zu seinen Leuten stoßen wollte. Die ganze Zeit über war Mani Singh als Geisel gehalten worden, um die anderen zur Rückkehr zu zwingen. Der neue Pandit, Kalian, hatte seine Route den Indus entlang vermessen. Er war der Quelle schon ganz nahe gewesen, als er wegen der Banditen seine Arbeit aufgeben mußte. Zwei bewaffnete Räuber hatten seinen Diener angegriffen, Kalian hatte ihn schreien gehört und war ihm zu Hilfe geeilt. Er war ein Riese von einem Mann und ergriff einen der Angreifer beim Zopf und schleuderte ihn durch die Luft. Sofort beteuerten die beiden Banditen, alles wäre nur ein Scherz gewesen, und machten sich eilig aus dem Staub. Obgleich Kalian kurz vor seinem Ziel war, befürchtete er, daß sich in diesem Gebiet voller Banditen ähnliche Überfälle wiederholen könnten, und deshalb kehrte er zum Treffpunkt zurück.

Ihre geheime Mission war nun weitgehend erfüllt, und so begaben sich die drei Pandits – Mani Singh war wieder dabei – mit ihren Dienern auf den Heimweg. Sie nahmen jedoch verschiedene Wege, denn Montgomerie hatte ihnen aufgetragen, soviel Gelände wie möglich zu vermessen, solange sie sich innerhalb der verbotenen Grenzen von Tibet befanden. Nain Singh nahm seinen Weg über die Stadt Gartok, die sie auf dem Hinweg bewußt gemieden hatten. Hier sollte er zu seinem Schrecken feststellen, daß das Gerücht verbreitet wurde, er sei ein britischer Spion, so daß er in höchster Eile weiterzog. Schließlich stießen alle drei wieder zusammen und kehrten gemeinsam über den Himalaja nach Indien und in Sicherheit zurück.

In Dehra-Dun erwies die Auswertung der Informationen, daß die drei Männer Ungewöhnliches geleistet hatten. Neben dem Wissen, das Nain Singh über die Goldfelder von Thok-Jalung und die tibetische Golderzeugung erworben hatte, hatten sie insgesamt eintausendvierhundert Kilometer vermessen. Das setzte Montgomerie und seine Karthographen in die Lage, in einem Gebiet von

über sechsundvierzigtausend Quadratkilometern viele weiße Flek-
ken auszufüllen und die Karte dieser wenig bekannten Region
Tibets mit der von Kaschmir zu verbinden. An fünfundsiebzig
verschiedenen Punkten hatten sie einhundertneunzig Breitengrad-
bestimmungen vorgenommen und über achtzigmal die Höhe ermittelt. Weil sie den allen Buddhisten heiligen Berg Kailas wolkenver-
hangen vorfanden, konnten sie seine Höhe nicht feststellen. Doch
Montgomerie und Oberst Walker waren sehr zufrieden mit den drei
Pandits, auch wenn es Mani Singh wieder nicht vergönnt gewesen
war, sich ähnlich hervorzutun wie sein jüngerer Cousin.

Diese geheimen Erkundungen waren so erfolgreich gewesen, daß
Montgomerie mit der Unterstützung und dem Rat von Nain Singh
weitere Pandits zu rekrutieren und auszubilden begann. Sie waren
alle des Lesens und Schreibens kundige, außergewöhnlich intelli-
gente und zum größten Teil miteinander verwandte Bergbewohner.
Doch dann taten Walker und Montgomerie etwas Unerklärliches.
Für den Erfolg dieser verbotenen, politisch höchst heiklen Infiltra-
tionen war, wie wir gesehen haben, absolute Geheimhaltung die
unabdingbare Voraussetzung; dennoch schickte Walker im Januar
1868 eine detaillierte Darstellung der ersten großen Erkundungs-
reise Nain Singhs an die Royal Geographical Society zur Veröffentlichung in ihrer Zeitschrift. Der Bericht, den er schickte und der
sich noch heute im Archiv der Gesellschaft befindet, war nichts
anderes als Montgomeries vollständiger amtlicher Bericht über das
Geheimunternehmen seines Agenten. Es steht fest, daß dies mit
Montgomeries Wissen und Zustimmung geschah, denn kurz auf
Walkers Brief folgte ein Schreiben Montgomeries, in dem er an
keiner Stelle darum bittet, seinen Bericht über Nain Singhs Mission
in Teilen oder ganz zu unterdrücken.

Und so wurden in der nächsten Ausgabe des *Journal of the Royal
Geographical Society* die Geheimnisse der Pandits jedermann preisgegeben, einschließlich ihrer falschen Gebetsmühlen, versteckten
Sextanten und manipulierten Rosenkränze, ihrer genau abgemesse-
nen Schritte, Verkleidungen und Identitätswechsel. Bedenkt man,
wieviel Einfallsreichtum, Zeit und Geduld für die Ausbildung der
Pandits aufgebracht worden waren und welche Arbeit man sich in
den Werkstätten von Dehra-Dun gemacht hatte, dann ist diese

eklatante Verletzung aller Sicherheitsregeln vollkommen unverständlich. Auf diese Weise wurde nicht nur das Leben der Pandits aufs Spiel gesetzt, sondern auch das Gelingen zukünftiger Operationen. Wie soll man sich dieses Tun erklären? Auch andere geheime Erkundungsreisen wie Nain Singhs Besuch der Goldfelder von Thok-Jalung sollten bald auf demselben Weg der Öffentlichkeit bekannt werden. Was Montgomerie sich gedacht haben mag, wissen wir nicht, doch es lassen sich Überlegungen anführen, die sein scheinbar so törichtes Verhalten rechtfertigen.

Erstens wurden in keinem Fall die Namen und Identitäten der Pandits enthüllt, sondern nur ihre Decknamen, von denen sie meist mehrere hatten. Außerdem überschritten jeden Monat Hunderte, wenn nicht gar Tausende von Pilgern und Händlern die Himalajapässe, was eine Entdeckung der Handvoll Pandits sehr unwahrscheinlich machte. Darüber hinaus wurde das *Journal of the Royal Geographical Society* nicht öffentlich verkauft, sondern nur an die Mitglieder der Society abgegeben, die allerdings eine internationale Gesellschaft bildeten. Russische Soldaten, Forscher und Geographen – ein zaristischer Forschungsreisender in Tibet sollte die Goldmedaille der Gesellschaft verliehen bekommen – lasen das *Journal* genauso begierig, wie ihre britischen Kollegen die russische Fachliteratur verfolgten. Doch obschon sie in Zentralasien miteinander rivalisierten, lag es nicht im Interesse der Russen, den Tibetern oder Chinesen zu verraten, was die Briten da taten. Schließlich hatte man auch in Petersburg die Absicht, in dieses verbotene Land einzudringen und seine Geheimnisse zu lüften. Solange also die Ergebnisse der Geheimreisen der Pandits und die daraus resultierenden Karten veröffentlicht wurden, war das durchaus im Interesse Petersburgs.

Die Chinesen wiederum hätten allen Grund gehabt, Montgomeries Agenten daran zu hindern, geheimdienstliche Aktivitäten in einem Land zu entfalten, das sie als Bestandteil ihres Reiches ansahen. Doch offensichtlich haben sie von diesen Dingen nie erfahren. Sie hatten eine Gesandtschaft in London, aber dort las man das *Journal* nicht, da man gar nichts von seiner Existenz wußte. Es hätte freilich nur eines einzigen Wichtigtuers bedurft, der die Aufmerksamkeit der Chinesen auf diese höchst unstatthaften Vorgänge lenkte, um zu erreichen, daß an alle tibetischen Grenzposten die Weisung ergangen wäre, Gebetsmühlen und Rosenkränze zu überprüfen und Reisekisten auf Geheimfächer zu untersuchen. Die Vermessungsergebnisse der Pandits zu veröffentlichen, war etwas anderes, als haarklein darzulegen, wie es zu ihnen gekommen war, was letztlich bedeutete, auf unverzeihliche Art und Weise Menschenleben, wenn nicht gar die Missionen selbst, aufs Spiel zu setzen. Um Montgomerie Gerechtigkeit widerfahren zu lassen, sollte nicht unerwähnt bleiben, daß die Pandits nicht im Sold des indischen Militärgeheimdienstes standen (den es damals noch gar nicht gab), sondern von der weitgehend der Armee unterstehenden Landvermessungsbehörde bezahlt wurden. Doch ihr Tun läßt sich nur mit dem Wort »Spionage« bezeichnen. Unter Einsatz ihres Lebens mußten sie Informationen jeglicher Art einholen, vor allem über Wege und Pässe, die im Falle von Feindseligkeiten für das Militär von größter Bedeutung waren. Wären die Tibeter oder Chinesen der Pandits habhaft geworden, hätten diese gewiß das Schicksal aller Spione erlitten.

Die Jahre um 1870 brachten den Pandits, deren Zahl inzwischen auf fast ein Dutzend gestiegen war, viel zu tun. Es würde zu weit führen, allen von ihnen zu folgen, die sie riesige Gebiete des unbekannten Tibet durchmaßen und dabei unaufhörlich ihre Schritte zählten, aber zwei Unternehmungen verdienen besonderes Augenmerk. Die erste, die vier Jahre dauern sollte, begann 1878, ironischerweise in Montgomeries Todesjahr. Im Alter von siebenundvierzig Jahren starb er in England an zerrütteter Gesundheit, doch er hatte noch miterleben dürfen, daß sein Schützling Nain Singh mit der Goldmedaille der Royal Geographical Society ausgezeichnet wurde, weil er »in größerem Maße zum Erstellen der Karte von Asien beigetragen [habe] als jeder andere Zeitgenosse«. In diesem Jahr war es jedoch nicht Nain Singh, der den Beifall und die Bewunderung seiner Forscherkollegen herausforderte.

Kishen Singh – Deckname »A. K.« – war mit einundzwanzig Jahren der jüngste Pandit gewesen, als Montgomerie ihn sechs Jahre zuvor angeworben hatte. Er konnte auf zwei erfolgreiche Missionen zurückblicken, als er jetzt von Walker, der inzwischen General war, auf eine, wie sich herausstellen sollte, Marathontour von fast fünftausend Kilometern geschickt wurde. Sein Ziel war der damals unerforschte Nordostzipfel von Tibet um den See Kuku-nor herum, nahe an der chinesischen und der mongolischen Grenze. Ein ganzes Jahr lang mußte Kishen Singh in Lhasa warten, ehe er eine Karawane fand, die in diese öde Gegend zog. (Die Karawanen ließen Fremde nicht gern wissen, wann sie aufbrechen wollten, da sie Banditen auf sich aufmerksam zu machen fürchteten.) So nutzte er die Zeit, um die bis dahin detaillierteste Karte der tibetischen Hauptstadt anzufertigen. Außerdem lernte er Mongolisch, was sich als sehr vorteilhaft erweisen sollte, als er sich schließlich zusammen mit seinem Gehilfen einer nach Norden ziehenden Karawane von Mongolen anschließen konnte, die alle schwer bewaffnet waren gegen die Überfälle durch unvermeidliche Räuberbanden, die dieses gesetzlose Gebiet durchzogen.

Sie waren bereits seit einigen Wochen in der ausgesprochen trostlosen Tschang-tang, der großen Wüste im Norden Tibets, unterwegs, als sie von einer zweihundert Mann starken Bande überfallen wurden. Obwohl sie nur halb so viele Männer wie die Banditen waren, gelang es den Mongolen, die Räuber in die Flucht zu schlagen. Doch unglücklicherweise verlor Kishen Singh, der als Händler auftrat, alle seine Lasttiere und den größten Teil der Waren, die er in Lhasa für den Verkauf im Norden erworben hatte. Wie durch ein Wunder blieben ihm jedoch seine Meßinstrumente erhalten. Fast völlig mittellos, war der Pandit dennoch fest entschlossen, mit seinem Begleiter weiterzuziehen. Zweimal war er sogar gezwungen, sich zu verdingen, um etwas zu essen zu haben. Das eine Mal hütete er die Kamele eines tibetischen Händlers, und das andere Mal hütete er fünf Monate lang Ponys und Ziegen. Bettelarm gelangten er und sein treuer Begleiter immer weiter nach Norden, bis sie schließlich bis zur chinesischen Oasenstadt Tung-kuan kamen, tief in der Wüste Gobi und weit entfernt von der tibetischen Grenze. Zwischen den Sanddünen liegen hier die berühmten Höhlen der tausend Buddhas, wo Sir Aurel Stein mehr als ein Vierteljahrhundert später auf eine lange verschollene Bibliothek stoßen sollte. Zur Zeit des Pandit waren diese Höhlen jedoch nur buddhistischen Pilgern bekannt. Nicht zufrieden damit, bis hierher gekommen zu sein, strebten Kishen Singh und sein Begleiter, die jeden Schritt zählten, noch weiter nordwärts in die Wüste hinein, bis nach Lop-Nor, wo ein knappes Jahrhundert später die Chinesen ihre ersten Kernwaffen testen sollten.

Jetzt zogen sie zum erstenmal Argwohn auf sich. Kurz nachdem sie Tungkuan verlassen hatten, wurden sie von einem Reiter eingeholt, der vom chinesischen Gouverneur den Befehl erhalten hatte, sie zurückzubringen. Obgleich ihre Meßinstrumente nicht entdeckt wurden, hielt der Gouverneur sie für Spione, und sie blieben fast sieben Monate lang seine Gefangenen. Durch einen glücklichen Zufall kam ein prominenter tibetischer Lama, den sie kannten, als Pilger zu den heiligen Höhlen von Tungkuan. Er konnte ihre Freilassung dadurch erwirken, daß er sich erbot, sie als Diener auf seine Rückreise von tausend Kilometern mitzunehmen. Nachdem sie in seinem Kloster angelangt waren, mußten sie noch zwei Monate auf die Vergütung ihrer Dienste warten, doch schließlich erreichten sie die Stadt Tatschienlu an der Ostgrenze Tibets. Hier wurden die beiden abgerissenen, mittellosen Reisenden von katholischen Priestern aufgenommen, die an der tibetisch-chinesischen Grenze eine kleine Missionsstation führten.

Kishen Singh hatte ein Empfehlungsschreiben von General Walker an den Leiter der Mission bei sich. Der Priester, den er ins Vertrauen zog, versorgte seine Gäste mit Geld und gab einem Priester, der nach Indien reiste, eine Botschaft für Walker mit, die besagte, daß sie wohlauf waren. Dankbar wurde die Nachricht von den besorgten Angehörigen des Pandit aufgenommen, denn es war mittlerweile vier Jahre her, daß sie das letztemal von ihm gehört hatten. Ein schreckliches Gerücht war ihnen in der Zwischenzeit zu Ohren gekommen; es hieß, er wäre von den Tibetern als Spion festgenommen worden, und um seine Aktivitäten zu unterbinden, hätte man ihm beide Beine amputiert. Auch General Walker hatte diese Berichte gehört und über seine nepalesischen und kaschmirischen Kontakte bereits in Lhasa Nachforschungen angestellt, als ihn die Nachricht des Priesters erreichte, daß der Pandit sich auf dem Rückweg nach Indien befinde.

Ihre immer noch ununterbrochene Vermessungstour entlang der tibetisch-chinesischen Grenze fortsetzend, erreichten die beiden Männer schließlich den damals noch relativ unbekannten wilden südöstlichen Zipfel Tibets, wo die großen Flüsse des Hochlands durch den Himalaja strömen und in das Tiefland hinabstürzen. An einer Stelle befanden sie sich nur noch fünfzig Kilometer von britischem Territorium entfernt, trauten sich aber nicht, dieses Gebiet zu durchqueren, denn es war die Domäne der blutrünstigen Mishmi, eines Stammes, der für seine Heimtücke berüchtigt war. Im Jahre 1854 hatten Mishmi die französischen Missionare Krick und Boury umgebracht, nachdem sie ihnen freies Geleit versprochen hatten. Und sie blieben nicht die letzten Reisenden, die in diesem gefährlichen Gebiet umkamen. Statt dessen wandten sich der Pandit und sein Begleiter nach Westen, um Nordindien zu erreichen. Doch auch jetzt waren ihre Sorgen noch nicht zu Ende, denn kurz nachdem sie an einem tibetischen Straflager vorübergekommen waren, wurden sie wegen ihrer abgerissenen Erscheinung verdächtigt, entsprungene Sträflinge zu sein. Wiederum verdankten sie ihre Freilassung der zufälligen Ankunft eines einflußreichen Bekannten, der bereit war, für sie zu bürgen. Es war das zweitemal seit ihrer Freilassung in Tungkuan, daß sie festgenommen wurden – erst kurz zuvor waren sie verdächtigt worden, Diebe zu sein. Nur wer Übles im Schilde führte, erklärte man ihnen, war zu dieser Zeit des Jahres unterwegs. Nachforschungen hatten zu ihrem Glück ergeben, daß in letzter Zeit keine Verbrechen vorgekommen waren, die man ihnen hätte anhängen können, und sie waren freigelassen worden.

Über viereinhalb Jahre nach seinem Aufbruch zu dieser Marathontour erreichte Kishen Singh schließlich Darjeeling. Auf einem Fußmarsch von viertausendfünfhundert Kilometern hatte der Pandit eine lückenlose Vermessung riesiger, vorher nicht bekannter und nicht kartographierter Gebiete Tibets vorgenommen. In anderen Worten: Kishen Singh hatte mit Hilfe seines Rosenkranzes über fünfeinhalb Millionen Schritte gezählt. Das war eine unerhörte Leistung, die unglaubliche Entschlossenheit und Hingabe erforderte, ganz zu schweigen von der außerordentlichen Tapferkeit. In einer Denkschrift, die später von der Royal Geographical Society verlesen wurde, berichtete General Walker von der Rückkehr Kishen Singhs und seines treuen Gefährten Chumbel.

»In einem Zustand, der an Verwahrlosung grenzte, trafen sie hier ein. Ihr Geld war erschöpft, ihre Kleider waren zerlumpt und ihre Körper von Mangel und Entbehrungen ausgezehrt ... Doch so abgerissen und erschöpft sie auch waren, so sehr jubelten sie über ihren Erfolg.«

Kishen Singh hatte nicht nur all seine Vermessungsergebnisse trotz mannigfacher Gefahren und Fährnisse retten können, sondern brachte auch alle seine Vermessungsgerätschaften, einschließlich des unförmigen Sextanten, intakt zurück. Doch persönlich war ihn das Unternehmen teuer zu stehen gekommen. Er mußte erfahren, daß während seiner Abwesenheit sein kleiner Sohn gestorben war und seine Frau ihn verlassen hatte. In den Monaten der Not und Entbehrung hatte seine Gesundheit ernsthaft gelitten, und eine Zeitlang war es sogar fraglich, ob er je wieder gesund werden würde. Schließlich wurde ihm auch noch die goldene Uhr gestohlen, die er in Anerkennung seiner außerordentlichen Leistungen von der Royal Geographical Society erhalten hatte. Doch die höchste Anerkennung, über die er sich vielleicht am meisten gefreut hätte, kam erst Jahre später, als Oberst C.H.D. Ryder, der nachmals die Landvermessungsbehörde in Indien leitete, zweihundert Kilometer weit die Route von Kishen Singh englangreiste und mittels vieler moderner Instrumente feststellte, daß das Ergebnis des Pandit von dem seinen um weniger als zwei Kilometer abwich.

* * *

Was jedoch hehrsten Pflichteifer betrifft, so vermag nichts die Geschichte von Kintup oder »K. P.« zu übertreffen, der von Hauptmann H. J. Harman von der Vermessungsbehörde nach Tibet geschickt worden war, um ein für allemal herauszufinden, ob der Tsangpo in den Brahmaputra floß, nachdem er im Himalaja verschwand. Geschehen sollte das, indem man einfach markierte Hölzer ins Wasser warf, um dann zu sehen, wo sie wieder auftauchten. Beobachtungsergebnisse, die Nain Singh von seiner ersten Tibetreise mitgebracht hatte, deuteten nämlich darauf hin, daß die beiden Flüsse ein und derselbe Fluß seien. Und Kishen Singhs Erkenntnisse bestätigten dies, doch als Kintup sich im August 1880 auf den Weg machte, war Kishen noch in Tibet und wurde bereits für tot gehalten.

Aus nicht nachvollziehbaren Gründen erwählte Hauptmann Harman einen chinesischen Lama, der in Darjeeling lebte, zum Leiter der Expedition. Kintup, der als dessen Diener auftrat, sollte ihn als Assistent begleiten. Obwohl er weder lesen noch schreiben konnte, war er bereits zweimal mit anderen Pandits in dieser Rolle gereist und hatte sich als äußerst intelligent und verläßlich erwiesen. Sie hatten die Instruktion, dem Tsangpo so weit wie möglich nach Osten zu folgen und dann fünfhundert markierte Hölzer, jedes dreißig Zentimeter lang, in den Fluß zu werfen, und zwar von einem festgelegten Datum an jeweils fünfzig Stück täglich. Wie sich jedoch bald herausstellen sollte, besaß Harman bei der Auswahl von Mitarbeitern keine so glückliche Hand wie Montgomerie. Denn schon lange bevor die beiden Männer den Tsangpo erreichten, verjubelte der Lama ihr Geld für Frauen und Alkohol und vertrödelte allein in einem Dorf kostbare Monate. Außerdem behandelte er Kintup, der ein frommer Buddhist war, verächtlich und bisweilen sogar brutal.

Zu guter Letzt erreichten sie den Tsangpo und zogen an seinen Ufern entlang. Je weiter sie nach Osten kamen, desto beschwerlicher wurde die Reise. Insgeheim hatte der Lama schon entschieden, sich nicht länger mit so beschwerlicher Arbeit zu plagen. Kintup erklärte er, er werde für zwei, drei Tage weggehen, und er trug ihm auf, seine Rückkehr im Haus des Dorfvorstehers abzuwarten. Als der Lama nicht wiederkam, wurde Kintup die schreckliche Wahrheit klar. Sein Kollege hat ihn als Sklaven an den Dorfvorsteher verkauft und befand sich längst auf dem Heimweg nach China.

Nachdem Kintup einige Monate lang für seinen neuen Herrn gearbeitet hatte, gelang ihm die Flucht, und er machte sich sogleich wieder auf den Weg, um seinen Auftrag zu erfüllen. Doch kurz vor dem Kloster Marpung wurde er von den Verfolgern eingeholt, die der Dorfvorsteher ihm nachgeschickt hatte. Voller Verzweiflung wandte sich Kintup an den Abt des Klosters. Auf den Knien flehte er um Hilfe und versicherte, daß er ein armer Pilger sei, den sein Reisegefährte verraten und in die Sklaverei verkauft habe. Der Abt hatte Mitleid mit ihm und kaufte ihn für fünfzig Rupien dem Dorfvorsteher ab, unter der Bedingung, daß Kintup für eine bestimmte Zeit bei ihm blieb und die Summe abarbeitete. Der Abt erwies sich als umgänglicher Dienstherr, und Kintup bat ihn nach einiger Zeit, ihn eine Pilgerfahrt zu einem heiligen Berg machen zu lassen, der eine Strecke weiter flußabwärts am Tsangpo lag. Der Abt willigte ein.

Als Kintup – mit etlichen Monaten Verspätung – die Stelle erreichte, von der aus er und der Lama die Hölzer auf den Weg schicken sollten, machte er sich sogleich an die Arbeit, um alles vorzubereiten. Irgendwie war es ihm gelungen, eine Säge aufzutreiben und trotz aller Mißgeschicke auch die Kennzeichen zu verstecken, die ihnen Harman mitgegeben hatte. Dann versteckte er alles in einer Höhle und kehrte zu seinem Herrn zurück. Es hätte keinen Zweck gehabt, die Hölzer in den Fluß zu werfen, ohne vorher Harman zu benachrichtigen, damit der Brahmaputra beobachtet wurde. Die einzige Möglichkeit bestand darin, ihm von Lhasa aus einen Brief zu schicken. Doch wie den Brief dorthin befördern? Nachdem Kintup weitere zwei Monate geduldig für den Abt gearbeitet hatte, bat er ihn, erneut eine Pilgerfahrt unternehmen zu dürfen. Der Abt willigte ein, und Kintup machte sich zur tibetischen Hauptstadt auf den Weg. Dort angekommen, ließ er – selbst war er ja Analphabet – einen Sikkimesen, den er kannte, den folgenden Brief an einen Pandit schreiben, mit dem er einmal gearbeitet hatte und der jetzt in Darjeeling wohnte. Er bat ihn, diesen Brief unverzüglich an den Chef der Vermessungsbehörde weiterzuleiten.

»Sir [ließ er schreiben], der Lama, mit dem ich zusammen war, verkaufte mich als Sklaven an ein Dorfoberhaupt und machte sich mit den Instrumenten, die ihm anvertraut waren, aus dem Staub. In Anbetracht dessen erwies sich die Reise als Mißerfolg. Ich, Kintup, habe jedoch fünfhundert Hölzer gemäß der Anweisung von Hauptmann Harman präpariert und bin darauf vorbereitet, sie von Bipung in Pemako aus in den Tsangpo zu werfen, und zwar je fünfzig Hölzer am Tag, vom fünften bis fünfzehnten Tag des zehnten tibetischen Monats im Jahre *Chuluk* …«

Der Brief wurde von der Frau seines sikkimesischen Freundes nach Darjeeling gebracht, und Kintup kehrte für weitere neun Monate zu seinem Herrn zurück. Als sich die Zeit näherte, zu der er die Hölzer auf die Reise schicken wollte, fragte er wiederum, ob er den heiligen Berg am Tsangpo aufsuchen könne. Erfreut über die

Frömmigkeit seines Dieners, schenkte der Abt diesmal Kintup die Freiheit. Kintup begab sich zum Versteck seiner Hölzer und ließ sie, immer fünfzig Stück pro Tag, ins Wasser. Trotz aller nur erdenklichen Hindernisse hatte er nun seine Mission erfüllt und konnte den Rückweg nach Indien antreten.

Bei der Ankunft zu Hause nach vierjähriger Abwesenheit hatte er einige Schicksalsschläge hinzunehmen. Als erstes erfuhr er, daß seine Mutter gestorben war, in dem Glauben, er sei ebenfalls tot. Dann zeigte sich, daß seine Nachricht nie bei der Landvermessungsbehörde angekommen war, da der Pandit, dem er sie geschickt hatte, vorher gestorben war. Die treue Arbeit vieler Monate war also umsonst gewesen. Die fünfhundert Hölzer, die er so gewissenhaft hergerichtet hatte, waren völlig unbemerkt den Brahmaputra hinab in den Indischen Ozean geschwommen. Das Tsangpo-Brahmaputra-Rätsel war inzwischen ohnehin gelöst. Das schlimmste jedoch war, daß viele Kintups verblüffende Geschichte einfach nicht glauben wollten, und so geriet er in Vergessenheit, seine Aufopferung erfuhr keine Anerkennung. In den Akten findet sich jedoch der diktierte Bericht seiner Reisen mit unzähligen topographischen Details. Fast dreißig Jahre später erkannte ein britischer Grenzoffizier, Oberst Eric Bailey, der in dem kaum bekannten Gebiet ausgiebig gereist war, das Kintup beschrieben hatte, wie akkurat dessen Angaben gewesen waren. Überzeugt davon, daß Kintup in allem die Wahrheit gesagt hatte, begab sich Bailey auf seine Spur und fand ihn in Darjeeling, wo er als Schneider tätig war. Bailey machte seinen ganzen Einfluß geltend, um zu erreichen, daß ihm eine Rente gewährt wurde, doch vergebens. Statt dessen erhielt er eine einmalige Zahlung von eintausend Rupien. Sehr bald darauf starb Kintup, immer noch vergessen, aber rehabilitiert.

* * *

Nain Singh und Kishen Singh, die erfolgreichsten Pandits, erhielten beide eine kleine Rente und ein Stück Land. Wenig genug kostete die indische Regierung Nain Singhs Pension, wenn man bedenkt, von welchem Wert er für sie gewesen war, denn er starb bereits im Jahr 1882, nicht lange nachdem er von einer letzten geheimen Reise durch Tibet zurückgekehrt war und sich zur Ruhe gesetzt hatte. Kishen Singh jedoch erfreute sich trotz seiner angegriffenen Gesundheit fünfunddreißig Jahre lang sowohl seiner Pension als auch der Einkünfte aus dem kleinen Himalajadorf Itarhi. Er starb erst 1921 – »zuverlässig, ehrlich, tapfer und äußerst tüchtig«, wie in seiner Personalakte steht – der letzte Überlebende dieser großen Ära.

Was wäre wohl aus diesen außergewöhnlichen Helden geworden, wenn sie nicht indische Bergbewohner gewesen wären, sondern Engländer? Dieser Frage ist ein amerikanischer Gelehrter und Forschungsreisender schon im Jahre 1891 nachgegangen. William Rockhill, der selbst zwei abenteuerliche, illegale Reisen durch Tibet unternommen hatte, schrieb in seinem Buch *The Land of the Lamas*: »Wenn irgendein britischer Kundschafter ein Drittel von dem geleistet hätte, was Nain Singh … oder Kishen Singh [er nennt noch andere] vollbracht haben, dann wären ihm Orden und Medaillen, lukrative Stellungen und berufliches Fortkommen, Ehrenbürgerrechte und jede Art öffentlicher Verehrung sicher gewesen. Was jedoch diese einheimischen Kundschafter betrifft, so sind eine bescheidene finanzielle Anerkennung und ein Schattendasein alles, worauf sie hoffen können …«

Was aber bewegte Männer wie Nain Singh, Kishen Singh und Kintup dazu, für ihre britischen Herren solche Heldentaten zu vollbringen und so große Risiken auf sich zu nehmen? War es nur die begeisternde Führung von Offizieren wie Montgomerie und Walker? War es etwa das Gefühl, zu einer gewissen Elite zu gehören, was in diesen Einheimischen einen Esprit de corps erzeugte, da jeder von ihnen wußte, daß er sorgsam ausgewählt worden war? Erfahren werden wir es wohl nie, denn alle, die mit den Pandits zu tun hatten, sind längst verstorben. Der letzte von ihnen, Oberst Bailey, starb 1967. Als junger Staatsbeamter hatte er einige der einstigen Pandits gekannt, und zwei von ihnen hatten in dem Gremium gesessen, das ihn in tibetischer Sprache prüfte. Obgleich er in seinen Memoiren große Bewunderung für diese Forscherspione bekundet – und keiner war mehr dazu berufen, ihre Arbeit richtig zu beurteilen, als er, der er selbst sowohl Forscher als auch Spion gewesen war –, kommt er nirgends auf diese Frage zu sprechen. Vielleicht war ihm die Pflichterfüllung so selbstverständlich, daß er sie bei anderen genauso voraussetzte.

Einer allerdings erhob die Frage – und versuchte, sie zu beantworten. Das war Richard Temple, ehemaliger Gouverneur von Bengalen und ein erfahrener Himalajareisender, der die Pandits sehr gut kannte. Im Anschluß an einen Vortrag über die Leistungen von Kishen Singh, den General Walker vor der Royal Geographical Society hielt, erklärte er: »Wäre er Engländer gewesen, dann hätte er den Ansporn besessen, den eine Allgemeinbildung gewährt. Wäre er Engländer gewesen, dann hätte er sich darauf gefreut, in sein Heimatland zurückzukehren, wo ihn der Applaus der Menge, der Dank des Parlaments und die gnädige Anerkennung des Herrscherhauses erwarteten. Doch was sollte sich dieser arme Mensch erhoffen?«

Für seine Zuhörer war Sir Richards Antwort ausreichend, und sie war zweifellos aufrichtig gemeint, auch wenn sie nicht ganz überzeugend klingt – und es fällt uns in der Tat schwer, uns vorzustellen, was sonst diese Männer dazu bewegt haben mag, solche Ausdauer und Treue zu beweisen. Er sagte: »Nicht jene Ehren, die der britischen Unternehmung einen ehrenvollen Anreiz verliehen, sondern nur dies: seine Begeisterung für die Abteilung, für die er arbeitete, sein Gehorsam gegenüber einem so guten Vorgesetzten wie General Walker, seine Loyalität gegenüber dem öffentlichen Dienst, seine Entschlossenheit, seine Pflicht im Rahmen seiner beschränkten Möglichkeiten zu erfüllen, und vor allem sein Vertrauen auf die britische Regierung, die ihn, wie er wußte, großzügig belohnen würde, wenn er überlebte, und sich um seine Angehörigen kümmern würde, falls er umkam.«

Was, so fragt man sich, hätte Kintup, der für keinerlei Anerkennung außer seiner kläglichen Bezahlung Not und Gefahren so bereitwillig auf sich genommen hatte, wohl davon gehalten? Heutzutage sind die Pandits leider sämtlich vergessen, und das nicht nur in Großbritannien, sondern auch in ihrem Heimatland. Als ich dem jetzigen Direktor der Vermessungsbehörde in Indien schrieb, weil ich hoffte, mehr Informationen über diese einstigen Mitarbeiter zu erhalten, bekam ich keine Antwort. In meinem Brief hatte ich erklärt, daß ich das Andenken der Pandits zumindest auf dem

Papier für eine Welt ehren wollte, die so wenig von ihnen wußte. Vielleicht ist mein Brief nie in Dehra-Dun angekommen. Vielleicht schämen sich die Inder der nachkolonialen Epoche auch der Pandits, denn sie waren ja keine Helden Indiens, sondern des Britischen Empire.

Wo immer der Platz der Pandits in der Geschichte Asiens sein mag – es besteht kein Zweifel daran, daß sie mit ihren geheimen Touren über das Dach der Welt das Interesse anderer Reisender weckten. Und es sollte nicht lange dauern, bis ein internationaler Wettlauf nach Lhasa begann, der geheimnisvollsten Stadt auf Erden.

5. Der Wettlauf nach der Heiligen Stadt

Waren die ungebetenen Gäste fest entschlossen, in das Land einzudringen, so waren die Tibeter ebenso entschlossen, das nicht zuzulassen. Die furchtbare Strafe, die über einen tibetischen Regierungsbeamten verhängte wurde, der unwissentlich einem solchen Eindringling behilflich gewesen war, bietet grausigen Beweis dafür. Er wurde festgenommen, eingesperrt, ausgepeitscht und dann lebend, die Hände auf den Rücken gebunden, in den Tsangpo geworfen. Seinen Dienern wurden Hände und Füße abgehackt und die Augen ausgestochen, und dann ließ man sie qualvoll sterben. Außerdem wurde der Beamte, ein hochrangiger Lama, der einem Kloster vorstand, posthum zu ewiger Verdammnis verurteilt – eine Strafe, die ein frommer tibetischer Buddhist mehr fürchtete als den Tod. Als sich bald nach seiner Exekution in einem kleinen Jungen seine Reinkarnation zeigte, wurde das Kind herzlos ausgesetzt. Grenzbeamte, die den Eindringling die Kontrollstelle hatten passieren lassen, wurden gleichfalls schwer bestraft, und neunzehn Jahre später lagen zwei andere Männer, die ebenfalls in die Sache verwickelt gewesen waren, immer noch in Lhasa in Ketten.

Der ungebetene Gast, der all diesen Ärger verursacht hatte, war Sarat Chandra Das, in *Kim* als Hurree Chunder Mookerjee verewigt. Als frommer buddhistischer Gelehrter verkleidet, obwohl er Hindu war und in britischen Diensten stand, kam er zweimal nach Tibet – das erstemal 1879 und noch einmal 1881. Anders als die anderen Pandits war er ein hochgebildeter Bengali, und er brachte eine Unmenge politischer, ökonomischer und anderer Informationen mit zurück, die ihm zum größten Teil von nichtsahnenden tibetischen Beamten anvertraut worden waren. Aber nach seiner Rückkehr nach Indien sickerte die Geschichte seiner Reisen durch, und die Tibeter erfuhren bald davon – was die oben erwähnten grausamen Resultate zeitigte.

Ehe das Britische Empire und das Zarenreich nach Zentralasien hin zu expandieren begannen, hatten die Tibeter keinen Grund gehabt, sich vor dem weißen Mann zu fürchten. Die Handvoll europäischer Reisender, die über ihre Grenzen kamen, wurden eher als wundersame, kuriose oder unterhaltsame Wesen bestaunt. Weitaus besorgter war man wegen der Gurkhas aus dem benachbarten Nepal, die um die Mitte des achtzehnten Jahrhunderts über die Grenzen geritten kamen, um zu plündern. Doch im Jahre 1792 wurde diese Gefahr für immer beseitigt, als ein einfallendes Gurkha-Heer von einer siebzigtausend Mann starken chinesischen Strafexpedition in die Flucht geschlagen und niedergemetzelt wurde.

Bald jedoch begann sich die Landkarte Zentralasiens zu verändern. Zum einen verschlang die russische Kriegsmaschine ein Khanat nach dem anderen um Samarkand und Khiva, und zum anderen dehnte sich Britisch-Indien nordwärts, nach Tibet hin aus. Das strategische Ziel Großbritanniens war letzten Endes relativ harmlos – es wollte eine Reihe von Pufferstaaten, einen *Cordon sanitaire*, zwischen dem Reichtum Indiens und möglichem Ärger im Norden errichten. Doch als die Tibeter bemerkten, was um sie herum vorging, sahen sie es wohl kaum so, und sie fühlten sich von den neuen Großmächten in Asien ernsthaft bedroht.

Die Chinesen, das wußten sie, waren nicht in der Lage, sie vor den modernen Waffen dieser mächtigen Neulinge zu schützen, wie sie es bei den primitiv bewaffneten Gurkhas vermocht hatten. Von nun an mußten die Tibeter ihre Grenzen selbst schützen. Die Ausländer oder »Fringies«, so warnten die Machthaber in Lhasa die Provinzbehörden, griffen zu jedem erdenklichen Trick. Sie schlichen sich in ein Land ein, auf das es sie gelüstete, schürten dort Aufruhr gegen die Obrigkeit und annektierten es dann. Die Chinesen, die selbst verzweifelt ihr auseinanderbrechendes Reich zusammenzuhalten versuchten und die neuen Imperialisten fürchten mußten, machten sich diese Ängste der Tibeter zunutze, indem sie ihnen erzählten, die Briten hätten die nepalesische Invasion angestiftet. Daraufhin beschloß Lhasa, allen Nichtasiaten seine Grenzen zu verschließen.

Von nun an nährte sich die tibetische Fremdenfeindlichkeit von zwei Grundängsten. Die eine Angst betraf ihre Goldvorkommen, auf die der Pantschen Lama selbst in aller Unschuld Warren Hastings Aufmerksamkeit gelenkt hatte und die Lhasa nun als Ziel der Briten wähnte. Die zweite und weitaus größere Angst der Tibeter betraf die Bedrohung ihrer Religion, die sich die Briten und die Russen, wie die Chinesen ihnen weismachten, zu vernichten vorgenommen hatten. Dies erklärt die zwanghafte Angst der Tibeter vor Missionaren und ihre Entschlossenheit, Ausländer um jeden Preis von Lhasa, ihrer heiligen Hauptstadt, fernzuhalten.

All das konnte jene abenteuerlustigen Reisenden nicht abschrekken, die sich, inspiriert vom Erfolg der Pandits, darauf versteift hatten, Tibet zu betreten und, wenn irgend möglich, Lhasa zu erreichen. Ja, je mehr Schwierigkeiten sich auftürmten, desto verlockender schien das ganze Unterfangen zu werden. Unter den britischen Grenzbeamten war das Verlangen, diesem geheimnisvollen, verbotenen Land vor ihrer Haustür einen Besuch abzustatten, regelrecht zu einer »Berufskrankheit« geworden, wie ein zeitgenössischer Historiker schrieb. Und die beruhigenden Worte eines schlecht beratenen britischen Konsuls, der im Westen Chinas seinen Amtsbezirk hatte, bestärkten alle Möchtegern-Tibetfahrer schlagartig in ihren Hoffnungen, denn als er einen Bericht über Nain Singhs geheime Reise im Jahre 1865 gelesen hatte, schrieb er einen empörten Brief an die Royal Geographical Society, die diesen in ihrer Zeitschrift auch abdruckte. Darin erklärte er: »Es ist zu bedauern, daß es das Topographische Amt Indiens unter der irrigen Annahme, die chinesische Regierung dulde keine Ausländer in ihrem Land, für notwendig erachtet hat, Agenten über die chinesische Grenze zu schleusen, um Landvermessungen insgeheim statt offen vorzunehmen.«

Er versicherte den Reisenden, das Betreten dieser Region des Chinesischen Reiches (womit er eindeutig Tibet meinte) sei »für britische Untertanen ein leichtes und völlig sicher«, vorausgesetzt, sie seien im Besitz eines chinesischen Passes, der sie dazu berechtigte. Das Einschleusen verkleideter Pandits ohne solche Papiere, so erklärte er, müsse »Mißtrauen unter den Chinesen wecken und sich schädlich auf die seit Jahren bestehenden vertrauensvollen Beziehungen zwischen der britischen und der chinesischen Regierung auswirken«. Daß sich die britischen Beamten in China und die von

71

Britisch-Indien damals nicht ausstehen konnten, ist wohlbekannt. Indem der Konsul den angehenden Tibetreisenden diesen irreführenden Rat gab, machte er sich die offizielle Pekinger Lesart zu eigen, daß Tibet unter chinesischer Kontrolle stehe.

Die Regierung von Britisch-Indien erwies sich als genauso leichtgläubig. Nach dem von Eingeborenen verübten Mord an einem britischen Beamten, der durch Yunnan reiste, hatten sich die in Verlegenheit gebrachten Chinesen widerwillig bereit gefunden, für eine offizielle britische Expedition nach Lhasa Pässe auszustellen. Fairerweise muß gesagt werden, daß die Mandschubeamten in Peking allem Anschein nach tatsächlich glaubten, ihre Herrschaft werde in Tibet respektiert. Die Tatsache, daß das nicht mehr der Fall war, mochte der chinesische *Amban* im fernen Lhasa gegenüber Peking so schnell nicht zugeben. Schließlich hätte ihn das sein einträgliches Amt gekostet, wenn nicht gar seinen Kopf. Sollte man in Peking um die wirklichen Zustände in dem barbarischen Tibet gewußt haben – das Beamte als äußerst mißliebigen Posten ansahen –, dann konnte man sich vermutlich einfach nicht vorstellen, daß jemand ernsthaft wünschen könnte, nach Lhasa zu reisen. In diesem Fall sollte man sich in Peking noch gewaltig wundern. Die offizielle britische Expedition kam zwar nicht weiter als bis zur Grenze – aus Gründen, die wir noch erfahren werden –, doch es entstand kein Mangel an Teilnehmern im Wettlauf zur tibetischen Hauptstadt.

Sie kamen aus neun verschiedenen Ländern und aus beinahe jeder möglichen Richtung. Alle bis auf einen – einen Japaner – waren Weiße, und alle waren Menschen von außergewöhnlicher Entschlußkraft und Tapferkeit. Drei der Kühnsten waren Frauen. Keiner von ihnen zweifelte auch nur einen Augenblick an ihrem Recht, in Tibet einzudringen – am allerwenigsten der erste von ihnen, der an den Start ging, Oberst Nikolai Prschewalski von der zaristischen russischen Armee.

Er war ein Profi durch und durch und unternahm zwei energische Vorstöße nach Lhasa. Bereits im Winter 1872, als die Pandits noch heimlich die weißen Flecke auf den britischen Landkarten ausfüllten, unternahm er seinen ersten Erkundungszug in die schlecht bewachten nördlichen Regionen und drang dabei bis an die

Quellflüsse des Jangtsekiang vor, ehe er von den Unbilden des Winters gezwungen wurde, umzukehren. So überaus beschwerlich die Reise auch gewesen war (sie hatte Prschewalski fünfundfünfzig Kamele und vierundzwanzig Pferde gekostet), der Reiz dieses Landes und seine unerhörten Erlebnisse dort ließen in ihm den Entschluß reifen, das nächste Mal Lhasa zu erreichen.

An ihrem allerersten Tag waren sie von chinesischer Kavallerie angegriffen worden, die glaubte, es mit Banditen zu tun zu haben. Da die Russen nicht von der Stelle wichen und sich statt dessen anschickten zu schießen, zogen sich die Chinesen zurück und erklärten hinterher, es sei ein Mißverständnis gewesen. Am nächsten Tag machten die Russen hundert Banditen aus, die ihnen auflauerten. Die Mongolen in Prschewalskis Karawane wollten kehrtmachen, aber er hatte gedroht, jeden zu erschießen, der das tat. Seine offenkundige Furchtlosigkeit und seine modernen Waffen beeindruckten die Strauchritter so sehr, daß der Forschungsreisende als legendärer Gewehrschütze galt und seine Leute unbehelligt passieren konnten.

Rasch verbreitete sich die Legende, Prschewalski sei ein *Khubilgan*, ein Heiliger, auf dem Weg zum Dalai Lama. Als der Oberst einmal in ein Dorf kam, knieten zweihundert Tibeter betend nieder, die erwarteten, daß er die Kranken segnete und die Zukunft voraussagte. Es ging auch das Gerücht, er habe einhundert unsichtbare Krieger um sich, die ihn beschützten; fortan hatten sie nie wieder Ärger mit Räuberbanden. Prschewalski hatte sich vorgenommen, bis nach Lhasa zu gelangen, aber seine Leute litten an Unterkühlung und Hunger, und ihre Kleider waren zerschlissen. Zuletzt besaßen sie nur noch acht Unzen Silber, gerade genug, um ein Schaf zu kaufen. Prschewalski schrieb in sein Tagebuch: »Wir haben überhaupt nichts mehr zu essen ... Wir befinden uns in äußerster Not.« Bedrückt entschloß er sich, umzukehren. Doch das nächste Mal, das nahm er sich vor, wollte er geradewegs nach Lhasa vorstoßen.

Sechs Jahre sollten vergehen, bis er zum ersten seiner beiden Versuche aufbrach, die Hauptstadt zu erreichen. Diesmal war er gut vorbereitet. Inzwischen war er auch in seinem eigenen Land zu einer Legende geworden und besaß hohe Verbindungen in Petersburg. Für seine Expedition genoß er die Unterstützung des Zaren, der persönlich die Schatzkammer anwies, ihm zehntausend Silberrubel und ebensoviel in Papiergeld auszuhändigen. Auch war er diesmal gegen Räuberbanden besser gewappnet. Er wurde von einer Eskorte von sieben sorgfältig ausgewählten Kosaken begleitet, ausgezeichnete Schützen, die gelobt hatten, für ihn durchs Feuer zu gehen. Er war vermutlich der herausragendste Wissenschaftler unter den Forschungsreisenden seiner Zeit. Zahlreiche Instrumente und Apparate führte er mit sich, darunter mehr als tausend Blatt Löschpapier zum Pressen von Pflanzen. Auch Geschenke hatte er dabei, für Behörden und Beamte, auf deren Gunst er möglicherweise angewiesen sein konnte, zum Beispiel kolorierte Bilder russischer Schauspielerinnen, die bei ihren Empfängern besonders gut ankamen. Obendrein wurde die Expeditionsgruppe, ehe sie sich im Frühjahr 1879 auf den Weg machte, eine Zeitlang an der Waffe und in Verteidigungstaktiken ausgebildet, für den Fall, daß sie angegriffen würden. Alle Mitglieder der dreizehn Mann starken Expedition waren mit Gewehr und Revolver ausgerüstet, und sie führten hundertachtzigtausend Schuß Munition mit sich sowie Pulver- und Kugelvorräte. Wenn es sein mußte, konnten sie sich ihren Weg nach Lhasa freischießen. Doch das, davon war Prschewalski überzeugt, würde nicht nötig sein, denn er besaß dank des persönlichen Einsatzes des Zaren einen chinesischen Paß für Tibet.

Der Vorstoß durch die großen nordtibetischen Gebirgszüge und weiter zur Tschang-tang-Hochebene verlief ohne Zwischenfälle. Als es ihnen jedoch einmal nicht gelang, einen Paß zu finden, wurde etwas vom herrischen, rücksichtslosen Wesen Prschewalskis sichtbar. Er hielt einfach zwei vorüberkommende mongolische Reiter an und drohte, sie zu erschießen, wenn sie ihm und seinen Leuten nicht den Weg über den Paß zeigten. Nachdem sie es getan hatten, ließ er sie wieder frei.

Inzwischen trafen in Lhasa alarmierende Gerüchte vom Vormarsch der russischen Expedition auf die Hauptstadt ein. Prschewalski wurde als Vorhut einer zaristischen Invasionstruppe dargestellt, die den Dalai Lama gefangenzunehmen und zu verschleppen beabsichtigte. Das war nicht gerade die Rolle des Heiligen, wie sie ihm sechs Jahre zuvor angedichtet worden war, als die Leute in den Dörfern unterwegs vor ihm niedergekniet waren. Seit damals hatte sich die Stimmungslage der Tibeter sehr verändert, ihr Fremdenhaß war stärker geworden. Ihre Außenpolitik – wenn man überhaupt von einer solchen sprechen konnte – kannte nur zwei Ziele. Eines bestand darin, die noch verbliebene Macht des chinesischen *Amban* weiter zu schwächen, und das andere darin, mit allen zu Gebote stehenden Mitteln zu verhindern, daß Ausländer das Land betraten. Die Priesterschaft hatte sogar einen feierlichen Eid dieses Inhalts geschworen, und in dem Augenblick, in dem bekannt wurde, daß ein Trupp Russen die nördliche Grenze überschritten hatte und sich rasch Lhasa näherte, beschloß sie, erst zu handeln und hinterher den *Amban* zu informieren.

Prschewalski erfuhr zum erstenmal, daß es Ärger geben würde, als er von einer entgegenkommenden Karawane hörte, daß sein Vorrücken für Aufruhr in der Hauptstadt gesorgt hatte. Kriegermönche seien mobilisiert worden mit dem Befehl, ihm den Weg zu versperren, und den Dorfbewohnern war angekündigt worden, daß jeder, der ihm Nahrungsmittel verkaufe, hingerichtet würde. Zufällig war zur selben Zeit der Pandit Sarat Chandra Das in Tibet unterwegs und hielt dieses Ereignis in seinem geheimen Tagebuch fest. Dreitausend Kriegermönche, erfuhr er, waren nach Norden geschickt worden, um den Russen aufzulauern. Als gelehrter Mann aus Indien wurde er gefragt, ob die Russen seiner Meinung nach in Tibet einmarschieren würden, und er hatte versucht, den Fragesteller mit der Erklärung zu beruhigen, daß ein solcher Schritt die Russen unweigerlich in einen Krieg mit den Armeen des chinesischen Kaisers verwickeln würde.

Und als Prschewalski nur noch knapp zweihundertfünfzig Kilometer von Lhasa entfernt war, wurde er von zwei tibetischen Beamten angehalten, die ihn baten, keinen Schritt weiter zu gehen, sondern Instruktionen aus der Hauptstadt abzuwarten. Prschewalski, versehen mit seinem chinesischen Paß und immer noch der Überzeugung, er könne die Tibeter überreden, fügte sich und schlug an einem Bach sein Lager auf. Nach einer Wartezeit von fast drei Wochen wurde er davon unterrichtet, daß ein Bote aus Lhasa gekommen sei. Doch die Nachricht, die er brachte, war ein bitterer

Schlag für Prschewalski, der so vieles – und nicht zuletzt seinen Ruf – für diese Expedition aufs Spiel gesetzt hatte. Der Befehl aus dem Potala lautete, daß ihm auf gar keinen Fall erlaubt werden dürfe, weiterzureisen, und daß er und seine Leute Tibet unverzüglich zu verlassen hätten.

Als Prschewalski seinen chinesischen Paß schwenkte und protestierte, da er vom Kaiser ermächtigt sei, nach Lhasa zu reisen, entgegneten die Tibeter, sie erhielten ihre Befehle nicht von den Chinesen, sondern von ihrer eigenen Regierung. Nach tibetischen Aufzeichnungen, die ein italienischer Sinologe erst unlängst zwischen anderen zeitgenössischen Dokumenten gefunden hat, waren die Russen nicht als Europäer aufgetreten, sondern als »Untertanen des heldenhaften Weißen Herrschers«, wie die Mongolen den Zaren bezeichneten. Ihr Kaiser, hatten sie gesagt, habe den chinesischen Kaiser von ihrer Absicht informiert, Tibet zu besuchen. »Warum«, hatten sie gefragt, »wollt ihr uns davon abhalten?« Die Tibeter hatten geantwortet: »Alle Laien und Mönche in unserem Land Tibet haben zu oft schlechte Erfahrungen gemacht, wenn wir Ausländer freundlich aufnahmen. Feierlich haben wir alle geschworen, keinem Ausländer zu erlauben, Tibet zu betreten.«

Bis Sonnenuntergang dauerte die Diskussion. Die Tibeter brachten immer wieder ihren Standpunkt vor und die Russen den ihren. Prschewalski sah nun ein, daß er nichts ausrichten konnte. Selbst mit seiner erstklassigen Kosakeneskorte und ihren Schnellfeuergewehren konnte er nicht ernsthaft daran denken, sich nach Lhasa durchzukämpfen, das noch einen Wochenmarsch südlich lag. Ihm blieb nichts anderes übrig, als die Entscheidung Lhasas zu akzeptieren. Doch erst verlangte er ein von den anwesenden tibetischen Beamten unterzeichnetes Schriftstück, in dem sie darlegten, warum sie den chinesischen Paß nicht anerkannten und sich weigerten, ihn nach Lhasa reisen zu lassen. Nur wenn sie ihm dieses Dokument ausstellten, war er zum Rückzug bereit. Andernfalls, drohte er, werde er gleich am nächsten Morgen seinen Marsch auf ihre Hauptstadt fortsetzen. Nach den Aufzeichnungen der Tibeter soll er noch gesagt haben: »Selbst wenn tausend Soldaten und zehntausend Pferde gegen uns aufgeboten würden, hätten wir dreizehn keine Angst!« Doch die tibetischen Beamten gaben ihm das Dokument (wenngleich es nicht die Unterschrift des chinesischen *Amban* trug, wie Prschewalski zunächst gefordert hatte), und die enttäuschten Russen brachen ihr Lager ab und kehrten um. Dabei drohten sie, der ganzen Welt mitzuteilen, wie barbarisch und unfreundlich die Tibeter seien.

So war es dem großen Prschewalski nicht gelungen, seinen seit Jahren gehegten Traum zu verwirklichen, und die schlechtbewaffneten Tibeter hatten den russischen Bären mit Erfolg an der Nase gezogen. Es sollte nicht Prschewalskis letzter Versuch gewesen sein, Lhasa zu erreichen, doch auch dieser war zum Scheitern verurteilt. Nur vier Jahre später starb der russische Forscher – inzwischen Generalmajor –, nachdem er mit Typhus infiziertes Wasser getrunken hatte. Begraben wurde er von seinen treu ergebenen Kosaken an den Ufern des Sees Issyk-Kul im Tienschan-Gebirge, und der Zar ordnete an, daß das nahegelegene Städtchen Karakol nach ihm umbenannt wurde. Als Prshewalssk ist es bis zum heutigen Tag eine Gedenkstätte für den zentralasiatischen Livingstone und unsterblichen russischen Helden geblieben. Inzwischen jedoch ging der Wettlauf nach Lhasa weiter.

* * *

Wenn es diesem großen Forscher mit seiner Kosakeneskorte und der mächtigen Unterstützung durch die Regierung des Zaren zweimal nicht gelungen war, Lhasa zu erreichen, welche Hoffnungen, kann man fragen, sollte sich dann jemand anders machen? Doch das hieße, sowohl die ungeheure Anziehungskraft Lhasas als auch die Entschlossenheit der Männer und Frauen zu unterschätzen, die es sich in den Kopf gesetzt hatten, die Stadt zu erreichen. Aber in diesem frühen Stadium des Wettlaufs waren bei weitem noch nicht alle späteren Teilnehmer zugelassen. Prschewalski war kein Freibeuter gewesen, der in Zentralasien auf Ruhm aus war, sondern er hatte im Auftrag seiner Regierung gehandelt. Seine Berichte wurden im kaiserlichen Generalstab in Petersburg begierig gelesen. Es war immer noch die Runde der Regierungen. Die Russen hatten es versucht und waren gescheitert, und nun waren die Briten an der Reihe – ihre größten Rivalen im Kampf um Herzen und Verstand der Tibeter und möglicherweise auch um ihr Gold.

Im Jahre 1876 hatten sich die Chinesen bekanntlich bereit erklärt, für eine britische Expedition Pässe auszustellen – wenn auch äußerst widerwillig. Das in Chefoo in China unterzeichnete Abkommen sah vor, daß die Expedition im folgenden Jahr aufbrechen werde. Neun Jahre sollten jedoch vergehen, ehe man sich in Kalkutta schließlich entschloß, diese Möglichkeit zu nutzen – der erste ernsthafte Versuch, aus der hundertjährigen Sackgasse der englisch-tibetischen Beziehungen herauszukommen, seit dem Annäherungsversuch des Pantschen Lama an Warren Hastings im Jahre 1774. Die Entscheidung erfolgte nach der Rückkehr des Finanzministers der bengalischen Regierung, Colman Macauley, von einer Erkundungsmission an die tibetisch-sikkimesische Grenze. Dort hatte er, mit Sarat Chandra Das als Dolmetscher, mit einem tibetischen Beamten, einem *Jongpen* (Magistrat), Gespräche geführt, und dieser hatte ihm versichert, daß die Tibeter nur zu gern mit ihrem großen südlichen Nachbarn Handel treiben würden. Britische Erzeugnisse, einschließlich Textilien und Messer, wären sehr willkommen im Austausch für Gold und Rohwolle. Einzig die konservativsten Elemente des lamaistischen Establishments, so wurde Macauley versichert, würden sich widersetzen, doch könnten sie mit geeigneten Geschenken gekauft werden.

Begeistert kehrte Macauley nach Kalkutta zurück und schrieb einen überschwenglichen Bericht über die Aussichten für einen Handel zwischen England und Tibet. Der Bericht erschien zum selben Zeitpunkt, als vor allem in der heimischen Textilindustrie und unter den Teepflanzern des Himalaja Stimmen laut wurden, die eine Öffnung des tibetischen Marktes verlangten. Obgleich der Generalgouverneur von Bengalen, Lord Dufferin, nicht übermäßig von dieser Idee begeistert war, erklärte er sich unter dem Druck der britischen Regierung einverstanden, eine Expeditionsgruppe zusammenzustellen und sie mit ökonomischen und politischen Aufträgen nach Lhasa zu schicken. Zu ihrem Leiter wählte er Colman Macauley.

Die Mission versammelte sich 1886 in Darjeeling, ausgestattet mit den chinesischen Pässen, die ihnen nur widerwillig ausgestellt worden waren; sie wollte durch Sikkim und das Chumbi-Tal nach Lhasa hinauf marschieren, auf einer Route, die regelmäßig von

Pilgern und Händlern des Himalaja benutzt wurde. Mitkommen sollten Experten zahlreicher Fachgebiete – unter ihnen auch ein Geologe, der Goldvorkommen ausfindig machen sollte. Macauley hatte vorsichtshalber kostbare und eindrucksvolle Geschenke eingekauft, die helfen sollten, ihnen den Weg zu ebnen. Als Dolmetscher begleitete ihn wieder Sarat Chandra Das, ein Mann von bemerkenswerten Fähigkeiten, aber eine unglückliche Wahl angesichts der Empörung der Tibeter über seine früheren Aktivitäten in ihrem Land im Auftrag seiner britischen Herren. Die Eskorte, die aus indischen Soldaten bestand, war dreihundert Mann stark. Ihre Zahl wurde später beträchtlich reduziert, aber da war es schon zu spät, um tibetische – und auch chinesische – Ängste zu zerstreuen, es könnte sich bei ihr um die Vorhut einer britischen Invasionstruppe handeln. Und zu keinem Zeitpunkt waren die Tibeter konsultiert worden.

Die Macauley-Mission sollte jedoch nie Britisch-Indien verlassen. Am Tag vor dem geplanten Aufbruch wurde die ganze Sache plötzlich abgeblasen. Der bitter enttäuschte Macauley, dessen Geistesprodukt das Unternehmen gewesen war, erholte sich nie von dem Schock und starb vier Jahre später im Alter von erst einundvierzig Jahren als gebrochener Mann. Die Entscheidung in letzter Minute, die Mission abzubrechen, war vom Kabinett in London getroffen worden, wo man mittlerweile erkannt hatte, daß die Tibeter die Expedition nicht dulden würden. Macauley war offenbar von einem niederen tibetischen Beamten, der nicht für Lhasa sprach, hinters Licht geführt worden. Was dessen Motive gewesen waren, wird wohl nie zu erfahren sein; auf jeden Fall hatte er dem Engländer genau das erzählt, was jener hatte hören wollen.

Unglücklicherweise nahmen die Ereignisse nun ihren eigenen Lauf. Als die Führung in Lhasa davon Kenntnis erhielt, daß sich unmittelbar vor ihrer Haustür eine Mission formierte, war sie sofort der Ansicht, die Briten bereiteten die lange befürchtete Invasion vor, die ihre Religion zerschlagen und das Christentum einführen sollte. Als das Unternehmen abgeblasen wurde, kam niemand auf die Idee, die Tibeter davon zu informieren. Das Staatsorakel in Lhasa wurde befragt, mit dem Ergebnis, daß eilig Truppen an die Grenze geschickt wurden, um die Eindringlinge abzuwehren. Hinter den Kulissen war inzwischen von Briten und Chinesen ein Abkommen geschlossen worden, in dem London sich bereit erklärte, auf die Mission zu verzichten, und Peking dafür die britische Annexion Nordburmas anerkannte. Lord Dufferin sah in diesem Handel mit den Chinesen das bessere Geschäft, aber die britische Öffentlichkeit empörte sich über die Aufgabe der Mission, da man glaubte, daß dies von Lhasa als Schwäche interpretiert werden müsse.

Wie um diese Befürchtung zu bestätigen, schickten die Tibeter ihre Truppen nun noch weiter vor und besetzten einen strategisch wichtigen Gipfel dreißig Kilometer tief in Sikkim, von dem aus Darjeeling eingesehen werden konnte. Von dieser wohlgewählten Position aus übersah man die Marschrichtung, die Macauley genommen hätte. In London und Kalkutta wurde das als feindseliger und äußerst provokativer Akt gewertet. Für die Tibeter jedoch war Sikkim ein Vasallenstaat, in dem sie sich nach Belieben aufhalten konnten, und Verträge zwischen Sikkim und den Briten erkannten sie natürlich nicht an. Die Presse und das Parlament in Großbritannien forderten mit Nachdruck, daß die Tibeter gewaltsam aus dem vermeintlich britischen Hoheitsgebiet zu vertreiben seien. Da die britische Regierung Tibet und die Tibeter immer noch unter Pekings Gewalt wähnte, versuchte sie zunächst zu erreichen, daß die Chinesen die Tibeter zum Rückzug bewegten. Als diese ein Jahr später den Gipfel immer noch besetzt hielten, wurde dem Kommandeur ein Ultimatum zugeschickt, daß er sich bis zu einem festgesetzten Datum zurückzuziehen habe, andernfalls er gewaltsam vertrieben würde. Ungeöffnet kam das Schreiben zurück. Einen Monat vor Ablauf des Ultimatums wurde dem Dalai Lama eine ähnliche Warnung geschickt, aber auch darauf kam keine Antwort.

Es blieb nichts weiter übrig, als Gewalt anzuwenden. Nach Erhalt des Ultimatums hatten die Tibeter zwei Generale, einen Minister und neunhundert Mann Verstärkung an die Front geschickt. Die Briten ihrerseits zogen bei Kalimpong zweitausend Mann und vier Feldgeschütze zusammen. In der Zwischenzeit ließ der sikkimesische Herrscher nichts unversucht, um Blutvergießen auf seinem Territorium zu verhindern. Seine Anstrengungen waren jedoch vergeblich, und am elften Tag des zweiten Monats im Jahr der Maus nach dem tibetischen Kalender – am 21. März 1888 unserer Zeitrechnung – erfolgte der erste Zusammenstoß zwischen britischen und tibetischen Truppen. Noch nie zuvor hatten die hauptsächlich mit Musketen und Schwertern bewaffneten Tibeter mit modernen Waffen in den Händen eines ausgebildeten und disziplinierten Feindes zu tun gehabt, und ihre Niederlage war vorprogrammiert.

Die schlecht befehligten Tibeter wurden rasch aus ihren Stellungen getrieben und flüchteten über die Grenze zurück. Doch obgleich sie absolut nichts ausrichten konnten, brachten sie immer noch den Mut zum Kämpfen auf (»Widerspenstigkeit« und »Anmaßung« waren damals die Wörter, mit denen ihre Tapferkeit bezeichnet wurde) und versuchten zweimal, ihre Stellungen zurückzuerobern. Beim zweitenmal brachten sie es fertig, in einer einzigen Nacht im Schutz der Dunkelheit einen fünf Kilometer langen und einen Meter hohen Verteidigungswall zu errichten, nur um am nächsten Morgen wieder über die Grenze zurückgedrängt zu werden. Diesmal kamen sie nicht wieder. Die britischen Verluste wurden mit einem getöteten Offizier und drei verwundeten Soldaten beziffert, wohingegen die Tibeter über zweihundert Tote und doppelt so viele Verwundete zu beklagen hatten. Das war kaum ein Sieg, auf den die Briten stolz sein konnten. Wenn man bedenkt, daß sie eigentlich beabsichtigt hatten, die Tibeter für sich einzunehmen und mit ihnen Handel zu treiben, dann hatten sie das Gegenteil erreicht. Doch in Kalkutta machte man sich den Vorteil nicht zunutze, und Tibet blieb bis auf weiteres abgeschrieben.

Auch wenn die Briten für eine Zeitlang aus dem Wettlauf ausschieden, gab es noch immer genug Leute, die nichts sehnlicher wünschten, als nach Tibet zu gelangen. Sorgfältige Vorbereitungen auf diese Reise traf zum Beispiel ein Amerikaner in Peking, der seit seiner Schulzeit den Traum gehegt hatte, in die verbotene Stadt einzudringen.

6. Vier Träume von Lhasa

William Woodville Rockhill war zu der Ansicht gelangt, daß ein Abendländer nur mit List bis in die tibetische Hauptstadt vordringen könne. Bei den Chinesen oder den Tibetern um die Erlaubnis dazu vorstellig zu werden, wäre völlig zwecklos gewesen, wie sich ja im Fall des unglücklichen Macauley gezeigt hatte. Und große Töne brachten einen, wie die Russen erkennen mußten, auch nicht weiter, selbst wenn moderne Waffen hinzukamen. Die einzigen erfolgreichen Eindringlinge waren die Pandits gewesen, und sie waren in Verkleidung gekommen und erst nach zweijähriger intensiver Vorbereitung. Rockhill beschloß, dasselbe zu tun.

In einem ungewöhnlichen Werdegang hatte der junge Amerikaner es bis zum Attaché an der amerikanischen Gesandtschaft in Peking gebracht. Aufgewachsen war er in Paris, hatte die Militärakademie von St. Cyr absolviert und danach eine Zeitlang in der französischen Fremdenlegion gedient. Er sprach bereits Chinesisch und machte sich nun daran, auch noch Tibetisch zu lernen. Zunächst war es gar nicht so einfach, in der chinesischen Hauptstadt einen Tibeter zu finden, der sich dazu bereit fand, einem »fremden Teufel« seine Sprache beizubringen. Doch schließlich gelang es ihm, das Vertrauen eines Lama aus Lhasa zu erringen, der ihn in den nächsten vier Jahren – von 1884 bis 1888 – unterrichtete.

Rockhill war überzeugt, die größten Chancen zu haben, wenn er sich über die abgelegene nordöstliche Grenze nach Tibet einschlich. Der Verlauf dieser Grenze zu China war nicht eindeutig festgelegt, und daher wurde sie nicht besonders intensiv bewacht. Außerdem war diese Gegend recht dünn besiedelt. Sich dorthin zu wagen, bedeutete jedoch, sein Leben zu riskieren. Anders als Prschewalski wollte er sich nur leicht bewaffnen und wäre kaum in der Lage gewesen, sich gegen einen Angriff jener Räuberbanden zu verteidigen, die vom Ausrauben der Karawanen lebten, welche die Wüsten und Berge durchquerten, wo es weder Recht noch Gesetz gab. Von Süden her in das Land einzudringen, war von vornherein ausgeschlossen. Die Tibeter wußten inzwischen über die früheren Aktivitäten der britischen Pandits genau Bescheid, und die Pässe zu Indien wurden viel intensiver bewacht als zuvor. Wie gut sein Tibetisch auch sein mochte, Rockhill war sich im klaren, daß er sich nie an den Grenzwachen würde vorbeimogeln können, nachdem ihre unglücklichen Kollegen, die Sarat Chandra Das hatten nach Tibet hineinschlüpfen lassen, so schrecklich bestraft worden waren. Und er wußte: Selbst wenn es ihm gelang, unbemerkt die Grenze im Norden zu passieren, würde er sofort denunziert und eingesperrt werden, sobald er in dichter besiedeltes Gebiet kam und nur einen Augenblick lang für einen Europäer oder Amerikaner gehalten würde. Einen Trumpf allerdings hielt er in der Hand: Nur wenige Tibeter hatten jemals das Gesicht eines Europäers gesehen. Darum entschloß er sich, chinesische Kleidung zu tragen, in der Hoffnung, man würde sein unasiatisches Aussehen darauf zurückführen, daß er einer der zahlreichen ethnischen Minderheiten Chinas angehörte.

Im Winter 1888 gab Rockhill seine Stellung an der amerikanischen Gesandtschaft auf und begab sich auf die erste Etappe seiner Reise gen Westen, den äußerst strapaziösen Marsch tausendsechshundert Kilometer entlang der alten Seidenstraße nach Lantschou, von wo aus er seinen geheimen Vorstoß nach Tibet zu unternehmen hoffte. »Meine Ausrüstung war einfach und hatte nicht viel gekostet«, schrieb er später in *The Land of the Lamas*, dem Bericht seiner Reise. »Da ich mich wie ein Chinese kleidete und auch so lebte, brauchte ich mich nicht abzuschleppen mit ausländischen Kleidern und Vorräten, Bettzeug, Gefäßen, Medikamenten und dem unzähligen anderen hinderlichen Gepäck, das so viele Reisende als unverzichtbar erachten.«

Er nahm einen bewährten und erfahrenen chinesischen Diener mit, der im Jahr zuvor Leutnant (später Sir) Francis Younghusband auf seinem berühmten Ritt durch die Weiten Chinas begleitet hatte, und verließ Peking mit einem von einem Maultier gezogenen *Mappa*, dem landestypischen zweirädrigen Karren. Den Besitzer brachte er dazu, sich damit einverstanden zu erklären, daß für jeden

Tag, den die Reise länger dauerte als die üblichen vierunddreißig Tage, die Gebühr um eine gewisse Summe verringert würde, während für jeden gewonnenen Tag dieselbe Summe gezahlt würde. Am Ende waren alle zufrieden, denn Rockhill gelangte zwei Tage früher nach Lantschou als erwartet.

Rockhills Marsch in Richtung Tibet führte ihn durch erschrekkend arme Gebiete Zentralchinas, in denen es von Gruppen bewaffneter Bauern wimmelte, die der Hunger zur Räuberei getrieben hatte. Überall begegnete er Polizeiposten und Militärpatrouillen, denn die Mandschus versuchten verzweifelt, Gesetz und Ordnung aufrechtzuerhalten. Die Reise sollte den Amerikaner mit einer Menge gruseligen Materials für sein Buch versorgen, das heute außer ausgesprochenen Tibetexperten so gut wie niemand mehr kennt. In einer kleinen Stadt stieß er auf eine Truppe sogenannter »Sing-song Girlies«, die von Herberge zu Herberge zogen und die Gäste mit ihren dreisaitigen chinesischen Banjos unterhielten. Die Chinesen bezeichneten diese Mädchen, die zumeist von ihren Eltern in die Sklaverei verkauft worden waren, euphemistisch als »wilde Blumen«. Aber »häßlich, schmutzig, gepudert und geschminkt« und gewöhnlich noch halbe Kinder, waren sie kaum nach Rockhills Geschmack.

Einmal hielt er kurz an, um eine schaurige Karawane vorbeizulassen. Angeführt von vier berittenen Soldaten, bestand sie aus fünf offenen Karren, die jeweils einen großen hölzernen Käfig trugen. In jedem Käfig hockte ein Mann – wenn man die armen Kreaturen überhaupt noch als Menschen bezeichnen konnte – mit langem, verfilztem Haar und Ketten um Hals und Körper. Alle fünf waren in rote Lumpen gehüllt, ein Zeichen dafür, daß sie zum Tode verurteilt waren. Zwei von ihnen, erfuhr Rockhill, waren auf diese Weise von der fernsten zentralasiatischen Ecke Chinas hergekarrt worden und schon vier Monate unterwegs, um in ihrer Heimat geköpft zu werden. In einer anderen Stadt, durch die er kam, wimmelte es von Sträflingen, die Eisen um den Hals trugen und schwere Ketten an Händen und Füßen. Einige, die versucht hatten, diesem wunderlichen offenen Strafvollzug zu entfliehen, waren mit den Füßen an große Holzklötze gekettet. Überall sah Rockhill die Leute Opium rauchen, um ihre Not zu lindern. Der Amerikaner fragte sich, ob diese Gewohnheit in einer solchen Gegend tatsächlich als Laster anzusehen war. In einem Land, in dem es nicht genügend Nahrungsmittel gab, schien es ihm unlogisch, etwas zu verdammen, das den Appetit beeinträchtigte.

Jede Nacht stiegen sie in einer der zahlreichen chinesischen Herbergen ab, die es entlang der Straße gab. Ausnahmslos waren sie alle nach dem gleichen Plan gebaut worden – ein großer offener Hof, in dem die Pferde abgesattelt und die Wagen abgestellt wurden, und darum herum auf allen vier Seiten Gebäude. Auf zwei Seiten befanden sich die Zimmer für die Gäste, die Pferde- und Maultierställe auf der dritten und die Küche, das Gasthaus und die Wohnung des Wirtes auf der vierten Seite, die gewöhnlich zur Straße hin lag. In jedem Zimmer war ein *Kang*, das traditionelle chinesische »Ofenbett«, das von unten her mit glühenden Kohlen beheizt wurde, die man durch eine Öffnung in der Außenwand nachlegte. Wenn die Herberge voll war, herrschte ohrenbetäubender Lärm, denn jeder schrie dem Personal von seinem Zimmer aus seine Wünsche zu, und dieses antwortete mit gleichem Geschrei. Wenn die Speisen bereitet waren, rief der Koch sie aus. Zu dem Stimmengewirr kamen noch die Auseinandersetzungen der Fuhrleute, das Quieken und Grunzen von Schweinen und die Laute anderer Tiere draußen auf dem Hof sowie das Wiehern der Pferde und das Schreien der Maultiere im Stall.

Ohne Zwischenfälle erreichte Rockhill die von Mauern umgürtete Stadt Lantschou, von der aus er zu seiner geheimen Reise nach Tibet aufbrechen wollte. Hier bezahlte er seine Fuhrleute und kaufte sich ein Pony, und hier mietete er drei Maultiere, die das Gepäck tragen sollten, in dem er Gerätschaften für Vermessungsarbeiten versteckt hatte. Sein chinesischer Diener ging offensichtlich zu Fuß. Bei der Ankunft in Sining, der letzten Stadt in China, wurde Rockhill sein erster Schrecken versetzt. Völlig unerwartet kamen drei Polizisten in seine Herberge und forderten ihn auf, dem chinesischen Ortsvorsteher zu sagen, wer er sei, was er treibe und wohin er wolle.

Beunruhigt beschloß Rockhill, so schnell wie möglich weiterzukommen, denn ihm war bekannt, daß der Ortsvorsteher namens Se-leng-o vorher *Amban* in Lhasa gewesen war. Darüber hinaus galt er als ausländerfeindlich. Sollte er auch nur eine dunkle Ahnung von dem bekommen, was der Amerikaner vorhatte, dann konnte dieser sich den Plan, Lhasa zu erreichen, aus dem Kopf schlagen. Um seine Verfolger zu verwirren, verbesserte Rockhill seine Verkleidung noch, indem er sich sowohl den Kopf als auch das Gesicht rasierte, eine mongolische Pelzmütze aufsetzte und einen Pelzmantel anzog, ehe er die Herberge verließ. Er hätte jedoch keine Angst zu haben brauchen, denn er wurde nicht verfolgt, und bald befand er sich in einer Art Niemandsland zwischen dem eigentlichen China und Tibet. Obgleich das Land nominell zum Machtbereich Pekings gehörte, waren kaum Anzeichen chinesischer Präsenz zu finden. Rockhills Gefährten auf der Straße waren nun in Schaffelle gehüllte Mongolen auf Kamelen und Pferden oder lamaistische Priester in gelben und roten Gewändern. Jedermann schien auf dem Hinweg zu dem großen tibetischen Kloster Gumbum oder auf dem Rückweg von dort zu sein; das Kloster lag noch innerhalb der Grenzen Chinas, wie jedenfalls die Chinesen behaupteten, und nicht weit von dem Ort, wo der gegenwärtige Dalai Lama geboren worden war.

Rockhill wollte das berühmte Lama-Kloster mit seinen goldenen Dächern besuchen, aber er hoffte auch, ein für allemal das Rätsel des dortigen Wunderbaums zu lösen, dessen Blätter tibetische Zeichen von tiefer religiöser Bedeutung tragen sollten und nach dem Gumbum – was soviel bedeutet wie »zehntausend Bilder« – seinen Namen trägt. Der lazaristische Priester Evariste Huc hatte Gumbum ein knappes halbes Jahrhundert früher besucht und über diesen Baum geschrieben: »Voll ehrfürchtiger Neugier richteten sich unsere Blicke auf die Blätter, und wir waren im höchsten Maße erstaunt, als wir sahen, daß sich auf jedem Blatt deutlich ein tibetisches Zeichen zeigte; alle Zeichen waren grün, manche dunkler, manche heller als das Blatt selbst ...«

Rockhill aber sollte enttäuscht werden, denn der Baum war kahl. Huc hatte berichtet, daß die Rinde ebenfalls tibetische Zeichen trage, aber auch diese konnte der Amerikaner nicht entdecken. Blätter, die der Baum im Herbst abgeworfen hatte, verkauften die Lamas den Pilgern, doch sie waren so vertrocknet und bröckelig, daß Rockhill darauf keine Zeichen mehr ausmachen konnte.

Nichtsdestoweniger wurde ihm von ortsansässigen Muslims – einer akzeptablen neutralen Quelle also – versichert, daß sich auf den frischen Blättern tatsächlich Schriftzeichen gezeigt hätten.

Insgesamt blieb der Amerikaner eineinhalb Monate in Gumbum, wo er als Pilger auftrat und für sein Buch Material über die Tibeter und ihre Religion sammelte, ehe er sich wieder auf den Weg zu seinem eigentlichen Ziel machte. In dieser Zeit hatte ihm niemand das Recht bestritten, sich im Lande aufzuhalten, oder ihn nach dem Land seiner Herkunft befragt. Obgleich ihm Ortsansässige ein haarsträubendes Bild von der vor ihm liegenden Wüstenstraße malten, die von heftigen Sandstürmen und von mordbrennenden Banden räuberischer Tibeter heimgesucht würde, waren Rockhills Aussichten, Lhasa zu erreichen, jetzt vielversprechend. Sie wurden noch hoffnungsvoller, als ein Lama, den er von Peking her kannte, ihn nicht etwa zu denunzieren gedachte, sondern anderen Mönchen vorstellte, die ihm in Anbetracht seines Interesses an ihrer Religion empfahlen, unbedingt Lhasa zu besuchen. Sie versicherten ihm, daß er keine Schwierigkeiten haben würde, sobald er erst die Wüste hinter sich hätte. Sein Lama-Freund wollte ihm sogar einen Wegführer zur Verfügung stellen.

Doch plötzlich schienen seine Freunde kalte Füße zu bekommen. Als erstes schickte der Wegführer, den der Lama gefunden hatte, Rockhill eine Nachricht, die besagte, daß er ihn nicht begleiten könne, daß aber in Kürze ein Ersatz für ihn komme. Als dieser erschien, brachte er jedoch eine Warnung des Lama mit, daß für Rockhill und seine Leute, auch wenn sie sicher durch die Wüste kämen, das Betreten Lhasas den sicheren Tod bedeute. Diese alles andere als ermutigende Botschaft wurde Rockhill – vielleicht sogar absichtlich – in Gegenwart der Leute übermittelt, die er gerade angeworben hatte, ihn zu begleiten, was ihm nur mit allergrößter Mühe gelungen war. »Das war ein vernichtender Schlag«, schrieb er, »nachdem ich ihnen gerade erst eingeredet hatte, daß es überhaupt keine Gefahren gäbe.«

Nach tagelangem Zureden gelang es dem Amerikaner schließlich doch, seine Begleiter zum Mitgehen zu bewegen, und die folgende Woche wurde mit dem Anmieten von Kamelen und dem Einkaufen von Mundvorräten für die bevorstehende beschwerliche Reise zugebracht. Doch dann tat der Wegführer Rockhill kund, daß er nicht bereit sei, ihn auch nur auf der ersten Etappe des Marsches zu begleiten, geschweige denn die ganze Strecke bis nach Lhasa. Der Amerikaner versuchte nicht, mit ihm zu diskutieren, sondern schickte dem Lama eine Botschaft, in der er ihn dafür ausschalt, daß er ihm, einem alten Freund, so einen »erbärmlichen Jammerlappen« geschickt hatte. Von diesem Rückschlag keineswegs entmutigt, machte sich Rockhill mit den paar Leuten, die ihm noch verblieben waren, auf den Weg durch die Wüste; zuvor erhielt er noch eine Nachricht von dem Lama (der eine merkwürdige Scheu zeigte, ihm zu begegnen), die ihn davon informierte, daß sein ehemaliger Führer geschlagen und eingekerkert worden sei. Während sich der Lama lang und breit für das Verhalten des Wegführers entschuldigte, überging er das eigene Tun schweigend. Als Friedensgeste schickte er Rockhill etwas Proviant und eine riesengroße tibetische Dogge zu seinem Schutz, aber keinen Führer.

Im Angesicht sich immer höher auftürmender Hindernisse wanderte Rockhill während der nächsten zwei Monate langsam in Richtung Lhasa, das fast tausendzweihundert Kilometer im Südwesten lag. Überall versuchten die Leute, ihn davon abzubringen, noch weiter zu gehen. Der letzte Ausländer, der versucht hatte, Lhasa zu erreichen, war, wie ihm der Abt eines Klosters erzählte, nie wieder gesehen worden. Diese Geschichte, von der Rockhill mehrere Versionen zu hören bekam, konnte sich nur auf Prschewalski beziehen. Ihm wurde auch versichert – was ihm mehr Sorge bereitete –, daß eine große Gruppe von Russen – fünfundsiebzig an der Zahl und geführt von einem Mann mit einem langen Bart – ihn im Wettlauf auf Lhasa geschlagen hätte. Nie jedoch gelang es ihm, den Ursprung dieser Geschichte in Erfahrung zu bringen.

Rockhill erfuhr auch von der britischen Strafexpedition gegen die Tibeter, die nach Sikkim vorgedrungen war. Um ihr Widerstand leisten zu können, hatte die Regierung von Lhasa zahlreiche Bauern aus Tschiamdo in Osttibet rekrutiert, sie nach dem Süden geschafft und ihnen versichert, die Kugeln der *Ingili-li* – der Engländer – könnten ihnen nichts anhaben wegen der Zauberformeln, die die Lamas für sie sprechen würden. Beim ersten Ansturm waren, wie Rockhill von seinen desillusionierten Informanten erfuhr, viele dieser Krieger aus Tschiamdo getötet oder verwundet worden. Die Überlebenden, schrieb er, »waren schnurstracks nach Hause zurückgeeilt und überließen es den Lamas, ihre Schlachten mit eigenen Mitteln zu führen«.

Die Schwierigkeiten für Rockhill nahmen immer mehr zu, bis sie einen Punkt erreichten, wo sie unüberwindlich wurden. Die schwierige nordöstliche Route nach Lhasa mochte am vielversprechendsten erschienen sein, doch aufgrund der ungeheuren Entfernungen, die zurückgelegt werden mußten und die eine eigene Karawane erforderlich machten, erwies sie sich als äußerst kostspielig. So mußte er sich schließlich, mehr als sechs Monate nachdem er von Peking aufgebrochen war und als er nur noch etwa sechshundert Kilometer von seinem Ziel entfernt war, geschlagen geben, denn er hatte nicht mehr genug Geld, um seinen Weg nach Lhasa fortzusetzen. Enttäuscht wandte er sich nach Süden und begab sich durch das chinesisch-tibetische Grenzland auf den Weg nach Hause. Somit war es dem ersten Einzelreisenden nicht gelungen, die verbotene Stadt zu erreichen. Doch Rockhill war nicht der Mann, der so leicht aufgab. Weniger als zwei Jahre später unternahm er einen erneuten Versuch, wiederum von Nordosten her. Diesmal sollte er bis auf einhundertachtzig Kilometer an Lhasa herankommen – dichter als Prschewalski mit seiner Kosakeneskorte –, bevor er von den Tibetern zurückgeschickt wurde. Doch keine seiner beiden Reisen war umsonst gewesen, denn von jeder brachte er viel wertvolles Material über Tibet und sein Volk mit, und bis auf den heutigen Tag wird seine wissenschaftliche Leistung von den Zentralasienforschern sehr hoch geschätzt. Und selbst wenn es kein Trost war, wurde ihm – wie auch seinem russischen Vorgänger – für seine kühnen Reisen die Goldmedaille der Royal Geographical Society verliehen. Später war ihm noch eine glänzende diplomatische Karriere beschieden. Er brachte es bis zum Gesandten Amerikas in Peking und schließlich bis zum Botschafter in Petersburg und in Konstantinopel.

* * *

Im Winter 1888/89, als Rockhill sich – wenngleich vergeblich – bemühte, Lhasa zu erreichen, war ein verwegener englischer Geistlicher in Ladakh eingetroffen, der sich von dort aus mit einer List nach Tibet hineinschmuggeln wollte. Dieser neue Wettkampfteilnehmer war Reverend Henry Lansdell, ein erfahrener Zentralasienreisender, der bereits in Samarkand und Buchara gewesen war und den es wieder einmal juckte, den Osten aufzusuchen. Als ihm dieser Gedanke zum erstenmal kam, lebte er zurückgezogen in Eltham, im Südosten Londons, wo er Pfarrer von St. Peter's war.

»Was wäre wohl«, fragte er in dem Buch *Chinese Central Asia*, das er nach seiner Rückkehr veröffentlichte, »wenn ich den Erzbischof von Canterbury bäte, mir einen Brief für den Dalai Lama zu geben und damit zur Grenze ginge und als englischer Lama aufträte, der ein Schreiben vom Großen Lama des Westens an den Großen Lama des Ostens bei sich hat und um die Erlaubnis bittet, in das Land eingelassen zu werden und die Botschaft zu überbringen?«

Das nötige Geld war schnell aufgebracht von den Gemeindemitgliedern und von anderen, die begeistert waren von der Idee einer Einmannmission der Kirche von England nach Lhasa, unternommen von diesem erfahrenen Reisenden. Der Erzbischof von Canterbury, der sich von dieser Begeisterung anstecken ließ, schrieb an seinen Amtskollegen im Potala den folgenden Brief:

»Hiermit wird bestätigt, daß Reverend Henry Lansdell, Doktor der Theologie und Mitglied der Royal Geographical Society, ein erfahrener, geschätzter Priester der Kirche von England und ein Forschungsreisender von ausgezeichnetem Ruf, mit meiner Kenntnis und ausdrücklichen Billigung eine Reise durch die Regionen Zentralasiens und Chinas unternimmt; diese Reise dient im übrigen keinerlei politischen, militärischen oder kommerziellen Zwecken.

Sollte es der Obrigkeit darum möglich und genehm sein, Doktor Lansdell die besondere Gelegenheit zu bieten, die altehrwürdige Stadt Lhasa und andere Orte von Interesse und Bedeutung in Tibet zu besuchen, würde ich es als Freundlichkeit betrachten, die dazu beitrüge, bessere Kenntnis von den Lebensumständen der anderen zu erlangen, was allen Völkern auf Erden zum Wohle dienen muß.«

Lansdell ließ den Brief, der das Siegel und die Unterschrift des

Erzbischofs trug, auf gelben Satin aufziehen. Dann wurde das Ganze zusammengerollt und in eine rote, mit Satin ausgeschlagene Saffianlederschachtel gesteckt. Diese wiederum kam in eine Blechdose, um auf ihrer unsanften Reise nach Indien und – hoffentlich – noch weiter geschützt zu sein. Im November 1888 erreichte Henry Lansdell Leh, die Hauptstadt von Ladakh, und sofort machte er sich auf die Suche nach einem verläßlichen einheimischen Reisenden, der es übernehmen konnte, den wichtigen Brief persönlich beim Dalai Lama abzuliefern. Doch er hatte kein Glück, denn jedermann wußte, daß es beinahe den sicheren Tod bedeutete, das zu tun, worum Lansdell bat.

Wie die meisten Zentralasienreisenden war auch Lansdell nicht so leicht zu entmutigen. Er schwor sich, »die Reise nicht eher abzubrechen, als bis ich überzeugt wäre, daß es nicht Gottes Wille sei, daß ich weitergehe«. Er begab sich nach Kalimpong am anderen Ende des Himalaja und wollte dort einen Helfer finden, doch wieder ohne Erfolg. Nicht anders erging es ihm in Katmandu. Nachdem er freigebig christliche Literatur an die Nepalesen verteilt hatte, begab er sich deshalb nach Kalkutta. Dort bestieg er einen Dampfer und fuhr an der chinesischen Küste entlang nach Tientsin. Von da reiste er landeinwärts nach Peking, immer den Brief des Erzbischofs im Gepäck. Offensichtlich war es dem britischen Botschafter zugetragen worden, daß dieser fest entschlossene Geistliche nach Peking unterwegs war, denn Lansdell fand eine Nachricht vor, die ihn in die Sommerresidenz der Botschaft in den Western Hills beorderte und ihn entschieden darauf hinwies, daß es nicht in Frage käme, die Chinesen um einen Paß für ihn zu bitten. Mit einem solchen wäre er ohnehin nicht näher als achthundert Kilometer an Lhasa herangekommen. Der Zusammenstoß zwischen britischen und tibetischen Truppen hatte erst vor kurzem stattgefunden, und die Tibeter hätten einem Engländer unter keinen Umständen gestattet, ihre Grenze zu überschreiten, egal wessen Brief er mit sich führte (außerdem konnte kaum erwartet werden, daß sie wußten, wer der Erzbischof von Canterbury war).

Aus Furcht, Lansdell könne dennoch versuchen, nach Lhasa zu gelangen, wies der Botschafter ihn mit aller Deutlichkeit darauf hin, daß ein solches Vorgehen die englisch-tibetischen Beziehungen ernstlich verschlechtern müsse, welche wegen der laufenden Verhandlungen über den künftigen Status von Sikkim zur Zeit ohnehin recht heikel seien. Das war zuviel für den armen Lansdell. Die Gefahren, die das Trekken in Zentralasien mit sich brachte, hatte er einkalkuliert, aber das nicht. Wenn seine eigene Regierung nicht weniger heftig als die Tibeter dagegen opponierte, daß er nach Lhasa ging, dann wollte er von dem Gedanken daran Abstand nehmen. »Ich gab unverzüglich nach und strich die Flagge, indem ich sagte, daß ich natürlich davon absehen würde«, schrieb er später. »Denn allein in meiner Eigenschaft als Engländer konnte ich nicht so unpatriotisch sein und wegen eines kleinen privaten, selbst ausgedachten Vorhabens Verhandlungen von solcher Bedeutung behindern ...«

Der Botschafter war zweifellos erleichtert, dies zu hören; er schlug Lansdell vor, den Brief des Erzbischofs bei ihm zu lassen. Wenn die Sikkim-Angelegenheit gelöst wäre, dann könnte er vielleicht etwas für Lansdell tun. Aus heutiger Sicht hat es den Anschein, als hätte er nie ernstlich daran gedacht, Lansdells Interessen zu vertreten, und habe es nur darauf abgesehen gehabt, ihm den Brief abzunehmen. Denn ohne ihn konnte der Geistliche keine weiteren Versuche unternehmen, nach Lhasa zu gelangen.

Langsam reiste Lansdell heimwärts. Immer wieder erkundigte er sich hoffnungsvoll nach dem Stand der Dinge. Hier und da schnappte er Nachrichten über den Fortgang der Sikkim-Verhandlungen auf. In Hongkong erfuhr er frohen Herzens, daß sich die britischen Truppen inzwischen von der sikkimesischen Grenze zurückgezogen hatten. Doch aus Peking hörte er immer noch nichts. Erst als Lansdell nach Jerusalem kam, wurde seine letzte Hoffnung, »der einzige lebende Europäer« zu sein, der die heilige Stadt des Buddhismus betreten würde, endgültig zunichte gemacht. Der Schlag kam nicht aus Peking, sondern aus Kalkutta, und zwar in Form eines Briefes vom Büro des Vizekönigs. Dieser setzte ihn davon in Kenntnis, daß Seine Exzellenz, obschon die Sikkim-Tibet-Frage zufriedenstellend gelöst worden sei, »den Augenblick nicht für geeignet hielt, sich dafür einzusetzen, ihm die Reise in das betreffende Land zu ermöglichen«. Er bedauere sehr, daß er dem Pfarrer von Eltham nicht habe behilflich sein können. Lansdell blieb nun nichts weiter übrig, als sich auf den Heimweg zu begeben. Das war ein erstaunlich leichter Sieg für die Tibeter gewesen, und es stand jetzt drei zu null für sie.

* * *

Nicht entmutigt von den Mißerfolgen eines Russen, eines Amerikaners und eines Engländers, ihr Ziel zu erreichen, war der vierte Teilnehmer an dem Wettlauf nach Lhasa bereits unterwegs. Diesmal war es ein Franzose, der erfahrene Asienreisende Gabriel Bonvalot, ein weitaus entschlossenerer Abenteurer als Lansdell, der sich so leicht hatte abweisen lassen. Wenn die wissenschaftlichen Geographen seiner Zeit Bonvalot auch nicht sehr ernst nahmen (zu einer Zeit, da Wegvermessungen *de rigeur* waren, blieben seine Karten äußerst ungenau), so zweifelte doch keiner an seinem Mut und seinem Unternehmungsgeist. Zwei große Zentralasientouren hatte er bereits hinter sich; er war in Samarkand und in Buchara gewesen und hatte den vereisten Pamir nach Indien überquert. Diesmal konzentrierte er sich fest auf Lhasa, in der Absicht, der einzige lebende Weiße zu sein, der jemals dort gewesen war. Wie alle anderen, die das Ziel hatten, die verbotene Stadt zu sehen, glaubte Bonvalot, daß nur er wußte, wie vorzugehen war. Seine Theorie war, man müsse seinen Plan unter allen Umständen geheimhalten, nicht nur vor den Tibetern, sondern auch vor den Chinesen. Einen Paß beantragen, wie Prschewalski es getan hatte, wäre Wahnsinn, denn damit machte man den Feind erst aufmerksam. Er erklärte hinterher in seinem Buch *Across Tibet*: »Die Mandarine hätten uns die wärmsten Empfehlungsschreiben mitgegeben, und dann, sobald unsere Reiseroute bekannt gewesen wäre, hätten sie Befehl erteilt, uns mit allen möglichen Mitteln unterwegs aufzuhalten und zur Rückkehr zu zwingen.«

Begleitet von dem jungen Prinzen Henri von Orleans, dessen Vater großzügig zur Finanzierung der Expedition beigetragen hatte, und von Pater Dedeken, einem belgischen Missionar, der Chinesisch sprach, entschloß er sich, Tibet vom äußersten Norden her zu betreten. Das bedeutete, daß sie zunächst das gewaltige Altyn-Tag-Gebirge bezwingen mußten, einen Teil der großen nördlichen Bastion Tibets, ehe sie das Tschang-tang-Plateau erreichten. So sehr war Bonvalot von der Geheimhaltung besessen, daß er sogar seinen beiden Gefährten das wirkliche Reiseziel verschwieg. Prinz Henri, ein passionierter Sportler, und Pater Dedeken, der recht passabel mit dem Gewehr umgehen konnte, waren der Meinung, sie gingen auf eine kombinierte Forschungs- und Jagdreise durch das nördliche Tibet und würden danach China durchqueren, bis sie wieder ein Schiff nach Hause nahmen.

Die Expedition überquerte das Altyn-tag-Gebirge mitten im Winter, und das brachte ihr Not und Elend und sogar den Tod. Noch ehe sie in etwa die Höhe des Mont Blanc erreicht hatten, litt beinahe jeder an der Höhenkrankheit. Viele der Karawanenleute hatten Nasenbluten. Bald stellte sich heraus, daß die zweihöckerigen Kamele steile Steigungen nicht bewältigen konnten, wenn sie voll beladen waren, sondern einfach sitzen blieben und den nachfolgenden den schmalen Pfad versperrten. Also mußten die Männer das Gepäck bisweilen selbst tragen und die streikenden Tiere häufig brutal auf die Füße prügeln. An den steilsten Stellen mußten sie sogar mit Seilen hochgehievt werden. Die Karawanenmitglieder, die solche Bedingungen nicht gewohnt waren, äußerten bald ihre Ängste in bezug auf ihr eigenes Leben wie auch das ihrer wertvollen Tiere. Grausame Winde, Schneestürme und Temperaturen unter minus zwanzig Grad brachten ständige Mühsal mit sich, sowohl für die Europäer als auch für die Einheimischen, als sie sich in Richtung des großen tibetischen Hochplateaus vorwärtskämpften.

Einer der Karawanenmänner wurde so schwer krank, daß er das Bewußtsein verlor und auf ein Kamel gebunden werden mußte. Bonvalot war klar, daß seine einzige Überlebenschance darin bestand, auf eine geringere Höhe gebracht zu werden, doch das kam nicht in Frage, da der Weg, der vor ihnen lag, noch weiter anstieg. Obgleich das Schicksal des Kranken schon so gut wie besiegelt war, wurde es durch die Herzlosigkeit des Führers der Karawane noch beschleunigt. In einem Wutanfall lockerte er die Seile, mit denen der Kranke auf dem Kamel festgebunden war, so daß dieser herunterfiel und hart auf den gefrorenen Boden stürzte. Außer sich vor Wut wollte Bonvalot den Karawanenführer niederschießen, denn der Sterbende war einer der besten und liebenswertesten Männer der ganzen Gruppe gewesen. In einem Schneesturm in über fünftausend Meter Höhe starb der Mann schließlich. Das geschah genau zwei Tage vor Weihnachten 1889, und damit sein Leichnam nicht von den Wölfen gefressen werden konnte, hackte man ihm ein flaches Grab in den steinharten Boden. Als Pater Dedeken über seiner einsamen letzten Ruhestätte betete, weinten alle drei Europäer über den Verlust dieses schlichten, treuherzigen Gefährten. Die Tränen blieben in ihren Bärten hängen und gefroren.

Inzwischen hatten sie die Altyn-tag-Berge überquert und befanden sich auf der Tschang-tang-Hochebene. Da sie keinen Wegführer hatten, folgten sie gemäß Bonvalots Plan der alten Pilgerroute, deren einzige Markierungen in gelegentlichem Kameldreck und Jak-Skeletten früherer Karawanen bestanden. Bisweilen waren die Sichtverhältnisse durch Schnee und Regen so schlecht, daß man kaum ein paar Meter weit sehen konnte und den Weg mit Hilfe eines Kompasses finden mußte. Nun, da sie sicher in Tibet waren, unterbreitete Bonvalot seinen Begleitern, was ihr wirkliches Reiseziel war. Der junge Prinz Henri hatte es sich schon fast gedacht und war begeistert. Pater Dedeken zweifelte zwar daran, daß sie es schaffen würden, war aber einverstanden, weiterzugehen. Ihm blieb ja auch kaum etwas anderes übrig.

Trotz aller Unannehmlichkeiten waren sie immer noch gut versorgt mit frischem Fleisch, denn es gab genügend wilde Jaks und Antilopen. Wegen der Höhenlage war allerdings das Kochen ziemlich schwierig geworden. Ihr größtes Problem war jedoch das Futter für die Tiere; einige waren bereits verhungert oder erfroren. Wenn sie Rast machten, mußten sie ihre ausgezehrten Kamele fesseln, damit sie nicht ihre Sättel fraßen. Mittlerweile war es Januar 1890, und in einer bitterkalten Nacht maß Bonvalot eine Temperatur von achtundvierzig Grad unter Null. Zwei ihrer Pferde starben, und einer der Männer zog sich Erfrierungen zu; »eine seiner großen Zehen fiel fast ab, und seine Wunden waren so schlimm, daß es an ein Wunder grenzte, daß er sich überhaupt noch auf dem Pferd halten konnte«. Bonvalot wußte, daß der Mann verloren war.

Bisher war ihr Vormarsch auf Lhasa von den Tibetern noch nicht bemerkt worden. Vermutlich hatten sie es sich nicht träumen lassen, daß jemand so tollkühn sein konnte, mitten im Winter das Tschang-tang-Plateau zu queren. Aber Anfang Februar begegneten

Bonvalot und seine Gefährten den ersten Tibetern. Zunächst waren sie freundlich und auch neugierig. Sie waren fasziniert vom Ticken von Bonvalots Uhr und beeindruckt von den Revolvern der Männer. Sie versuchten, Bonvalot davon abzubringen, weiter in Richtung Lhasa vorzudringen, doch er ließ sich nicht beirren, zumal er erfahren hatte, daß es nur noch zwölf Tagesmärsche weit sein sollte. Doch der Widerstand gegen ihr Vorrücken wuchs, als sich das tibetische Abwehrsystem der Tatsache bewußt wurde, daß sich eine Gruppe von Ausländern Lhasa näherte. Wären seine Männer nicht so gut wie am Ende gewesen, wäre Bonvalot am liebsten auf sein Ziel zugestürmt. Er schrieb hinterher: »Hätten wir ein paar kräftige und entschlossene Männer gehabt, dann hätten wir in einem Coup de main von den Tibetern so viele Pferde beschlagnahmen können, wie wir benötigten, sie beladen und wären direkt nach Lhasa marschiert.«

Bis zum 12. Februar hatten sich die Dinge so verschlechtert, daß die drei Europäer sich entschlossen, genau das zu tun, wenn auch vergeblich. Die Tibeter, die erkannten, was sie im Schilde führten, galoppierten davon, doch zu spät, um zu verhindern, daß eins ihrer Pferde und zwei ihrer Männer Bonvalot in die Hände fielen. Sie ließen auch ihre Waffen zurück, solche Angst hatte ihnen der Franzose mit seinem Revolver eingejagt, als er über ihre Köpfe hinweg in die Luft schoß. In seinem Buch beschreibt er, wie die ältere der beiden Geiseln, ein alter Mann, ganz benommen und verängstigt dasaß. Immerzu streckte er den Europäern die Zunge heraus – die traditionelle tibetische Art der Begrüßung – und bot ihnen Geschenke an in Form von pulverisiertem Käse und getrocknetem Fleisch aus seinem rührenden kleinen Vorratslager, das er in zahllosen Beutelchen mit sich führte. Um ihm zu zeigen, daß sie ihm nichts zuleide tun wollten, gaben sie ihm etwas Zucker zum Lutschen. Wie man seiner offensichtlichen Freude entnehmen konnte, hatte er noch nie zuvor Zucker geschmeckt.

Zum großen Kummer aller starb am folgenden Tag der Mann mit den Erfrierungen. »Wir haben ihn alle gern gehabt«, schrieb Bonvalot. »Wenn er auch derb in seiner Sprache war, so war er doch gutmütig, tapfer und ein fleißiger Arbeiter.« Sie begruben ihn am Weg und legten große Steine auf das Grab, um zu verhindern, daß die Wölfe ihn wieder auswühlten. Alle vergossen Tränen, als Pater Dedeken wiederum über dem Grab betete. Den älteren Mann behielten sie immer noch als Geisel, doch ihren anderen Gefangenen hatten sie freigelassen, nachdem sie ihm erklärt hatten, daß sie für das beschlagnahmte Pferd bezahlen und auch noch weitere Pferde kaufen wollten. Bald jedoch erkannten sie, daß das hoffnungslos war, und beschlossen, zum Tengri-nor-See weiterzuziehen, einem heiligen See, der nur noch etwas über hundertfünfzig Kilometer von Lhasa entfernt war. Den alten Mann ließen sie, mit Geschenken beladen, wieder frei und gaben den Tibetern als Geste des guten Willens ihre primitiven Waffen zurück. Sie erreichten den See und begaben sich gleich weiter zur Hauptstadt. Mittlerweile war ihre Karawane auf nur noch zwei Pferde zusammengeschrumpft. Vor ihnen lag ein Gebirge, und Bonvalot schrieb in jener Nacht in sein Tagebuch: »Wir sollten uns wirklich fragen, ob wir je diese so unüberwindlich scheinende Barriere werden meistern können. Es ist wenig ermutigend, wenn die Nacht hereinbricht und die Wölfe ihren unheimlichen Chor anstimmen.«

Doch die Entscheidung lag nicht bei ihnen, denn etwa zwanzig Kilometer südlich des Sees wurden sie von einem großen Trupp bewaffneter Tibeter, einschließlich Beamter aus Lhasa, zum Anhalten gezwungen. Ungeachtet Bonvalots Dementis waren die letzteren offenbar davon überzeugt, daß er und seine Begleiter entweder Briten oder Russen seien, die sie als ihre ausgemachten Feinde betrachteten. Tagelang wurde verhandelt, doch die Tibeter bestanden darauf, daß die Eindringlinge auf demselben Weg das Land wieder zu verlassen hatten, auf dem sie gekommen waren. Bonvalot, der sich nun eingestehen mußte, daß alle Hoffnungen, Lhasa zu erreichen – ob durch Gewalt, Bestechung oder Überredung – dahin waren, machte geltend, daß es in dem Zustand, in dem sich seine Leute und seine Tiere befanden, reiner Selbstmord wäre, wieder die Tschang-tang-Hochebene queren zu wollen. Er schlug statt dessen vor, daß sie sich ostwärts, nach China, wenden wollten, aber auch dies nur, wenn die Tibeter sie zuerst mit frischen Pferden versorgten.

Die Tibeter erklärten sich schließlich bereit, ihn und seine Begleiter das Land über Batang weit im Osten nach China verlassen zu lassen und sie mit frischen Pferden zu versorgen (die – unvorstellbar

– darauf trainiert waren, rohes Fleisch zu fressen). Erschöpft und enttäuscht wandten sie sich von Lhasa ab und zogen langsam ostwärts. Nur hundertfünfzig Kilometer von ihrem Ziel entfernt hatten sie sich geschlagen geben müssen. Doch zumindest hatte Bonvalot die Gewißheit, daß er dichter an die Heilige Stadt herangekommen war als alle seine Rivalen, selbst als der große Prschewalski mit seiner furchterregenden Kosakeneskorte. Wenn man bedenkt, wie schlecht sie auf den grausamen tibetischen Winter vorbereitet gewesen waren, dann war es in der Tat ein großer Beweis von Tapferkeit und Ausdauer der drei Männer, ganz zu schweigen von den stoischen Karawanenführern. Aber gewonnen hatten wieder die Tibeter.

* * *

Im Sommer 1891 machten sich in Ladakh zwei junge Offiziere der indischen Armee daran, heimlich und illegal die Grenze nach Tibet zu überqueren. Angeblich handelte es sich – für alle, außer für gewisse Vorgesetzte in Kalkutta – um eine abenteuerliche Bergtour von zwei Soldaten, die ihren Urlaub damit verbrachten, auf gefahrvolle und unbequeme Weise über das Dach der Welt zu trekken. Dokumente, die neuerdings in den Archiven des Foreign Office gefunden wurden, verraten jedoch etwas ganz anderes.

Die beiden Trekker waren Hauptmann Hamilton Bower und der Militärarzt W. G. Thorold. Es war nicht das erste Abenteuer, in das sich Bower in der Wildnis Zentralasiens begab. Schon als Leutnant hatte er sich dort bereits bei zwei Gelegenheiten in einem Jahr einen Namen gemacht. Im Jahre 1889 hatte er während einer Jagdexpedition im chinesischen Turkestan den Befehl erhalten, einen riesengroßen Afghanen, der auf einem einsamen Gebirgspaß den jungen schottischen Forschungsreisenden Andrew Dalgleish brutal mit einem Beil erschlagen hatte, zu fangen und vor Gericht zu bringen. Einheimische, von Bower angeworbene Agenten waren dem Mörder bis nach Samarkand gefolgt, wo er festgenommen wurde. Und während dieser Verfolgungsjagd hatte Bower etwas von einem alten Schriftstück gehört, das eingeborene Schatzsucher in einem verfallenen Tempel gefunden hatten. Bower kaufte es und schickte es nach Kalkutta, wo es unter den Gelehrten sofort großes Aufsehen erregte, denn es wies auf die Existenz einer lange verschollenen buddhistischen Kultur hin, die unter der Wüste Chinesisch-Zentralasiens begraben lag. Dieser Fund – unter Gelehrten als Bower-Manuskript bekannt – war es, der zu dem Wettlauf von sechs Nationen um die buddhistischen Kunstschätze der Seidenstraße führte.

Bowers Tibetunternehmen, wie sein früherer Exkurs nach Zentralasien als Jagdexpedition mit ein paar eingestreuten Vermessungsaufträgen getarnt, war in Wirklichkeit von den allerhöchsten Stellen in Kalkutta abgesegnet – von keinem Geringeren als dem Vizekönig selbst und auch vom Oberbefehlshaber. Der wahre Zweck – herauszufinden, was in Tibet, wenn möglich auch in Lhasa, vor sich ging – war so geheim, daß nicht einmal der britische Gesandte in Peking, Sir John Walsham, den wirklichen Grund erfuhr, als er gebeten wurde, chinesische Pässe für Bower und Thorold für die an Tibet angrenzenden Gebiete zu beschaffen. Ein Brief des Vizekönigs an Sir John, der sich heute in den Archiven des Foreign Office befindet, erklärt den Zweck von Bowers Mission folgendermaßen: »Russen und andere Ausländer entwickeln seit einiger Zeit eine rege Tätigkeit in dieser Gegend, und darum wird es als wünschenswert erachtet, Informationen über deren Aktivitäten dort sowie Kenntnisse über das Land selbst zu erhalten.«

Nirgends läßt der Vizekönig anklingen, daß die beiden Offiziere sich geradewegs nach Tibet begeben würden (wobei man sich fragen darf, warum sie dann überhaupt einen chinesischen Paß brauchten) oder daß sie von einem ausgebildeten Pandit, Atma Ram, begleitet waren, dessen Aufgabe es sein sollte, die ganze Strecke ihrer Reise durch Tibet nach Schritten zu vermessen. Der Gesandte wurde ersucht, den Chinesen »so viel oder so wenig über Mr. Bowers Vorhaben« mitzuteilen, »wie nach Ihrer Einschätzung angebracht erscheinen mag«. Mit anderen Worten: so wenig wie möglich. Wenn man bedenkt, wie wenig ihm selbst gesagt worden war, dann war das nicht schwierig. Als er schließlich die Wahrheit herausfand, war er verständlicherweise wütend, denn selbst in den besten Zeiten hatten die Vertreter Whitehalls in China und die in Indien nichts füreinander übrig. Man kann nur annehmen, daß er deshalb bewußt im dunkeln gelassen worden war; hätte er gewußt, was im Gang war, hätte er gewiß Himmel und Erde in Bewegung gesetzt, um diese Zweimann-Invasion Tibets und die potentielle Bedrohung des guten englisch-chinesischen Einvernehmens zu verhindern.

Doch wie auch immer, am 3. Juli 1891 drangen die beiden Offiziere unbemerkt über die Grenze ins westliche Tibet ein, begleitet von Atma Ram, einer Ordonnanz, einem Koch und sechs angeworbenen Kamel- beziehungsweise Maultiertreibern. Diese zu finden, war nicht einfach gewesen, weil Bower ihnen das Ziel der Reise nicht nennen wollte. Er wußte, wenn es sich erst einmal unter den tibetischen Händlern in den Basaren von Leh herumsprechen würde, daß er beabsichtigte, in Tibet einzudringen, dann wäre das Spiel vorüber.

Die Tage und Wochen, die nun folgten und in denen sie über die trostlose Tschang-tang-Ebene nach Lhasa ostwärts ritten, waren voll jener Mißgeschicke und Zwischenfälle, von denen alle Tibetreisenden ein Lied singen können. Sie wurden, obwohl Hochsommer war, fortwährend von Schneestürmen, Hagel- und Graupelschauern und Regen bis auf die Haut durchnäßt, sie wurden von ihren Wegführern verlassen, büßten Tiere ein, die verendeten, verirrten sich, litten Hunger und Durst, und die Auswirkungen der großen Höhenlage machten ihnen zu schaffen. Bisweilen vereitelten die heftigen Schneestürme jegliches Vorwärtskommen, dann wieder war die Sicht so schlecht, daß sie völlig auf den Kompaß angewiesen waren. Wenn auch stets dicht an der Grenze der Belastbarkeit, zogen Bower und Thorold unbeirrt und ohne zu klagen weiter, wie man es nur von Militärs erwarten konnte. Und neben ihnen marschierte Atma Ram, der Pandit, und zählte geduldig alle seine Schritte, wie er es in Dehra-Dun gelernt hatte. Denn dieser Teil Tibets war bis dahin noch nicht vermessen worden und erschien auf damaligen Karten stets als großer weißer Fleck, über den das Wort »unerforscht« gedruckt war.

Seit der tibetischen Grenze, die inzwischen tausendzweihundert Kilometer westlich lag, waren sie auf keinerlei Anzeichen irgendeines Widerstandes gegen ihren Vormarsch gestoßen. Auf den letzten sechshundert Kilometern waren sie überhaupt keiner menschlichen Seele begegnet, so öde war dieses große Plateau. Selten einmal hatten sie ihr Lager unterhalb fünftausend Meter Höhe aufgeschlagen. Doch gegen Ende August, als sie sich etwas tiefer befanden, stießen sie auf eine Gruppe tibetischer Nomaden, von denen sie Fleisch zu kaufen versuchten, denn ihr Proviant hatte bereits bedrohlich abgenommen; außerdem wollten sie neue Wegführer engagieren. Doch die Tibeter waren argwöhnisch, und die beiden Männer, die Bower zum Verhandeln vorgeschickt hatte, kehrten mit leeren Händen zurück. Einmal hatten die Nomaden mit ihren Musketen sogar das Feuer auf sie eröffnet, doch glücklicherweise niemanden getroffen außer eines ihrer eigenen Pferde. Die beiden Männer kehrten jedoch mit einer außergewöhnlich wichtigen Neuigkeit zurück. Der See Tengri-nor, von dem aus Bower sich südwärts nach Lhasa wenden wollte und wo achtzehn Monate zuvor Bonvalot zur Umkehr gezwungen worden war, lag nur noch zehn Tagesmärsche entfernt. Doch ohne zuverlässige Karten oder die Hilfe von Führern war es kaum möglich, den Weg dorthin zu finden.

Ein paar Tage später stießen sie wieder auf eine Gruppe Hirten. Zwar weigerten diese sich kategorisch, Wegführer zu stellen, und erklärten, sie würden schwer bestraft, wenn sie es täten, waren jedoch bereit, Bowers Männern Proviant zu verkaufen, vorausgesetzt, es befänden sich keine Europäer in ihrer Karawane. Um sicherzugehen, ritten zwei der Tibeter mit den Schafen und den Lebensmitteln zu Bowers Lager hinüber. Glücklicherweise gelang es einem von Bowers Männern, vorauszureiten und die beiden Engländer zu warnen, so daß sie sich noch rechtzeitig verkleiden konnten. »Als sie ankamen«, schrieb Bower hinterher, »sah Dr. Thorold, der in den zerlumpten Kleidern eines Einheimischen ein Pony hielt, nicht im entferntesten nach einem Mitglied der Ärzteschaft aus.« Bower seinerseits hatte sich im Handumdrehen in einen muslimischen Händler verwandelt. Ihre tibetischen Besucher begrüßten sie, indem sie ihnen die Zunge herausstreckten – »eine Art der Begrüßung, wie ich sie noch nie erlebt hatte«, schrieb Bower, »doch prompt streckte ich meine auch heraus«. Nachdem sich die Besucher davon überzeugt hatten, daß keine Europäer vorhanden waren, händigten sie die Lebensmittel aus und ritten wieder davon. Da sie diesmal gerade noch Glück gehabt hatten, beschlossen Bower und Thorold, von nun an in Verkleidung zu reisen.

Nun begannen Tibeter mit Argwohn auf die seltsame Karawane zu blicken, die zu ihrer Hauptstadt zog. Eines Morgens, als Bower und Thorold gerade nach englischer Art frühstückten, erschien völlig überraschend ein fremder Tibeter im Lager. Die beiden Offiziere konnten eben noch in ihr Zelt verschwinden, ohne gesehen worden zu sein, und der Eindringling wurde geschwind in das Zelt des *Caravanbashi* geführt, wo ihm Tee gereicht wurde. Doch er stellte allerlei unbequeme Fragen, und von nun an wurden sie von kleinen Gruppen von Tibetern beschattet. Bower, dem das lästig war, ließ anhalten und ihnen durch einen seiner Männer, der Tibetisch sprach, mitteilen, daß er einen Paß habe (natürlich verschwieg er, daß dieser nicht für dieses Land galt), und gebieterisch erklären, daß sie ihn nicht länger verfolgen sollten. Damit schien er Erfolg zu haben, und außerdem hatte er von ihnen noch erfahren, welches der rechte Weg nach Lhasa war – so glaubte er jedenfalls. Erst am nächsten Tag erkannten sie, daß sie zum Narren gehalten und auf einen Weg geschickt worden waren, der von der Heiligen Stadt weg und aus dem Land hinaus führte.

Den Weg nach Lhasa fanden sie wieder, wurden jedoch von drei Reitern angehalten. Einer der Reiter war allem Anschein nach ein niederer Beamter, und er sagte ihnen, daß man mit einer englischen Invasion rechne und daß man sie für deren Vorhut halte. Nach dem Versuch, die beiden Engländer auszufragen, bat er sie zu warten, bis er bei seinem Vorgesetzten weitere Instruktionen eingeholt habe. Bower lehnte das ab und ritt weiter auf seinem Weg nach Lhasa. Von nun an wurden sie von immer mehr Reitern beschattet, gerade so, wie es Bonvalot ergangen war, als er sich der Hauptstadt genähert hatte. Als Bower zwei seiner Leute ausschickte, sie zu fragen, was sie von ihm wollten, bekam er zur Antwort, dies sei ihr Land und sie würden sich darin bewegen – »eine Antwort«, wie Bower zugeben mußte, »gegen die man unmöglich etwas einzuwenden haben konnte«.

Bower und Thorold erkannten nun immer deutlicher, daß es nicht leicht sein würde, nach Lhasa zu gelangen. Nachdem sie drei Tage lang mit aller Gewalt weitergeeilt waren, erklärten sie sich schließlich damit einverstanden, anzuhalten und die Ankunft eines höheren Beamten abzuwarten. Innerhalb der nächsten Stunde traf dieser zusammen mit einem Kollegen ein. »Geistig wie körperlich waren beide prächtige Burschen«, schrieb Bower, »und es ging der Hauch ausgesprochen starker Persönlichkeiten von ihnen aus.« Sie nahmen in seinem Zelt Platz und begannen ihn zu befragen. Bower erkannte, daß er sie nicht zum Narren halten konnte, und gab zu: »Wir sind Engländer. Wir kommen von Ladakh und sind nach China unterwegs. Hier sind unsere Pässe!« Als Antwort darauf bekam er zu hören, sie müßten die Ankunft noch höherer Beamter aus Lhasa abwarten, die über ihren Fall entscheiden würden. Wenn sie versuchen sollten, weiterzugehen, würde man sie gewaltsam daran hindern. Wenn das mißlänge, dann würden sie – die Tibeter – von ihren eigenen Leuten einen Kopf kürzer gemacht. Bower schrieb später: »Wenn wir kämpften und sie töteten, wäre es nichts anderes, als in Lhasa getötet zu werden. In diesem Entschluß waren sie durch nichts zu erschüttern, und – daran hege ich nicht den geringsten Zweifel – sie hätten alles darangesetzt, uns aufzuhalten, wenn wir so kühn gewesen wären, weiterzugehen.«

Nicht gewillt, ein Blutbad zu riskieren (wofür man sich in Kalkutta auch kaum bei ihm bedankt hätte), willigte Bower ein zu warten, und zwar an einem Ort, wo es eine gute Weide für seine Tiere gab, von denen einige nur noch lebende Skelette waren. In der Zwischenzeit versorgten die Tibeter ihn und seine Gruppe mit Fleisch, Mehl und Butter und sorgten für ihre Sicherheit. Nachdem sie drei Wochen gewartet hatten und sowohl Menschen als auch Tiere wieder zu Kräften gekommen waren, erschien ein hoher Würdenträger aus Lhasa, der auf einem Maultier ritt und einen großen roten Schirm emporhielt – ob gegen den Regen oder gegen die Sonne, war nicht klar, denn es gab, wie Bower notierte, »zu der Zeit weder für das eine noch für das andere irgendwelche Anzeichen«.

Auf Drängen Bowers wurde in seinem Zelt verhandelt. Als Antwort auf die Fragen des Beamten erzählte Bower ihm, daß sie englische Reisende seien, die eigentlich auf einer nördlicheren Route hatten reisen wollen, aber, als ihre Vorräte knapp wurden, sich gezwungenermaßen weiter südlich gehalten hätten, »darauf vertrauend, daß wir aufgrund der bestehenden Freundschaft zwischen den Regierungen Großbritanniens und Lhasas alle erdenkliche Hilfe erhalten würden«. Darauf erwiderten die Tibeter, daß ihr Land für alle Ausländer verboten sei und daß sie keine andere Wahl hätten, als Bower auf genau der Route zurückzuschicken, auf der er gekommen war. »Und was die Freundschaft zwischen den beiden Regierungen betrifft«, fügten sie hinzu, »sei sie kein Grund dafür, daß die Menschen dieser beiden Völker nicht in ihrem jeweiligen Land blieben.« Die Verhandlungen fuhren sich bald fest, wobei Bower drohte, seinen Weg nach Lhasa fortzusetzen und »diese Frage dort zu diskutieren«. Er wußte jedoch ganz genau, daß keine noch so große Drohung oder Überzeugungskunst den Entschluß der Tibeter aufweichen konnte, ihn von weiterem Vordringen auf ihre Hauptstadt abzuhalten. Es sollte für ihn schon schwierig genug werden, sie dazu zu überreden, ihn weiter ostwärts durch Tibet ziehen zu lassen, so daß er seine geheime Karte fertigstellen konnte. Den Fuß nach Lhasa zu setzen, war für seine Mission nicht vordringlich.

Schließlich, nach einem erzwungenen Aufenthalt von fast einem Monat, erklärten sich die Tibeter damit einverstanden – ermutigt durch eine Aufmerksamkeit von eintausend Rupien –, Bower nach Osten ziehen und an der Ostgrenze nach China gehen zu lassen. Sie bestanden jedoch darauf, daß er zuerst acht Tagesmärsche zurückging, so daß sie in Lhasa der Wahrheit entsprechend berichten konnten, die Ausländer seien denselben Weg zurückgegangen, den sie gekommen waren. So geschah es, daß er mit seinem Trupp nach zahlreichen Mißgeschicken – wozu auch gehörte, daß ihre Schafe von Wölfen gefressen wurden und die Ponys erfroren – im Januar 1892 die Grenze nach China überschritt, gerade noch rechtzeitig, ehe der Paß durch einen heftigen Schneesturm für den Winter verschüttet wurde. Damit endete – zumindest für die Öffentlichkeit – ihre lange und abenteuerliche Reise. Bower und Thorold war es genausowenig wie Prschewalski, Rockhill, Lansdell oder Bonvalot gelungen, die goldenen Dächer der Heiligen Stadt zu sehen, auch wenn ihre Durchquerung Tibets in wissenschaftlicher Hinsicht als Triumph gefeiert wurde. Die Goldmedaille, die die Royal Geographical Society Bower verlieh, war wohlverdient, und seine Schilderung der Abenteuer – *Diary of a Journey Across Tibet* – erfreute sich eines großen Erfolgs.

Doch wie wir wissen, hatte es mit dieser Reise noch beträchtlich mehr auf sich, als das Auge des Lesers je zu sehen bekam. Bower hatte die siebenmonatige Reise quer durch Tibet nicht nur der Royal Geographical Society oder der britischen Öffentlichkeit wegen unternommen. Er war dort gewesen, wie die Archive des Foreign Office offenbaren, um über Indiens schemenhaften nördlichen Nachbarn so viele Informationen wie möglich zusammenzutragen, und zwar im Auftrag von Oberst Ellis, seinem Chef in der Geheimdienstzentrale in Simla, von wo aus die gesamten Erkundungen nördlich des Himalajas organisiert wurden. Es kann dem heutigen Leser seines Reiseberichts nicht verargt werden, wenn er sich wundert, wie in aller Welt dieser Offizier es bei aller Genialität bewerkstelligt haben will, auf einer so aufreibenden Reise irgendwelche militärischen und politischen Informationen zusammenzutragen. Wie und wann ihm das gelungen ist, bleibt sein Geheimnis und vermutlich auch das von Oberst Ellis. Doch um zu sehen, wieviel er erreicht hat, muß man sich die Akte mit der Nummer FO 17 1167 im Archiv des Außenministeriums Kew ansehen. Dort findet sich Bowers schmaler, blau eingebundener offizieller Bericht mit dem Titel *Some Notes on Tibetan Affairs*. Eine kurze Einführung von Oberst Ellis erklärt, daß dieses Material bei der Veröffentlichung des Berichts bewußt weggelassen worden war, weil es »politisch nicht opportun« erschienen war, es zu publizieren. Die Akte, die in roten Buchstaben die Aufschrift VERTRAULICH trägt, war von Feldmarschall Lord Roberts, dem Oberkommandierenden in Indien, an die politische und geheimdienstliche Abteilung des Foreign Office geschickt worden.

In diesem zehnseitigen Bericht erklärt Bower, wie Tibet regiert und der Dalai Lama erwählt wird, sowie andere Details über die Herrschaftsform Lhasas. Über die tibetische Armee schreibt er: »Nominale Stärke sechstausend Mann, von denen die Hälfte sich im Dienst zu üben hat, während die andere Hälfte sich mit Landwirtschaft und anderen Dingen beschäftigt.« Ihre Bewaffnung bestand aus »Schwert, Speer und Muskete – zu letzterer gehört noch eine Gabelstütze, auf die sie beim Schießen aufgelegt wird«.

Bower gibt daraufhin eine Einschätzung der Verwundbarkeit Tibets gegenüber einer Invasion ab, indem er darauf hinweist, daß Lhasa leicht von »einer sehr kleinen Streitmacht«, die vom Süden oder Südwesten her vordringen würde, eingenommen werden könnte, denn sie käme durch bewohnte Gebiete und wäre daher in der Lage, sich mit Proviant zu versorgen. Er vertritt den Standpunkt, daß eine Invasionstruppe von Indien aus einen überwältigenden Vorteil gegenüber aus dem Norden kommenden russischen Invasoren haben müsse, denn sie wäre in der Lage, »den Feind an seiner wichtigsten Stelle zu schlagen, ohne von ihrer Basis abgeschnitten zu werden«. Bower zeigt drei mögliche Vormarschlinien von Norden her auf und merkt dazu an: »Alle diese Strecken sind äußerst schwierig, und wenn es auch für Forschertrupps möglich sein mag, sie zu überwinden, so können wir doch sicher sein, daß es keiner Armee gelingen wird. Und eine Streitmacht, der es bestimmt wäre, gegen mehr als nur die Armee von Lhasa zu kämpfen [er nimmt hier an, daß Peking sich einer solchen Invasion widersetzen würde], wäre unweigerlich verloren.«

Tibets nördliche Bastionen – die Gebirge Kunlun und Altyn-tag und das weitgehend wasserlose Tschang-tang-Plateau – seien, wie er erklärte, »die stärksten Bollwerke der Welt«. Tibets militärische Stärke schätzte er dagegen als »gleich null« ein. Die Chinesen, so berichtete er, hätten die Politik verfolgt, den Tibetern, die immer noch von dem schmerzlichen Zusammenstoß mit den britischen Truppen in Sikkim erschüttert waren, weiszumachen, »wir wären armselige Barbaren, die nicht einen Augenblick vor den Kriegern des himmlischen Reiches bestehen könnten«. Doch selbst in den Teilen des Landes, die dicht an der chinesischen Grenze liegen, meinte er, »ist die chinesische Macht nur nominell vorhanden«. Als Schlußfolgerung schrieb Bower: »Im Augenblick spielen China und Lhasa ein Spiel, das beiden zupaß kommt. Die Chinesen geben sich den Anschein, als hätten sie in Tibet das Sagen, während die Regierung von Lhasa vermeidet, mit einer ausländischen Regierung etwas zu tun haben zu müssen.«

Daß das Foreign Office weder den militanten Ton von Bowers Bericht noch dessen Inhalt schätzte, geht aus zwei Anmerkungen hervor, die fein säuberlich in den Begleitbrief geschrieben worden waren. Die eine tut seine Ansichten über die Chinesen in Tibet als »nicht gründlich durchdacht« ab. Die andere, in roter Tinte, stellt fest, daß er ein »verdammter Besserwisser« zu sein scheint. Sie mögen nicht geschätzt haben, was Bower zu sagen hatte (denn das Foreign Office lebte noch immer in dem Irrglauben, Tibet stünde unter der Kontrolle Pekings), doch bald genug erwies sich, daß er recht gehabt hatte. Whitehalls Geringschätzung seiner Ansichten sollte sich jedoch nicht negativ auf seine Karriere auswirken, denn Bower brachte es noch bis zum Generalmajor und wurde sogar geadelt. Er starb erst im Jahre 1940.

Mittlerweile brachten sich Abenteurer mit den unterschiedlichsten Motiven an den Grenzen Tibets für neue Angriffe auf Lhasa in Position. Der erste dieser Eindringlinge war eine Engländerin mittleren Alters.

7. Tod eines Forschers

Bei einem Punktestand von fünf zu null für die Tibeter zog dieses verlockende Land – und besonders seine Heilige Stadt – immer mehr Männer und Frauen in seinen Bann, die nicht Forschungsreisende waren. Einige Jahre lang hatte eine kleine Anzahl von Missionaren im chinesisch-tibetischen Grenzland, weit östlich von Lhasa, ein paar unsichere Vorposten unterhalten. Doch nun warf manch einer ein bekehrungsfreudiges Auge auf das verbotene Land selbst, so auch die zierliche Annie Taylor, deren Traum es war, in der heidnischen Stadt das Evangelium Christi zu verkünden. Denn hinter jenen abschirmenden Bergen lebte ein außergewöhnlich religiöses Volk, das gewiß nur darauf wartete, von seinen barbarischen Irrlehren und Praktiken befreit zu werden, und zur Bekehrung bereit war.

Es waren schließlich frühe christliche Missionare gewesen, die Tibet entdeckt hatten, wenngleich es ihnen nicht gelungen war, dort das legendäre Christenreich des Johannes zu finden. Wenn sich auch niemand bekehren ließ, so waren sie doch von den freundlichen Tibetern zunächst herzlich empfangen worden. Doch dann hatte sich, wie wir gesehen haben, Lhasas Haltung gegenüber dieser fremden Religion geändert. Die Tibeter fürchteten um ihren eigenen Glauben und wurden in dieser Furcht von den Chinesen noch bestärkt, die behaupteten, sowohl die Engländer als auch die Russen hätten es darauf abgesehen, die tibetische Religion zu zerschlagen und sie durch das Christentum zu ersetzen. Natürlich steckte darin ein Körnchen Wahrheit – doch die Chinesen hatten ihre eigenen Motive, solche Ängste zu schüren.

Von da an waren die christlichen Missionare sogar noch unwillkommener als andere Eindringlinge. Die Angst der Tibeter vor ihnen wurde nahezu krankhaft. Im Jahre 1887 überfielen sie eine französische Missionsstation an der chinesisch-tibetischen Grenze, machten sie dem Erdboden gleich, schlachteten die einheimischen Bekehrten ab und zwangen die weißen Priester zur Flucht, wollten sie ihr Leben retten. Doch das schwächte in keiner Weise den Bekehrungseifer jener Missionare, die sich zum Ziel gesetzt hatten, den Tibetern zu predigen, obgleich manche von ihnen dabei ihr Leben einbüßen sollten.

Gewiß hätte es einiges mehr bedurft, um die Entschlossenheit der Annie Royle Taylor wanken zu machen, einer sechsunddreißig-jährigen Presbyterianerin, die sich vorgenommen hatte, dem Dalai Lama selbst das Evangelium zu bringen. Annie, Tochter eines wohlhabenden Geschäftsmannes aus Cheshire und eines von zehn Kindern, war mit einem so starken Herzfehler zur Welt gekommen, daß die Ärzte dachten, sie würde das Jugendalter nicht überleben. Aufgezogen von Kindermädchen und Gouvernanten und verhätschelt von ihren Eltern, wuchs sie zu einem eigensinni-gen Teenager heran. Doch im Alter von sechzehn Jahren verspürte sie plötzlich die Berufung zu einer religiösen Tätigkeit, was sehr bald eine zunehmende Kluft zwischen ihr und ihrem Vater entste-hen ließ. Sie ging nicht mehr tanzen oder ins Theater, da sie »an nichts mehr außer Jesus Freude empfand«, und weigerte sich auch, am Tag des Herrn mit ihrem Vater auszureiten. Als sie mit ihrer Missionsarbeit im Londoner East End begann, bat ihr Vater sie inständig, das wieder aufzugeben und wie ihre Schwestern ihren Platz in der Gesellschaft einzunehmen. Statt dessen verkaufte sie im Alter von achtundzwanzig Jahren all ihren Schmuck, um sich ein Zimmer mieten zu können, und belegte einen medizinischen Grundkurs, denn sie hatte gehört, daß »der Herrgott in China Frauen benötigte«. Sie wurde von der China-Inland-Mission als Missionarin angenommen, schiffte sich im Herbst 1884 nach Schanghai ein und arbeitete die nächsten acht Jahre in China und Indien. Sie hielt sich meist in tibetischem Grenzland auf, denn »Tibet und nicht China war mein Ziel«, schrieb sie Jahre später.

Annie machte sich also daran, ihren Traum zu verwirklichen; sie lernte Tibetisch und schaffte sich einen treuen Begleiter an, einen Tibeter mit dem Namen Pontso, der ihr zwanzig Jahre lang dienen sollte. Als Ausgangspunkt für ihre Reise nach Lhasa wählte sie die alte von Mauern umgebene Stadt Taotschou nicht weit vom Kloster

Gumbum entfernt an der chinesisch-tibetischen Grenze. Dort lernte sie einen (wie sich zeigen sollte, schurkischen) Chinesen mit Namen Noga kennen, der mit seiner tibetischen Frau nach Lhasa reisen wollte. Er zeigte sich bereit, Annie als Wegführer zu dienen.

Ihre Karawane bestand schließlich aus ihr selbst, als Tibeterin verkleidet, Noga, dessen Frau, Pontso und zwei Dienern. Sechzehn Pferde nahm sie mit, einige zum Reiten, die anderen zum Tragen der Zelte und des Schlafzeugs, der Vorräte für zwei Monate und der Geschenke, mit denen sie hoffte, sich den Weg zu ebnen. Ihr Plan war es, im Morgengrauen aufzubrechen, sobald die Stadttore geöffnet wurden, dann zur Grenze zu eilen, in der Hoffnung, daß die Wachen zu dieser frühen Stunde noch sehr schläfrig wären. Von da aus wollte sie geradewegs auf Lhasa zuhalten. Sie vertraute darauf, daß ihre Verkleidung nicht entdeckt würde, ehe sie die Hauptstadt erreicht hätte, wo sie sich der Gnade des Dalai Lama anvertrauen wollte. Ihr Versuch, nach Lhasa zu gelangen, war vielleicht der naivste von allen, doch was ihr an Professionalität fehlte, machte sie durch ihren Mut und ihre Entschlossenheit mehr als wett. Selbst wenn sie gewußt hätte, was für eine entsetzliche Zeit ihr bevorstand, hätte sie nicht eine Sekunde gezögert. Ihr Vertrauen in den Allmächtigen und ihr Drang, den Tibetern das Evangelium zu verkünden, waren unbeirrbar.

Am 2. September 1892 brachen Annie und ihre Begleiter in Taotschou auf und überschritten die Grenze zu Tibet, ohne Verdacht zu erregen. Von da an jedoch kam Ungemach auf Ungemach. Ständig bedrängt von Banditen, verlor sie rasch all ihre Kleidungsstücke zum Wechseln, ihr Zelt, ihr Feldbett und die meisten ihrer Pferde. Einer ihrer Diener kehrte nach Hause zurück, und der andere starb. Somit war sie zusammen mit dem sanftmütigen Pontso auf Gedeih und Verderb Noga ausgeliefert, und der fing bald an, Geld von ihr zu fordern, sie zu bedrohen und zu bestehlen. Es kam zu Streitigkeiten unter ihren Leuten und zwischen Noga und seiner Frau. Sie wurden von riesigen Doggen angegriffen, von heftigen Stürmen übel zugerichtet und tagelang vom Hochwasser der Flüsse und von Schneestürmen aufgehalten. Aber jeden Abend, egal, was ihnen widerfahren war, schrieb Annie in ihr kleines,

111

schwarz-rotes Tagebuch einen Bericht über die Erlebnisse oder – öfter – die Mißgeschicke des Tages.

Nicht ein einziges Mal hat sie sich beklagt. Jede Seite ihres lädierten Tagebuchs kündet von unerschütterlichem Mut und Gottvertrauen. Je weiter sie kamen, desto schlimmer wurde alles. Sechs Wochen nachdem sie Taotschou verlassen hatten, wurden sie eines Tages gewarnt, daß fünfhundert Soldaten auf dem Weg vor ihnen auf Raubzug seien, um Karawanen auszurauben. Annie wurde geraten, umzukehren. Sie schrieb: »Ich bin dafür, weiterzugehen, doch die anderen wollen umkehren.« Und sie fügte noch hinzu: »Der Herr wird uns den Weg schon freimachen.« Und auf wundersame Weise tat er es auch; er zerstreute die plündernden Soldaten. In derselben Nacht starb jedoch ihr kranker chinesischer Diener, während Noga ihm aus dem Koran vorlas. Annie hatte versucht, den armen Mann zu bekehren, doch sein letztes Wort war, wie sie berichtet, »Allah!« Er war ein großer, kräftig gebauter Mann gewesen und hatte sie mehr als einmal vor Nogas Gewalttätigkeiten beschützt. Nachdem sie ihn begraben hatten, notierte Annie: »Der Herr hat den Starken abberufen und überläßt es den Schwachen, weiterzugehen und in seinem Namen Anspruch auf Tibet zu erheben.« Am folgenden Tag verlor sie ihren Hund. »Nun haben wir beide zurückgelassen«, schrieb sie und fügte hinzu: »Möge der Herr uns übrige verschonen!«

Inzwischen war auch Annies Gesundheit angegriffen, so daß sie bisweilen zu schwach war, ihr Pferd zu lenken. Dann ergriff der treue Pontso die Zügel und führte ihr Pferd, bis sie sich nicht mehr darauf halten konnte. Eines Tages sahen sie schweigend zu, wie Adler gierig einen Leichnam verschlangen, der nach tibetischer Sitte extra dafür in Stücke geschnitten worden war. Sie sprachen auch mit einem Mann, der gerade von Lhasa kam und ihnen mitteilte, daß »der Krieg mit den Engländern« noch nicht vorüber sei. Jetzt drohte Noga, Annie zu denunzieren. »Möge der Herr uns vor seiner Schlechtigkeit bewahren!« war ihr einziger Kommentar.

Je näher sie Lhasa kamen, desto besorgniserregender wurde Nogas Verhalten. Während einer Auseinandersetzung mit seiner Frau drohte er ihr, sie anzuzeigen, eine Engländerin in das Land geschmuggelt zu haben, und brüstete sich damit, daß man sie bestrafen, ihn aber belohnen würde. Gelassen schrieb Annie in ihr Tagebuch: »Der Herr wird uns beschützen. Ich habe keine Angst.« In einem weiteren Wutanfall drohte Noga, Annie und den sanftmütigen Pontso umzubringen. Er schleuderte einen schweren Kochtopf nach Annie und versuchte, sein Schwert zu ziehen, wurde aber von einem freundschaftlich gesinnten Tibeter daran gehindert, der sich ihnen angeschlossen hatte und sich später sogar erbot, diesen Schurken umzubringen und es Räubern anzulasten. Annie wies dieses wohlgemeinte Angebot zurück. Am nächsten Tag erfuhr sie, daß der hinterhältige Noga getan hatte, was sie die ganze Zeit schon befürchtete: Er hatte verbreitet, daß sie eine verkleidete Engländerin war. Überraschenderweise schien seine Denunzierung die Tibeter, mit denen sie zu tun hatte, nicht sogleich in Alarm versetzt zu haben, denn sie waren ihr weiterhin behilflich.

Annie betete darum, daß Noga sie verließ. Das tat er auch, aber nur um sich schleunigst nach Lhasa zu begeben und die Behörden dort auf sie aufmerksam zu machen. Zwei ihrer Pferde und andere Wertgegenstände nahm er mit. Nun beinahe völlig mittellos, verbrachten Annie und Pontso bei eisiger Kälte zwanzig Nächte im Freien. Mitten in all ihren Schwierigkeiten gelang es ihr jedoch am 20. Dezember, einen Christmas-Pudding zu bereiten, »von etwas Talg, den ich erbettelte, ein paar Korinthen, etwas Lakritzensaft und einem bißchen Mehl«. Außerdem schrieb sie in ihr Tagebuch: »Es herrscht eine maßlose Kälte.« Am ersten Weihnachtsfeiertag setzte die naive, doch unbeugsame Annie den Pudding aufs Feuer, mußte nach zwei Stunden jedoch erkennen, daß er in der Mitte immer noch eiskalt war. Auch Tee, der nicht sofort getrunken wurde, überzog sich im Handumdrehen mit Eis. »Das ist ein sonderbares Klima«, war ihr verblüffter Kommentar.

Inzwischen befand sich die heruntergekommene, an Anzahl und Habe mächtig geschrumpfte Gruppe auf der berühmten Teestraße, der bedeutendsten Karawanenstraße zwischen Sichnan und Lhasa. Doch vor ihnen, zwischen Annie und ihrem Ziel, lag noch der Dam-jau-er-la (*La* im Tibetischen bedeutet Paß), einer der höchstgelegenen Pässe Tibets. Mit Grausen erblickten sie die Skelette früherer Reisender und ihrer Packtiere, die den Weg säumten, und sie schleppten sich mit äußerster Mühe über den Paß und dankbar in das unter ihm liegende Tal. Nun näherten sie sich der heiligen tibetischen Provinz U, in der Lhasa lag und wo, wie sie erfahren hatten, im Jahr zuvor Truppen postiert worden waren, um Europäer daran zu hindern, die Heilige Stadt zu erreichen. Zu Annies Erleichterung war jedoch nichts von ihnen zu sehen, und sie zog weiter, so schnell es nur ging. Sie wußte, daß sie Lhasa jetzt näher war, als es je irgendwer vor ihr geschafft hatte. Weniger als eine Wochenreise entfernt, schien ihr ihr frommes Ziel schon zum Greifen nah.

Doch dann, am 3. Januar 1893, wurden ihre Hoffnungen zunichte gemacht. Nur noch drei Tagesmärsche von der Hauptstadt entfernt, stand sie mit ihren Leuten plötzlich zwei bewaffneten Soldaten gegenüber, die ihnen befahlen, stehen zu bleiben, und ihnen sagten, sie stünden unter Arrest. Wie befürchtet, hatte Noga den Bezirksvorsteher davon informiert, daß eine Engländerin auf dem Weg nach Lhasa sei. Sofort waren Befehle ergangen, sie aufzuhalten. Von Entbehrung und Überanstrengung nahezu völlig erschöpft und kaum in der Lage, einige Meter zu gehen, ohne zu verschnaufen, sah Annie ein, daß ihr nichts anderes übrigblieb, als zu gehorchen. Pontso und ihr anderer Helfer verbrachten die Nacht in Schrecken. Sie waren sich dessen bewußt, daß Tod durch Enthauptung das Schicksal aller war, die Ausländer ins Land brachten. (Wieso sie daran nicht schon früher gedacht hatten, bleibt verwunderlich.) Nach zwei Tagen erschien mit einer bewaffneten Eskorte der Kommandeur der nächstgelegenen Garnison. Er war höflich und hörte sich alles an, was Annie zu sagen hatte, bestand jedoch darauf, daß sie denselben Weg zurückgehen müsse, den sie gekommen war.

Sie erklärte, daß das unmöglich sei, und verwies darauf, daß sie weder Proviant noch Geld habe, daß ihre Pferde völlig erschöpft seien und daß sie selbst zu geschwächt sei, um die Reise zu überstehen. »Umzukehren«, sagte sie zu ihm, »bedeutet schlicht und einfach zu sterben.« Diese außergewöhnliche Frau diskutierte nicht nur ohne Furcht, wie er schnell herausfand, sondern stellte sogar Forderungen. »Ich verlangte Gerechtigkeit«, schrieb sie in ihr Tagebuch. »Ich mußte sehr entschlossen sein, denn unser Leben schien davon abzuhängen, daß ich entschlossen auftrat.« Sie bestand darauf, den zuständigen Richter zu sprechen, so daß sie gegen Noga Anklage erheben könne, der, wie sie aussagte, ihr zwei Pferde gestohlen hatte und versucht hatte, sie zu ermorden. Sie bekam ihren Willen, und zehn Tage nach ihrer Festnahme traf ein hoher Beamter aus Lhasa ein und brachte Noga mit. Die ganze Nacht, bevor ihr Fall verhandelt wurde, verbrachte Annie im Gebet.

Am nächsten Tag wurde sie vor den Richter gebracht und mußte sich auf eine Matte vor ihm setzen. »Er stellte viele Fragen«, schrieb sie am Abend in ihr Tagebuch, »und wollte wissen, weshalb ich in ihr Land gekommen war und mich bis auf drei Tagesmärsche Lhasa genähert hatte. Ich sagte, daß ich nach Darjeeling wollte.« Klugerweise erwähnte sie nicht, warum sie wirklich gekommen war. In ihrem Tagebuch heißt es weiter: »Er sagte, die Tibeter wären uneins mit den Engländern, die Kriegsfrage wäre noch nicht beigelegt, und außerdem hätte Noga abgestritten, irgend etwas von mir zu haben, abgesehen von den Pferden, von denen er jedoch behauptete, ich hätte sie ihm geschenkt.« Sie beharrte darauf, sie ihm nicht geschenkt zu haben. Dann wurde Noga hereingebracht, und er stritt alles ab. »Noch nie hatte ich jemanden derart lügen hören«, schrieb Annie in ihr Tagebuch.

Dann teilte ihr der tibetische Beamte mit, Soldaten würden sie auf dem Weg zurückgeleiten, auf dem sie gekommen war. »Ich sagte, meine Leiche könnten sie wohl wegbringen, nicht aber mich gegen meinen Willen mitnehmen«, berichtete sie. Als er ihr klipp und klar sagte, daß er Noga ihr gegenüber den Vorzug gebe, weil er Chinese sei und sie Engländerin, rief Annie erregt: »Ist das tibetische Gerechtigkeit? Noga hat sich schwer an mir vergangen, und Sie sagen, Sie könnten ihn nicht bestrafen ... Sie wollen mich davonjagen, mit Pferden, die nicht laufen können, und ohne ein Zelt, obwohl Sie wissen, daß wir in ein paar Tagen in ein Gebiet kämen, wo es keinerlei Ordnungskräfte gibt, aber um so mehr Banditen, und daß Sie mich auf diese Weise los wären. Sie brauchten mich dann nicht selbst zu töten, sondern könnten es so von anderen besorgen lassen. Ich kann nur sagen, wenn Sie mir nicht bei meiner Rückkehr behilflich sein wollen, dann muß ich bleiben, wo ich bin, bis der *Amban* informiert ist.« An diesem Punkt war der Tibeter gezwungen zuzugeben, daß er nicht wußte, wie er mit ihr fertigwerden sollte. Nach sechs Tagen Hin und Her erhielt sie von ihm das Versprechen einer Eskorte, frischer Pferde, eines Zeltes, warmer Kleidung, Decken, Nahrungsmittel und anderer notwendiger Dinge, um sie und ihre Leute bis zum Jangtsekiang zu bringen.

So wurde Annie am 18. Januar 1893 über dieselbe erbarmungslose Route zurückgeschickt, für die sie bei der Hinreise vier Monate benötigt hatte. Die Enttäuschung muß für sie schwer zu ertragen gewesen sein. Hätte sie nicht Noga zu ihrem Führer gewählt, wäre sie sehr wahrscheinlich bis nach Lhasa gelangt, allerdings nur, um wieder weggejagt zu werden – oder um Schlimmeres zu erdulden. Der japanische Reisende Ekai Kawaguchi, der einige Jahre später tatsächlich Lhasa erreichte, sollte dort dem Beamten begegnen, der geschickt worden war, um Annie Taylors Fall zu verhandeln. Dieser Mann, der inzwischen Finanzminister seines Landes geworden war, hatte gesagt: »Du meine Güte! Die Engländer sind schon absonderliche Wesen«, und er hatte hinzugefügt, daß Annie ganz gewiß getötet worden wäre, wenn der verantwortliche Beamte des Gebiets, wo sie aufgehalten worden war, nicht ein Mensch von besonderem Mitgefühl gewesen wäre. In der Tat, so sehr man auch Annie Taylors erstaunliche Tapferkeit bewundern mag (und ihr Rückzug aus Tibet sollte sich als noch entbehrungsreicher erweisen als ihre Einreise), ist man ebenso beeindruckt von der bemerkenswerten Nachsicht der Tibeter gegenüber den Ausländern, die immer wieder versuchten, in ihre heiligen Orte einzudringen. Wenn auch Annie Taylor und ihre Vorgänger Glück hatten, sollten bald andere kommen, denen das nicht vergönnt war.

* * *

Der erste, den die Tibeter tätlich angriffen, war ein französischer Forscher mit Namen Jules Dutreuil de Rhins, ein ehemaliger Marineoffizier, der bereits ausgedehnte Expeditionen im Kongo unternommen hatte und sich nun der wissenschaftlichen Erforschung Zentralasiens zuwandte. Von der französischen Regierung und der Akademie für Schrifttum und Literatur finanziell unterstützt, brach er im Februar 1891 mit einem jüngeren Kollegen, dem Orientalisten Fernand Grenard, von Paris aus nach dem chinesischen Turkestan auf. Den Rest dieses Jahres und einen beträchtlichen Teil des Folgejahres brachten sie damit zu, die Gebirge Kunlun und Karakorum zu erforschen. Dann faßten sie Lhasa ins Auge, das Dutreuil de Rhins der französischen Forschung zu erobern gedachte.

Begleitet von dreizehn neu angeworbenen Karawanenleuten, Dolmetschern und Helfern verließen die beiden Forscher am 3. September 1893 voller Optimismus die kleine Oasenstadt Cherchen und zogen südwärts nach Tibet. »Wer konnte damals ahnen«, schrieb Grenard hinterher, »daß ein Tag kommen würde, an dem die ganze Mission zerschlagen, vernichtet, beinahe ohne eine Spur zu hinterlassen, ausgelöscht wurde?«

Nach vier zermürbenden Monaten seit dem Aufbruch von Cherchen (innerhalb deren sie einmal sechzig Tage lang nicht einer einzigen menschlichen Seele begegneten) waren sie nur noch sechs Tagesmärsche von Lhasa entfernt, als sie – wie schon Prschewalski, Bonvalot, Bower und Annie Taylor vor ihnen – angehalten wurden. Wie immer waren die Tibeter höflich, aber bestimmt, indem sie den Chinesen die Schuld gaben, während die Vertreter des *Amban*, die sie begleiteten, den Forschungsreisenden im Vertrauen versicherten, daß nur die schroffe Haltung der Tibeter einem Besuch Lhasas im Weg stünde. Im übrigen sei Lhasa »ein schrecklicher Ort«, von Halbwilden bewohnt, so beteuerten die Chinesen.

Wie üblich wurde verlangt, sie sollten denselben Weg zurückkehren, den sie gekommen waren. Hartnäckig lehnte Dutreuil de Rhins das ab und beharrte darauf, nach Lhasa zu gelangen, um dort die reichlich dezimierte Karawane zu ergänzen. Er machte geltend, daß sie von den einundsechzig Packtieren, mit denen sie losgezogen waren, nicht weniger als sechsunddreißig auf der beschwerlichen Winterreise verloren hatten. Noch während man miteinander diskutierte, starben die Tiere, und bald sah es um das Lager herum wie in einem Beinhaus aus. Geier stürzten sich auf die Kadaver, und riesige Krähen saßen auf den offenen Wunden der noch lebenden Tiere. Männer erkrankten, auch Dutreuil de Rhins, und nicht wenige suchten das Weite.

Ungerührt von diesem Elend und von den Argumenten des Franzosen, beharrten die Tibeter auf ihrer Forderung und erklärten, daß sie selbst, an Händen und Füßen gebunden, in Lhasa in den Fluß geworfen würden, wenn sie die Franzosen passieren ließen. Nach fünfzig Tagen der Verhandlungen sah Dutreuil de Rhins schließlich ein, daß er aufgeben mußte. Das Beste, was er erzielen konnte, war ein Kompromiß, der ihnen erlaubte, statt auf dem Weg, den sie gekommen waren, Tibet über Sining an der nordöstlichen Grenze zu China zu verlassen. Die Tibeter erklärten sich sogar bereit, sie mit frischen Tieren und Nahrungsmitteln zu versorgen.

Ohne zu ahnen, daß ihnen das Schlimmste noch bevorstand, begaben sich die beiden Forscher am 20. Januar 1894 auf ihren langen Treck aus Tibet hinaus. Für einen von ihnen sollte es die letzte Reise sein. In der kleinen Stadt Nagchuka mußten sie einen Monat lang bleiben. Sie hausten in einer finsteren Hütte voller Ungeziefer und warteten darauf, daß sich das Wetter und Dutreuil de Rhins' Gesundheitszustand besserte. Die Temperatur betrug im Durchschnitt minus dreißig Grad, und es dauerte nicht lange, bis ihr Dolmetscher, geschwächt durch monatelange Entbehrungen und Unterernährung, erkrankte. Bald darauf mußten sie ihn begraben. Mit Hilfe von schweren Steinen schützten sie seinen gefrorenen Leichnam vor den wilden Tieren. Bei ihren Erkundungen über die Route, die vor ihnen lag, stießen sie auf einen Mann, der die zweitausendfünfhundert Kilometer lange Reise hin und zurück nicht weniger als fünfmal unternommen hatte. Auf der letzten Reise, von der er gerade zurückgekehrt war, hatte er sich schwere Erfrierungen der Beine zugezogen und Wundbrand entwickelt. »Scheußliche Wunden waren entstanden«, schrieb Grenard, »das Fleisch hatte sich fast abgelöst und hing in grausigen Fetzen herab.« Wie ein Papagei leierte er ihnen die Namen der achtundachtzig Raststätten herunter, wo die Karawanen kampierten. Aus alten chinesischen Dokumenten wußten die Forscher, daß es einst eine kürzere Route gegeben hatte, doch sie war schon lange nicht mehr benutzt worden und in Vergessenheit geraten.

Bis zum 6. März hatte sich das Wetter einigermaßen gebessert, wenn auch nur für kurze Zeit, und so machten sie sich in Begleitung der ihnen noch verbliebenen Männer und einer Karawane schwerfälliger Jaks auf den Weg nach Sining. Zehn Wochen später, nachdem sie die zugefrorenen Quellflüsse des Salwin und des Jangtse überquert und die Quelle des Mekong erforscht hatten, erreichten sie das Dorf Iikundo. Hier machten sie erste Bekanntschaft mit ernsten Schwierigkeiten. Einer ihrer Männer, den sie vorausgeschickt hatten, um mit den dortigen Behörden Kontakt aufzunehmen, war mit Steinen beworfen und verjagt worden. Und der oberste Lama verbot den Dorfbewohnern, ihnen Lebensmittel zu verkaufen und sogar mit ihnen zu reden. Ohne Führer kamen sie schließlich zu dem kleinen Dorf Thom Bundo. Auch hier fanden sie verschlossene Türen vor. Und es sollte noch schlimmer kommen.

Dutreuil de Rhins war inzwischen von Schmerzen geplagt. Der heftige Regen hatte seiner Bronchitis nicht gutgetan und seiner Gemütsverfassung auch nicht. Wütend über die Dorfbewohner drang er in ein Viehgehege ein, in dem es einen leeren steinernen Unterstand gab, wo sie die nächsten beiden Nächte verbrachten und darauf warteten, daß es zu regnen aufhörte. Am dritten Tag schien die Sonne, und sie wollten sich wieder auf den Weg machen. Da mußten sie entdecken, daß ihnen in der Nacht zwei Pferde gestohlen worden waren. Rasend vor Wut schickte Dutreuil de Rhins zwei bewaffnete Männer auf die Suche, doch ohne Ergebnis. Er befahl seinen Leuten, zwei Pferde im Dorf zu beschlagnahmen, bis seine Pferde zurückgegeben würden.

Vielleicht war das der Vorwand, auf den die Tibeter gewartet hatten. Als die Karawane ihren Unterschlupf in dem ummauerten Viehgehege verließ und im Gänsemarsch auf dem schmalen Pfad weiterzog, eröffneten die Dorfbewohner aus den Schießscharten eines nahegelegenen Gebäudes das Feuer. Einige Packtiere wurden niedergestreckt und blockierten den nachfolgenden den Weg. Dutreuil de Rhins erwiderte das Feuer, und Grenard, dessen Gewehr auf eines der vorderen Tiere geladen war, rannte nach vorn, um es zu holen und um zu versuchen, die Karawane aus der Reichweite der tibetischen Musketen zu führen. Da hörte er einen Schmerzensschrei seines Begleiters. Sofort eilte er zu ihm und sah zu seiner Bestürzung, daß sein Landsmann von einer primitiven Kugel in den Bauch getroffen war. »Die Beschaffenheit der Wunde«, schrieb er später, »ließ mir keine Hoffnung.« Die Angreifer unterbrachen das Feuer für einen Augenblick, und es gelang

Grenard, seinen Freund hinter eine Mauer und damit in vorläufige Sicherheit zu zerren. Aus einem ihrer Feldbetten versuchte er eine Trage zu machen. Da Grenard seinen Kollegen nicht allein tragen konnte, wollte er einen der Männer seiner Karawane holen, doch sie waren alle geflohen, als das Schießen begonnen hatte.

Jetzt waren sie von bewaffneten Tibetern eingeschlossen, die von allen Seiten auf sie schossen und Grenard den Weg zu der Stelle abschnitten, wo Dutreuil de Rhins lag. »Ich befand mich in einem qualvollen Dilemma«, schrieb er in seinem Bericht über die Begebenheit. »Sollte ich den Leiter unserer Expedition seinem unvermeidlichen Schicksal überlassen und das retten, was ihm das Wichtigste war – die wissenschaftlichen Ergebnisse seiner Mission –, oder sollte ich das alles dem ehrenvollen, aber sinnlosen Versuch opfern, einen Mann den Klauen des Feindes zu entreißen, dessen Leben vielleicht schon von ihm gewichen war?«

Die Entscheidung wurde ihm leichtgemacht. Er hatte seine Munition verschossen, und die Tibeter machten Jagd auf ihn. Sie schossen aus ihren Musketen und schrien: »*Song!... Song!*« (»Weg!... Weg!«) Sie ergriffen ihn und schlugen mit der flachen Seite ihrer Schwerter auf ihn ein. Dabei plünderten sie ihm die Taschen aus. Er war überzeugt, daß sein letzter Augenblick gekommen war, als der grölende Mob ihn mit Schwertern und Speeren vor sich her trieb. Doch statt ihn zu töten, geleiteten sie ihn bis zur Dorfgrenze und kehrten dort um. Nur die Kinder warfen ihm mit ihren Schleudern noch Steine nach. Böse zugerichtet, aber ohne ernste Verletzungen, schleppte sich Grenard zu einem Dorf, wo man weniger feindselig war. Hier wurde ihm und vieren seiner zu Tode erschrockenen Männer Obdach gewährt.

Drei Wochen blieb Grenard in diesem Dorf; er bemühte sich durch Mittelsmänner um die Herausgabe des Leichnams seines Expeditionsleiters und ihres Gepäcks. Von einem seiner Helfer erfuhr er das Schicksal Dutreuil de Rhins'. Dieser Mann erzählte, die Tibeter hätten ihm Hände und Füße gebunden und den noch Lebenden in den Fluß geworfen. Dort soll er verzweifelt versucht haben, sich an der Oberfläche zu halten – ein Umstand, den Grenard nicht glauben konnte, denn als er ihn zuletzt gesehen hatte, hatte er schon im Todeskampf gelegen.

Nachdem Grenard einige ihrer wissenschaftlichen Aufzeichnungen – ein vermißtes Manuskript sollte später auf mysteriöse Weise in Petersburg auftauchen – und einen Teil ihres Reisegepäcks zurückerhalten hatte, setzte er seinen Weg nach Sining ohne weitere Zwischenfälle fort. Von dort waren es noch einmal fast zweitausendfünfhundert Kilometer bis zur chinesischen Hauptstadt. Es mag für ihn eine gewisse Genugtuung gewesen sein, zu erfahren, daß auf Verlangen des französischen Gesandten eine chinesische Strafexpedition in das Dorf Thom Bundo geschickt worden war und daß vier Männer, die an dem Überfall beteiligt gewesen waren, hingerichtet worden waren – wobei man den Kopf eines Hingerichteten an dem Tor zur Straße nach Sining aufgespießt hatte.

Für Grenard war die Geschichte jedoch noch nicht beendet. In Paris, wohin ihm die traurige Nachricht vorausgeeilt war, mußte er sich und seinen toten Freund gegen den Vorwurf verteidigen, daß sie ihr Mißgeschick durch Eigenmächtigkeit und Anmaßung selbst heraufbeschworen hätten. Jahre später sollte dieser Vorwurf neue Nahrung finden durch ein seltsames Büchlein, das ein ladakhischer Karawanenmann namens Rassul Galwan in gebrochenem Englisch geschrieben hatte.

In *Servant of Sahibs*, seinen 1932 veröffentlichten Memoiren, führt Rassul den Augenzeugenbericht der Tragödie an, der ihm von einem an jener Expedition beteiligten Helfer erzählt worden war. Wenn man diesem Mann Glauben schenken darf, hatte Dutreuil de Rhins ein hitziges Gemüt besessen. Aus Furcht, sie könnten von den ohnehin feindseligen Dorfbewohnern angegriffen werden, hatte der Helfer ihn gebeten, die konfiszierten Pferde zurückzugeben, doch er war nur der Feigheit bezichtigt worden. Er erzählte Rassul, der Vorsteher des Dorfes und der Besitzer der Pferde seien bei Dutreuil de Rhins vorstellig geworden und hätten ihn gewarnt: »Seht euch vor, wenn ihr fortgeht! Ihr lebt nicht mehr lange!« Er behauptete, nicht Grenard hätte ihren verwundeten Chef aus der Schußlinie gezogen, sondern er selbst, und Grenard wäre davongelaufen. Es soll nicht verschwiegen werden, daß Grenard seinerseits in seinem Bericht über den Vorfall ähnlich unrühmliche Dinge über eben diesen Helfer geschrieben hat – beim ersten

Anzeichen von Gefahr soll er geflohen und erst Tage später wiedergekehrt sein.

Wie es wirklich gewesen ist, wird man nie erfahren. Auf jeden Fall war auch dieser Versuch, nach Lhasa zu gelangen – der siebte in zweiundzwanzig Jahren –, fehlgeschlagen. Prschewalski, Rockhill, Lansdell, Bonvalot, Bower, Annie Taylor und nun Dutreuil de Rhins und Grenard war es nicht gelungen, dieses verlockende Ziel zu erreichen. Doch für manche trug dies nur dazu bei, den Reiz Lhasas zu steigern. Kaum ein Jahr nach der Tragödie des Franzosen befanden sich ein englischer Landedelmann, seine zarte Frau, ihr Neffe und ihr kleiner Hund auf dem Weg nach Tibet.

* * *

Man kann es niemandem verübeln zu denken, dieses hausbacken wirkende Trio hätte besser in das Hügelland von Sussex gepaßt als auf die schreckliche Tschang-tang-Hochebene, doch es wäre ein Fehler gewesen, sich von ihrer amateurhaften Erscheinung täuschen zu lassen. Mr. und Mrs. St. George Littledale – ihr Terrier nicht zu vergessen – waren bereits erfahrene Asienreisende, die die Anerkennung von Geographen und anderen Forschungsreisenden mit ihren zwei ersten Reisen durch Zentralasien erlangt hatten.

»Mein Plan bestand darin«, schrieb Littledale, ein vermögender Landbesitzer aus Berkshire, »alle Kraft daranzusetzen, Tibet und – wenn möglich – Lhasa zu erreichen, indem wir genügend Lebensmittel und Lasttiere mitführten.« Die Versuche der meisten anderen waren seiner Meinung nach fehlgeschlagen, »weil sie mehr oder weniger notleidend angekommen waren«, so daß die Tibeter ihnen ihre Bedingungen aufzwingen konnten. Die Littledales beabsichtigten, in einer Position der Stärke in Tibet einzutreffen. Er gab offen zu: »Wir setzten auch auf Bestechung und waren für Korruption in großem Stil ausgerüstet.« Ihr Neffe war ein junger Oxford-Student und geübter Ruderer; er war einen Meter neunzig groß und hieß William Fletcher. Sowohl er als auch Littledale waren als vortreffliche Schützen bekannt.

Nachdem sie den russischen Teil Zentralasiens durchquert hatten, erreichten sie im Januar 1895 Kaschgar im chinesischen Turkestan, wo Fletchers Körpergröße in den Basaren einiges Aufsehen erregte. Von hier aus reisten sie auf der alten Seidenstraße ostwärts bis nach Cherchen (wo keine zwei Jahre zuvor der unglückliche Dutreuil de Rhins seine Karawane zusammengestellt hatte) und wandten sich am 12. April nach Süden, auf Tibet zu. Sie nahmen sieben Karawanenleute mit – darunter auch Rassul Galwan, der später in *Servant of Sahibs* seine Erlebnisse schilderte – und eine Eskorte von drei ehemaligen afghanischen Soldaten, die mit modernsten Repetiergewehren ausgerüstet waren. Ihre Karawane bestand aus nicht weniger als zweihundertfünfzig Tieren, darunter Ponys, Maultiere und Esel. Über die Hälfte der Tiere wurde zurückgeschickt, nachdem sie elf Tonnen Futter und Proviant für sechs Monate sicher über die Berge gebracht hatten. Eine kleine Herde Schafe bildete den Vorrat an frischem Fleisch.

Obwohl Frühling war, gerieten sie schon bald in heftige Schnee-stürme, die alles Gras und Brennmaterial verwehten, und am sechzehnten Tag verlor die Karawane die ersten Ponys. Ihre eigene Kraft und Moral erhielten die Europäer mit Büchsensuppen auf-recht, mit denen sie sich vorsorglich eingedeckt hatten. Doch ohne Brennmaterial, um Schnee und Eis in Wasser zu verwandeln, ging es den Eingeborenen weniger gut. Vielleicht lag es daran, daß einer ihrer Karawanenführer sie täuschte und ihnen weismachte, sie hätten bereits den Rand des tibetischen Hochlands erreicht, daß viele Packtiere zurückgeschickt und ihre Eigner ausbezahlt wur-den, bevor die Littledales ihren Irrtum bemerkten. Sie benötigten weitere zehn Tage, bis sie einen Paß entdeckten, der sie zur Tschang-tang-Ebene führte. Doch bis dahin hatten sie ein halbes Dutzend ihrer Esel und weitere zwei Ponys verloren.

Nun hätten sie beinahe auch einen ihrer Männer eingebüßt, dem mehrere Monatslöhne im voraus ausgezahlt worden waren. Es stellte sich heraus, daß er beabsichtigte, im Schutz der Dunkelheit nach Hause zu verschwinden. Littledale berichtet: »Da wir sehr knapp an Leuten waren, nahmen wir uns die Freiheit, ihm einige Nächte lang Handschellen anzulegen«, und fährt fort: »Hernach erwies er sich als einer unserer besten Männer.« Immer langsamer kamen sie voran, denn die Tiere litten unter der Höhe und dem rauhen Klima und an Unterernährung. Eines Morgens mußten sie feststellen, daß sich ihre letzten Schafe über Nacht verirrt hatten und daß allen neunzehn von Wölfen die Kehle durchgebissen worden war. Die Tiere, auch die Ponys, verendeten so massiert, daß Littledale und sein Neffe ihre Reitponys als Lasttiere benutzen und zu Fuß gehen mußten. Nur Mrs. Littledale behielt ihr Reittier.

»Unsere Tiere starben auf unerklärliche Weise«, schrieb Littledale, »und die überlebenden waren so schwach, daß wir ihnen, wenn sie stürzten oder sich niederlegten, wieder aufhelfen mußten.« Sie versuchten sogar, alles Material, das sie erübrigen konnten, für die kranken Tiere als Schutzbekleidung zu verwenden, doch ohne viel Erfolg. »Nicht ein Tag verging«, berichtete Littledale, »ohne daß einige Tiere erschossen oder zurückgelassen werden mußten.« Um den übrigen Tieren die Lasten zu erleichtern, entschlossen sie sich, alles zurückzulassen, was sie nicht unbedingt benötigten. Dazu gehörten Kleidungsstücke, Ausrüstungsgegenstände, wissenschaftliche Geräte, Hufeisen und sogar Bücher. Wurden die Bücher dringend benötigt, dann wurde zumindest der Einband abgerissen und weggeworfen.

»Als unsere Leute sahen«, berichtet Littledale, »daß nagelneue Kleidungsstücke weggeworfen wurden, wollten sie sie gegen ihre eigenen Lumpen eintauschen. Wir sagten, sie könnten sich nehmen, was sie wollten, müßten aber für jedes neue Stück ihr altes wegwerfen. Dabei war es nicht immer einfach«, fügt er ironisch hinzu, »für ein Damenkleidungsstück das exakte Äquivalent zu finden.«

Die Reise hatte inzwischen einen Verlauf genommen, der denjenigen nur zu bekannt vorgekommen wäre, die zuvor versucht hatten, Lhasa über das öde, sturmgepeitschte nördliche Plateau zu erreichen. Das tibetische Frühjahr hatte sich weit kälter erwiesen, als die Littledales angenommen hatten. Doch dann, als sie schon über einen Monat unterwegs waren und ihre Situation äußerst bedrohlich wurde, wendete sich ihr Schicksal. Das Wetter wurde plötzlich milder, und lange entbehrte Regengüsse brachten Wasser zum Kochen und zum Trinken. Sie befanden sich nun in einem Tal, in dem es genügend Weiden und Wasser gab, so daß ihre bis auf die Knochen abgemagerten Tiere wieder zu Kräften kommen konnten. Hier lagerten sie eine Woche, und ihre Tiere fraßen von morgens bis abends. Auch den Männern ging es rasch besser, Rassul Galwan schrieb in seinem Expeditionsbericht: »Wir essen jeden Tag dreimal.«

Als Menschen und Tiere wieder bei Kräften waren, zog die Karawane weiter; die Littledales waren so entschlossen wie eh und je, nach Lhasa zu gelangen. Bald fanden sie Spuren anderer Karawanen, doch es sollte noch bis zum 26. Juni dauern, bis sie die ersten menschlichen Wesen erblickten, seit sie eineinhalb Monate zuvor Cherchen verlassen hatten. Es waren tibetische Nomaden mit großen Schaf- und Jakherden. Littledale stieg auf eine Anhöhe und beobachtete sie heimlich durch ein Fernglas, während sie aus einem See Salz gewannen, um es in Lhasa zu verkaufen. Rassul Galwan schreibt, er habe seine Leute mit den Worten gewarnt: »Wir wollen nicht von den Tibetern gesehen werden. Wenn sie uns sehen, sagen sie es der Regierung in Lhasa.« Aufmerksam beobachtete er die Tibeter, um sicherzugehen, daß sie nicht gesehen worden waren, und noch am selben Abend schlugen sie eine Route ein, die sie von der potentiellen Gefahr wegführen sollte. Sie waren allerdings noch nicht weit gekommen, da gerieten sie in einen Sumpf. »Es sah aus, als müßten wir die ganze Nacht dort bleiben, um am Morgen entdeckt zu werden«, berichtet Littledale. Aber es gelang ihnen, freizukommen, als der Mond unterging und es finster wurde.

Sie reisten nur bei Nacht und schickten stets Späher voraus, die melden mußten, ob der Weg frei war. So kamen sie unentdeckt Lhasa immer näher. Einen bangen Augenblick gibt Littledale wieder: »Zu einem kritischen Zeitpunkt, als wir gerade an einem Lager vorbeikamen, geriet der Esel, der unseren Hahn und unsere Henne trug, ins Stolpern, und das führte zu einem großen Geflatter und Gegacker.« Wenig später trat eines der Maultiere einen Hund, der jämmerlich aufjaulte. Zu ihrem Glück zogen sie keine unerwünschte Aufmerksamkeit auf sich; offenbar hielt man sie für eine einheimische Karawane. Da es nicht klug gewesen wäre, eine Laterne anzuzünden, war Littledale gezwungen, seinen Kompaß beim Schein einer lumineszierenden Streichholzschachtel zu lesen. Bewußt hielt er die Marschabschnitte kurz, nicht nur, weil es schwierig war, nachts zu reisen, sondern auch, weil er sichergehen wollte, daß die Tiere genügend Zeit zum Grasen und zum Ausruhen bekamen. Littledale wollte den verbliebenen Tieren unter allen Umständen ihre Kraft erhalten, denn sie waren für den Erfolg seines Unternehmens unentbehrlich.

Sie konnten jedoch kaum damit rechnen, noch länger unentdeckt zu bleiben; je näher sie der Hauptstadt kamen, desto häufiger stießen sie auf tibetische Lager. Einmal blieb ihnen gar nichts anderes übrig, als dreist durch ein Lager von über dreißig Zelten hindurchzumarschieren. Indem sie die Packtiere dicht zusammenhielten und mitten zwischen ihnen gingen, gelang es den drei Europäern, unbemerkt durch das Lager zu kommen. Am nächsten Tag jedoch wurden sie von Hirten gesichtet. Littledale schrieb: »Als die Männer uns sahen, sausten sie tapfer in die Berge hinauf und überließen ihren Frauen die Verantwortung.« Doch nun war das Geheimnis der Littledales gelüftet, und die Tibeter, die sich als gutmütig erwiesen, baten sie, haltzumachen und zu warten, bis sie von ihrem Oberhaupt Instruktionen erhalten hätten.

Aus der Erfahrung ihrer Vorgänger wußten die Littledales, daß dies das Ende ihrer Reise wäre. Sie eilten nun so schnell voran, wie es ihre Leute und Tiere nur konnten. Sie schätzten, daß sie Lhasa in acht harten Tagesmärschen erreichen konnten. Für einen solchen Fall hatte Littledale sechzehn Esellasten Futter in Reserve, um die Zeit zu sparen, die sonst die Tiere zum Grasen gebraucht hätten. Während sie weiterritten, baten die tibetischen Beamten sie immer wieder, nicht weiter vorzudringen, da sie selbst es mit ihrem Leben büßen müßten, wenn die Karawane nicht anhielte. Taub für die flehentlichen Bitten (vielleicht glaubten sie sie auch nicht), ritten die Littledales weiter. Littledale schrieb später: »Wir wollten so schnell weiterreiten, daß ihnen keine Zeit bliebe, genug Männer zusammenzurufen, um uns aufzuhalten.« Nun änderten die Tibeter ihre Taktik. Ein Mann – »ein entschlossener, malerisch aussehender Einzelgänger« – griff Littledale in den Zügel, ließ aber sofort wieder los, als dieser den Revolver zog und ihm damit drohte.

Nach Rassul Galwans Bericht waren inzwischen über dreihundert mit Musketen bewaffnete Einheimische angerückt und hatten die Karawane umzingelt. Um die Littledales vom Weitergehen abzubringen, boten ihnen die Tibeter dreihundert Rupien an. Als sie dies zurückwiesen, wurden ihren Karawanenführern ähnliche

Angebote gemacht, wobei die Tibeter behaupteten, sie hätten frühere von Europäern geführte Expeditionen auf diese Weise gekauft. Nun begannen sich die Tibeter für die Waffen der Karawane zu interessieren. Rassul Galwan machte ihnen weis, daß ein einziges von Littledales Gewehren tausend Mann töten könne. Als die Tibeter wissen wollten, was in den Kisten war, die sie mitführten, erzählte er ihnen: »In diesen Kisten haben wir etwas, das Feinde tötet. Wenn Feuer an eine Kiste kommt, verbrennen alle Menschen im ganzen Land.« Verächtlich fügte er noch hinzu: »Es sind Dschungelmänner, glaubt mir nur!«

Am nächsten Morgen war zur Überraschung der Littledales kein einziger Tibeter zu sehen. Das konnte nur bedeuten, daß sie in einem Hinterhalt warteten. Und so war es. »Beide Seiten einer schmalen Schlucht hielten sie besetzt. Hinter Steinen lagen sie in Deckung, nur schwarze Köpfe waren zu sehen, Reihe um Reihe«, schrieb Littledale. Als sich die Karawane der betreffenden Stelle näherte, sprang ein halbes Dutzend Tibeter hervor. Wenn die Ausländer nicht anhielten, drohten sie, sähen sie sich gezwungen, das Feuer zu eröffnen. Littledale zog seinen Paß hervor und erklärte, dieses Papier stamme »von einer höheren Persönlichkeit als der Obrigkeit in Lhasa«, doch die Tibeter ignorierten ihn. Jetzt befahl Littledale seinen Leuten, die Gewehre zu laden. Er selbst war mit einer Mannlicher-Flinte bewaffnet, die drei Sepoys mit Repetiergewehren, und Fletcher und drei der Karawanenführer hatten Jagdgewehre. Außerdem wurden in aller Eile die Theodolith- und Kameraständer in Gewehrhüllen gesteckt, damit sie so kriegerisch wie möglich aussahen, und Mrs. Littledale wurde trotz ihres Protestes Ende der Marschkolonne zu den Lasttieren geschickt. »Mrs. Littledale«, schrieb ihr Mann, »war höchst ungehalten, weil ich ihr nicht erlaubte, ein Gewehr in die Hand zu nehmen.« Dann warf er einen Blick auf seine Leute, um zu sehen, wer willens war zu kämpfen, falls es dazu käme. Mit Genugtuung sah er, daß die drei Sepoys »ihre Gewehre im Anschlag hielten, mich mit blitzenden Augen ansahen und ungeduldig auf mein Zeichen zum Losschlagen warteten«. Er fügte hinzu: »Diese Männer, die den Kabulkrieg mitgemacht hatten und wußten, was Kämpfen hieß, waren bereit, sich in das hoffnungslose Gemetzel zu stürzen, nur weil es ihr Sahib ihnen befahl.« Littledale rechnete damit, daß die Tibeter angesichts solcher Entschlossenheit das Feld räumen würden. Sein Bluff ging auf. Die Tibeter schossen nicht, und die Karawane setzte ihren Weg zur Hauptstadt fort, die nur noch zwei Tagesmärsche entfernt lag, schon zum Greifen nahe. Wenn die Tibeter zum Kampf gefordert wurden, gaben sie offenbar lieber nach, als ein Blutbad zu riskieren.

Nur noch ein hoher Paß – der knapp sechstausend Meter hohe Goring-la – trennte sie von der Heiligen Stadt. Diesen Paß bei Nacht zu überqueren, stellte sich als qualvolles Unterfangen heraus. Das Wetter war scheußlich, und es gab kein Holz oder anderes Brennmaterial zum Trocknen der durchnäßten Kleider und zum Kochen. In der Dunkelheit rutschten Menschen und Tiere auf dem eisigen Pfad aus; einige mußten zurückgelassen werden und sollten folgen, so gut sie konnten. Bis auf die Haut durchnäßt, hungrig und völlig erschöpft erreichten sie schließlich das fruchtbare Tal. Mrs. Littledale brach, wie Rassul berichtete, in Tränen aus. Hier erfuhren sie von einem ladakhischen Reisenden, daß sie nun nur noch einen schnellen Tagesritt von Lhasa entfernt waren. So nahe sie auch waren, sie konnten die Heilige Stadt nicht sehen, denn es lag noch ein Höhenzug zwischen ihnen und ihrem Ziel.

Doch nun ereilte sie das Pech, denn sie mußten zu ihrer Bestürzung erkennen, daß ihr gesamter Proviant bei den Tieren war, die sich noch auf dem Paß befanden. »Jeder Gedanke, nach Lhasa zu eilen, mußte aufgegeben werden«, schrieb Littledale. Als die Nachzügler schließlich bei den anderen ankamen, waren sie so erschöpft, daß die Karawane einen zusätzlichen Tag Aufenthalt einlegen mußte.

Diese Verzögerung kostete Littledale – auch wenn er es damals noch nicht wußte – den Sieg im Wettlauf nach Lhasa. Denn es dauerte nicht lange, bis der erste einer ganzen Reihe tibetischer Beamter auftauchte, die alle von bewaffnetem Gefolge begleitet waren. Ihr Auftrag lautete, so sagten sie, die Reisenden daran zu hindern, nach Lhasa vorzudringen. Sollte ihnen das nicht gelingen, würde man sie enthaupten. »Die Zahl derer, die uns gegenüberstanden, nahm rapide zu«, schrieb Littledale, und bald sah das Gebiet um die Engländer herum wie eine kleine Zeltstadt aus. Nun began-

11 Der dreizehnte Dalai Lama.

12 Ekai Kawaguchi.

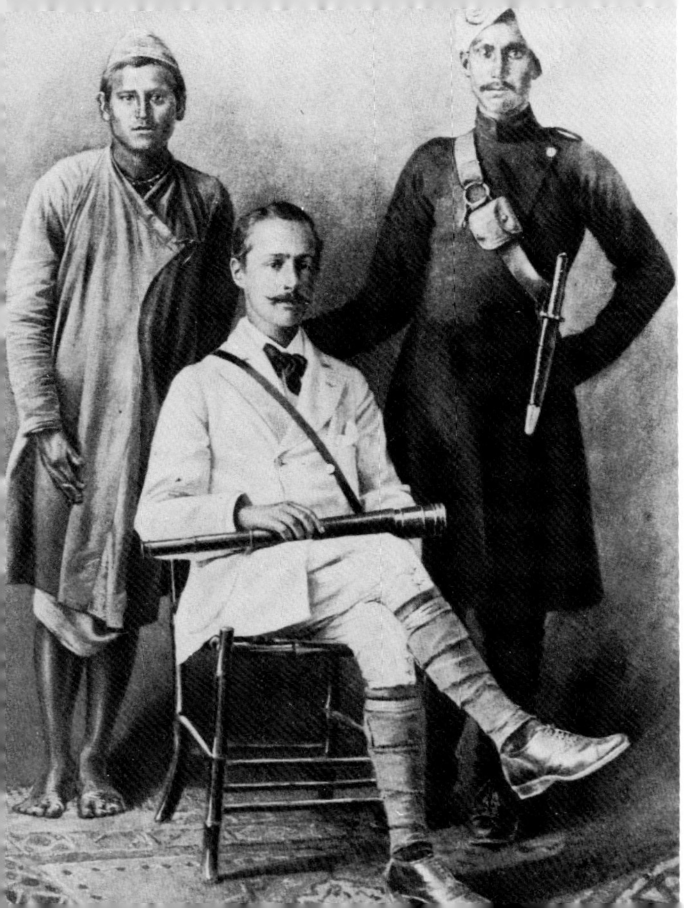

13 Henry Savage Landor mit seinen Helfern, dem leprakranken Man Singh (links) und Chanden Singh (rechts).

14 Sir Francis Younghusband mit Frau und Tochter.

15 Alexandra David-Neel (Mitte) und Yongden (links) vor dem Potala. (Eine Kritikerin behauptete, das Foto, aus David-Neels *My Journey to Lhasa*, sei eine Fälschung.)

nen die langwierigen Verhandlungen; Briefe wurden mit Lhasa gewechselt. Doch Littledale war zuversichtlich und glaubte, die Zeit arbeite für ihn. Sein Ziel war es, die Widersacher durch seinen unerschütterlichen Willen zu zermürben. Seiner sorgfältigen Planung der Reise zufolge hatte sein Trüppchen genügend Proviant für eine lange Belagerung. Er schrieb: »Die Lamas waren mit ihrer Weisheit am Ende. Wir hatten Nahrungsmittel für einige Monate. Uns zu boykottieren half also nichts.« Hinzu kam, daß der September bevorstand und die Pässe hinter ihnen bald vom Schnee blokkiert sein würden. Dann wäre es unmöglich, denselben Weg zurück zu nehmen, den sie gekommen waren.

Littledale wußte, daß er den Tibetern demonstrieren mußte, wie bedeutend er war. Er weigerte sich, mit jemand anderem als dem höchsten Beamten beziehungsweise brieflich mit dem Dalai Lama selbst zu verhandeln. Er hatte Rassul Galwan instruiert, erforderlichenfalls ungeniert zu lügen. »Erzähle ihnen alles, was uns nützt«, hatte er nach Rassuls Worten gesagt. Mrs. Littledale, so wurde den Tibetern erzählt, wäre von ihrer Schwester, der Königin Victoria, gesandt worden, um dem Dalai Lama ihre Grüße zu überbringen. Man drohte ihnen und sagte, wenn sie die Expedition weiter behinderten, würde das »eine größere kriegerische Auseinandersetzung« verursachen als die, die sie aus dem Norden Sikkims vertrieben hatte. »Das war Kampf für kleine Männer«, soll Littledale Rassul zufolge gedroht haben. »Wir große Männer!« Gewiß hat Littledale das ein wenig anders formuliert, doch zu diesem Zeitpunkt muß er zu allem bereit gewesen sein. Er selbst erinnert sich: »Es sah vielversprechend aus; ihnen blieb nichts als die Gewalt, und davor scheuten sie offensichtlich zurück. Und, so absurd es klingen mag, sie waren sich ihrer Stärke so unsicher, obgleich fünfhundert Mann unmittelbar unterhalb von uns lagerten und oberhalb noch mehr, daß sie wirklich und wahrhaftig sämtliche Brücken zwischen uns und Lhasa zerstört hatten.«

Doch nun schlug das Schicksal zu. Mrs. Littledale wurde krank. Die Art ihrer Erkrankung wird von Littledale nicht mitgeteilt, doch er deutet an, daß sie »schon seit einigen Monaten mehr oder weniger indisponiert« gewesen sei. Nun wurden die Symptome, welcher Art immer sie gewesen sein mochten, »beunruhigend«.

Der Dauerregen in einer Höhe von fast fünftausend Metern bedeutete, wie Littledale erkannte, eine ernste Gefahr für das Leben seiner Frau. Es war nicht länger daran zu denken, an diesem unwirtlichen Ort noch zwei Monate auszuharren. Als die Tibeter von der Krankheit erfuhren, machten sie sich dieses erste Anzeichen von Schwäche sofort zunutze. Nachdrücklich forderten sie, die Engländer sollten schleunigst auf dem Weg zurückkehren, den sie gekommen waren.

Littledale, der wußte, daß er so gut wie geschlagen war, spielte eine letzte Karte aus: Bestechung. An den Regenten in Lhasa schickte er eine Botschaft, in der er eine »Spende« von fünfhundert Pfund in Silber anbot, wenn man ihm erlaubte, die Hauptstadt zu durchqueren und nach Sikkim weiterzureisen, wo seine Frau medizinische Behandlung erhalten konnte. Doch die entsetzten Lamas weigerten sich, eine solche Nachricht zu überbringen. Als Littledale drohte, sich den Weg freizukämpfen, schlugen die Lamas einen Kompromiß vor. Statt auf dem lebensgefährlichen Weg nach Norden zurückkehren zu müssen, durften die Littledales westwärts nach Ladakh ziehen, wo es ein Missionshospital der Herrnhuter Brüdergemeine gab. Trotz ihrer Krankheit wollte Mrs. Littledale nicht kapitulieren, aber ihr Mann wußte, daß sie keine Wahl hatten. »Es war herzzerreißend«, schrieb er, »umzukehren, als wir unserem Ziel so nah waren, doch es mußte sein«.

So endete ganze achtzig Kilometer vor Lhasa der entschlossenste und bisher erfolgversprechendste Versuch, die tibetische Hauptstadt zu erreichen. St. George Littledale erhielt die Goldmedaille der Royal Geographical Society. Dem tapferen Foxterrier Tanny wurde die Ehrenmitgliedschaft zugesprochen (was ihn berechtigte, seinem Namen die Buchstaben F.R.G.S. anzufügen), und er erhielt ein silbernes Halsband. Mrs. Littledale erholte sich von ihrer Krankheit und wurde neunzig Jahre alt. Ihr Neffe William Fletcher zeichnete sich im Burenkrieg aus und kam im Ersten Weltkrieg durch Giftgas um.

Jetzt stand es acht zu null für die Tibeter. Doch der Wettkampf war noch nicht beendet. In das verbotene Land einzudringen und den Preis zu erringen, den so viele Asienforscher begehrten, das plante nun einer der umstrittensten Forschungsreisenden aller Zeiten. Sein Name, einst jedermann geläufig, doch heute längst vergessen, war Henry Savage Landor. Die Geschichte, die er nach seiner etwas überstürzten Rückkehr zu erzählen hatte, sollte die Experten verblüffen, die Öffentlichkeit fesseln und sich zu einem handfesten Skandal auswachsen.

8. Das phantastische Abenteuer Henry Savage Landors

Wenn man Henry Savage Landors Geschichte vollständig glauben will, dann verblassen die Abenteuer der meisten seiner Rivalen zur Bedeutungslosigkeit. Dieser eigenwillige Mensch richtete sein Augenmerk erstmals 1891 auf Lhasa, als er China bereiste. In seinen Memoiren – denen er bezeichnenderweise den Titel *Everywhere* gab – erzählt er: »Ich hatte von den fürchterlichen Strapazen gehört, die man bestehen mußte, um dorthin zu gelangen. Die Eingeborenen von Tibet waren ungeheuer grausam. Ein Weißer, der dieses Land betrat, hatte keine Chance, lebend zurückzukommen. All das erweckte in mir den sehnlichsten Wunsch, dieses seltsame Land zu besuchen.«

Daß der Enkel des streitsüchtigen viktorianischen Dichters Walter Savage Landor einen mehr als durchschnittlichen Eigensinn besaß, hätte er selbst kaum bestritten. Bezeichnenderweise schreibt er: »Zu meiner Zeit war es unmöglich, vom Süden über Indien nach Tibet einzudringen. An fast allen Himalajapässen waren Wachen postiert. Und darum wollte ich es gerade dort versuchen.« Halsstarrig und arrogant wie sein Großvater (der angeblich einmal seinen Koch zum Fenster hinausgeworfen haben sollte), hatte er sich vorgenommen, seinen Lebensunterhalt damit zu verdienen, daß er die ausgefallensten Orte der Erde erforschte und über seine Abenteuer schrieb. Seine zweifellos vorhandenen künstlerischen und photographischen Talente nutzte er zu dramatischen Effekten bei der Illustration seiner Bücher, die ein beträchtliches Publikum ansprachen. Tibet – fern, verboten und durch und durch geheimnisvoll – war Henry und seinen Lesern auf den Leib geschneidert.

Seine Geschichte ist mehr als außergewöhnlich, und der Leser muß selbst entscheiden, ob er alles glauben will oder nur einen Teil davon. Daß die groben Umrisse der Wahrheit entsprechen, das kann, wie wir später sehen werden, keine Frage sein. Hinsichtlich der Einzelheiten, die stets reißerisch und häufig geradezu phantastisch anmuten, sind wir jedoch auf seine Aufzeichnungen als einzige Quelle angewiesen.

Von dreißig einheimischen Trägern begleitet, überschritt er am 13. Juli 1897 auf dem fünftausendfünfhundert Meter hohen Lumpia-Paß die Grenze zu Tibet. Zuvor hatte er es am nahegelegenen Mangschan-Paß versucht, der seiner Behauptung nach sechstausendsiebenhundert Meter hoch war, doch war er dort von der Höhenkrankheit befallen und zur Rückkehr gezwungen worden. Das Vorwärtskommen war eine Qual, und fünf Tage, nachdem sie in Tibet eingedrungen waren, hatten ihn bis auf neun alle übrigen Leute im Stich gelassen. Die Verbliebenen kämpften sich durch eiskalte, bis zur Brust reichende Fluten, wichen tibetischen Patrouillen aus und lagerten in extremen Höhen. Diese Unbilden und die Angst vor dem, was ihnen passieren würde, wenn man sie dabei ertappte, daß sie einen Engländer in das Land schmuggelten, zermürbten fünf der Leute so sehr, daß Savage Landor sie wohl oder übel ausbezahlen und wegschicken mußte. Nach weiteren drei Tagesmärschen verschwanden über Nacht noch zwei Träger und ließen lebensnotwendige Nahrungsmittel und Ausrüstungsgegenstände mitgehen. Schlimmer noch, sie verbreiteten das Gerücht, daß ein Engländer nach Lhasa unterwegs sei.

Savage Landor waren nur noch zwei Männer geblieben. Einer war sein persönlicher Träger, Chanden Singh, der sich bei seinem Herrn eingeschmeichelt hatte, indem er mit einem alten Kricket-Torstab salutierte, wenn er dessen Zelt betrat. Der andere war ein Kuli namens Man Singh, der an Lepra litt. Wenn man bedenkt, was ihnen bevorstand, dann erwiesen sich diese beiden Eingeborenen als außergewöhnlich loyal und erstaunlich couragiert. Die Versuchung, mit den anderen zurückzukehren, muß groß gewesen sein, und beide müssen sich in den kommenden Tagen häufig genug dafür verflucht haben, daß sie sich auf ein solch unbesonnenes Abenteuer eingelassen hatten. Savage Landor – vorausgesetzt, er überlebte das Abenteuer – winkte wenigstens ein grandioser Empfang und ein aufsehenerregender Bestseller.

Mittlerweile hatten die Tibeter sich in großer Zahl auf die Suche nach dem Engländer gemacht, der sich mit seinen beiden Leuten, dem Verlauf des Tsangpo folgend, nach Osten zur Heiligen Stadt durchschlug. Beim Durchqueren eines der Nebenflüsse des Tsangpo erlitten sie ein schweres Mißgeschick. Eines der Jaks, das ihren Proviant trug, eine Menge Munition und weitere lebensnotwendige Dinge, ging unter und verlor seine Last. Beim verzweifelten Versuch, einen Teil der Ladung zu retten, tauchte Savage Landor mehrmals in die eisigen, von einem Gletscher gespeisten Fluten, doch vergeblich. Ohne Nahrungsmittel in diesem öden Landstrich entschloß er sich, im erstbesten tibetischen Lager oder Dorf Vorräte zu kaufen, selbst auf die Gefahr hin, festgehalten zu werden. Drei Tage später erreichten sie erschöpft und halb verhungert das Zeltdorf Toxem. Hier wurden sie zu ihrer großen Erleichterung freundlich aufgenommen – so glaubten sie jedenfalls. Bei den Tibetern kauften sie genügend Nahrungsmittel für mehrere Wochen und Ponys für die beiden Diener, die inzwischen völlig erschöpft waren.

»Die Tibeter traten so freundlich auf und erschienen so harmlos, daß ich mit keinem Gedanken daran dachte, ihnen zu mißtrauen«, schreibt Savage Landor später. Und genau das war beabsichtigt. Die beiden Diener begutachteten ihre neuen Ponys und riefen ihren Herrn, damit er sein Urteil abgebe, ehe sie sie bezahlten. Unklugerweise ließ der Engländer sein Gewehr im Zelt, als er zu einem der Ponys ging. »Ich war gerade stehengeblieben, um mir die Vorderbeine des Ponys anzuschauen«, berichtet er, »als ich plötzlich von mehreren Personen von hinten angegriffen wurde. Sie packten mich am Hals, an den Armen und Beinen und warfen mich aufs Gesicht.« Er kämpfte mit aller Kraft, um sich von seinen Angreifern zu befreien, doch innerhalb weniger Sekunden umringten ihn dreißig Mann. Den Überfall schildert er in dem zweibändigen Bericht seiner Reise *In the Forbidden Land*: »Ich kämpfte bis zum bitteren Ende mit Fäusten, Füßen, Kopf und Zähnen. Sooft ich eine Hand oder ein Bein freibekam, schlug ich nach links und rechts, überallhin, wo ich meine Gegner treffen konnte.«

Der Kampf dauerte über zwanzig Minuten, und die Kleider des Engländers waren zum Schluß nur noch Fetzen. Schließlich gelang es den Tibetern, ihren tobenden Gefangenen mit Seilen zu fesseln, wobei sie ihn beinahe erdrosselten. »Mir war, als würden mir die Augen aus den Höhlen herausgepreßt«, berichtet er. Halb erstickt lag er am Boden, und die Tibeter trampelten mit ihren schweren Nagelschuhen auf ihm herum, bevor sie ihn an Handgelenken, Ellenbogen, Hals und Knöcheln fesselten.

Ein paar Meter weiter hatte Chanden Singh einen gewaltigen Kampf gegen fünfzehn oder mehr Tibeter geführt und einige von ihnen sogar verwundet, ehe auch er gefesselt und zu Boden geworfen wurde. Während Savage Landor mit seinen Angreifern kämpfte, hörte er seinen Träger wiederholt Man Singh, dem Leprakranken, zurufen: »*Banduk, banduk. Jaldi Banduk*!« (»Gewehr, Gewehr! Schnell, das Gewehr!«) Doch da hatten schon vier Tibeter den Kuli ergriffen, der zu schwach war, um sich zu wehren, und ihn zu Boden geworfen. Als die Angreifer über sie hergefallen waren, hatte Savage Landor einen Pfiff vernommen. Jetzt sah er, was das zu bedeuten hatte. Etwa vierhundert tibetische Soldaten, die um das Lager herum versteckt gewesen waren, sprangen auf und umringten die drei Gefangenen, ihre Musketen drohend auf sie gerichtet.

Monate später schreibt Savage Landor erbost über die Schmach ihrer Festnahme (vielleicht auch über seine eigene Unvorsichtigkeit): »Als ich erkannte, daß die Tibeter insgesamt fünfhundert Mann [einschließlich der Dorfbewohner] brauchten, um einen ausgehungerten Engländer und seine beiden halbtoten Helfer festzunehmen, und sich selbst dann nicht offen heranwagten, sondern zu erbärmlicher Hinterlist Zuflucht nehmen mußten, und als ich erfuhr, daß diese Soldaten Elitetruppen aus Lhasa und Schigatse waren, entsandt mit dem Ziel, uns zu fangen und festzunehmen, konnte ich mich eines mitleidigen Lächelns für diejenigen, in deren Hände wir schließlich gefallen waren, nicht enthalten.«

Um den Tibetern Gerechtigkeit widerfahren zu lassen, muß man einräumen, daß es nicht übertrieben war, eine so starke Truppe aufzustellen, um einen vermutlich mit den modernsten Waffen ausgestatteten Engländer, der illegal in ihr Land eingedrungen war und von dreißig Mann begleitet wurde, aufzuspüren und abzufangen. Schließlich erinnerten sie sich noch allzugut daran, was erst neun Jahre zuvor in Sikkim geschehen war, als ihre nur mit Musketen bewaffneten Truppen von den britisch ausgebildeten indischen

Soldaten mit modernen Gewehren in die Flucht gejagt worden waren. Und seitdem waren immer wieder Europäer in ihr Land eingedrungen und hatten versucht, nach Lhasa zu gelangen. Bisher hatten die Tibeter beim Aufspüren und Zurückschicken dieser Leute Zurückhaltung geübt. Das Schicksal Dutreuil de Rhins' kann schwerlich den Behörden in Lhasa angelastet werden. Nun aber hatte es den Anschein, als sei ihre Geduld am Ende, was der unglückliche Savage Landor am eigenen Leib zu spüren bekommen sollte.

Zunächst durchsuchten die Tibeter sein Gepäck und fanden bald seine Uhren und sein Chronometer, deren Ticken Beunruhigung und Verwunderung verursachte. »Sie wurden immer wieder herumgereicht und unachtsam von einem zum andern geworfen, bis sie schließlich stehenblieben«, erzählt Savage Landor. Dann wurden sie für »tot« erklärt. Seine Kompasse und Aneroidbarometer wurden als »leblose Dinge« beiseite geworfen. Besonders fürchteten sich die Tibeter davor, daß seine Gewehre von selbst losgingen. Als die achthundert Silberrupien, die er in seiner Rocktasche hatte, zum Vorschein kamen, griffen »Offiziere, Lamas und Soldaten« sofort nach ihrem Anteil.

Fasziniert waren die Tibeter von einem aufgeblasenen Gummikissen. »Der weiche, anschmiegsame Gummi schien ihnen zu gefallen«, stellt Savage Landor fest, »und einer nach dem anderen rieb sich die Wangen daran und verkündete, welch herrliches Gefühl es sei.« Schließlich schraubte einer von ihnen das Ventil auf, so daß mit einem vernehmlichen Zischen die Luft entwich. Einen Augenblick lang herrschte Panik. Dann spekulierten die Tibeter darüber, welche bösen Kräfte diese seltsame Vorrichtung wohl enthalten mochte. Schließlich stießen sie auf seine Karten und Skizzenbücher, die sofort Verdacht erregten. Seine gesamte Habe wurde nun in Säcke und Decken geschnürt und auf Jaks geladen. Dann befestigten die Einheimischen die Enden der Seile, die sie ihren Gefangenen um den Hals gelegt hatten, an ihren Sätteln und ritten zu ihrem Lager zurück, wobei sie die drei hinter sich herzerrten.

Hier begann nun das lange Martyrium der Gefangenen. Schon bald wurde der Engländer, der von seinen beiden Dienern getrennt worden war, von einem Soldaten aus dem Zelt abgeholt, in dem er gefesselt gefangengehalten wurde. Als er sich auf seine Expedition vorbereitet hatte, hatte er auch ein wenig Tibetisch gelernt und konnte nun verstehen, daß der Soldat, der ihn abholte, den Bewachern mit einer vielsagenden Handbewegung über den Hals erklärte: »Man wird ihm den Kopf abhacken!« Savage Landor, so furchtlos er sein mochte, muß sich gefragt haben, was man mit ihm vorhatte, doch er war zu der Überzeugung gelangt, daß seine Überlebenschancen und die seiner Diener davon abhingen, ob er es fertigbrächte, gänzlich furchtlos zu erscheinen, was auch geschehen mochte.

»Bei vielen früheren Gelegenheiten hatte ich herausgefunden, daß einem im Umgang mit Asiaten nichts soviel nützt, wie ruhig und besonnen zu bleiben«, schreibt er später. Und er sagt: »Ich begriff auf der Stelle, daß wir nur aus dieser mißlichen Lage herauskommen konnten, wenn wir völlig gelassen auftraten, was auch immer uns widerfahren sollte.« Er wurde an einen Platz geführt, von wo aus er eine Art Gerichtshof sehen konnte – kahlgeschorene Lamas standen in einem großen, nach vorn offenen Zelt. Sein Träger, Chanden Singh, wurde nun vor sie gezerrt. Doch Savage Landor durfte nicht mitansehen, was nun folgte, sondern nur mitanhören.

Von der Lehmhütte aus, in die er gesteckt wurde, hörte er zunächst, wie man seinen Diener verhörte, wobei der Ankläger ihm wütend und mit schriller Stimme vorwarf, einen Engländer ins Land gebracht zu haben. Darauf folgte lärmendes Getöse, das die Soldaten und Dorfbewohner verursachten, als sie sich um das Zelt sammelten. Dann war es still. Wenige Augenblicke darauf hörte er zu seinem Entsetzen das Geräusch von Peitschenhieben und Stöhnen. »Ich zählte die Schläge, deren entsetzlichen Klang ich noch heute im Ohr habe, wie sie gleichmäßig und ununterbrochen einer nach dem anderen niederklatschten, zwanzig, dreißig, vierzig, fünfzig«, berichtet er.

Nun kam Savage Landor an die Reihe. Halb gezerrt, halb gestoßen, fand er sich einem weibisch aussehenden Beamten gegenüber, der wie ein Hanswurst herausgeputzt und offenbar sowohl Großlama als auch Gouverneur der betreffenden Provinz war, ausgestattet, wie Savage Landor es ausdrückt, mit der Macht eines feudalen Königs. Er saß, während um ihn herum eine ganze Ansammlung von Lamas und anderen Beamten stand. »Da ich schweigend und erhobenen Hauptes vor ihn trat, stürzten zwei, drei Lamas auf mich zu und befahlen mir, mich hinzuknien«, schreibt Savage Landor. Sie zwangen ihn auf die Knie, doch er bemühte sich, den Kopf hochzuhalten und dem Großlama ins Gesicht zu sehen. In Wut geraten, wiesen die Tibeter gestikulierend links neben den Engländer. Nachdem die Soldaten und die Lamas zur Seite getreten waren, sah er den unglückseligen Chanden Singh dort liegen, mit dem Gesicht zum Boden, nackt und blutend. Zwei Lamas, zwei kräftige Männer, begannen nun, seinen Träger mit Lederriemen auszupeitschen.

»Jedesmal, wenn der Riemen in seine zerfetzte Haut schnitt«, schreibt Savage Landor, »war mir, als führe mir ein Dolch zwischen die Rippen.« Im Wissen, daß diese Vorführung von Grausamkeiten seinetwegen stattfand, beschloß er, unter keinen Umständen auch nur eine Spur von Angst oder Mitleid erkennen zu lassen, was nach seiner Ansicht Chanden Singhs Tortur nur verlängert hätte. Die offenkundige Gleichgültigkeit des Engländers ließ die Tibeter unsicher werden, und einige, die dicht bei ihm standen, fuchtelten ihm mit den Fäusten vor dem Gesicht herum und verkündeten, er wäre als nächster dran. Darauf entgegnete er lediglich: »*Nikutza, nikutza!*« (»Sehr gut, sehr gut!«), bevor er weggezerrt wurde.

Doch statt ausgepeitscht zu werden, fand er sich den beiden priesterlichen Folterknechten gegenüber, die seine Notizbücher und Karten in Händen hielten. Wenn er die Wahrheit sage, versicherten sie ihm, habe er nichts zu befürchten. Andernfalls jedoch würde er zunächst ausgepeitscht und dann enthauptet. Die Wahrheit sagen bedeutete, wie sie bald erkennen ließen, alles auf Chanden Singh zu schieben. Er brauchte nur zu sagen, dieser habe nicht nur ihn nach Tibet gebracht, sondern auch alle Skizzen und Karten angefertigt. Wenn er diese Aussage mache, würde er, ohne daß man ihm ein Haar krümmte, an die Grenze geleitet und Chanden Singh an seiner Statt hingerichtet.

»Ich erklärte den Lamas klar und deutlich«, schreibt Savage Landor, »daß allein ich für die Karten und Skizzen verantwortlich sei, ebenso dafür, so tief in das Land eingedrungen zu sein. Mehrere Male wiederholte ich klar und deutlich und bestimmt, daß mein Diener unschuldig war und es keinen Grund gab, ihn zu bestrafen.« Wenn jemand zu bestrafen gewesen wäre, dann nur er selbst. Seine Diener hätten lediglich seinen Anweisungen Folge geleistet.

Das brachte die beiden Lamas in Wut, und einer von ihnen versetzte ihm einen heftigen Schlag auf den Kopf, den er zu ignorieren versuchte. Offensichtlich hatten die beiden Anweisung, von dem Engländer ein »Geständnis« einzuholen, das ihnen ermöglichte, ihr Gesicht zu wahren, und sie hatten geglaubt, dabei leichtes Spiel zu haben, nachdem er der Auspeitschung seines Dieners hatte beiwohnen müssen. Im feudalistischen Tibet war es gang und gäbe, daß die Diener den Kopf hinhalten und die Strafen für die Missetaten ihrer Herren empfangen mußten, doch die Lamas hatten das viktorianische England unterschätzt. Wenn Savage Landor nicht nachgäbe, so warnten sie ihn, »dann werden wir Sie und Ihren Diener prügeln, bis Sie sagen, was wir hören wollen!«. Und damit wandten sie sich wieder dem unglückseligen Chanden Singh zu.

An dieser Stelle sei es erlaubt zu fragen, ob Savage Landor nicht sich und seinen Dienern – speziell Chanden Singh – viel Leiden erspart hätte, wenn er den Tibetern gegenüber eine etwas konziliantere Haltung eingenommen hätte. Schließlich muß er gewußt haben, warum sie so wütend auf ihn waren – den neunten Europäer, der sich in jüngster Zeit uneingeladen und illegal gewaltsam Zugang zu ihrem Land verschafft hatte. Er muß außerdem gewußt haben, daß es nun keine Hoffnung mehr gab, Lhasa zu erreichen. Rückzug war die einzige Möglichkeit. Obgleich es außer Frage stand, daß er Chanden Singh nicht an seiner Statt enthaupten lassen konnte, hätten sich die Tibeter gewiß bei etwas gutem Willen von seiner Seite konziliant gezeigt. Sie hatten Savage Landor zu verstehen gegeben, daß sie trotz ihres Zorns nicht den Wunsch hatten, ihm etwas anzutun, wenn sich ein Ausweg finden ließ.

Hätte er für ihr Angebot Verständnis gezeigt und sich um eine Lösung bemüht, bei der alle das Gesicht wahren konnten, wäre es vielleicht glimpflich ausgegangen. Eine Erklärung gegenüber dem Großlama, warum er so sehnlich gewünscht hatte, ihre wunderschöne, weltberühmte Heilige Stadt zu sehen, eine uneingeschränkte Entschuldigung und vielleicht sogar ein Angebot, etwas von seiner europäischen Zauberkunst zu demonstrieren (eventuell das Geschenk eines Gewehrs) – das hätte in diesem Stadium vielleicht noch bedeuten können, daß die drei nur ausgewiesen wurden. Mag sein, daß es nichts gefruchtet hätte, doch zumindest versuchen hätte er es müssen.

So jedenfalls kann man sich des Verdachts nicht erwehren, daß seine kompromißlose und arrogante Haltung, so tapfer sie auch sein mochte, zum größten Teil für das verantwortlich war, was kam. Und es drängt sich in diesem Zusammenhang ein noch unerfreulicherer Verdacht auf: Savage Landor war in Tibet, um Material für einen Bestseller zu sammeln. Die bloße Ausweisung hätte für sein gespanntes Publikum eine weitaus weniger reißerische Story ergeben als die grauenhaften Erlebnisse in den Händen seiner Peiniger.

Wie auch immer es gewesen sein mag, die Würfel waren gefallen. Während Savage Landor hilflos zusah, wurde die Auspeitschung seines Trägers wieder aufgenommen, und der unglückliche Mann biß in die Erde, um seine Schreie zu ersticken. »Chanden Singh betrug sich heldenhaft«, schreibt Savage Landor. »Nicht ein Wort der Klage kam über seine Lippen, geschweige denn ein Winseln um Gnade. Er sagte, er habe die Wahrheit gesprochen und nun habe er nichts mehr zu sagen.« Der Engländer, der sich ungerührt stellte, wurde von den Tibetern nun zu einer Stelle geführt, von wo aus er das weitere Kreuzverhör hören konnte und auch »jene fürchterlichen Peitschenhiebe, die noch immer verabreicht wurden«. Dann begann es zum Glück heftig zu regnen. Sofort wurde mit dem Auspeitschen aufgehört; die Tibeter rannten alle in die Zelte und schleppten ihre Gefangenen mit.

Hier fand sich Savage Landor unter Bewachung eines tibetischen Offiziers von höherem Rang. Dieser Mann, berichtet er, habe unerwartetes Mitgefühl gezeigt und habe gesagt: »Ich bin Soldat und kein Lama. Ich bin mit meinen Leuten von Lhasa hergekommen, um Sie festzunehmen, und jetzt sind Sie unser Gefangener. Aber Sie haben keine Furcht gezeigt, und das respektiere ich.« Um das zu unterstreichen, preßte er seine Stirn gegen die Savage Landors und streckte, nach Art des tibetischen Grußes, die Zunge heraus. Wenn man Savage Landor glauben darf (wir wissen nicht, wie gut sein Tibetisch war), führten sie dann ein langes Gespräch über die Soldaten ihrer beiden Länder. Der Tibeter versicherte dem Engländer, daß die Muskete viel effizienter sei als das moderne Gewehr, denn solange man Pulver habe, könne man alles mögliche damit verschießen, Kieselsteine, Erde und Nägel ebensogut wie jedes Bleigeschoß. Wenn dem so sei, fragte Savage Landor, warum waren dann die tibetischen Soldaten, denen sie früher auf ihrer Reise begegnet waren, davongelaufen. »Ja, ich weiß, daß sie davonlaufen«, erwiderte der Offizier, »aber das tun sie nicht aus Angst. Sie taten es, weil sie Sie nicht verletzen wollten.« Als der Engländer wissen wollte, warum sie gar so schnell gerannt seien, mußte der Offizier laut lachen und schlug seinem Gefangenen vergnügt auf den Rücken.

Diese Pause war aber nur von kurzer Dauer, denn sehr bald ließ der Großlama den neuen Freund abziehen und durch andere Wächter ersetzen, die sich äußerst unfreundlich gebärdeten. Sie stießen Savage Landor von seinem Sitz und warfen ihn auf einen Dunghaufen, der als Brennstoff im Zelt lagerte. An Füßen und Knien war er so straff gebunden, daß er vor Schmerzen nicht schlafen konnte. Nach kurzer Zeit kroch ihm Ungeziefer in die Kleidung und plagte ihn, solange seine Gefangenschaft dauerte.

In der Nacht kam der freundliche Offizier zurück und lockerte Savage Landor zu seinem Erstaunen die Fesseln, unter dem Vorwand, sie fester zu ziehen, und schalt die anderen Soldaten ob ihrer Nachlässigkeit. Dann deckte er den Engländer mit einer Decke zu und flüsterte ihm ins Ohr: »Morgen sollen Sie enthauptet werden. Fliehen Sie diese Nacht! Es sind keine Soldaten draußen.« Dann löschte er die Butterlampe und legte sich nicht weit von seinem Gefangenen nieder. Savage Landor schreibt: »Es wäre ein leichtes gewesen, aus dem Zelt zu schlüpfen, sobald alle schliefen, und sich davonzustehlen. Meine Hände hätte ich schnell frei gehabt, und es wäre mir nicht schwergefallen, die übrigen Fesseln zu lösen, doch der Gedanke, meine beiden Diener auf Gedeih und Verderb den Tibetern zu überlassen, hielt mich von der Flucht ab.« Der Offizier stand auf, überzeugte sich davon, daß die Soldaten schliefen, und drängte den Engländer im Flüsterton: »*Palado!*« (»Hauen Sie ab!«)

Savage Landor bedankte sich und erklärte, er könne nicht daran denken, seine beiden Diener zurückzulassen.

Wir dürfen uns fragen, ob die Tibeter nicht auch hier wieder einen Ausweg aus der festgefahrenen Situation anboten, ob der freundliche Offizier nicht im Auftrag des Großlama handelte und nicht etwa aus Güte. Denn ohne Proviant und Transportmittel wäre Savage Landor in einer feindlichen Umgebung nicht sehr weit gekommen, es sei denn, seine Flucht wäre offiziell gebilligt gewesen. Es war wohl kaum Zufall, daß der Offizier, kurz bevor er Savage Landor den Fluchtgedanken unterbreitete, beim Großlama gewesen war. Und er hätte diese Flucht wohl mit dem eigenen Leben bezahlt, wenn sie nicht offiziell gebilligt gewesen wäre. Der Offizier war, wie Savage Landor berichtet, »sichtlich enttäuscht« von der Ablehnung seines Angebots, doch er »brachte mir immer mehr Achtung und Respekt« entgegen und fütterte den Gefangenen sogar aus seiner eigenen *Puku* oder Holzschüssel.

Dem Beispiel ihres Offiziers folgend, gaben auch die tibetischen Soldaten ihrem gefesselten Schützling, der seit sechsunddreißig Stunden nichts zu essen gehabt hatte, von ihren eigenen Rationen ab. »Ihre Hände, muß ich gestehen«, stellt Savage Landor fest, »waren nicht besonders sauber, aber in einem solchen Fall darf man nicht zu anspruchsvoll sein, und ich war so ausgehungert, daß alles, was sie mir gaben, ausgezeichnet schmeckte.« Nachdem die Tibeter dem Engländer einmal, vermutlich sogar zweimal, die Chance gegeben hatten, freizukommen, waren sie nicht länger gewillt, diesem Verrückten entgegenzukommen. Als nächstes kam ein Mann ins Zelt, der Savage Landor davon informierte, daß er ausgepeitscht, ihm beide Beine gebrochen, die Augen ausgebrannt und schließlich der Kopf abgeschlagen werden solle.

Er wurde nach draußen gebracht, wo ihm schwere Eisen angelegt wurden anstelle der Stricke, mit denen ihm vorher die Hände gebunden gewesen waren. In dem deutlichen Bestreben, einen weiteren Kampf zu vermeiden, griffen die Tibeter zu einer List und überredeten ihn, sich die Handschellen anlegen zu lassen. »Wir haben Ponys hier und werden Sie an die Grenze zurückbringen«, versicherten sie ihm. »Doch zunächst möchte Sie der *Pombo* [der Provinzgouverneur] sehen. Leisten Sie keinen Widerstand! Lassen

Sie uns die Stricke um Ihre Handgelenke durch diese eisernen Fesseln ersetzen! Es ist nicht für lange, nur solange Sie beim Gouverneur sind. Dann werden Sie freigelassen.« Doch als der Engländer erst einmal sicher gefesselt war, ließ die ganze Menge um ihn herum ihre Wut an ihm aus. »Sie spien mich an und bewarfen mich mit Dreck«, berichtet Savage Landor. »Die Lamas waren schlimmer als alle anderen, und der, der versichert hatte, daß mir nichts geschehen würde, wenn ich mich fesseln ließe, war der ärgste unter meinen Peinigern und der eifrigste, der die Menge zu noch mehr Brutalität anstachelte.«

Doch ehe es wirklich ernst wurde, trat der freundliche Offizier hinzu und ließ ihn in eine Lehmhütte in Sicherheit bringen. Er schickte alle hinaus, »drückte seine Stirn an meine als Zeichen des Mitgefühls und schüttelte traurig den Kopf«. Dann sagte er im Flüsterton: »Es besteht keine Hoffnung mehr. Heute abend wird Ihnen der Kopf abgeschlagen. Die Lamas sind böse, und mir bricht das Herz. Sie sind mir wie ein Bruder.« Wenig später stürzte der Mob wieder herein und zerrte Savage Landor hinaus. Dort erblickte ihn Chanden Singh, der offenkundig schwer verwundet war. Er rief: »Sir, Sir, ich sterbe!« und versuchte auf dem Bauch zu seinem Herrn zu kriechen. »Sein armes Gesicht war kaum noch wiederzuerkennen«, schreibt Savage Landor, »es war von seinem schrecklichen Leiden gezeichnet.« Der Unglückliche wurde von seinen Wächtern ergriffen und roh zurückgestoßen. Savage Landor, der an den Beinen nicht gefesselt war, schüttelte seine Bewacher ab und wollte zu seinem Träger gelangen, doch sie holten ihn rasch ein und brachten ihn zu einem Pony.

Mit Entsetzen erblickte er den hölzernen Sattel auf dem Rücken des Tieres, in den hinten eine Reihe heimtückischer eiserner Nägel geschlagen war, die mit den Spitzen nach vorn zeigten und den Reiter aufspießen mußten, wenn es ihm nicht gelang, sich gerade im Sattel zu halten, was auf dem unebenen Boden und dem hügeligen Gelände nicht leicht war, noch dazu, wenn man keine Steigbügel hatte und die Hände auf den Rücken gebunden waren. Während Savage Landor noch den absonderlichen Sattel betrachtete, wurde er von den Soldaten gepackt und ohne Umstände auf den Rücken des Ponys gehoben. Dann wurde er, eskortiert von dreißig bewaffneten Männern auf Ponys und begleitet von Man Singh, seinem leprösen Diener, der auf einem ungesattelten Tier saß, in halsbrecherischem Tempo über das Land gejagt.

»Ohne diese schrecklichen Nägel«, schreibt Savage Landor, »wäre der Ritt gar nicht so übel gewesen, denn mein Pony war ein sehr temperamentvolles Tier, und die Gegend war recht pittoresk.« Schließlich kamen sie an ihr Ziel, wo sie von zweihundert Reitern, Lamas, Offizieren und Soldaten mit dem *Pombo* oder Gouverneur an der Spitze erwartet wurden. Der genaue Zweck dieser Übung auf freiem Feld geht aus dem Bericht Savage Landors nicht klar hervor. Jedenfalls versetzte ein Soldat seinem Pony einen Hieb, so daß es an der Stelle vorbeijagte, wo der *Pombo* in gelbem Seidengewand mit einem spitzen Hut auf seinem Thron saß. Als Savage Landor sich auf Höhe des Gouverneurs befand, sah er einen Mann niederknien und mit seiner Muskete auf ihn zielen. Glücklicherweise – oder vielleicht absichtlich – ging der Schuß daneben. Von dem Knall der Explosion erschreckt, bäumte sich Savage Landors Pony auf, und dabei stachen ihn die Nägel ins Kreuz. Doch das war – wenn man seiner Erzählung glauben darf – nur die erste Darbietung, die zur Belustigung des *Pombo* und der anderen anwesenden tibetischen Beamten geboten wurde.

Das Pony des Engländers wurde wieder eingefangen und der Reiter mitsamt seinem Reittier vor den Gouverneur geführt. »Ich tat so, als spürte ich den Schmerz der Nägel nicht, die mir tief ins Fleisch stachen«, berichtet Savage Landor, »und als sie mich vor den *Pombo* führten, um ihm zu zeigen, wie blutverschmiert ich war, äußerte ich meine Zufriedenheit darüber, ein so ausgezeichnetes Pony reiten zu dürfen. Das schien sie zu verwirren.« Der Leser wird sich allmählich fragen, ob Savage Landor in der Schilderung seiner Erlebnisse nicht ungeheuer übertreibt. Medizinische Beweise und Augenzeugenberichte geben ihm jedoch weitgehend recht. Aber auch wenn er kein Lügner war, so war er doch gewiß ein Masochist, der seine Folterer absichtlich provozierte, damit sie ihn bis aufs äußerste quälten.

Ein Seil aus Jakhaar, knapp fünfzig Meter lang, wurde jetzt an seinen Handfesseln befestigt, und ein berittener Soldat hielt es am anderen Ende. Schreiend, pfeifend und Schlachtrufe ausstoßend, trieben die Tibeter das Tier, auf dem Savage Landor saß, vor sich her. »Um unser Tempo zu erhöhen«, schreibt Savage Landor, »ritt ein Reiter neben mir und schlug auf mein Pony ein, damit es schneller lief. Und der, der das Seil hielt, tat sein Bestes, um mich aus dem Sattel zu reißen, ohne Zweifel in der Hoffnung, mich von der Kohorte hinter mir zu Tode getrampelt zu sehen. Da ich mich nach vorn beugte, um mich im Sattel zu halten, und meine Arme von dem Seil brutal nach hinten gezerrt wurden, scheuerte die Kette an meinen Fesseln mir das Fleisch von den Händen. Stellenweise lag der Knochen frei, und jeder Ruck an der Leine riß mich in die Nägel und machte die Wunden immer tiefer.« Dann riß plötzlich das Jakhaar-Seil, warf den Soldaten, der es hielt, aus dem Sattel und beinahe auch Savage Landor, aber es wurde zusammengeknotet, und das Spiel ging weiter.

Etwas später bemerkte er am Fuß einer Sanddüne einen Soldaten mit einer Muskete, der offenbar auf ihn wartete. »Mein Pony«, schreibt Savage Landor, »sank dort tief in den Sand ein und kam nicht schnell voran, und deshalb hatte man vermutlich diese Stelle ausgesucht.« Als er näher kam, feuerte der Soldat. Wieder ging der Schuß daneben – aus Versehen, glaubte Savage Landor, doch eher mit Absicht. Die ganze Zeit ging es nach Osten, doch Savage Landor hatte keine Ahnung, wohin. Kurz vor Sonnenuntergang erreichten sie einen Berg, auf dessen Gipfel ein großes Kloster lag. Jetzt wurde Savage Landor aus dem Sattel gerissen. Die Schmerzen und der Blutverlust hatten ihn geschwächt, und nun sollte er den letzten Akt dieses eigenartigen Dramas erleben.

In den folgenden Tagen, so berichtet er, wurde er einer Reihe äußerst unangenehmer Torturen unterzogen, vermutlich in der Absicht, ihn kleinzukriegen und andere Ausländer davon abzuhalten, künftig ungebeten in Tibet einzudringen. Zunächst wurde Savage Landor zu einem Ort gebracht, den er als »Hinrichtungsstätte« bezeichnet, denn man hatte ihm gesagt, daß er dort binnen kurzem geköpft würde. Zuerst mußte er sich mit gespreizten Beinen auf einen Baumstamm stellen. Dann, so berichtet er, »hielten mich mehrere Männer am Rumpf fest, während vier oder fünf andere mit vereinten Kräften meine Beine auseinanderzerrten«. Nun wurde er mit einer Schnur aus Jakhaar an den Knöcheln fest an den Stamm gefesselt, und zwar »so fest, daß sie mir tiefe Furchen ins Fleisch schnitt«. Vor ihm angetreten war, wie Savage Landor sich ausdrückt, eine Reihe der »brutalsten Scheusale, die ich je gesehen habe«. Einer von ihnen hielt »eine große, knorrige Keule, die man zum Knochenbrechen benutzte«, ein anderer ein großes, zweihändiges Richtschwert, während die übrigen »verschiedene teuflische Folterinstrumente« bei sich hatten. Eine Menge, die »nach meinem Blut dürstete«, sah erwartungsvoll den Dingen entgegen, und drei Musiker mit Horn, Becken und Trommel »verstärkten das Grauen des Schauspiels«.

Vor ihm stand der *Pombo* persönlich. In der Hand hielt er eine glühende Eisenstange mit einem Holzgriff. Laut Savage Landor begann die Menge zu schreien: »Wir wollen dir die Augen ausbrennen!« Mit dem glühenden Eisen in der Hand trat der Gouverneur an den Engländer heran und sagte zu ihm: »Sie kamen in dieses Land, um zu sehen. Dies soll Ihre Strafe sein …« Nun fuhr er mit dem glühenden Stab seinem Opfer bis auf Daumenbreite vor die Augen. Wie dicht genau, konnte Savage Landor nicht sehen, denn instinktiv hatte er beide Augen fest geschlossen. »Obgleich es mir wie eine Ewigkeit vorkam«, schreibt er später, »glaube ich nicht, daß die heiße Stange in Wirklichkeit länger als vielleicht dreißig Sekunden vor meinen Augen war.« Doch sie war nahe genug gewesen, um ihm die Nase zu versengen und heftigen Schmerz im linken Auge zu verursachen. Als er die Augen wieder öffnete, sah er zu seiner Erleichterung, wenn auch durch einen roten Schleier, daß das schreckliche Instrument weggeworfen worden war und zischend auf dem feuchten Boden lag.

Die Menge wurde, wie Savage Landor erzählt, langsam ungeduldig und forderte kreischend seinen Tod: »Tötet ihn, tötet ihn! Wir können ihm keine Angst einjagen! Tötet ihn …« Er berichtet, was dann kam: »Ein großes, zweihändiges Schwert wurde nun dem *Pombo* gereicht, und er zog es aus der Scheide … Ein Lama hielt ihm das Schwert, während er sich einen Ärmel hochkrempelte, um den Arm frei zu haben, und die Lamas krempelten ihm den anderen hoch. Dann kam er mit langsamen, schwerfälligen Schritten auf mich zu und schwang die glänzende, scharfe Klinge mit ausgestreckten bloßen Armen vor sich hin und her.«

Ein tibetischer Soldat, der Savage Landor an den Haaren hielt, die seit Monaten nicht geschnitten worden waren, wurde aufgefordert, den Engländer dazu zu bringen, den Kopf nach vorn zu neigen. Doch dem widersetzte er sich mit aller ihm noch verbliebenen Kraft. »... Nicht solange ich noch ein Quentchen Kraft in mir hatte«, schreibt er, »sollten es diese Rohlinge fertigbringen, daß ich mich vor ihnen beugte.« Der *Pombo* ließ sich davon jedoch nicht aus der Ruhe bringen. »Der Henker, der nun dicht bei mir stand, hielt das Schwert in seinen nervösen Händen und hob es hoch über die Schultern. Dann führte er es bis an mein Genick, das er mit der Klinge berührte, um die Entfernung zu messen, damit er einen sauberen Hieb landen konnte. Nun trat er einen Schritt zurück, riß das Schwert hoch und hieb nach mir mit all seiner Kraft.«

Daneben – absichtlich, denn das gehörte zum Ritual einer tibetischen Hinrichtung, wie Savage Landor berichtet. Wieder hob der *Pombo* das Schwert und ließ es auf der anderen Seite des Opfers herabsausen. »Diesmal fuhr die Klinge so knapp vorbei«, schreibt er, »daß die Spitze wohl kaum mehr als einen Zentimeter von meinem Hals entfernt war.« Der nächste Hieb, dessen war er sich sicher, würde sitzen, denn die Menge forderte, daß die Enthauptung nun ohne weitere Verzögerung vollzogen werde. Doch dann geschah etwas höchst Seltsames. Der *Pombo* scheint, wenn man Savage Landor glauben darf, die Nerven verloren zu haben. Er weigerte sich, mit der Exekution fortzufahren. Eine Weile protestierten die Lamas, doch der Gouverneur »hielt die Augen auf mich gerichtet, halb respektvoll, halb ängstlich, und weigerte sich, weiterzumachen«.

Unterdessen war Man Singh, der Leprakranke, mit seiner Eskorte angekommen. Er war wiederholt von seinem ungesattelten Pony gestürzt und weit hinter die anderen zurückgefallen. Nun wurde er mit den Knöcheln an denselben Baumstamm gebunden wie sein Herr. »... Die Gelassenheit und Tapferkeit des armen Teufels bei diesen fürchterlichen Folterungen«, schreibt Savage Landor, »waren wirklich bewundernswert.« Mittlerweile hatten die beiden schrecklichen Hunger, und der Engländer bat einen vorüberkommenden Lama in seinem Pidgin-Tibetisch um etwas zu essen und wies darauf hin, daß sie, wenn sie nichts zu essen bekämen, Hungers sterben müßten und die Tibeter um das Vergnügen gebracht würden, sie weiter zu quälen oder gar zu töten. Denn das, so war ihnen versichert worden, sei ihr Schicksal für den kommenden Tag. Daraufhin wurde ihnen etwas zu essen gebracht. »Selten habe ich ein Mahl mehr genossen«, schreibt Savage Landor später, »obgleich mir die Lamas das Essen mit ihren ungewaschenen Fingern so schnell in den Schlund schoben, daß ich beinahe daran erstickt wäre.«

Es folgten weitere Martern, wie zum Beispiel das Strecken auf einer Folterbank tibetischer Art, was Savage Landor als »die schrecklichsten vierundzwanzig Stunden meines Lebens« bezeichnete, in denen er in den Gliedmaßen jegliches Gefühl verlor. Doch dann wendete sich sein Schicksal durch einen Zufall. Als der *Pombo* und seine Leute die Kisten mit den wissenschaftlichen Instrumenten »mit einer ergötzlichen Mischung aus Neugier und Vorsicht gegenüber allem, was sie anfaßten«, durchwühlten, stießen sie auf die Schachteln mit den unentwickelten photographischen Platten. Der *Pombo* bemerkte, daß diese sich, wenn sie dem Licht ausgesetzt wurden, allmählich gelb verfärbten, und fragte Savage Landor nervös, was das zu bedeuten habe.

»Das ist ein Zeichen«, erklärte ihm der Engländer, »daß ihr für alles büßen werdet, was ihr mir jetzt antut.« Auf der Stelle befahl der *Pombo*, in einiger Entfernung ein Loch zu graben und die Platten dort so schnell wie möglich zu verscharren. Zunächst widersetzten sich die Soldaten, wurden aber von den Lamas dazu gezwungen. Diesem bösen Omen folgte, wie es ein glücklicher Zufall wollte, bald ein weiteres. Auf dem Boden einer Kiste fanden sie ein flaches Ding, das Savage Landor sogleich als seinen großen Badeschwamm erkannte, der durch das Gewicht der photographischen Platten völlig zusammengedrückt worden war. Nachdem die Tibeter ihn eine Weile vorsichtig in Händen gehalten hatten, mochten sie ihn womöglich für explosiv gehalten haben und warfen ihn schließlich weg. Nun hatte es erst kurz zuvor geregnet, und der Schwamm fiel in eine Pfütze. Als Savage Landor bemerkte, daß er sich mit Wasser vollsaugte, begann er in Englisch auf ihn einzureden – so behauptet er jedenfalls. »Ich sprach immer lauter zu dem Schwamm«, berichtet er, »und er schwoll bis zu seiner normalen Größe an.« Die Tibeter, berichtet er weiter, »bekamen solche

Angst vor meinen vermeintlichen Zauberkräften, daß sie in alle Richtungen auseinanderstoben.«

Das Faß wurde zum Überlaufen gebracht, soweit es die Tibeter betraf, als einer von ihnen Savage Landors Henry-Stutzen in die Hände nahm und eine Patrone einführte. Als der Engländer ihn darauf aufmerksam machte, daß er das Schloß nicht richtig eingerastet hatte und Gefahr lief, sich zu verletzen, wenn er abdrückte, schlug er ihm mit dem Kolben auf den Kopf. Dann zielte der Lama auf ein Jak des Engländers, das etwa dreißig Meter entfernt war. Als er abdrückte, explodierte die Waffe. Savage Landor schreibt: »Das Gewehr flog ihm aus den Händen und überschlug sich in der Luft, und den Lama warf es rückwärts zu Boden, wo er ausgestreckt liegenblieb. Er blutete heftig und heulte wie ein Kind. Die Nase war ihm zerquetscht, ein Auge ausgeschlagen und die Zähne zerschmettert. Der verwundete Lama, darf ich ergänzen, war derjenige, der am heftigsten dafür plädiert hatte, mir den Kopf abzuschlagen, und folglich konnte ich meine Genugtuung über den Unfall nicht verhehlen.«

Selbst der *Pombo*, schreibt Savage Landor, »mußte über das Mißgeschick des Lamas lachen«, und er fügt hinzu: »Ich glaube, er war ziemlich froh, daß das passiert war. Denn wenn er bis dahin nicht gewußt hatte, ob er mich töten sollte oder nicht, so muß er nach diesem Ereignis gewußt haben, daß es nicht klug wäre, dies zu tun.« Am Abend, nachdem der *Pombo* sich mit den höheren Lamas und Offizieren beraten hatte, wurden Soldaten beauftragt, Savage Landor von der »Streckbank« zu befreien. Die Handschellen wurden ihm jedoch nicht abgenommen. Unfähig, aufrecht zu stehen, lag Savage Landor auf dem Boden und wartete, daß wieder Leben in seine Glieder zurückkehrte. Zunächst befürchtete er, daß sie abgestorben seien und daß er nie wieder auf seinen Füßen würde stehen können, doch nach zwei, drei Stunden setzte die Blutzirkulation wieder ein und bereitete ihm fürchterliche Schmerzen.

Beinahe wie um Wiedergutmachung bemüht, veranstaltete der *Pombo* eine außergewöhnliche Demonstration von Reit- und Schießkunst mit Preisen für die Sieger. Wenngleich die Schießergebnisse entsetzlich waren, beeindruckten Savage Landor doch einige Reiterkunststücke. Eines der spektakulärsten bestand darin, daß ein Reiter mit vollem Tempo auf einen stehenden Mann zugaloppierte und ihn zu sich auf den Sattel riß. Zum Schluß stieg der *Pombo* von seinem Thron herunter und vollführte, offensichtlich in Trance, einen seltsamen, schlangenhaften Tanz.

Auch wenn der Gouverneur sich entschlossen hatte, Savage Landors Leben zu schonen, herrschte unter den Lamas immer noch der Wunsch, ihn zu enthaupten, und sie sollen sogar versucht haben, ihn zu vergiften. Zuletzt kam man überein, die Entscheidung dem Seher zu überlassen. Der Seher verlangte eine Locke des Engländers und ein paar Schnipsel von seinen Finger- und Zehennägeln. Als einer der Lamas Savage Landor ein Stück Fingernagel abschneiden wollte, erschrak er beim Anblick seiner Hände und rief sogleich die anderen herbei. Selbst der *Pombo* wurde geholt, und er erklärte nach einem kurzen Blick, daß die Sache entschieden sei. Plötzlich und unerwartet waren Gefangenschaft und Folter vorbei. Als Savage Landor zusammen mit Chanden Singh und Man Singh unter Bewachung zur indischen Grenze gebracht und dort freigelassen wurde, erfuhr er von den Soldaten den Grund für das Erstaunen beim Anblick seiner Hände. »Meine Finger sind zufällig etwas weiter miteinander verwachsen als bei anderen, und das gilt in Tibet als etwas ganz Besonderes. Derjenige, dessen Finger so beschaffen sind, hat nach Ansicht der Tibeter einen Schutzengel, und demzufolge kann ihm, wie sehr man es auch versuchen mag, kein Leid zugefügt werden.«

Das ist, in etwas gedrängter Form, Savage Landors lange, phantastische Abenteuergeschichte. Sobald er einigermaßen wiederhergestellt war, verfaßte er sein höchst lebendiges, zweibändiges Werk mit dem Titel *In the Forbidden Land.* Veröffentlicht vom angesehenen Verlag Heinemann, wurde diese erstaunliche Geschichte sofort zum Bestseller, der zahlreiche Auflagen und Übersetzungen erlebte. Doch müssen sich schon damals einige Leser gefragt haben, ob das alles wahr sein konnte. Als ob der Verfasser geahnt hätte, daß Zweifel an seiner Geschichte aufkommen würden, hat er dem Buch vorsichtshalber einen fast vierzigseitigen Anhang beigefügt. Dieser beinhaltet die Erklärungen und eidesstattlichen Versicherungen, die vor dem mit der Untersuchung der Angelegenheit beauftragten Verwaltungsbeamten der indischen Regierung abgegeben wurden.

Am wichtigsten darunter ist wohl die Aussage von Dr. Hakua Wilson, einem Missionar, der Savage Landors Wunden gleich nach seiner Rückkehr untersuchte; er kannte Savage Landor von früher und war mit ihm schon gereist. Er gab zu Protokoll: »Ich habe Mr. Landor kaum wiedererkannt: Er sah sehr krank aus und schien völlig erschöpft. Ich untersuchte seine Wunden und stellte fest, daß seine Stirn ein einziger Grind war. Nase und Wangen waren im gleichen Zustand. Sein Haar war langgewachsen. Er war unrasiert und ungekämmt. Er war in Lumpen gehüllt, schmutzig und völlig verlaust. Finger und Handgelenke waren geschwollen und wund. In Taillenhöhe hatte er am Rücken eine offene Wunde; um sie herum war alles geschwollen und rot. Das Gesäß war voller von Nägeln verursachter Wunden. Die Füße waren geschwollen, auch die Knöchel. An diesen war das Fleisch zerschunden und eingeschnitten und zeigte Spuren von Stricken, die zu straff geschnürt gewesen waren. Er befand sich in sehr schlechter Verfassung.«

Weiter sagte Wilson: »Ich bin überzeugt: Noch ein paar Tage länger in den Händen der Tibeter … und er wäre gestorben.« Angefügt an seine eidesstattliche Erklärung war eine Liste der Verletzungen Savage Landors. Dazu gehörten unter anderem »fünf große wunde Stellen entlang der Wirbelsäule« und die Beobachtung, daß die Wirbelsäule selbst »ernstlich verletzt« worden war. Außer den zahlreichen Wunden und Verletzungen, insbesondere an den Gliedmaßen, fand Wilson noch »Verbrennungen etc.« an Savage Landors Gesicht, was den Vorfall mit der glühenden Eisenstange bestätigen mag. Wilson berichtete auch über Chanden Singhs Verletzungen und sagte: »Er muß so heftig geschlagen worden sein, daß Haut und Fleisch von den Peitschenhieben zerfetzt worden waren.« Er beschrieb ihn als »in äußerst schlechtem Zustand«, obgleich die Auspeitschung schon drei Wochen her war.

In dem Anhang befanden sich eidesstattliche Erklärungen von Chanden Singh und Man Singh. Letzterer bezeugte, die Tibeter seien »im Begriff gewesen, meinen Herrn zu enthaupten«, sie hätten »versucht, ihm die Augen auszubrennen«, hätten »zweimal auf ihn geschossen, um ihn zu töten« und hätten »versucht, ihn vom Pferd zu zerren, um ihn zertrampeln zu lassen«. Chanden Singh bezeugte, daß sein Herr, als er schließlich wieder mit ihm zusammenkam, »mit riesigen Eisen an den Händen gefesselt war, seine Kleider in Fetzen von ihm hingen, er am Rücken blutete und ihm Füße und Hände geschwollen waren«. Er bezeugte auch, gesehen zu haben, daß sein Herr auf einen Sattel mit herausstehenden Nägeln gesetzt worden war und daß man ihn an ein langes Seil gebunden hatte, dessen anderes Ende ein Reiter hielt.

Außerdem erzählte ein Offizier der indischen Grenztruppen, ein gewisser Kharak Singh, dem Untersuchungsbeamten, verschiedene Tibeter, mit denen er gesprochen hatte, hätten ihm gegenüber zugegeben, an den Folterungen beteiligt gewesen zu sein, und erklärt, »alles an Mr. Landors Geschichte« entspreche der Wahrheit. Allerdings hätten sie geltend gemacht, daß sie berechtigt gewesen seien, ihn so zu behandeln, daß es sogar »ihre Pflicht« gewesen sei. Zum Streit kam es jedoch – überraschenderweise – nicht über die Frage, ob er gefoltert worden sei oder nicht, sondern über seine geographischen Behauptungen, insbesondere über die, er habe bei seinem ersten Versuch, nach Tibet einzudringen, ohne Seile und ohne Bergsteigerschuhe den Mangschan-Paß bis in eine Höhe von sechstausendsiebenhundert Metern bestiegen. Diese Behauptungen eines Mannes, der als Emporkömmling galt, schlug den damaligen anerkannten Bergsteigern und Geographen auf den Magen.

Seine wissenschaftlichen Ergebnisse, einschließlich der Wegvermessungen, wurden abwechselnd vom *Alpine Journal* und vom *Geographical Journal* angegriffen. Sir Thomas Holdich von der Landvermessungsbehörde Britisch-Indiens behauptete in letzterem, daß die Karten, die Savage Landor mitgebracht hatte (erstaunlicherweise hatte er sie von den Tibetern zurückerhalten), »sich in topographischen Einzelheiten nicht wesentlich von denen unterscheiden, die er auf seine Reise mitgenommen hatte ...« Zum Verdruß der Geographen waren diese Karten gerade erst in einer Galerie in der Bond Street ausgestellt worden und als »die neuesten und einzig genauen Karten von Südwesttibet, gezeichnet von A. H. Savage Landor auf der Basis eigener Vermessungen« bezeichnet worden.

Der Streit wurde nun öffentlich geführt und gelangte in die *Times* in Form eines Briefs aus der Feder eines der berühmtesten Forscher

und Bergsteiger seiner Zeit, Douglas Freshfield, Träger der Goldmedaille der Royal Geographical Society und später deren Präsident. Am 3. Januar 1899 widmete Freshfield seinem Opfer eine
Spalte von fast fünfzig Zentimetern Länge. Er bezichtigte ihn,
keinerlei Beweise vorgelegt zu haben, »um Sachverständige davon
zu überzeugen, daß seine ›Ergebnisse‹ von irgendwelchem wissenschaftlichen Wert sind«. Darüber hinaus, schrieb er, könne »kein
Bergsteiger die phantastischen Tempo- und Ausdauerleistungen
glauben, die Mr. Landor vollbracht haben will«. Savage Landors
»verdächtig reißerische Geschichte«, tadelte er, »schädigt das Ansehen aller englischen Forschungsreisenden, Kritiker und wissenschaftlichen Gesellschaften sowohl im eigenen Land als auch auf
dem Kontinent«. Mit anderen Worten: Er bezeichnete Henry
Savage Landor als einen Lügner und Betrüger.

Savage Landor war kaum der Mann, der solche Beschuldigungen
widerspruchslos hinnahm. Mit einem heftigen Angriff auf Freshfield schlug er zurück. Er sprach ihm das Recht ab, sich als
»Experten« zu bezeichnen, und bezichtigte ihn »unglaublicher«
Ungenauigkeit und der Verdrehung seiner Worte, »um seine
Behauptungen zu beweisen«. Was die Frage seiner eigenen Behauptung betraf, eine Höhe von sechstausendsiebenhundert Metern
erreicht zu haben, erklärte er: »Die erreichte Höhe betraf den Berg
Mangschan und nicht den Paß, wie Mr. Freshfield fälschlich
behauptet.« Daß gewisse Gipfel »auf den Karten, deren dieser Herr
sich bedient, nicht eingezeichnet sind«, fuhr er fort, bedeute noch
lange nicht, daß sie nicht existieren.

»Was die Nagelschuhe, Seile und so weiter betrifft, denen Mr.
Freshfield so viel Bedeutung beimißt und die in meinen Augen die
Hauptursache der meisten alpinen Unfälle sind, habe ich bereits
erklärt, daß ich sie nie benötigt habe, und ich habe im Himalaja
keinen einzigen Bergsteiger gesehen, der sie benutzt hätte. Oft habe
ich jedoch gehört, daß nicht wenige Amateuralpinisten miteinander
in den Abgrund gestürzt und umgekommen sind, weil sie diese
›Sicherheitsvorrichtungen‹ benutzten.«

Nachdem Savage Landor verschiedene Autoritäten angeführt
hatte, die, wie er behauptete, die wissenschaftlichen Ergebnisse
seiner Reise anerkannten, wies er darauf hin, daß »alle meine

Karten, Skizzen, Photographien, Sammlungen und Kleidungsstücke, die ich von Tibet mitgebracht habe, sowie die Schuhe, die ich sowohl beim Aufstieg als auch beim Abstieg vom Mangschan getragen habe« sich auf einer Ausstellung in der Bond Street befanden, so daß »die Öffentlichkeit selbst sehen, untersuchen und ihr Urteil treffen« konnte. Auch der heutige Leser muß selbst entscheiden, ob Savage Landors Erzählung im ganzen überzeugend ist oder ob sie absichtlich übertrieben und ausgeschmückt wurde, um ein spannenderes Buch zu ergeben.

Nicht einmal jetzt war die seltsame Geschichte vorbei, denn der erboste Abenteurer wollte um jeden Preis Genugtuung von den Tibetern für die Leiden erreichen, die sie ihm und seinen beiden Dienern zugefügt hatten. Doch der Vizekönig von Indien, Lord Elgin, riet der britischen Regierung entschieden davon ab, eine Strafexpedition nach Tibet zu schicken oder Wiedergutmachung zu verlangen für jemanden, der nicht einmal das Einverständnis der Briten oder der Chinesen für seine Reise eingeholt hatte. Dennoch ist es interessant, daß in den Akten über diese Angelegenheit im India-Office-Archiv nirgends Zweifel an der Wahrheit von Savage Landors Geschichte geäußert werden.

Lord Curzon, damals Staatssekretär im britischen Außenministerium und bald selbst Vizekönig, stimmte Elgins Empfehlung zu, indem er erklärte: »Tibet steht Ausländern nicht offen, und jeder, der versucht, in dieses Land einzudringen, tut dies gänzlich auf eigene Gefahr.« Schon bald sollte es in seinem Interesse liegen, einen völlig anderen Ton anzuschlagen. Und dann mußten die Tibeter, wie wir sehen werden, für ihre Unmenschlichkeit gegenüber Henry Savage Landor mehr als büßen.

9. Der Alptraum der Susie Rijnhart

Eine herzzerreißende Geschichte bleibt noch zu erzählen – die von Charles Rijnhart, dem jüngsten aller Tibetfahrer. Erst elf Monate war er alt, als sich seine Eltern, ein Missionarsehepaar, im Frühjahr 1898 nach Lhasa aufmachten. Von allen Versuchen westlicher Ausländer, zu der Heiligen Stadt zu gelangen, war ihrer wahrscheinlich der verwegenste. Der heroischste war es gewiß.

Als der in Holland geborene Petrus Rijnhart und seine kanadische Frau Susie sich vornahmen, diesen Traum zu verwirklichen, wußten sie sicherlich nichts von den Mißhandlungen, die Savage Landor erst ein paar Monate zuvor hatte erdulden müssen. Sonst hätten sie es sich wohl noch einmal überlegt, insbesondere da sie ein kleines Kind hatten, das sie nicht allein zurücklassen konnten. Zu jener Zeit lebten sie in einem entlegenen Gebiet im chinesisch-tibetischen Grenzland, von allen Nachrichten aus der übrigen Welt abgeschnitten. Das jungvermählte Paar, das nicht von einer Missionsgesellschaft gesandt war, sondern seine Reise aus Spenden von Freunden und eigenen Ersparnissen finanzierte, war im Jahr 1894 aufgebrochen. Ihr erstes Ziel war das abgelegene berühmte Kloster Gumbum, wo sich sechs Jahre zuvor William Rockhill als Pilger verkleidet einen Monat lang aufgehalten hatte, ehe er sich – wenn auch ohne Erfolg – nach Lhasa auf den Weg machte.

In diesem Gebiet waren sie zur Zeit der moslemischen Erhebung von 1895 eingetroffen. Susie Rijnhart, die Ärztin war, und ihr Mann hatten sich bei der dortigen Bevölkerung beliebt gemacht, weil sie die Verwundeten und die an Pocken und Diphtherie Erkrankten behandelten und pflegten. Der Abt des Klosters Gumbum, der um ihre Sicherheit fürchtete, hatte sie eingeladen, in das Kloster zu ziehen. Hier hatten die Rijnharts eine kleine ärztliche Station eingerichtet und mit den Klosterinsassen, deren Freundschaft und Vertrauen sie errungen hatten, bange Monate verbracht.

Ihr wahres Ziel blieb jedoch Lhasa, und es kam die Zeit, da sie den Drang verspürten weiterzuziehen. Sie zogen etwa vierzig Kilometer nach Nordwesten in das Dorf Tankar an der großen Karawanenstraße nach Lhasa. Hier lernten sie außer Chinesisch und Tibetisch, was sie bereits sprachen, auch Mongolisch, und hier wurde ihr Sohn Charles geboren.

Wiederum beschlossen die Rijnharts, weiterzuziehen, diesmal so nah wie möglich an Lhasa heran. Dann wollten sie sich wieder für ein Jahr niederlassen, medizinische und Bekehrungsarbeit leisten und erst danach versuchen, die Heilige Stadt zu erreichen. Ihre tibetischen Freunde hatten ihnen abgeraten – selbst wenn sie unbehelligt bis auf einen Tagesmarsch an Lhasa herankommen sollten – zu versuchen, hineinzugelangen, denn als Europäer würden sie die Stadt entweihen. Die Rijnharts waren jedoch fest entschlossen, Lhasa zu betreten, obgleich sie das niemandem anvertrauten. Susie Rijnhart schrieb in ihrem beachtenswerten Lebensbericht *With the Tibetans in Tent and Temple*: »Sollte das Evangelium jemals in Lhasa verkündet werden, dann mußte jemand der erste sein, der die Reise dorthin wagte, die Schwierigkeiten auf sich nahm, die erste Predigt hielt und womöglich nie mehr zurückkehrte, um davon zu erzählen ...« Die Botschaft Christi, fuhr sie fort, konnte in der Hochburg des Buddhismus wohl kaum verkündet werden »ohne Leiden, ohne Verfolgung, ja sogar Tränen und Blutvergießen«. Im Verlauf ihrer Reise sollten die Rijnharts all dieses erdulden müssen. Lange genug hatten sie am Rande Tibets gelebt, um zu wissen, was für ein großes Risiko sie auf sich nahmen, nicht nur angesichts der Behörden in Lhasa, sondern vor allem angesichts der Räuber und Banditen, die die Gebiete unsicher machten, die sie durchqueren mußten. Man könnte fast meinen, die Rijnharts hätten es auf ein Martyrium angelegt gehabt.

Sie verließen Tankar am 20. Mai 1898 und nahmen ihren Hund Topsy, drei einheimische Diener, fünf Ponys zum Reiten und zwölf weitere für das Gepäck und den Proviant mit. Aus den Erfahrungen früherer Reisender wußten sie, daß feindselig gesinnte Dorfoberhäupter es ihnen verwehren konnten, Vorräte zu kaufen, und darum nahmen sie genug mit, um notfalls für zwei Jahre auszukommen. Einen Teil der Vorräte schickten sie per Kamel zu einer mongolischen Siedlung, durch die sie in etwa einem Monat kommen würden. Auf der Reise trugen die Rijnharts tibetische Kleidung; ihrem Sohn – Klein-Charlie, wie sie ihn nannten – zogen sie westliche Babykleidung an, einen kleinen Pelzmantel und Stiefel und bei besonderen Gelegenheiten ein tibetisches Gewand mit Schärpe.

In den folgenden drei strapaziösen Monaten gelangten sie sicher durch Gebiete, in denen es von Banditen wimmelte (und wo nicht lange zuvor Viehdiebe etwa fünfzigtausend Rinder und Schafe weggetrieben hatten), durchquerten die heimtückischen Zaidam-Sümpfe und mühten sich über stürmische Pässe, die von den Gerippen verendeter Packtiere übersät waren. Wenn sie auf ihrer tausenddreihundert Kilometer langen Reise südwestwärts nach Lhasa Nomaden oder Dorfbewohnern begegneten, verteilten sie jedesmal ihre in Tibetisch gedruckten Bekehrungstraktate. Jeden Abend schrieb Petrus Rijnhart in sein Tagebuch, was tagsüber geschehen war. Am 30. Juni wurde Charlies erster Geburtstag gefeiert. Seine Mutter buk ihm einen Geburtstagskuchen. Das Oberhaupt des Ortes, in dem sie sich gerade befanden, wurde zur Geburtstagsfeier eingeladen und ließ einen Ehrensalut schießen. Susie Rijnhart berichtete später: »Wie unser Bub doch diese Tage genoß, an denen er vergnügt das Zelt mit seinem musikalischen Lachen erfüllte, mit seinen Freudenschreien und den Schlägen auf unser russisches Messingwaschbecken, das ihm als Trommel diente! Dann schlief er ein und erfüllte das Lager mit einer Stille, die von dem Wissen versüßt wurde, daß er immer noch da war.« Langsam – doch voller Optimismus – kamen sie voran.

Dann wendete sich das Blatt. Zwei ihrer drei Leute ließen sie im Stich, und kurz danach wurden ihnen während eines Unwetters fünf ihrer besten Ponys gestohlen. Und nun bekam auch noch Klein-Charlie seine Zähne. Seine Mutter bemerkte, daß ihm eine Lymphdrüse am Hals geschwollen war, doch am 21. August konnte sie mit Erleichterung feststellen, daß alle acht Zähne heraus waren. Das Wetter wurde besser, die schlimmsten Pässe hatten sie hinter sich, und nun waren es nur noch etwa dreihundert Kilometer bis nach Lhasa. Überall blühte und grünte es. »Wir sangen vor schierem Vergnügen«, schrieb Susie Rijnhart. Doch dieses Glück sollte nicht von langer Dauer sein. Später erinnerte sie sich: »Der Morgen unseres schwärzesten Tages brach an, strahlend, heiter und vielversprechend und ohne jedes Anzeichen der finsteren Wolke, die über uns hereinbrechen sollte. Wir frühstückten mit Genuß, Charlie aß besser als an den Tagen zuvor, und voller Hoffnung setzten wir unsere Reise fort. Als wir dahinritten, sprachen wir über die Zukunft, unsere Pläne, unsere Arbeit und die uns bevorstehenden Erfolge und Mißerfolge.«

Sie sprachen auch über Charlies Zukunft. Petrus vertrat die Ansicht, er müsse eine möglichst normale Kindheit haben, wenn sie sicher von Lhasa zurückgekehrt sein würden. Er erklärte: »Er soll all die Bauklötze, Eisenbahnen, Schaukelpferde und anderen Dinge haben, die die Jungen in der Heimat besitzen, denn er soll später nicht das Gefühl haben, daß er als Missionarskind auf alles verzichten mußte, was die Herzen kleiner Jungen höher schlagen läßt.«

Doch Klein-Charlie war es nicht bestimmt, einmal ein Junge zu werden, denn er sollte diesen Tag nicht überleben. Wie gewöhnlich hielt ihn sein Vater im Arm, während sie ritten, und wie so oft schien er einzuschlafen. Sie hielten an, und Rahim, der Diener, nahm ihn behutsam aus Mr. Rijnharts Arm, damit er nicht aufwachte, ehe das Zelt aufgebaut war und die Mutter sein Essen bereitet hatte. Was dann folgte, beschreibt Susie so: »Liebevoll legte Rahim unseren Liebling nieder, und als ich mich hinkniete, um ihn zuzudecken, ließ mich sein Aussehen stutzen. Ich wollte ihn bewegen und mußte feststellen, daß er bewußtlos war. Mich befiel eine große Angst. Ich rief Mr. Rijnhart zu, daß ich mir wegen des Kindes Sorgen machte, und bat ihn, mir rasch die Injektionsspritze zu bringen … In der Zwischenzeit lockerte ich Klein-Charlie die Kleider, versuchte ihn warmzureiben und führte künstliche Beatmung durch, im beinahe sicheren Gefühl, daß alles nichts mehr nützte …«

Herzzerreißend waren ihre Gebete – »an ihn, der das Leben in seinen Händen hält, uns unser geliebtes Kind zu lassen«. An diesem trostlosen Ort müssen sie in der Tat geglaubt haben, Gott habe sie in der Stunde ihrer größten Not verlassen. »Sollte es denn möglich sein«, fragte sie, »daß die ganze Freude unseres Lebens, das einzige, was dem Leben und der Arbeit Sinn gab, in der Einsamkeit und

Verlassenheit Tibets – sollte es denn möglich sein, daß uns sogar dies – das Kind unserer Liebe – in diesem eintönigen Gebirgsland entrissen wurde von der kalten, frostigen Hand des Todes?«

Doch sie und auch ihr schluchzender Diener Rahim wußten, daß sie das leblose Kind in ihren Armen nicht wieder zurückrufen konnten. Klein-Charlie, ein Jahr, einen Monat und zweiundzwanzig Tage alt, war es vom Schicksal bestimmt, nicht weiterzureisen. »Wir erkannten, daß wir nur noch die Hülle in den Armen hielten, die unser kostbares Juwel enthalten hatte«, schrieb seine Mutter. »Das Juwel selbst war in eine strahlendere Fassung in einer strahlenderen Welt gekommen, die kleine Blume, die auf dem trostlosen, kargen Tang-la-Gebirge geblüht hatte, war ausgegraben und umgepflanzt worden auf den Berg der Herrlichkeit, um sich dort auf immer und ewig im Sonnenschein der Liebe Gottes zu wärmen und zu blühen. Doch ach, welch eine Leere in unseren Herzen! Wie leer und trostlos unser Zelt! ...«

Dann fiel den Rijnharts ein, daß die Tibeter ihnen Charlies Leichnam sicher wegnehmen und ihn nach ortsüblicher Sitte beseitigen würden, wenn sie entdeckten, daß sie ein totes Kind bei sich hatten. Das würde bedeuten, daß man ihn auszog, in Stücke schnitt und Wölfen, Geiern und anderen Kreaturen der tibetischen Wildnis zum Fraß auf die nackte Erde legte. Um das zu vermeiden (in der Nähe ihres Lagers lungerten Nomaden herum), beschlossen sie, Klein-Charlie auf der Stelle zu begraben. In ihrem Zelt leerten sie eine Kiste ihrer Reiseapotheke und schlugen sie mit Tüchern aus. Dann gingen Charlies Vater und der treue Rahim nach draußen und hoben zusammen ein Grab aus. In ihrem Buch beschreibt Susie Rijnhart diese letzten Augenblicke folgendermaßen: »Mit Händen, die bei jeder Berührung heftig zitterten, wickelte ich unser Bübchen in weißen Flanell und legte ihn in seinen Sarg, wo er so rein und ruhig dalag, als hätte er einen erholsamen, süßen Schlaf. In die Hände gaben wir ihm einen kleinen Strauß weißer Astern und blauer Mohnblumen, die Rahim an den Berghängen gepflückt hatte; und je mehr der Tag verstrich, desto hübscher und liebenswerter war er anzusehen. Dann brach der Abend langsam an, und Gefahren drohten. Der letzte Abschied war gekommen. Viele Dinge, die ihm gehörten, legten wir mit in den Sarg und dazu, auf ein Stück Leinen und auf Karten geschrieben, unsere Namen. Dann kam die Qual des letzten Anblicks. Unser einziges Kind, das so viel Freude in unser Leben gebracht hatte und das so viel dazu beigetragen hatte, daß wir gut Freund mit den Einheimischen wurden – seinen Leichnam an so einem kalten, trostlosen Ort zurückzulassen, schien mehr, als wir ertragen konnten.«

Die drei standen am Grab und ließen behutsam den Sarg hinab. Rijnhart hielt die Trauerrede und übersetzte sie, damit sie auch Rahim, ein Moslem aus Ladakh, verstand. So wurde Charles Carson Rijnhart das erste und vermutlich auch das letzte Baby aus dem Westen, das jemals in Tibet begraben wurde. Sehr wahrscheinlich war sein Grab auch das erste christliche Grab Tibets, denn die letzte Ruhestätte des unglückseligen Dutreuil de Rhins ist völlig unbekannt. Um sicherzugehen, daß keine wilden Tiere die sterblichen Überreste ausgraben würden, wälzten Rijnhart und Rahim einen schweren Felsbrocken auf das Grab. Um neugierige Eingeborene fernzuhalten, verwischten sie alle Spuren, als wäre die Erde nie angetastet worden.

Diese Nacht verbrachten sie in ihrem Zelt am Grab des Kindes. Heftiger Regen fiel und ging in Schnee über, als sie dalagen und nicht schlafen konnten und wußten, daß sie am nächsten Morgen weiterziehen und Charlie für immer zurücklassen mußten. Über diese stürmische Nacht schrieb Susie Rijnhart: »Immerzu mußten wir an unseren Schatz denken und waren froh, daß der Körper, aus dem der Lebensfunke entwichen war, den eisigen Wind nicht mehr spüren konnte.« Seltsamerweise erwähnt sie, obgleich sie Ärztin war, an keiner Stelle die Todesursache, und man kann nur annehmen, daß die Höhe, in der sie reisten – häufig zwischen viertausendachthundert und fünftausendzweihundert Meter –, seine zarten Lungen überstrapaziert hatte.

Am nächsten Morgen wurde sich Susie Rijnhart, die nun kein Baby anzuziehen und zu füttern hatte, deutlich ihres Verlustes bewußt, und zweifellos machte sie sich Vorwürfe, das Kind solchen Gefahren ausgesetzt zu haben. Doch sie mußten weiter. Sacht hob sie ihr Mann in den Sattel. Mit Tränen auf den Wangen ritten die drei von dem einsamen Grab fort, das sie nie wiedersehen sollten. Damals wußten sie noch nicht, wie dankbar sie dem Allmächtigen bald sein würden, daß er dem Kind das Elend und das Leiden erspart hatte, das sie bald erdulden mußten.

Das letzte Stück ihres Marsches nach Lhasa nahm den bekannten Verlauf. Sie kamen an das erste tibetische Lager, wurden abgefangen, konnten ihren Wachen entwischen, wurden von einem stärkeren Aufgebot angehalten und aufgefordert zu bleiben, wo sie waren. Dann traf der *Pombo* (zum Glück ein freundlicher) bei ihnen ein, und ihnen wurde befohlen, auf demselben Weg zurückzukehren, auf dem sie gekommen waren. Sie weigerten sich und begannen zu verhandeln. Da die Rijnharts fließend Tibetisch sprachen und mit den Umgangsformen dieses Volkes vertraut waren, erlebten sie keine Feindseligkeiten, wie Savage Landor sie provoziert hatte. Die Tibeter waren sogar fasziniert von diesen Ausländern, die ihre Sprache beherrschten, ihre Kleidung trugen und sogar ihre Schriften gelesen hatten. Die Rijnharts erklärten dem *Pombo*, sie wollten nicht näher zur Heiligen Stadt vordringen, sondern ersuchten um die Erlaubnis, an dieser Stelle ihre ärztliche Mission zu errichten. Sie hofften (was sie natürlich nicht sagten), das Vertrauen der Leute zu gewinnen und schließlich vielleicht doch Lhasa betreten zu dürfen. Ihr Ersuchen wurde jedoch auf der Stelle abgelehnt. Wenn man bedenkt, daß sie christliche Missionare waren (was die Tibeter wohl nicht so recht erkannt hatten), dann waren sie recht gut davongekommen, wenn sie einfach nur zurückgeschickt wurden. Die Enttäuschung muß für sie, die sie bei diesem Unternehmen ihr Kind verloren hatten, sehr bitter gewesen sein. Doch damit war die Tragödie der Rijnharts keineswegs zu Ende.

Nach zweitägigen Verhandlungen erzielten sie den üblichen Kompromiß mit den Tibetern. Statt den Weg zurückgehen zu müssen, den sie gekommen waren, durften sie eine kürzere Route nach Osten einschlagen. Sie erhielten frische Ponys, soviel Proviant, wie sie wollten, und wurden bis nach Taschi Gomba, einem etwa vierzehn Tagesmärsche entfernten großen Kloster, von einer drei Mann starken bewaffneten Eskorte begleitet. Die Rijnharts hofften, den Abt dazu überreden zu können, sie den Winter dort verbringen zu lassen, wie sie es drei Jahre zuvor im großen Kloster Gumbum gedurft hatten. Insgeheim hatten die Rijnharts mit dem treuen Rahim ausgemacht, daß er seinen eigenen Weg gehen würde, westwärts durch Tibet zu seinem Zuhause in Ladakh. Den ersten Tag würde er mit ihnen gehen, sich dann heimlich von ihnen trennen und auf schnellstem Weg allein nach Hause eilen. Die Rijnharts belohnten ihn mit Silber für seine Treue und Ergebenheit und schenkten ihm auch noch einen Karabiner und Munition, ein Pony und soviel Proviant, wie er tragen konnte. Es war ein trauriger Augenblick, als sie sich die Hände reichten und für immer Abschied nahmen. Sie beteten um Sicherheit für seine lange Reise in seine ferne Heimat, haben jedoch nie erfahren, ob er auch dort ankam.

In den folgenden Tagen begegneten die Rijnharts schwerbeladenen Teekarawanen – von denen manche aus bis zu zweitausend Jaks bestanden –, überwanden einen Strom nach dem anderen, kämpften sich durch blendende Schneestürme und verteilten in den Dörfern, durch die sie kamen, christliche Schriften. Überall wurden sie vor den Banditen gewarnt, die in kleinen Verbänden, mitunter fünfzig Mann stark, die Gegend terrorisierten, mordeten und raubten, so daß die Leute in den Bergen Schutz suchten. Am 15. September 1898, einem besonders schönen Tag, feierte das Paar seinen vierten Hochzeitstag. »Für eine Weile«, schrieb Susie Rijnhart, »dachten wir nicht an die Räuber.« Sie bereitete ein Festessen zu – Reispudding mit Sultaninen –, das sie zusammen mit ihren tibetischen Begleitern verzehrten. An jenem Tag, erinnerte sie sich später, sprachen sie über »all die Freuden und Leiden, die über uns gekommen waren, seit wir uns Hand in Hand auf den Weg gemacht hatten, die Mission zu erfüllen, zu der wir berufen waren«.

Unterdessen kamen sie dem Kloster von Taschi Gomba näher und erkundigten sich in einem Dorf, wo sie es finden würden. Sie erfuhren, daß es sich an dem nahegelegenen Dza-tschu befand, dem Quellfluß des Mekong, aus dem die Mönche das Wasser für ihren Buttertee schöpften. Noch am gleichen Abend schlugen sie ihr Zelt an dem Fluß auf; sie hofften, das Kloster am nächsten Tag zu erreichen. Sie bemerkten am anderen Ufer zwei bewaffnete Reiter, die sie eine Weile beobachteten und dann davonritten. Sogleich wurden die Rijnharts von ihren tibetischen Begleitern gewarnt, daß sie mit einem Angriff rechnen müßten, denn die beiden wären mit Sicherheit nur die Späher einer größeren Bande. Gewiß hätten sie es auf die Ponys abgesehen. Die Rijnharts und ihre tibetischen Begleiter stellten sich, so gut sie konnten, auf einen Angriff ein. Petrus selbst legte sich mit zwei Revolvern im Eingang des Zeltes schlafen. Die Tibeter schliefen im Freien. Um möglichst frühzeitig alarmiert zu werden, wenn sich jemand näherte, band man den Hund Topsy bei den Ponys an, und den Ponys wurden Fußfesseln angelegt. Die Nacht verlief jedoch friedlich.

Anhand der nicht sehr klaren Wegbeschreibung, die sie in dem Dorf erhalten hatten, setzten sie am nächsten Morgen die Suche nach dem Kloster fort. Gegen Mittag befanden sie sich auf einem engen, steilen Jak-Pfad, der vor einem steil aufragenden Felsen und dem Fluß endete, der an dieser Stelle zu tief und zu reißend war, als daß man ihn hätte durchqueren können. Sie kehrten also um und gingen bis zu einer Stelle, wo die Tiere grasen konnten. Dort machten sie Rast, um Tee zu kochen, ehe sie auf einem anderen Pfad weiterzogen. Und genau hier wurden sie beim Teekochen überfallen.

Gerade bat Rijnhart um Ruhe, weil er ein Flüstern gehört hatte, da eröffneten hinter den Felsen über ihnen verborgene Schützen das Feuer und trafen einen der Männer der Eskorte in den Arm, als alle fünf hinter einen überhängenden Felsen stürzten, um in Deckung zu sein. »Ungeheure Gesteinsbrocken«, erinnerte sich Susie Rijnhart später, »wurden von oben herabgeworfen. Jeder einzelne hätte uns bis zur Unkenntlichkeit zermalmt.« Die Steinwürfe und der Kugelhagel waren von grauenerregendem Geschrei begleitet, mit dem die tibetischen Banditen ihre Opfer in Angst und Schrecken versetzten. Doch auf die Ponys und nicht auf deren Besitzer hatten die Räuber es abgesehen, und so endete der Angriff so schnell, wie er begonnen hatte. Den Rijnharts blieb nur ein Pony, ein altes, ziemlich schwaches, graues Tier. Die anderen waren entweder weggetrieben worden oder lagen tot oder sterbend da. Einem Tier hatte man in das Rückgrat geschossen, und es mühte sich vergeblich, wieder auf die Beine zu kommen. Auch Topsy, der so weit mit ihnen gereist war und so viel Mut bewiesen hatte, war verschwunden. Sie sollten ihn nicht wieder zu Gesicht bekommen. Den tibetischen Begleitern war es jedoch unter Einsatz ihres Lebens gelungen, drei ihrer eigenen Pferde zu retten. Die Räuber, so warnten sie die Rijnharts, würden wahrscheinlich wiederkommen, um die verbliebenen Wertgegenstände zu ergattern und »uns alle umzubringen und in den Fluß zu werfen«. Sie erklärten deshalb, sie wollten so schnell wie möglich zum Kloster reiten, wo es Soldaten gebe, und Hilfe holen. Während sie davonritten, machten sich die ersten Geier über die toten Pferde her. Die Rijnharts sahen ihre Eskorte nie wieder.

An diesem Abend trugen sie ihr Hab und Gut an das Ufer, damit sie im Fall eines Angriffs im Schutz der Dunkelheit durch den Fluß entkommen konnten. Die Nacht war unheimlich, doch es ereignete sich nichts. Dennoch entschieden sie sich gegen das Wagnis, noch eine Nacht dort zu verbringen. Als ihre Eskorte bis zum Abend nicht zurückgekehrt war, gaben sie die Hoffnung auf, sie jemals wiederzusehen, und beschlossen, sich allein auf den Weg zum Kloster zu machen oder zu einem Dorf, wo sie sich neue Ponys kaufen konnten. Was sie an Wertsachen nicht tragen konnten, vergruben sie, und auch die Zelte und anderes ließen sie zurück, um es später zu holen, obwohl sie davon überzeugt waren, daß alles geplündert würde, sobald sie diesem Ort den Rücken kehrten. Dann beluden sie ihr graues Pony und machten sich auf in die Richtung, in der sie das Kloster vermuteten.

Sie folgten dem Lauf des Flusses, an dem das Kloster stehen sollte. Wenn sie es nicht finden sollten, wollten sie mit Hilfe eines Kompasses zu der Karawanenstraße zurückkehren, die sie mit ihren drei Bewachern verlassen hatten, um das Taschi-Gomba-Kloster zu suchen. Zwei Tage lang mühten sie sich ab, schliefen im Freien, durchquerten reißende Bäche; sie stießen einmal auf frische Spuren von drei Ponys und einem Hund und dachten für einen Augenblick, sie stammten von ihren drei Begleitern, die mit Topsy zurückkehrten und Hilfe brachten. Davon abgesehen, begegneten sie in dieser trostlosen Gegend keiner menschlichen Seele, die sie nach dem Weg zum Kloster hätten fragen können. Am dritten Tag erblickten sie durch ihr Teleskop in der Ferne auf der anderen Seite des Dza-tschu ein großes Zeltlager. »Wie jubelten wir da!« schrieb Susie Rijnhart. »Es schien, als wären all unsere Schwierigkeiten zu Ende ...«

Sie beschlossen, diesseits des Flusses zu bleiben, bis sie das Lager erreichten. Dann wollte Rijnhart seine Frau in Sichtweite zurücklassen und hinüberschwimmen, um den Tibetern ein paar Ponys abzukaufen. Am Abend brach ein Schneesturm los, und sie suchten über Nacht Schutz unter einer Gummiplane. Obgleich Hilfe nahe schien, war ihnen doch unbehaglich zumute. »Uns beiden war unbeschreiblich unheimlich zumute, so daß wir so gut wie nur im Flüsterton miteinander redeten«, schrieb Susie Rijnhart später. Sie fragten sich, ob sich an diesem Ort nicht ein ungeheuerliches Verbrechen abgespielt haben mochte. Am nächsten Tag stapften sie durch tiefen Schnee bis zu einer Stelle, wo das Lager in Rufweite lag. Obgleich die Tibeter ihre Rufe beantworteten, kam keiner nahe genug ans Ufer, daß die Rijnharts mit ihm hätten reden können. Da es mittlerweile schon zu spät war, um vor Einbrechen der Dunkelheit den Fluß zu durchqueren und zurückzukehren, verschob Rijnhart sein Vorhaben auf den nächsten Morgen. Diese Nacht sollte die letzte sein, die sie gemeinsam verbrachten.

Am nächsten Morgen nahm Rijnhart einen Revolver, sechs Unzen Silber und trockene Kleidung, wickelte alles in ein Stück Gummiplane, stieg in den Fluß und begann unter den besorgten Blicken seiner Frau hindurchzuwaten. Auf halbem Weg schickte er sich an, das letzte Stück zu schwimmen, hielt jedoch plötzlich inne und kehrte völlig unerwartet zurück. Vom Ufer aus rief er seiner Frau etwas zu, was sie jedoch nicht verstand. Dann ging er stromaufwärts, in entgegengesetzter Richtung zum tibetischen Lager. Einen Augenblick später verschwand er hinter großen Felsbrocken. Seine Frau sah ihn nie wieder.

Die Geschichte von Susie Rijnharts einsamer und gefährlicher Reise in die Sicherheit, in deren Verlauf sie ständig mißhandelt, bedroht, betrogen und gezwungen wurde, ihre letzte Habe herzugeben, selbst die Bibel und das Tagebuch ihres Mannes und die kleinen Andenken an ihr totes Kind, ist zu lang, um hier wiedergegeben zu werden. Doch wir wollen kurz ihre Erklärung dafür betrachten, wie an diesem frostigen Morgen des 26. September 1898 ihr Mann vermutlich von seinem Schicksal ereilt wurde. Als sie ihn im Wasser hinter den Felsbrocken nicht wieder auftauchen sah, kletterte sie an eine Stelle hinab, von der aus sie durch ihr Fernglas beide Ufer sehen konnte. Und da erblickte sie ein zweites Lager unmittelbar hinter diesen Felsen, und zwar auf ihrer Seite des Flusses. Da wurde ihr klar, daß es dieses Lager gewesen sein mußte, das ihr Mann gesehen hatte und was ihn veranlaßt hatte, mitten im Fluß umzukehren. Sie beruhigte sich mit dem Gedanken, er sei bereits in einem der Zelte, verhandele über den Erwerb von Ponys und erkundige sich nach dem Weg zu dem schwer zu findenden Kloster, und wartete geduldig auf seine Rückkehr. Als er bis zum folgenden Morgen nicht zurückkehrte, kam ihr die schreckliche Wahrheit allmählich zu Bewußtsein.

Dieses zweite Lager beherbergte offenbar jene Banditen, die sie überfallen und ihnen die Ponys gestohlen hatten. Als sie Rijnhart kommen sahen, nahmen sie wohl an, der Ausländer wolle seine Ponys zurückfordern, und deshalb töteten sie ihn, ehe er überhaupt seinen Revolver ziehen konnte, und warfen ihn in den Fluß. Susie Rijnhart erkannte, daß ihr das gleiche Schicksal bevorstand, wenn die Banditen sie erblickten.

Abgezehrt und mit erfrorenen Füßen schleppte sie sich zwei Monate später in eine Missionsstation an der chinesisch-tibetischen Grenze. Auf Betreiben des holländischen und des britischen Gesandten in Peking schickten die Chinesen, von einer bewaffneten Eskorte begleitet, Beamte an jenen Ort, doch sie kamen ohne befriedigende Erklärung zurück. Ohne daß man einen Schuldigen gefunden hatte, kehrte Susie Rijnhart nach Kanada zurück als einzige Überlebende dieser verhängnisvollen Expedition. Sie hatte ihr Kind und ihren Mann verloren, ganz zu schweigen von dem Wettlauf auf die Heilige Stadt. Das einzige, was sie nicht verloren hatte, war ihr Glaube. Später heiratete sie ein zweites Mal und ging als Missionarin in das tibetische Grenzland zurück, wo sie drei Wochen nachdem sie wieder einem Knaben das Leben geschenkt hatte, starb.

* * *

Nun kommen wir zu einem Ausländer, dem es nicht nur gelang, Lhasa zu erreichen, sondern sogar mehr als ein Jahr unentdeckt dort zu leben. Doch selbst wenn er dafür sein Leben aufs Spiel gesetzt hat, kann man nicht wirklich sagen, er habe den Wettlauf gewonnen, denn Ekai Kawaguchi, der am 21. März 1901 Lhasa betrat, war Japaner, Abt eines Klosters, und als Asiat und Buddhist war er gegenüber seinen Rivalen aus dem Westen beträchtlich im Vorteil.

Als Ausländer war er in Lhasa jedoch ebenso unwillkommen wie jeder andere Eindringling, und wenn seine Verkleidung als chinesischer Arzt durchschaut worden wäre, hätte man ihn mit Sicherheit mit dem Tod bestraft. Um sein Leben zu retten, mußte er am Ende auch fliehen, und einzelne Tibeter, die ihm nichtsahnend geholfen hatten, mußten Verstümmelungen und andere grausame Strafen erdulden.

Nahezu vier Jahre benötigte Kawaguchi, um nach Lhasa zu gelangen, denn er unternahm eine lange Rundreise, die Aufenthalte in zahlreichen Klöstern und eine Pilgerfahrt zum Berg Kailas weit im Westen einschloß. Daß er so langsam reiste, kostete ihn fast den Sieg. Dicht auf den Fersen war ihm ein zweiter Japaner, ebenfalls als Chinese verkleidet, von dem wir allerdings nicht viel wissen. Die beiden, die voneinander keine Ahnung hatten, sollten gleichzeitig in Lhasa leben, wenn auch nur für kurze Zeit. Doch warum waren die Japaner so an Tibet interessiert? Um darauf eine Antwort zu finden, muß man zunächst ein wichtiges politisches Ereignis betrachten, das sich in Asien abgespielt hatte, während die Littledales, Henry Savage Landor und die unglückseligen Rijnharts danach strebten, die tibetische Hauptstadt zu erreichen.

Seit einigen Jahren hatten die Mandschuherrscher Chinas in den entlegeneren Gebieten ihres Reiches, zu denen auch Tibet gehörte, stetig an Einfluß verloren, und im Sommer 1894 hatten die Japaner ihnen eine schreckliche Niederlage bereitet. Japan hatte fast ganz Korea an sich gerissen sowie die Marinebasen Port Arthur und Dairen und von Formosa Besitz ergriffen. Die öffentliche Demütigung der Mandschus durch einen winzigen Nachbarn, der noch kurz zuvor so gut wie nichts gegolten hatte, schürte auch antichinesische Krawalle in Lhasa und Erhebungen unter den Stämmen Osttibets.

Als neue, aufstrebende Macht in Asien zeigte sich Japan über die unaufhaltsame Ausdehnung des zaristischen Rußlands nach Osten zunehmend besorgt. Dieselbe Sorge hatte Großbritannien schon über ein halbes Jahrhundert lang zum Ausdruck gebracht, als die russischen Truppen mit jedem Jahr näher auf die indischen Grenzen zurückten. Keiner spürte die Gefahr deutlicher als George Nathaniel Curzon, der 1899 zum Vizekönig von Indien ernannt worden war. Wie Curzon wollten auch die japanischen Strategen in Erfahrung bringen, was der Zar in Zentralasien vorhatte.

Folglich haben Historiker angenommen, Kawaguchi sei ein japanischer Spion gewesen, der ausgeschickt worden war, um die russischen Aktivitäten in Tibet in Augenschein zu nehmen. Nachdem er ihnen durch die Finger geschlüpft war, hatten auch die Tibeter vermutet, daß es sich bei ihm um einen Spion gehandelt habe, allerdings um einen britischen, denn seltsamerweise hielten sie ihn für einen Engländer. Doch neueste Entdeckungen des amerikanischen Historikers Paul Hyer in japanischen diplomatischen Akten jener Tage haben diese Agententheorie widerlegt. Hyer hat herausgefunden, daß vom japanischen Geheimdienst tatsächlich ein Spion nach Lhasa geschickt worden war, aber nicht Kawaguchi. Der wirkliche Spion war der siebenunddreißigjährige Narita Yasuteru, jener Reisende, der kurz nach Kawaguchi die tibetische Hauptstadt erreichte. Er hielt sich dort aus unbekannten Gründen nur vierzehn Tage auf, Kawaguchi hingegen vierzehn Monate lang. Wir wissen nur wenig über Yasuteru und nichts über die Informationen, die er für seine Auftraggeber einholen sollte. Doch da er im Wettlauf nach Lhasa von Kawaguchi geschlagen worden war, spielt er in diesem Buch keine weitere Rolle. Dieser japanische Agent war jedoch nicht der einzige, der Informationen über russische Aktivitäten in Tibet suchte. Der fromme Japaner tat im Grunde dasselbe. Nur gab er sie nicht an die Geheimdienste des Mikados weiter, sondern an seinen alten Lehrmeister, den einstigen britischen Spion Sarat Chandra Das, der inzwischen in Darjeeling lebte. Und es besteht kaum Zweifel darüber, daß dieser sie an seine ehemaligen Kollegen vom britisch-indischen Geheimdienst weiterleitete, die stets darauf bedacht waren, einige Krumen von dem zu erhaschen, was über den Himalaja kam. – Doch wir laufen Gefahr, unsere Geschichte aus den Augen zu verlieren.

Außer seinen Berichten über die russischen Aktivitäten lieferte Kawaguchi eine hervorragende Darstellung Lhasas während der Regentschaft des dreizehnten, des vermutlich bedeutendsten Dalai Lama – einer der wenigen tibetischen Gottkönige, die die Giftanschläge überlebten und sowohl weltliche als auch geistliche Macht erlangten. In seinem Buch mit dem irreführenden Titel *Drei Jahre in Tibet* (er verbrachte knappe zwei Jahre dort) beschreibt Kawaguchi bis ins Detail alles, vom klösterlichen Alltag bis zum Auslegen der Toten, von der tibetischen Sitte der Vielmännerei bis zur Kunst des Vergiftens. Insgesamt hatte er nicht gerade den besten Eindruck von den Tibetern, insbesondere von der Geistlichkeit. Wenn er auch einzelne bewunderte, so beklagte er doch, daß die meisten lüstern seien – einige Mönche stritten sich sogar um junge Knaben –, ungebildet, grausam, schmutzig, habgierig, faul und unehrlich. Im Gegensatz zu den Lehren des Buddhismus aßen viele von ihnen (auch der Dalai Lama selbst) Fleisch, während andere, die angeblich einer religiösen Berufung folgten, sich eher wie mittelalterliche Großmäuler aufführten.

Über eine religiöse Zusammenkunft von etwa zwanzigtausend Mönchen, an der Kawaguchi teilgenommen hatte, schrieb er später schockiert: »Von den zwanzigtausend waren nur sehr wenige echte Priester, die übrigen waren Krieger oder Nichtstuer, die nur gekommen waren, um sich den Bauch vollzuschlagen. Statt wenigstens die heiligen Schriften zu zitieren, taten sie während des Treffens alle möglichen Dinge, und das in aller Öffentlichkeit. Sie sangen zum Beispiel lasterhafte Lieder oder schubsten sich herum ... [Sie] erzählten sich obszöne Witze, und oft stritten sie miteinander.«

Es gab noch vieles mehr, was den frommen japanischen Priester schockierte, zum Beispiel die offenkundige Untreue so mancher tibetischer Ehefrau – und ihre fürchterlichen Launen. »Sie toben wie die Besessenen«, schrieb er und führte aus, daß es nichts Ungewöhnliches war, wenn Ehemänner vor ihren wütenden Frauen niederknieten und um Vergebung winselten. Er war auch entsetzt über den Schmutz, den er in dieser heiligen Stadt des Buddhismus vorfand, wo Männer und Frauen sich ungeniert in offene Zisternen entleerten. Ein Kapitel seines Buches trägt den Titel *Eine Metropole des Drecks*.

Was ihn jedoch am meisten entsetzte, war das barbarische tibetische System der Bestrafung von Missetätern und die Folterung von Verdächtigen. Die gewöhnlichste Form der Bestrafung war das Auspeitschen, hauptsächlich für recht geringfügige Vergehen. Das Opfer erhielt zwischen dreihundert und siebenhundert Schlägen, war hinterher zerfleischt und blutüberströmt und litt oft an schweren inneren Verletzungen. Vor dem Auspeitschen wurde der – oder die – Verurteilte, an Händen und Füßen gefesselt, öffentlich zur Schau gestellt. Außerdem wurde ihm ein schwerer hölzerner Kragen von etwa einem Meter Durchmesser umgelegt, an dem ein Zettel hing, auf dem die Missetat des Betreffenden zu lesen war.

Einmal sah Kawaguchi zwanzig gutgekleidete Tibeter, die ihre Bestrafung erwarteten. Einige von ihnen waren an Pfosten gebunden. Er erfuhr, daß sie alle bezichtigt wurden, sich an einer Verschwörung beteiligt zu haben, um durch Hexerei den Dalai Lama umzubringen. Sechzehn Bon-Priester waren dafür bereits hingerichtet und viele andere Priester und Laien ins Exil geschickt worden. Der Hauptverdächtige wurde immer noch gefoltert, weil er sich bisher geweigert hatte, das Oberhaupt seines Klosters zu belasten. Auch seine Frau mußte leiden. Kawaguchi war entsetzt, als er sie sah – »eine sehr schöne Dame«, die den gefürchteten Holzkragen trug und an den Händen gefesselt war; die Augen hielt sie geschlossen, ihr Gesicht war leichenblaß. Sie schien bewußtlos zu sein. Kurz zuvor hatte sie dreihundert Peitschenhiebe erhalten und war dazu verurteilt worden, nach einwöchiger Zurschaustellung in ein entlegenes Gebiet verbannt zu werden, wo sie weiterhin an Händen und Füßen gefesselt bleiben sollte. Ihr Verbrechen bestand darin, den Wächter ihres Mannes bestochen zu haben, damit sie ihn besuchen konnte.

Für viele alltägliche Vergehen war Verstümmelung die Standardbestrafung. Das Ausstechen der Augen kam sehr häufig vor. Schwerwiegendere Vergehen wurden durch Abschlagen der Hände bestraft. »In Lhasa«, schrieb Kawaguchi mit Abscheu, »gibt es sehr viele Bettler, die keine Hände haben, und noch mehr ohne Augen.« Weitere Formen der Verstümmelung waren das Abschneiden der Ohren – für Ehebruch zum Beispiel, und zwar für beide Parteien – und das Aufschlitzen der Nase.

Exekutionen wurden vorgenommen, indem die betreffende Person in einen Sack gesteckt und in den Fluß geworfen wurde oder indem ihr Hände und Füße zusammengebunden wurden, ehe man sie ins Wasser warf. Der Leichnam wurde dann herausgefischt, und es wurde ihm der Kopf abgeschlagen. Dieser kam für drei Tage in ein eigens dafür errichtetes Gebäude, das als »das Haus der ewigen Verdammnis« bekannt war.

»Die Folterungen«, berichtete Kawaguchi, »sind von ausgeklügeltster Grausamkeit.« Sie waren von der Art, fuhr er fort, »wie man sie schlimmer nicht in der Hölle erwartet«. Eine bestand, wie er schilderte, darin, daß dem Opfer sogenannte »Steinhauben« auf den Kopf gesetzt wurden, eine nach der anderen. »Zunächst preßte das Gewicht Tränen aus den Augen«, schrieb er, »doch dann, als das Gewicht immer größer wurde, drückte es die Augäpfel aus den Höhlen.« Es sollte vielleicht gesagt werden, daß damals im benachbarten China und andernorts Bestrafungen von gleicher oder noch größerer Grausamkeit etwas Alltägliches waren.

Während seiner ersten Monate in Lhasa hatte Kawaguchi als Pilger in dem großen Sera-Kloster gelebt, das für seine Lehranstalt und seine kämpfenden Mönche berühmt war, die es als Leibwächter an Wohlhabende verdingte. Da er medizinische Kenntnisse besaß, erlangte er rasch ein beträchtliches Ansehen als Arzt, und das um so mehr, als er von Armen kein Honorar verlangte. Mitunter wurden Pferde geschickt, die ihn schnell vom Kloster ans Krankenbett eines Patienten, mehrere Tagesreisen entfernt, bringen sollten. Schließlich drang sein Ruhm gar an die Ohren des Dalai Lama, und der Japaner wurde zu seiner Heiligkeit befohlen. Zu seiner Bestürzung hatte er erfahren, daß der sechsundzwanzig Jahre alte Großlama von Tibet ausgezeichnet Chinesisch sprach, Kawaguchis angebliche Muttersprache. Sein eigenes Chinesisch, dessen war er sich schmerzlich bewußt, würde niemanden, der diese Sprache wirklich kannte, hinters Licht führen. Er beschloß, sich im Fall einer Entlarvung durch den Dalai Lama diesem zu Füßen zu werfen und sich darauf zu berufen, daß er als buddhistischer Priester von weither in die Heilige Stadt gekommen sei, um an der Quelle seines Glaubens zu beten und zu studieren.

Seine Audienz beim Dalai Lama, die die erste von mehreren sein sollte, fand im Sommerpalast statt, der etwas außerhalb der Stadt lag. Hinter seine hohe Mauer, umgeben von den Sommerresidenzen höherer Hofbeamter, flüchtete sich der tibetische Herrscher vor der Hitze und den Unannehmlichkeiten der Hauptstadt. Kawaguchis Begegnung mit ihm war förmlich, aber freundlich. Zu

Kawaguchis Erleichterung sprach der Dalai Lama ihn auf Tibetisch an. Er lobte ihn für seine Arbeit mit den Kranken und brachte seine Hoffnung zum Ausdruck, daß er in der Hauptstadt bleiben werde. Dann befragte er Kawaguchi nach dem Buddhismus in China, eine Frage, die der Japaner überzeugend beantworten konnte.

Der Lebende Gott beeindruckte Kawaguchi mit seinen forschenden Augen und seiner scharfen, gebieterischen Stimme. »Ich glaube«, schrieb er nach mehreren solcher Audienzen, »er ist reicher an politischen denn an religiösen Gedanken.« Überdies schien der Dalai Lama von der Furcht vor Großbritanniens Absichten auf sein Land besessen zu sein. Seine zweite Sorge war die, vergiftet zu werden wie so viele seiner Vorgänger. Kawaguchi spürte jedoch, daß dieser kluge Mann stets seinen Widersachern gewachsen sein würde, und er hatte recht, denn der dreizehnte Dalai Lama sollte – abgesehen von kurzen Perioden des Exils – Tibet noch zweiunddreißig Jahre lang regieren.

Zur Zeit von Kawaguchis Aufenthalt in der tibetischen Hauptstadt machte sich in London und Kalkutta Panik breit ob der Freundschaft, die sich zwischen dem Dalai Lama und Zar Nikolaus II. von Rußland anzubahnen schien. Im Sommer des Jahres 1901 hatte die russische Presse die Ankunft »einer außergewöhnlichen Delegation acht prominenter tibetischer Staatsmänner« unter der Leitung einer mysteriösen Persönlichkeit namens Dordschjew in Petersburg angekündigt. Ihr Ziel war es, so wurde berichtet, »die guten Beziehungen zwischen Rußland und Tibet zu festigen«. Für die Russophoben in Großbritannien bedeutete das nur eines: Geheimdiplomatie. Denn das war bereits der zweite Besuch Dordschjews in Petersburg in weniger als einem Jahr, und jedesmal war er vom Zaren in Audienz empfangen worden.

Als Mongole aus der sibirischen Burjat-Region und demzufolge als russischer Staatsbürger war er 1880 zum erstenmal nach Lhasa gekommen, und zwar als Pilger, als einer der vielen mongolischen Buddhisten, denen es erlaubt war, ungehindert zu kommen und zu gehen. In den folgenden Jahren hatte er sich durch außergewöhnliche Gewandtheit beträchtlichen Einfluß am Hof des Dalai Lama verschafft, wo er eine Zeitlang als dessen Hauslehrer tätig war. Gegen Ende des Jahrhunderts hatte er, obgleich immer noch Untertan des Zaren, eine hohe Beraterstellung am tibetischen Hof inne. Und nun agierte er, zur Bestürzung von Curzon und anderen, offenbar als Mittelsmann zwischen dem Zaren und dem Dalai Lama, und es kursierte das Gerücht, daß hier hinter dem Rücken Großbritanniens und Chinas eine geheime Allianz geschmiedet würde.

Was Kawaguchi in seinen Briefen Sarat Chandra Das in Darjeeling über russische Aktivitäten in Tibet im einzelnen mitgeteilt hat, ist unbekannt. Nach dem zu urteilen, was er später in seinem Buch schrieb, muß es die Spionagechefs in London und Kalkutta sehr beunruhigt haben. In den Burjat-Mongolen besaßen die Russen nach Ansicht Kawaguchis äußerst wirkungsvolle Helfer zur Durchsetzung ihrer Interessen in Tibet, denn die dortigen Klöster waren voll von ihren Priestern und Studenten. Dordschjew schilderte er als graue Eminenz, politisch scharfsinnig und als profunden Kenner des Buddhismus, dessen Gelehrsamkeit die Tibeter beeindruckte. Als ehemaliger Lehrer des Dalai Lama genoß er dessen Vertrauen, wobei sein Hauptziel stets das war, die russischen Interessen zu fördern.

Nach den Worten Kawaguchis hatte Dordschjew auf raffinierte Weise das Ansehen des Zaren bei den Tibetern gehoben, indem er ihn mit einer alten tibetischen Prophezeiung in Verbindung brachte. Diese sprach von einem mächtigen buddhistischen Prinzen, der nördlich von Kaschmir lebte und eines Tages die ganze Welt erobern und zum Buddhismus konvertieren würde. Dordschjew hatte, wie Kawaguchi berichtet, eine Schrift verfaßt, in der er darlegte, Zar Nikolaus wäre dieser Prinz. Sie wurde ins Tibetische, Mongolische und Russische übersetzt und galt denen, die ein Exemplar besaßen, als ernst zu nehmender buddhistischer Text. Kawaguchi behauptete überdies, er wäre zufällig auf eine geheime Karawane gestoßen, die Waffen von Rußland über die Tschangtang-Ebene brachte. Sie habe aus etwa zweihundert Kamelen bestanden, die kleine, aber schwere Kisten befördert hätten, und ihr, so habe er erfahren, sei eine andere Karawane von dreihundert Kamelen vorausgegangen. Kawaguchi schreibt, es sei ihm gelungen, eine dieser Waffen in Augenschein zu nehmen, und sie habe, obgleich sie aus Rußland kam, ein amerikanisches Markenzeichen getragen. Der chinesische *Amban* in Lhasa sei sich der Absichten des raffinierten Mongolen bewußt, jedoch machtlos dagegen gewesen, weil die Chinesen aufgrund ihrer Niederlage gegen die Japaner von den Tibetern nicht mehr gefürchtet wurden. Außerdem hatte Peking durch den Boxeraufstand im eigenen Land damals genug Probleme.

Mittlerweile blieb Kawaguchi nicht mehr viel Zeit. Die Hauptursache seines Verderbens war sein Erfolg als Arzt, der ihn zum Gegenstand sowohl der Bewunderung als auch der Eifersucht gemacht hatte. Er hatte gehofft, ein friedliches Klosterleben in Lhasa zu führen, unbeachtet und ganz der Meditation und dem Studium hingegeben. Doch während ihm seine medizinischen Kenntnisse die Freundschaft einflußreicher Tibeter und einige Begegnungen mit dem Dalai Lama eingebracht hatten, hatte er sich damit gleichzeitig unter den nicht ausgebildeten Ärzten Lhasas Feinde gemacht.

Die ganze Zeit über hatten mindestens zwei Leute in Lhasa sein Geheimnis gekannt, es jedoch für sich behalten. Einer war der junge Sohn eines tibetischen Adligen, der andere ein Kaufmann namens Tsa Rong-ba. Beide kannten ihn noch aus Darjeeling, bevor er sich als Chinese ausgegeben hatte. Alles ging gut, bis der junge Adlige an Paranoia erkrankte und in seinen Wahnanfällen den Freund als japanischen Spion denunzierte. Die meisten Tibeter taten die Beschuldigungen als Phantasiegespinste eines Geisteskranken ab, doch den Feinden Kawaguchis kamen sie zupaß, und sie verbreiteten diese Gerüchte. Wenig später vertraute Tsa Rong-ba, der Kawaguchis Briefe nach Darjeeling und an andere Orte geschmuggelt hatte, unglücklicherweise einem Freund das Geheimnis an. Wie es der Zufall wollte, war dieser Karawanenführer beim Bruder des Dalai Lama, einem hohen Beamten am Hof. Plötzlich befand sich Kawaguchi in höchster Gefahr.

Unterstützt von treuen Freunden, die sich vor entsetzlichen Strafen hätten retten können, wenn sie ihn denunziert und den Behörden übergeben hätten, verschwand Kawaguchi im Schutz eines religiösen Festes eilig aus Lhasa. Ständig in Furcht vor Verfolgung, Gefangennahme und schrecklicher Bestrafung konnte er nach achtzehn Tagen sicher die Grenze zu Sikkim erreichen und war froh, am 15. Juni 1902 das verbotene Land über den Jelap-Paß verlassen zu können. In der »Villa Lhasa«, Sarat Chandra Das' Haus in Darjeeling, erzählte er seinem alten Freund später seine außergewöhnlichen Abenteuer. Ein moderner Historiker, Tsepon Shakabpa, hat Kawaguchi bezichtigt, dem ehemaligen britischen Pandit falsche Informationen geliefert und damit dessen Regierung weisgemacht zu haben, Tibet hätte von Rußland Waffen erhalten – was zu verheerenden Folgen führte, wie sich bald darauf zeigen sollte. Ich muß jedoch sagen, daß ich in den britisch-indischen Geheimdienstakten aus jener Zeit auf keinerlei Bestätigung dessen gestoßen bin. Letztlich bleibt unklar, welche Bedeutung – wenn überhaupt – in Kalkutta oder Whitehall Kawaguchis Informationen beigemessen wurde.

Doch zurück zum Wettlauf nach Lhasa. Kann man sagen, daß Ekai Kawaguchi ihn gewonnen hat? Die Antwort ist schwierig, weil er Asiat war – doch im Grunde genommen läuft sie auf ein Nein hinaus. Denn eigentlich war es ja nie ein Wettlauf offizieller Art, sondern von Anfang an im wesentlichen ein Wettbewerb zwischen Abendländern gewesen, beginnend mit Nikolai Prschewalski. Immerhin weilte Sarat Chandra Das schon in Lhasa, ehe der große russische Forscher den ersten seiner beiden Versuche unternahm, dahin zu gelangen. Wenn Kawaguchi also zu den Wettkampfteil-nehmern zu rechnen wäre, dann müßte das auch für Sarat Chandra Das gelten. Sie auszuschließen, wie ich es getan habe, heißt weder ihre Leistungen schmälern noch die Risiken unterschätzen, die sie auf sich genommen hatten. Die Rache, die jene erfahren mußten, die ihnen geholfen hatten, ist Beweis genug. Doch daß sie Asiaten waren, verschaffte ihnen fraglos einen Vorteil gegenüber ihren westlichen Rivalen, was die Plausibilität ihrer Geschichten und ihre Verkleidung betraf. Für einen Europäer war es ungleich schwerer, Lhasa zu erreichen, als für einen Asiaten, auch wenn sein Tibetisch noch so gut war. Soweit es also Abendländer betraf, war das Rennen immer noch nicht entschieden.

Während Kawaguchi in Lhasa weilte, war wieder ein Europäer – diesmal der große schwedische Forscher Sven Hedin – auf dem Weg dorthin; er kam von Norden und war als Burjat-Pilger ver-kleidet. Wenn jemand imstande war, das Unmögliche zu errei-chen, dann er. Doch wie alle seine Vorgänger wurde auch Hedin

entdeckt und zur Rückkehr gezwungen, und das nur fünf Tagesmärsche von seinem Ziel entfernt. Somit war er der elfte Europäer,
der vergeblich versucht hatte, nach Lhasa zu gelangen. Trotz seiner
brillanten Erfolge als Asienforscher (wofür er die Ehrenritterschaft
Großbritanniens und die Goldmedaille der Royal Geographical
Society erhielt) war Hedin ein schlechter Verlierer, der dazu neigte,
die Leistungen seiner Rivalen zu schmälern. Nachdem es ihm nicht
gelungen war, Lhasa zu betreten, tat er so, als lohnte es sich ohnehin
kaum, den Ort zu besuchen. Doch wir werden noch von ihm
hören, wenn es ihm auch nicht bestimmt war, die Heilige Stadt zu
sehen.

Doch nur mit Musketen und Schwertern bewaffnet, konnten die
Tibeter nicht damit rechnen, neugierige Europäer für immer von
Lhasa fernzuhalten. Der nächste Eindringling und der Gewinner
dieses außergewöhnlichen Wettlaufs sollte sich an der Spitze einer
Armee den Weg dorthin buchstäblich freischießen.

10. Lhasa

Auf den ersten Blick könnte Francis Younghusband der Feder John Buchans entstammen. Wie Richard Hannay oder Sandy Arbuthnot schien dieser hervorragende junge Offizier der indischen Armee alle Eigenschaften zu besitzen, die man von einem romantischen Helden Ende der viktorianischen, Anfang der edwardianischen Epoche erwartete. Als Soldat, Forscher, Athlet und Schriftsteller hatte er sich bereits im Alter von fünfundzwanzig Jahren einen Namen gemacht. Bereits als junger Offizier hatte er einige kühne, abenteuerliche Reisen in Zentralasien unternommen, darunter auch eine Durchquerung Chinas von zweitausend Kilometern von Ost nach West auf einer Route, auf der es noch kein Europäer versucht hatte. Im Alter von achtundzwanzig Jahren war er bereits ein Veteran der Geheimdiplomatie, der in den neuralgischen Gegenden, wo sich das Britische, das Russische und das Chinesische Reich gefährlich nahe kamen, etliche geheime Missionen durchgeführt hatte. Für diese Reisen durch noch nicht karthographierte Gebiete hatte er die Goldmedaille der Royal Geographical Society verliehen bekommen. Hätte es sein Kommandeur nicht strikt verboten, dann wäre der sechsundzwanzigjährige Younghusband schon 1889, als türkischer Händler verkleidet, auf dem Weg nach Lhasa gewesen. Er war in den Ausläufern des Himalaja geboren, verstand sich bemerkenswert gut darauf, mit Asiaten umzugehen und hatte Erfolg dort, wo andere scheiterten. Wie sich herausstellte, sollten noch fünfzehn Jahre vergehen, ehe er seine Chance bekam.

Im Sommer 1902, als sich das Zarenreich täglich um etwa hundertfünfzig Quadratkilometer nach Osten ausdehnte, steigerten sich Lord Curzons Ängste über die russischen Intentionen in bezug auf Tibet und letztlich Indien geradezu ins Pathologische. Der Vizekönig war überzeugt, daß zwischen Petersburg und Peking ein Geheimvertrag über Tibet bestand. Er war entschlossen, wie er am

13. November 1902 nach London schrieb, »diesen Spuk zu beenden, solange noch Zeit ist«.

Seine Überzeugung, daß hinter seinem Rücken ein solcher Handel geschlossen worden war, stützte sich nahezu völlig auf Berichte, die noch heute in den Archiven des Foreign Office zu finden sind. Unter ihnen ist ein Brief eines Chinesen – eines gewissen Kang-yu Wai –, der aus politischen Gründen gezwungen war, sein Heimatland zu verlassen, und als Flüchtling in Darjeeling lebte. Der Brief war in kaum verständlichem Englisch geschrieben und an den Vizegouverneur von Bengalen gerichtet; er spielte auf Einzelheiten eines Geheimvertrags zwischen China und Rußland an, die der Schreiber von einer Kontaktperson in Peking erfahren haben wollte. In dem Brief stand:

Chinesische Regierung sehen seine Truppen sehr schwach und nicht so aktiv, darum er übergeben Tibet an russische Regierung und verlangen von ihm Hilfe … Das Russische Reich erhalten Tibet jetzt, und er helfen Mutter von Chinesischem Reich … Alle Bergwerke von Tibet gehören Russisch, und er kann eröffnen Eisenbahnen usw. … Die Russisch dürfen ein Fort errichten in Tibet und auch Eisenbahn, aber sie dürfen nicht zerstören das Kloster von Tibet …

Dieses kuriose Schreiben trug das Datum des 7. August 1902. Vier Tage später erhielt Curzon aus London das folgende Telegramm:

Der Gesandte seiner Majestät in Peking berichtet, die Russo-Chinesische Bank habe in der Presse Gerüchte in Umlauf gebracht, denen zufolge chinesische Interessen in Tibet auf Rußland übertragen werden sollen, wenn dieses sich verpflichtet, die territoriale Integrität Chinas zu wahren.

Kurz danach wurde ein Bericht aus der *China Times* nach Kalkutta gesandt, der vorgab, die genauen Bestimmungen des Geheimvertrags zu enthalten. Er begann mit den Worten »China, sich seiner

Schwäche bewußt …« und schien, nach Inhalt und Ausdruck zu schließen, aus der gleichen Quelle zu stammen wie die Version, die Kang-yu Wais Kontaktperson in Peking geliefert hatte. Dies mußte nicht bedeuten, daß auch nur ein Quentchen Wahrheit daran war, aber es war Wasser auf die Mühlen all jener in Kalkutta und London, wie zum Beispiel Curzon selbst, die den Russen so gut wie alles unterstellten, wie entrüstet die Dementis aus Petersburg auch sein mochten. Unter anderen nachrichtendienstlichen Berichten über russische Machenschaften in Tibet, die im selben Monat Indien erreichten, war tatsächlich einer aus Tibet selbst. Er kam von Hauptmann Randall Parr, einem Engländer, der beim chinesischen Zolldienst in Jatung beschäftigt war, an der Grenze zu Sikkim. Ähnliche Berichte oder vielmehr Gerüchte kamen allmählich auch aus dem unabhängigen Staat Nepal, dessen Herrscher mit derselben ängstlichen Sorge wie Curzon rätselte, was die Russen in Lhasa vorhatten. Aber nicht Berichte über hinter seinem Rücken geschlossene Geheimabmachungen lieferten Curzon den Vorwand, den er benötigte, um seinen erwählten Störungssucher Major Francis Younghusband anzufordern, sondern andere Entwicklungen an der tibetischen Grenze.

Nach der gewaltsamen Vertreibung der tibetischen Truppen aus Sikkim im Jahre 1888 waren zwischen Großbritannien und China zwei Abkommen unterzeichnet worden. Eines, das Sikkim-Tibet-Abkommen von 1890, definierte die Grenzen zwischen beiden Territorien und bestätigte, daß Sikkim britisches Protektorat war und daß Tibet – zumindest theoretisch – unter chinesischer Kontrolle blieb. Das andere, drei Jahre später unterzeichnet, sollte den Warenaustausch zwischen Indien und Tibet ermöglichen und beinhaltete, daß in Jatung, zehn Kilometer weiter im Innern Tibets, ein Handelsplatz etabliert würde.

Die Tibeter protestierten, weil sie bei keinem der Abkommen konsultiert worden waren, und hatten sofort begonnen, sie zu sabotieren, indem sie Weiderechte verletzten, Grenzmarkierungen umstürzten, Verteidigungswälle errichteten, den Handelsplatz boykottierten und (unter den neuen Handelsbestimmungen) illegale Zölle auf alle Waren, die zwischen den beiden Ländern hin und her gingen, erhoben. Obgleich nominell der Souverän, war

China gezwungen, Kalkutta gegenüber zuzugeben, daß es fast keine Möglichkeit hatte, die Tibeter zu zwingen, die Vereinbarungen zu respektieren. So war die Situation, als der neue Vizekönig im Januar 1899 eintraf, um seinen Posten anzutreten, wenige Tage vor seinem vierzigsten Geburtstag.

Obwohl er von Natur aus eher kriegerisch eingestellt war, hatte Curzon zunächst eine versöhnliche Haltung eingenommen und nur zwei aufeinanderfolgende Briefe an den Dalai Lama geschickt. Der erste, herzlich im Ton, kam ein paar Wochen später mit ungebrochenem Siegel zurück. Dem zweiten, etwas bestimmter gehaltenen, war das gleiche Schicksal beschieden, wenn auch nur, weil niemand wagte, ihn zuzustellen. Den neuen Vizekönig kränkte es, sehen zu müssen, daß seine Autorität als Herrscher von einer politischen Null dermaßen mißachtet wurde. Gleichzeitig fürchtete er, daß diese Abfuhr die Russen in ihren – in seinen Augen – offenkundigen Absichten gegenüber Indiens nördlichem Nachbarn bestärken könnte.

Zu Anfang des Jahres 1903 war er überzeugt davon, daß das einzig richtige Vorgehen für Großbritannien darin bestand, eine Mission nach Lhasa zu entsenden – die, wenn nötig, gewaltsam vorging –, um die Wahrheit herauszufinden und die Beziehungen zu den Tibetern auf eine feste und angemessene Grundlage zu stellen. Zunächst zeigte die Regierung in England, die gerade erst in einen unpopulären Krieg mit den Buren verwickelt gewesen war, wenig Enthusiasmus bei der Vorstellung, nun auch noch in Asien Gefechte zu riskieren, was stets mit der Gefahr einer russischen Intervention verbunden war. Doch im April desselben Jahres gelang es Curzon, die Zustimmung dafür zu erhalten, daß ein kleiner Trupp nach Kamba-Jong kurz hinter der tibetischen Grenze vorstieß und mit den Tibetern zu verhandeln versuchte.

Und so konnte Curzon im Mai 1903 seinen alten Freund Francis Younghusband, während sie vorgaben, einen Reiterwettkampf unter den Zedern von Simla zu verfolgen, von seiner bevorstehenden Geheimmission nach Tibet unterrichten. Einen Monat später verließ Younghusband, begleitet von Claude White, dem Regierungsbeauftragten in Sikkim, als Mitkommandeur, dem Tibetisch sprechenden Hauptmann Frederick O'Connor als Dolmetscher und einer Eskorte von zweihundert indischen Soldaten Kalimpong in Richtung tibetische Grenze. Am 18. Juli hatte die Tibet-Grenz-kommission, wie sie offiziell genannt wurde, Kamba-Jong erreicht und begonnen, über Gespräche mit den Tibetern zu verhandeln. Doch sie machten überhaupt keine Fortschritte, denn die Tibeter weigerten sich zu verhandeln, es sei denn auf der britischen Seite der Grenze. Dann zogen sich die Tibeter in den *Jong*, die Festung, zurück und boykottierten die Mission. Es ergab sich eine Pattsitua-tion, und nach einigen Monaten mußte die Mission kleinlaut nach Indien zurückgerufen werden. Doch wenn die Tibeter nun glaub-ten, sie hätten Curzon geschlagen, dann irrten sie sich gewaltig. Denn in der Zwischenzeit hatte er in London mit Nachdruck die Erlaubnis gefordert, mit einer weitaus größeren Streitmacht in Tibet einzudringen und bis zu der großen Festung Gjangtse auf halbem Weg nach Lhasa vorzustoßen. Es könne nicht hingenom-men werden, so argumentierte er, daß eine britische diplomatische Mission von einer so »unbedeutenden Macht, die Nachsicht mit Schwäche verwechselt«, vor aller Welt derart brüskiert werde. Zu Curzons Überraschung und Erleichterung erreichte ihn Londons Zustimmung für seinen Plan fast gleichzeitig mit seiner Rückkehr. Die Mission sollte jedoch, wie in dem Telegramm betont wurde, nicht weiter als bis nach Gjangtse vordringen. Ihr einziger Zweck sollte darin bestehen, »Genugtuung« von den Tibetern zu erlangen; sobald das erreicht war, sollten die Truppen sich wieder zurück-ziehen.

»Es war ein seltsames Telegramm, das ich nie ganz verstanden habe«, räumte Younghusband später ein. Das »Erlangen von Genugtuung« glaubte er als Strafexpedition verstehen zu können. Soweit es ihn und Curzon betraf, begab er sich nur nach Gjangtse, um zu versuchen, »die Grenze definiert und anerkannt, die Bedin-gungen, unter denen der Handel betrieben werden konnte, festge-legt und die Art der Kommunikation zwischen unseren und den tibetischen Beamten klar dargestellt zu bekommen«. Inzwischen protestierten die chinesische und die russische Regierung, die von Großbritanniens beabsichtigtem Einmarsch nach Tibet unterrichtet worden waren, lautstark. Diese Beschwerden wurden jedoch bei-seite gefegt, indem dem russischen Botschafter mit aller Deutlichkeit erklärt wurde, daß diese zeitlich begrenzte Aktion in keiner Weise vergleichbar wäre mit der permanenten Besetzung riesiger Gebiete Zentralasiens durch sein Land.

Die Jahreszeit war nicht gerade ideal, doch stand ein Aufschub außer Frage. Die Planung ging schnell vonstatten. Diesmal war Younghusband der alleinige Kommandeur, und um seinen Status aufzuwerten, wurde er geschwind zum Oberst befördert. Da er jedoch immer noch Regierungsbeamter war und seine Rolle in Tibet im wesentlichen die eines Diplomaten war, konnte er nicht gleichzeitig die militärische Eskorte befehligen. Die Eskorte, die aus über tausend Soldaten, zwei Schnellfeuergeschützen und vier Artilleriegeschützen bestand, wurde unter das Kommando von Brigadegeneral J. R. L. Macdonald gestellt. Da er sich als Soldat noch nie hervorgetan hatte, war seine Wahl für diese äußerst anspruchsvolle Aufgabe mehr als verwunderlich und, wie sich herausstellen sollte, unglücklich. Außer etlichen Beamten, die die Expedition begleiten sollten, wurden auch Korrespondenten der *Times*, der *Daily Mail* und von Reuters eingeladen, sich anzuschließen, doch erst, sobald die Truppen sicher in Tibet sein würden.

So überquerten Younghusband und seine Mission am 12. Dezember 1903 den hohen Jelap-Paß nach Tibet, angeführt von einem berittenen Soldaten, der die englische Flagge vorantrug. Hinter ihm folgte im Schnee eine weit auseinandergezogene Kolonne von zehntausend Kulis, siebentausend Maultieren und viertausend Jaks (sechs Kamele nicht zu vergessen), die das Gepäck der Expedition beförderten. Eine kleine Nachrichteneinheit, die eine Leitung legte, gehörte ebenfalls zu der Invasionstruppe. Alles in allem ähnelte die Expedition in den Augen eines Teilnehmers eher Napoleons Rückzug von Moskau als dem Vorstoß einer britischen Armee, als die Männer und Tiere sich nach Luft ringend auf viertausenddreihundert Meter Höhe hinaufplagten, ehe sie auf der anderen Seite des Passes nach Tibet hinunterschlitterten. Das war der Beginn einer der umstrittensten Episoden in der Geschichte des englischen Weltreichs.

Zu Younghusbands und Macdonalds Erleichterung war der Jelap-Paß unbewacht, denn droben in der dünnen Luft und bei Temperaturen unter minus zwanzig Grad wäre ein Kampf gegen einen entschlossenen und gut postierten Feind aussichtslos gewesen. Es war die größte Höhenlage, in der je eine britische Armee operiert hatte (und sie sollte noch höher steigen), und an den Gewehren begannen schon die Schlösser einzufrieren. Auf dem tückischen Abstieg – »so steil wie das Dach eines Hauses«, erinnert sich ein Offizier – tausendfünfhundert Meter hinunter in das Chumbi-Tal hatten sie viele Lasttiere und Ponys der berittenen Eskorte verloren. Doch hier, in dem weniger schroffen, bewaldeten Tal, bekamen sie den ersten Widerstand zu spüren.

Erwartet wurden sie von einem tibetischen General in Begleitung eines chinesischen örtlichen Beamten und des (sich zweifellos unwohlfühlenden) Hauptmanns Randall Parr, des Engländers im chinesischen Zolldienst. Younghusband wurde mitgeteilt, daß er sofort mit seinen Leuten über den Jelap-Paß zur Grenze von Sikkim zurückkehren müsse, wohin höhere tibetische und chinesische Beamte kommen würden, um mit ihm zu konferieren. Mit dem Hinweis, daß er das alles schon einmal gehört hatte, ein paar Monate zuvor in Kamba-Jong, erklärte ihnen Younghusband entschieden, daß er die Absicht habe weiterzugehen, über Jatung und Phari bis nach Gjangtse. Was wolle er tun, fragte ihn der tibetische General, wenn er das Tor in der Mauer um Jatung verschlossen und verriegelt vorfände? »In diesem Fall«, versicherte ihm Younghusband, »würden wir es aufsprengen.« Es schien, als ob die Tibeter sich selbst nach ihrer katastrophalen Niederlage in Sikkim fünfzehn Jahre zuvor immer noch nicht der Gewalt der modernen Waffen bewußt waren, die die Invasoren mit sich führten.

Doch als sie sich am folgenden Tag vorsichtig Jatung näherten, erkannten Younghusband und seine Offiziere, daß das Tor in der Mauer, die sich quer über das Tal erstreckte, offengelassen war. Nach einer pro forma gehaltenen Protestrede des tibetischen Generals und einem halbherzigen Versuch, Younghusband in die Zügel zu fallen, als er durch das Tor ritt, wurden die Führer beider Seiten von Hauptmann Parr nach Hause zum Essen eingeladen, bei dem es chinesische, tibetische und englische Speisen gab. Ermutigt durch die Freundlichkeit und das Fehlen entschlossenen Widerstands, zog Younghusband das Chumbi-Tal hinauf. Überall zeigten sich die Dorfbewohner freundlich. Sie verkauften Nahrungsmittel an die

Mission und die Eskorte und verliehen sogar Maultiere und Ponys. Die Frauen und Kinder, die sich bei ihrem Herannahen in die Berge geflüchtet hatten, kehrten schnell in ihre Behausungen zurück. Younghusband wurde immer optimistischer und glaubte, zu einer Regelung mit den Tibetern gelangen zu können, ohne Blut vergießen zu müssen. Offenbar hatte er vergessen, daß die Tibeter schon zweimal zuvor in Kriegen mit den Sikhs und den Gurkhas ihre Feinde bis mitten ins Land gelockt hatten, um dann über sie herzufallen.

Etwa fünfzehn Kilometer hinter Jatung rastete die Expedition ein paar Tage, um sich wieder zu sammeln. Unterdessen ritt Macdonald an der Spitze einer fliegenden Kolonne etwa fünfzig Kilometer voraus, um das Städtchen Phari zu erkunden, in dem, wie er gehört hatte, tibetische Truppen lagen und sie erwarteten. Die Route nach Phari – das mit über viertausendfünfhundert Metern Höhe die höchstgelegene Stadt in der Welt sein soll – führte sie durch Gegenden, die vorher noch kein Europäer zu sehen bekommen hatte. Als sie näherkamen, konnten sie über der trostlosen Ebene einen riesigen *Jong* aufragen sehen. Seine Wände waren aus Stein und vierzig Meter hoch. Man ergab sich Macdonald jedoch, ohne daß ein Schuß abgefeuert wurde. Der *Jongpen* oder Garnisonskommandeur versicherte dem britischen General, daß er nicht die Absicht habe, etwas so Unfreundliches zu tun, wie ihn zu bekämpfen. Dann befahl Macdonald zwei Kompanien Gurkhas, das Fort zu besetzen. Sie fanden es nur von einer Handvoll verängstigter alter Männer und Frauen verteidigt – die »wie scheußliche Gnome« aussahen, wie ein Offizier bemerkte.

Nachdem er so den Vormarsch der Expedition gesichert hatte, ritt Macdonald zurück, um Younghusband Bericht zu erstatten. Doch zu seinem Erstaunen warf ihm dieser erregt vor, mit der Besetzung der Festung sich den Tibetern gegenüber wortbrüchig verhalten und mit diesem feindseligen Akt den Anspruch, eine friedliche Mission zu sein, verspielt zu haben. Diese und auch spätere Diskrepanzen mit Macdonald kamen nur ans Licht in Younghusbands privater Korrespondenz mit seinem Vater, einem General der indischen Armee im Ruhestand, der in England lebte. Nicht eine Andeutung solcher Differenzen findet sich in dem von

Younghusband selbst veröffentlichten Bericht dieser Mission, *India and Tibet*, oder in den offiziellen Blaubüchern, die sich mit der Expedition befassen. Die Hauptschuld lag zweifellos bei Curzon, der nicht klargemacht hatte, wer von den beiden tatsächlich das Kommando hatte. Younghusband, höher der Stellung nach, aber niedriger im Dienstgrad, leitete die Mission, während Macdonald die Eskorte kommandierte. Und der Vizekönig hatte es den beiden überlassen, herauszufinden, wo ihre Zuständigkeit begann und wo sie aufhörte. Verschlimmert wurde die Situation durch den Umstand, daß Younghusband ein Mann von unendlich größerer Weitsicht und Befähigung war als Macdonald. Eigentlich war Macdonald gar nicht von Curzon ausgewählt worden, sondern von Lord Kitchener, dem Oberkommandierenden der indischen Armee, mit dem, wie sich herausstellen sollte, der Vizekönig privat zerstritten war.

Desungeachtet hatte die Expedition inzwischen die ersten drei Hindernisse – den Jelap-Paß, die Mauer von Jatung und die Festung Phari – erfolgreich überwunden, ohne einen einzigen Tropfen Blut, britisches, indisches oder tibetisches, zu vergießen. Doch dann kam das freundliche Verhältnis zu den Tibetern, dessen man sich bisher erfreut hatte, zu einem jähen Ende. Younghusband machte dafür die Ankunft feindseliger Mönche aus Lhasa verantwortlich, die den Leuten in den Dörfern befahlen, sich nicht weiter mit den Briten abzugeben und ihnen vor allem keine Nahrungsmittel mehr zu verkaufen oder Tiere zu verleihen. Das war ein Schlag für Younghusband und Macdonald, denn ein Ausbruch von Milzbrand unter den Jaks und die Verluste, die sie am Jelap-Paß erlitten hatten, wirkten sich bereits auf ihren Nachschub aus. Dennoch wurde Weihnachten 1903 (von den britischen Truppen jedenfalls) mit Truthahn und Plumpudding gefeiert, die extra von Darjeeling herangeschafft worden waren. Die einzige Enttäuschung war der Champagner, der gefroren war und sich nach dem Auftauen als ungenießbar erwies.

Das Wetter wendete sich zum Schlimmeren, als die Mission ihren Weg fortsetzte; bei Temperaturen von fast minus zwanzig Grad und schneidenden Winden ging es an Phari vorbei auf das Dorf Tuna zu, das dreihundert Meter höher lag. Um nach Tuna zu gelangen, wo Younghusband das Ende des Winters abwarten wollte, ehe er bis nach Gjangtse vorstieß, mußten sie den erbarmungslosen Dong-la bezwingen, der nicht einmal ganze hundert Meter tiefer lag als der Gipfel des Mont Blanc. Während des Aufstiegs fiel das Thermometer auf minus fünfundvierzig Grad, so daß die Gewehrschlösser und die beweglichen Teile an den Schnellfeuergeschützen einfroren. Um das zu verhindern, wurden sie abends zerlegt, und die beweglichen Teile wurden von den Männern mit in ihre Schlafsäcke genommen. Am 8. Januar 1904 erreichten sie Tuna, das sie ohne Verteidigung vorfanden. Wie Younghusband schrieb, war es »der scheußlichste Ort, den ich jemals gesehen habe«. Zunächst versuchten sie, in den Häusern aus Stein zu wohnen, wurden aber von Ungeziefer und Gestank schnell wieder hinausgetrieben und zogen, trotz des eisigen, durchdringenden Windes, der über die trostlose Ebene pfiff, ihre Zelte vor. Hier kam es wieder zu Streitigkeiten zwischen Younghusband und Macdonald, obgleich es auch darauf in Younghusbands Buch keinen Hinweis gibt. Macdonald, der sichtlich entsetzt war bei dem Gedanken, auch nur kurze Zeit an diesem jämmerlichen Ort zu bleiben, und der behauptete, nicht genügend Proviant und Heizmaterial für seine Truppen zu haben, verlangte, daß man sich unverzüglich in das ursprüngliche Ausgangslager im Chumbi-Tal zurückzog. Er erklärte, wenn Younghusband mit seiner Mission bleiben wolle, dann sei das seine eigene Angelegenheit.

»Ich sagte ihm, ich würde niemals meine Zustimmung zum Rückzug geben«, schrieb Younghusband an seinen Vater. Am nächsten Morgen kam Macdonald wieder in sein Zelt und behauptete, sie hätten nur noch sieben Tagesrationen und ihnen bliebe gar keine andere Wahl als der Rückzug. Younghusband machte geltend, daß er mit dieser Art von Gelände von seinen früheren Reisen im Pamir her vertraut war und nicht nur genügend Brennmaterial, sondern auch Wild finden würde, von dem sie sich ernähren konnten. Schließlich wurde ein Kompromiß geschlossen. Younghusband würde mit der Mission in Tuna bleiben, beschützt von vier Kompanien Sikhs, der Schnellfeuerabteilung des Norfolk-Regiments und einem Sechspfünder-Artilleriegeschütz, während Macdonald sich mit dem Gros der Eskorte über den Dong-la zurückziehen würde. General Macdonalds ursprüngliches Verlangen nach vollständigem Rückzug wurde nicht nur als unsoldatisch und feige kritisiert, sondern auch als Versäumnis seiner Pflicht als Kommandeur der Eskorte – insbesondere bekannt war, daß in Guru, nicht weit entfernt, eine große tibetische Streitmacht zusammengezogen wurde. Unter den jüngeren Offizieren sollte ihm das den Spitznamen »Rückzugs-Mac« einbringen. Younghusband war zweifellos froh, ihn loszuwerden und in der Gesellschaft von Gleichgesinnten wie O'Connor zu bleiben. Um Macdonald gegenüber fair zu sein, muß gesagt werden, daß sich in den drei Monaten, die die Mission in Tuna zubrachte, nicht weniger als elf Mann eine Lungenentzündung holten und ein junger britischer Offizier der Postabteilung sich Erfrierungen zuzog, so daß ihm beide Füße amputiert werden mußten; die Stümpfe erfroren ihm wieder, und er starb.

Edmund Candler, der Korrespondent der *Daily Mail* bei der Mission, beschreibt einen besonders harten Tag für diejenigen, die Vorräte nach Tuna brachten. »Ein Wirbelsturm machte es unmöglich, ein Feuer anzuzünden, um etwas zu kochen. Die Offiziere bekamen nur noch gefrorenes Corned-Beef, während die Sepoys sechsunddreißig Stunden lang ohne Nahrung auskommen mußten … Eiskalt bis zum Gürtel kamen die Treiber in Tuna an. Zwanzig Mann vom 12. Maultierkorps hatten Erfrierungen, und dreißig von den 23. Pionieren waren so mitgenommen, daß sie von Maultieren getragen werden mußten. Am gleichen Tag gab es unter den 8. Gurkhas siebzig Fälle von Schneeblindheit.«

Voller Bewunderung für die indischen Soldaten und Kulis, die, geboren in den heißen Tiefebenen, den Mut aufbrachten, unter solchen entsetzlichen Bedingungen die Versorgungskonvois vom Chumbi-Tal heraufzuführen, äußerte sich Candler verächtlich über diejenigen, die eine russische Annexion dieses ungastlichen Landes befürchteten. Er schrieb: »Die großen Schwierigkeiten, die wir beim Heranschaffen von Vorräten nach Tuna erfuhren, das weniger als zweihundertfünfzig Kilometer von unserer Bahnstation in Siliguri entfernt ist, führt den Gedanken eines russischen Vormarschs auf Lhasa ad absurdum. Der nächstgelegenste russische Vorposten ist über tausendsechshundert Kilometer entfernt, und das Land, das durchquert werden müßte, ist noch öder und unwirtlicher als unsere Grenze.«

Sowohl Curzon als auch Younghusband, ganz zu schweigen von den Millionen in England, glaubten an das russische Schreckgespenst, und sobald das Wetter sich besserte, sollte die Expedition nach Gjangtse – und vermutlich noch weiter – ziehen. Denn weder Curzon noch Younghusband glaubten daran, daß Verhandlungen mit jemand Geringerem als dem Dalai Lama selbst Ergebnisse zeitigen würden. Nur in Lhasa konnte ein für allemal herausgefunden werden, was die Russen vorhatten.

Inzwischen lehnten die Tibeter, deren Truppen in dem etwa fünfzehn Kilometer entfernten Dorf Guru lagerten, alle Angebote Younghusbands ab, ihn in seinem Lager zu besuchen und dort – also auf ihrem eigenen Boden – mit ihm zu verhandeln. Gespräche mit vereinzelten tibetischen Beamten, die die britischen Linien aufsuchten, endeten immer mit dem gleichen Vers: »Geht zurück nach Sikkim! Nur dort werden wir verhandeln!« Unendlich frustriert nicht nur deswegen, sondern auch wegen der fünf verlorenen Monate in Kamba-Jong, entschloß sich Younghusband jetzt, einen kühnen, wenn nicht gar riskanten Versuch zu unternehmen und den Tibetern in ihrem eigenen Hauptquartier gegenüberzutreten, um den toten Punkt zu überwinden. Younghusband kannte, um mit Curzon zu sprechen, die Asiaten »in- und auswendig«. Sich auf seine Intuition verlassend und ohne jemanden zu konsultieren, schlug er einen Kurs ein, der furchtbare Konsequenzen hätte haben können.

Nur von dem Tibetisch sprechenden O'Connor und einem jungen Offizier begleitet, der diese Sprache studierte, ritt er gelassen in das tibetische Lager und bat, sehr zum Vergnügen der abgerissenen und schlecht bewaffneten Soldaten, zu ihrem General gebracht zu werden. An zahlreichen schwarzen Zelten vorbei, aus denen Soldaten ungläubig herausschauten, wurden sie zum Hauptquartier des tibetischen Generals geführt. Hier wurden sie von dem überraschten General und seinem Stab lächelnd und mit Handschlag höflich empfangen. Man gab ihnen Kissen zum Sitzen. Doch während sie Tee tranken und mit den tibetischen Offizieren Höflichkeiten austauschten, waren sie sich schmerzlich der

Anwesenheit von drei finster und feindselig dreinblickenden Mönchen aus Lhasa bewußt, die jede ihrer Bewegungen verfolgten. Younghusband berichtete darüber: »Daran konnte ich erkennen, wie es um das Land stand und von wem die Behinderung wirklich ausging.«

Younghusband erklärte, daß sein Besuch nur inoffiziellen Charakter trage, und legte dar, was dazu geführt hatte, daß er nach Tibet gekommen war, einschließlich des Grolls, den Kalkutta gegenüber Lhasa hegte. Nun, da sie sich von Angesicht zu Angesicht begegnet waren, hoffe er, daß diese Differenzen beigelegt und eine langanhaltende Freundschaft zwischen den beiden Ländern begründet werden könnten. Der General und seine Offiziere hörten Younghusband aufmerksam zu und stellten Fragen. Alles verlief in sehr höflicher Atmosphäre. Doch als Younghusband schließlich meinte, es sei Zeit für ihn, zu seinem eigenen Lager zurückzukehren, verkündeten die drei Mönche – »so böse dreinschauend wie Teufel«, es werde niemandem erlaubt, das Lager zu verlassen, wenn nicht ein konkretes Datum genannt würde, an dem sich die britische Invasionsarmee aus Tibet zurückziehen werde. Wie es weiterging, beschreibt Younghusband folgendermaßen: »Die Atmosphäre war spannungsgeladen. Alle Mienen erstarrten. Einer der Generale verließ den Raum, draußen erschallten Trompeten, und wir wurden umringt. Eine Krise war eingetreten, und jeder falsche Schritt hätte fatale Folgen gehabt.«

Mit einem gezwungenen Lächeln und mit betont gelassener Stimme verkündete Younghusband den Tibetern, daß er, so wie sie sich den Anweisungen ihrer Regierung in Lhasa fügen mußten, ebenfalls nur ein Abgesandter seiner Herren in Kalkutta und London sei. Er versprach, ihre Ansichten unverzüglich dem Vizekönig in Kalkutta zu übermitteln, und bat sie, die Worte der britischen Regierung nach Lhasa weiterzuleiten. Sollte er nach Indien zurückbeordert werden, wäre er persönlich sehr dankbar darüber, da er Frau und Kind in Darjeeling habe und sie nach so langer Trennung gern wiedersehen würde. Diese beschwichtigende Rede schien tatsächlich die Spannung zu mindern, obgleich die drei Mönche aus Lhasa weiterhin darauf bestanden, ein Datum für den Rückzug der Mission aus Lhasa zu hören. Überwunden wurde die Krise schließlich, als der tibetische General vorschlug, man solle die britische Antwort abwarten. Die drei Offiziere versuchten gelassen zu bleiben, stiegen auf ihre Ponys und ritten davon, ehe die Tibeter es sich anders überlegen konnten. »Das hätte ins Auge gehen können!« gab Younghusband später zu.

Mehr denn je war er nun davon überzeugt, daß jeder Versuch, mit den Tibetern anderen Orts als in Lhasa selbst ins Gespräch zu kommen, nichts fruchten würde. Seine Order lautete jedoch nach wie vor, nur bis nach Gjangtse vorzudringen und dort Gespräche aufzunehmen. Doch von nun an teilte er Macdonalds Ansicht, daß jedem Widerstand der Tibeter gegen den Vormarsch der Mission mit maßvoller Gewalt zu begegnen sei. Auch Whitehall zeigte sich überraschend militant und erteilte seine Zustimmung. Macdonald ließ aus Vorsicht die Versorgungstrupps stets von großen Eskorten begleiten (die wiederum einen beträchtlichen Teil der Vorräte aufbrauchten), und so waren die Mission und der Haupttroß der Eskorte nicht vor dem 31. März 1904 wieder vereint, um ihren Vormarsch über die schneebedeckte Ebene fortzusetzen. Diesen Tag sollte keiner der Beteiligten vergessen.

Younghusband und Macdonald wußten von den Kundschaftern, die sie am Tag zuvor ausgeschickt hatten, daß zehn Kilometer entfernt, kurz vor dem Dorf Guru, eine tibetische Streitmacht von fünfzehnhundert Mann in Stellung lag und sie erwartete. Die Frage, die jedermann auf den Lippen lag, als sie an diesem bitterkalten Morgen losmarschierten, war die, ob die Tibeter es tatsächlich auf einen Kampf abgesehen hatten. Während ihres Marsches nach Guru kamen ihnen zweimal Abgesandte entgegengeritten, die Younghusband mit Bitten und Drohungen zum Umkehren zu bewegen versuchten. Er gab ihnen zur Antwort, wenn ihre Beamten nicht zu ihm kämen, hätte er keine andere Wahl, als sich zu ihnen zu begeben.

Dann, nur noch fünf Kilometer von Guru entfernt, erblickten sie plötzlich die tibetischen Truppen. Gut sichtbar hatten sie sich hinter einem mitten auf der Ebene hastig errichteten Wall von zweihundert Meter Länge versammelt. Ein paar Granaten aus Macdonalds Geschützen hätten sie in wenigen Minuten erheblich dezimiert, doch Younghusband wollte unter allen Umständen

16 Eine traditionelle tibetische Form der Begrüßung.

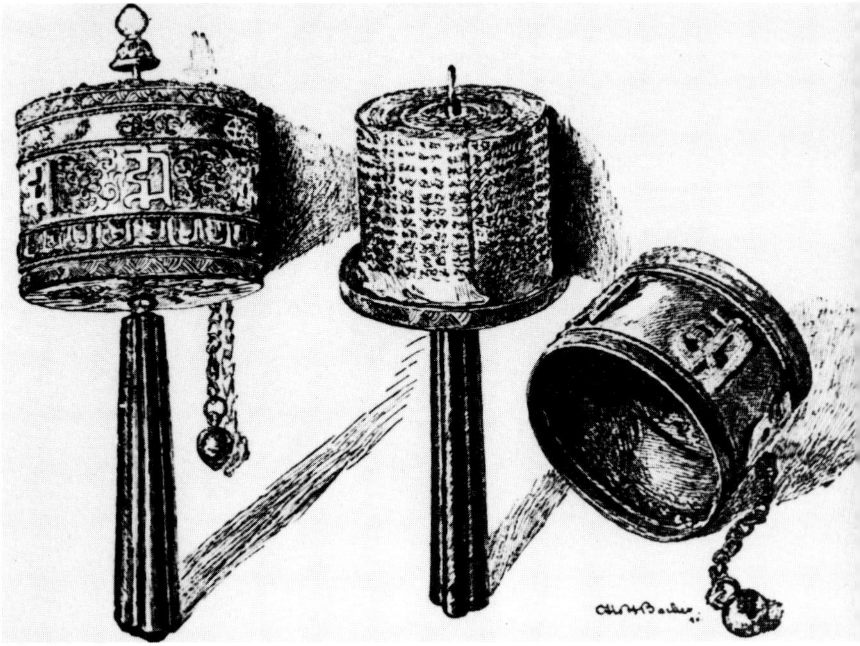

17 Tibetische Gebetsmühle. Das abgenommene Oberteil (rechts) ermöglicht den Blick auf die Gebetsrolle. In etwas abgewandelter Form verwendeten die Pandits diese Gebetsmühlen für geheime Zwecke.

18 Überque-
rung des
Tsangpo mit
primitiven
Booten.

19 Sterbender tibetischer Offizier auf der Ebene bei Guru nach der Schlacht. Arm und Bein waren ihm zerschmettert worden.

20 Lhasa 1904. Einmarsch britischer Truppen durch das Westtor.

21 Straßenszene in Lhasa, während Younghusbands Expedition aufgenomme

Blutvergießen vermeiden. Als die Briten in Sicht kamen, ritt ihnen der tibetische General in seiner prächtigen Uniform mit einer bewaffneten Eskorte von dreißig Mann entgegen, um Younghusband ein letztes Mal zu bitten, zurückzukehren. Auch ihm erklärte Younghusband, daß seine Regierung fünfzehn Jahre zuvor versucht habe, mit Lhasa zu verhandeln, und nun die Geduld verloren habe. Es komme nicht in Frage, daß die Mission anhielte, geschweige denn umkehre, ehe sie Gjangtse erreicht und ein für allemal auf höchster Ebene alle offenen Fragen geklärt hätte. Und wenn der tibetische General seine Leute nicht innerhalb von fünfzehn Minuten den Briten aus dem Weg schaffte, dann würden Macdonalds Truppen sich gewaltsam Durchgang verschaffen.

Fünfzehn Minuten später waren die tibetischen Soldaten immer noch hinter dem Wall in Stellung; sie schwangen Schwerter und Musketen und eine Anzahl ausländischer Gewehre (allerdings keine russischen). Macdonald erteilte nun seine Befehle. Obgleich die britischen und indischen Truppen den Tibetern zahlenmäßig weit unterlegen waren, war ihre Feuerkraft mindestens hundertmal stärker als die der Einheimischen. Macdonalds Plan war, sie rasch zu umzingeln und davon zu überzeugen, daß Widerstand gegen seine Maschinengewehre, leichte Artillerie und modernen Enfield-Gewehre einem Massenselbstmord gleichkomme. Sobald die Tibeter sich ergeben hätten, sollten sie entwaffnet werden und die Erlaubnis erhalten, sich zu zerstreuen. Der General schickte seine Maschinengewehrtrupps mit Unterstützung von Sikh-Infanterie um die rechte Flanke der Tibeter mit dem Befehl, sich zweihundert Meter vom Ende des Verteidigungswalls entfernt einzugraben. Dann schlichen sich die Gurkhas über das steinige Gelände zur Linken und bezogen den Maschinengewehren gegenüber Stellung. Nun galoppierte die berittene Infanterie nach rechts, hinter den Maschinengewehren vorbei, und schnitt den Tibetern in fünfhundert Meter Entfernung von ihrer Mauer den Rückweg ab. Schließlich ließ Macdonald die leichte Artillerie direkt auf die tibetische Stellung richten, aber über die Köpfe seiner Sturmtruppen hinweg. Ihnen gab er den Befehl, langsam und in breiter Linie gegen die Tibeter vorzurücken, die sich hinter ihrem Wall zusammengedrängt hatten.

Wenn jemals die Disziplin eingeborener Truppen auf die Probe gestellt wurde, dann hier bei Guru, in der größten Höhenlage, in der eine britische Armee bis dahin gekämpft hatte, und bei einem der seltsamsten Gefechte der Geschichte. Macdonald hatte den Sikhs der Sturmtruppe – und zwar jedem einzeln – die strikte Anweisung erteilt, nicht zu schießen, solange die Tibeter kein Feuer eröffneten. Einen ähnlichen Befehl hatte auch der tibetische General seinen Truppen erteilt. Außerdem hatte jeder Tibeter einen Talisman bekommen – ein Stück Papier mit dem persönlichen Siegel des Dalai Lama –, der sie, wie ihnen ihre Priester versprochen hatten, gegen Kugeln feien würde.

Macdonalds Plan lief ab wie ein Uhrwerk. Gegen Mittag waren alle seine Truppen in Stellung. Die Sikh-Sepoys standen dicht vor der steinernen Brustwehr. Weder Briten noch Tibeter schossen. Nun entstand eine Pattsituation, denn die Tibeter, die völlig eingeschlossen waren, dachten nicht daran, zu kapitulieren. Perceval Landon, Sonderkorrespondent der *Times*, berichtete später: »Der Großteil der Tibeter war verblüfft, aber nicht bezwungen. Die ganze Sache muß diesen armen Menschen völlig unverständlich gewesen sein. Sie hatten keinen Befehl erhalten, sich zurückzuziehen. Sie waren dichtgedrängt versammelt und müssen von ihrer zahlenmäßigen Überlegenheit überzeugt gewesen sein. Sie konnten nicht wissen, wie sehr wir ihnen gegenüber im Vorteil waren, und hinter dem Wall wurde das Stimmengewirr immer lauter, als sie aufgeregt die Angelegenheit diskutierten.«

Younghusband und Macdonald sahen sich nach dem tibetischen General um. Zu ihrem Erstaunen erblickten sie ihn auf ihrer Seite des Verteidigungswalls. Düsteren Blicks saß er auf dem Boden inmitten der Sikh-Truppen. O'Connor wurde zu ihm geschickt, um seine Kapitulation zu verlangen und ihm mitzuteilen, daß seine Soldaten entwaffnet würden. Doch der General ignorierte ihn und blieb sitzen und murmelte unverständliche Worte. Macdonald gab den Befehl, die umzingelten Tibeter zu entwaffnen, und die dazu abkommandierten Sepoys begannen, den unwilligen Tibetern die Musketen abzunehmen. Was dann geschah, schockierte und erschütterte alle, die es miterlebten, und löste in England bei liberalen Geistern eine Welle der Empörung aus.

Wem die Schuld an der Tragödie zuzuschreiben ist, darüber sind sich die Augenzeugen nicht einig. Edmund Candler, der angesehene Reporter der *Daily Mail*, übt Kritik daran, daß Macdonald diese große Zahl feindseliger Tibeter auf die beschriebene Weise entwaffnen ließ. »Zwei Dutzend Sepoys zu diesem trotzigen Haufen zu schicken, um ihm die Waffen abzunehmen, das mußte zu einer Katastrophe führen«, schrieb er später. Doch nahezu alle erklärten, daß das erste Blut vom tibetischen General selbst vergossen wurde. In seiner Angst vor dem schrecklichen Schicksal, das ihn in Lhasa erwartete, wenn er sich ergab und zuließ, daß die Invasoren nach Lhasa gelangten, muß er gedacht haben, daß er nichts zu verlieren hatte. Er erhob sich, stieg auf sein Pferd und rief seinen Soldaten hysterisch zu, sie sollten Widerstand leisten. Dann versuchte er, zum Ende des Walls und zu seinen Leuten zu gelangen, doch ein Sepoy fiel ihm in die Zügel. Daraufhin zog der General einen Revolver aus seinem Umhang und schoß dem Inder das halbe Gesicht weg.

Innerhalb weniger Sekunden schwärmten die Tibeter hinter dem Wall hervor und stürzten sich auf die nächstbesten Sepoys. Gleichzeitig begannen die Gurkhas und die Sikhs von den Flanken her in die Menge der Tibeter hineinzufeuern, die sich noch hinter dem Wall befanden. Candler, der unbewaffnet war, stand plötzlich einem riesigen tibetischen Schwertkämpfer gegenüber, der wie wild auf ihn einschlug. Hätte er nicht einen dicken Schaffellmantel angehabt, wäre er in Stücke gehackt worden. Ein Hieb trennte jedoch eine seiner Hände ab – dieselbe Hand, die wenige Augenblicke zuvor einen kurzen Bericht geschrieben hatte, der schon nach London unterwegs war. Noch ein Engländer, Major Dunlop, wurde durch Schwerthiebe schwer verwundet. General Macdonald wäre möglicherweise das nächste Opfer gewesen, hätte ihm sein Bursche nicht geistesgegenwärtig eine Waffe in die Hand gedrückt, mit der er gleich aus der Hüfte auf seine Angreifer schoß.

Unterdessen richteten die Gewehre und Maschinengewehre auf der anderen Seite des Walls ein fürchterliches Blutbad unter den Tibetern an. »Es war ein grauenhafter Anblick«, schrieb ein Soldat hinterher an seine Mutter. »Mir wurde so übel von dem Gemetzel, daß ich das Feuer einstellte, obwohl wir Order vom General hatten, so viele zur Strecke zu bringen wie möglich.« O'Connor, der sich an dem Gemetzel nicht beteiligte, schrieb in seinen Memoiren: »Es war ein regelrechtes Abschlachten, aber es war nicht zu verhindern. Es mußte sein.«

Nach vier schrecklichen Minuten lagen nahezu siebenhundert abgerissene und schlechtbewaffnete Tibeter tot oder sterbend am Boden. Der General aus Lhasa war als einer der ersten gefallen. Als die Salven von Gewehr- und Maschinengewehrfeuer unablässig von beiden Flanken und von der anderen Seite des Walls her in ihre Reihen schlugen, wandten sich die Überlebenden zur Flucht. Doch statt zu rennen, verließen sie langsam und mit gesenktem Kopf das Schlachtfeld. Es war ein erschreckender, aber auch bewegender Anblick: Eine mittelalterliche Armee zerstob vor der gnadenlosen Feuerkraft der Waffen des zwanzigsten Jahrhunderts. Selbst während ihm die Wunden verbunden wurden, verfolgte Candler die Flucht. »Sie waren bestürzt«, schrieb er. »Das Unmögliche war geschehen. Gebete, Amulette, Mantras und die heiligsten ihrer Heiligen hatten sie verlassen ... Sie gingen gesenkten Hauptes, als hätten sie den Glauben an ihre Götter verloren.«

Die Schießerei ging weiter, als die Überlebenden auf der Straße nach Norden dem Dorf Guru zustrebten. Jetzt beteiligte sich auch Macdonalds Artillerie an dem Gemetzel. Endlich entschwand der letzte Nachzügler den Blicken. Das Gelände war mit Toten und Verwundeten übersät. »Es war scheußlich und entsetzlich«, schrieb Younghusband. Wie O'Connor hatte auch er nicht an dem Massaker teilgenommen. Sein Abscheu wurde von jedermann geteilt – auch wenn Macdonalds Gefühlsregungen nicht aufgezeichnet sind. Die Truppen hatten, wie Younghusband sagt, »instinktiv und ohne direkten Befehl« das Feuer von selbst eingestellt. Das Mitleid der britischen Soldaten mit den geschlagenen Tibetern erfahren wir aus den Worten eines Maschinengewehrschützen, eines Gefreiten. »Die armen schlitzäugigen Burschen werden sich nicht noch einmal zum Kämpfen hochrappeln«, hatte man ihn sagen hören. Schon bald sollte sich das als Irrtum erweisen. Leutnant Hadow, der das Kommando über die Maschinengewehre führte, schrieb in einem Brief nach Hause: »Ich hoffe, daß ich niemals wieder Männer niederschießen muß, die weg*gehen* ...«

Warum befahl Macdonald nicht, das Feuer einzustellen, als er sah, daß die Tibeter sich zur Flucht wandten? Vielleicht tat er es, doch bei dem Tumult und dem Lärm der Schießerei hörte ihn niemand. Wie immer es gewesen sein mag – nach der Schlacht taten die Briten ihr Bestes, um so vielen verwundeten Tibetern wie möglich das Leben zu retten. In einer verlassenen Hütte in Tuna wurde ein Feldlazarett eingerichtet. Ein Kuhstall diente als Operationsraum. Hier, zwischen Schmutz und Ungeziefer, arbeiteten Macdonalds Feldschere hingebungsvoll rund um die Uhr, solange verwundete Tibeter hergebracht wurden, von Jaks getragen oder zu Fuß. Die Verwundeten – manche waren von Granatsplittern grauenvoll zugerichtet – bewiesen unter dem Skalpell von Leutnant Davys vom Indian Medical Service bewundernswerten Stoizismus. Einer, der beide Beine verloren hatte, machte den Witz: »Beim nächsten Kampf werde ich ein Held sein müssen, denn weglaufen kann ich ja nicht.« Die Tibeter konnten nicht verstehen, schrieb Younghusband, warum »wir in einem Augenblick versuchten, ihnen das Leben zu nehmen, und sie im nächsten retten wollten«. Allem Anschein nach hatten die meisten damit gerechnet, niedergemacht zu werden. Menschlichkeit nach dem Sieg war etwas, das sie nicht kannten. Von den hundertachtundsechzig Verwundeten, die in das Lazarett gebracht wurden, starben nur zwanzig. Zwei Verwundete hatten Kopfschüsse und zwei andere Lungenschüsse, doch selbst diese konnten gerettet werden.

Candler verspürte trotz der verlorenen Hand großes Mitgefühl für die Tibeter. »Sie waren immerzu vergnügt und stets zu einem Scherz aufgelegt«, schrieb er in *The Unveiling of Lhasa*. »Nie zögerten sie, sich einer Operation zu unterziehen, zuckten bei Schmerzen mit keiner Wimper und ließen sich ohne Angst Chloroform verabreichen.« Und er schrieb: »Jeder, der das Lazarett in Tuna besuchte, verließ es mit einem tieferen Respekt vor den Tibetern.« Die Achtung beruhte auf Gegenseitigkeit, und die Ärzte hatten Schwierigkeiten, diejenigen zur Heimkehr zu bewegen, die sie behandelt hatten, so fasziniert waren die Tibeter von ihren neuen Freunden, die solch magische Heilkräfte besaßen. »Morgen für Morgen«, schrieb Landon von der *Times*, »wurden ein, zwei Tote wenige hundert Meter von unseren Wachtposten entfernt gefunden

– Männer, die mühsam versucht hatten, sich zu diesem wunderbaren Ort der Heilung zu schleppen, dessen Ruhm so weit gedrungen war.«

Younghusband nahm den Vormarsch nach Gjangtse, das nur noch hundert Kilometer entfernt war, wieder auf. Der tragische Sieg von Guru mußte die Tibeter gelehrt haben, daß es sinnlos war, noch weiteres Blut zu vergießen. Doch bald zeigte sich, daß die Tibeter keineswegs die Kampflust verloren hatten – zumindest nicht die fanatischen Lamas, die die einberufenen Bauern gegen die Invasoren ins Feuer schickten. Zunächst führten die Tibeter eine Reihe von Hinhaltegefechten, wobei sie sich immer erst in letzter Minute zurückzogen und jedesmal Verluste hatten. An der Schlucht der Roten Götter, dreißig Kilometer vor Gjangtse, mußten erst zweihundert Tibeter fallen, ehe Macdonald mit seinen Leuten diesen berüchtigten Hohlweg mit den in Stein gehauenen Buddhas sicher passieren konnte. Die britischen Verluste beliefen sich auf drei Verwundete.

Am 11. April 1904 erblickten sie die ersten Umrisse von Gjangtse, dem offiziellen Ziel der Mission, zehn Kilometer vor ihnen. Beherrscht wurde die Stadt, die für ihre Teppiche berühmt ist, von einer gewaltigen Festung (*Jong*), die auf einem hohen Felsen errichtet war. Nun stellte sich die Frage, ob die Tibeter sie zu verteidigen beabsichtigten. In *Lhasa*, seinem zweibändigen Bericht über die Expedition, schrieb Landon: »Es war selbst aus dieser Entfernung offensichtlich, daß es nicht leicht sein würde, einen Feind, wie schwach er auch bewaffnet sein mochte, aus einer so starken Stellung zu vertreiben.« Auf die Antwort brauchten sie nicht lange zu warten. Etwa drei Kilometer vor dem *Jong* wurden sie vom *Jongpen*, vom Garnisonskommandeur, empfangen, der ihnen mitteilte, daß der Dalai Lama ihm den Kopf abschlagen lassen würde, falls er die Festung übergab. (Der Besitz des Generals, der bei Guru gefallen war, war inzwischen beschlagnahmt worden.) Andererseits, fügte er hinzu, waren ihm alle Soldaten davongelaufen, so daß er zur Verteidigung gar nicht fähig war. Der *Jong* fiel den Briten also in die Hände, ohne daß ein Schuß abgegeben werden mußte. Da die Festung keine Wasserversorgung besaß, entschied Macdonald, sie nicht zu besetzen (was er später bedauern sollte), und ließ nur einen Union Jack auf ihr hissen. Mission und Eskorte bezogen in etwa zwei Kilometer entfernten Gebäuden Quartier.

Younghusband richtete sich nun auf eine lange Wartezeit ein, bis Lhasa entschieden haben würde, ob es verhandeln wolle oder nicht. Wenn auch das Leben in Gjangtse weitaus bequemer war als in Tuna, war ihr Troß weit auseinandergezogen, und sie kamen überein, daß Macdonald mit dem Gros der Eskorte zum Chumbi-Tal zurückkehren sollte. Ehe »Rückzugs-Mac« sich auf den Weg machte, sprengte er noch die Tore des *Jong* in die Luft, damit die Tibeter ihn während seiner Abwesenheit nicht wieder besetzten. Die Langeweile vertrieben sich die Offiziere zunächst damit, daß sie Hasen, Enten und gelegentlich Gazellen schossen oder den Mönchen des Klosters hinter dem *Jong* Teppiche und sogar religiöse Kunstartikel abkauften. Hauptmann Walton, der Sanitätsoffizier, richtete eine kleine Freiluftklinik ein. Seine ersten Patienten waren Soldaten, die im Kampf um die Schlucht der Roten Götter verwundet worden waren, doch bald war seine »Praxis« jeden Morgen überfüllt von Kranken aller Art. Diese friedlichen Tage sollten jedoch nicht lange währen. In der letzten Aprilwoche erreichten sie Gerüchte, daß Lhasa, weit davon entfernt, mit Younghusband zu verhandeln, eilig eine Armee ausheben ließ, die die Engländer vertreiben sollte.

Eine berittene Patrouille bestätigte bald darauf, daß auf dem hohen Karo-Paß, etwa fünfundsiebzig Kilometer entfernt an der Straße nach Lhasa, eine große tibetische Streitmacht zusammengezogen wurde. Oberst Brander, der nun das Kommando über die in Gjangtse verbliebene Eskorte innehatte, stimmte Younghusband darin zu, daß sie zerstreut werden mußte, bevor sie sich zu einer Bedrohung für die Mission entwickelte. Ohne Macdonald zu konsultieren, setzte sich Brander also mit dem Großteil seiner Truppen zum fünftausend Meter hohen Karo-Paß in Bewegung. Dort oben wurden sie von dreitausend Tibetern erwartet, die hinter einer zwei Meter hohen Mauer lagen, die sich über die ganze Breite des Passes erstreckte. Ein heftiger Kampf entbrannte, als die Tibeter das Feuer eröffneten und die Maschinengewehre es erwiderten und den ganzen Paß mit Getöse erfüllten.

199

Brander befahl seinen Gurkhas, die steil aufragenden Höhen links von der tibetischen Stellung zu erklimmen, während die Sikhs bestrebt waren, die Steilwände auf der rechten Seite einzunehmen. Gleichzeitig versuchte Hauptmann Bethune mit einer zweiten Kompanie Sikhs, auf dem Grund der Schlucht auf die Verteidigungsmauer vorzustoßen und einen Frontalangriff zu unternehmen. Hier gerieten sie in heftiges Feuer, und bei diesem nahezu selbstmörderischen Angriff auf die Mauer kamen Bethune, sein Hornist und ein Sepoy ums Leben. Schließlich wurde die Stellung der Tibeter überrannt, aber erst nach langem tapferen Widerstand gegen die überlegenen Waffen und Taktiken. Tibetische Soldaten, die in *Sangars*, winzigen steinernen Blockhäusern, Stellung bezogen hatten, wurden von den Gurkhas hinausgetrieben, verloren den Halt und stürzten hundertfünfzig Meter tief hinab in den Tod. Die fliehenden Tibeter wurden ein paar Kilometer weit verfolgt, dann sammelten sich die Briten, um nach Gjangtse zurückzukehren. Fünf Mann, darunter Bethune, hatte Brander verloren. Dreizehn weitere waren verwundet. Die Tibeter hatten mehr als fünfhundert Tote und Verwundete auf dem Schlachtfeld zurückgelassen.

Die Schlacht um den Karo-Paß sollte in die Militärgeschichte eingehen. Soweit bekannt ist, hat es weder vorher noch nachher je ein Gefecht in größerer Höhenlage gegeben.

Brander und seine Truppen, die Bethunes Leichnam nach Gjangtse zurückführten, um ihn dort zu bestatten, gerieten unterwegs in einen heftigen Schneesturm und mußten bei ihrer Ankunft feststellen, daß Younghusband während ihrer Abwesenheit selbst mit knapper Not davongekommen war. Ohne Maschinengewehre und Geschütze hatte er mit seinen wenigen Leuten einen nächtlichen Angriff von etwa achthundert Tibetern abgewehrt. Ohne Vorwarnung waren diese bis an die Mauer herangeschlichen, die die schlafende Mission umgab, und hatten mit ihren Musketen durch die Schießscharten geschossen. Die nur halb angezogenen Sikhs und Gurkhas ergriffen sofort ihre Gewehre und dezimierten die Angreifer innerhalb einer Viertelstunde um fast hundertvierzig Mann, während es auf Younghusbands Seite lediglich vier Verwundete gab. Jetzt wurde auch entdeckt, daß die Tibeter den mächtigen *Jong* wieder besetzt hatten, von dem sie schwerlich zu vertreiben sein würden, da Brander dafür zu wenig Geschütze und Mannschaften besaß. Damit mußte man bis zur Rückkehr von Macdonald und der Hauptstreitmacht warten.

Neben der Meldung, daß Macdonald auf Brander wütend war, weil dieser ohne Rücksprache den Karo-Paß eingenommen hatte, kamen über die Telegraphenleitung aus dem Süden auch willkommene Nachrichten. London hatte entschieden, daß die Mission nach Lhasa marschieren sollte, falls sich die Tibeter weigerten, innerhalb eines Monats in Gjangtse mit Younghusband zu verhandeln. Younghusband sollte diese Nachricht an den chinesischen *Amban* weiterleiten, damit er sie den tibetischen Behörden in der Hauptstadt übermittelte.

Der tibetische Widerstand gegen die Eindringlinge wurde deutlich heftiger – zum einen, weil sie der Heiligen Stadt immer näherrückten, zum anderen, weil die Tibeter Truppen aus Kham in Osttibet einsetzten, die als die besten Kämpfer von ganz Tibet galten und obendrein von den fanatischsten Priestern aus Lhasa angeführt wurden. Als keine Reaktion auf Londons Ultimatum aus der Hauptstadt eintraf, erhielt Younghusband die Instruktion, die Tibeter davon zu unterrichten, daß ihre Emissäre bis zum 25. Juni in Gjangtse erwartet würden; andernfalls würde der Marsch auf die Hauptstadt beginnen. Einen Tag nach Ablauf des Ultimatums traf Macdonald mit einer beträchtlich verstärkten Streitmacht in Gjangtse ein. Seine kleine Armee schlug ihre Zelte vorsichtshalber außerhalb der Reichweite der tibetischen *Jingals* auf, kleinkalibriger Kanonen, die immer wieder vom *Jong* aus abgefeuert wurden.

Ein paarmal sah es so aus, als wären die Tibeter in letzter Minute doch zu Verhandlungen bereit, aber obgleich das Ultimatum einigemal verlängert wurde, geschah nichts. Am 5. Juli schickte sich Macdonald an, den *Jong* anzugreifen. Bevor an ein sicheres Vorrücken nach Lhasa gedacht werden konnte, mußte diese große Festung mit ihren zahlreichen Verteidigern eingenommen werden.

Der Angriff begann mit einem Ablenkungsmanöver, um die Tibeter irrezuführen. Einige Infanteriekompanien stürmten die niedriger gelegenen äußeren Verteidigungslinien im Nordwesten, sprengten sie in die Luft und trieben die Verteidiger in den *Jong* hinauf. Am Abend entzündeten Macdonalds Truppen dort Lagerfeuer und zogen sich leise zu ihren eigenen Linien zurück. Es sollte so aussehen, als würde der Angriff am folgenden Morgen von Nordwesten her erfolgen. Statt dessen wurde er um vier Uhr früh auf die südöstliche Ecke der Festung vorgetragen. Als erstes wurde durch Artilleriefeuer eine Bresche in die Mauer des *Jong* geschlagen. Die Stelle, die man sich dazu aussuchte, lag unmittelbar über dem Weg, den ein Sturmtrupp nehmen würde, um auf den Fels zu gelangen, auf dem der *Jong* stand. Das Granatfeuer zeitigte eine unerwartete Wirkung, als eine Granate das Pulvermagazin der Festung traf und in die Luft sprengte. Danach ließ das Feuer der Verteidiger, das bis dahin intensiv war, beträchtlich nach.

Nun kroch der Sturmtrupp aus Gurkhas und Infanteristen, der sich in Häusern unmittelbar unterhalb der mächtigen Mauern versteckt hatte, heraus und begann seinen gefährlichen Aufstieg. Die leichtfüßigeren Gurkhas, die von Leutnant John Grant geführt wurden, ließen die Engländer hinter sich zurück und befanden sich zehn Minuten später unterhalb der Lücke in der Mauer. Die Tibeter warfen mächtige Gesteinsbrocken auf sie herab. Es war immer nur Platz für einen, um zur Bresche hochzuklettern. Den Revolver in der Hand, unternahm Grant seinen ersten Versuch. Er wurde zusammen mit dem Gurkha-Sergeanten, der ihm folgte, von den Steinen getroffen. Beide waren verletzt, ließen sich jedoch nicht aufhalten, und ihre Männer folgten ihnen.

Hauptmann O'Connor, der den Angriff zusammen mit Younghusband vom Dach eines Hauses mit dem Fernglas verfolgte, schrieb später: »Jede Öffnung, ja jeder Stein des großen Gebäudes spie Feuer und Rauch aus, und Steine wurden den Hang hinab auf die Angreifer geworfen. Es schien ein Ding der Unmöglichkeit, daß jemals ein menschliches Wesen hinaufgelangen sollte. Aber die kleinen Gestalten gaben nicht auf. Immer wieder sahen wir einen von ihnen stürzen und liegenbleiben oder den Hang hinabrollen. Doch dann erreichte der erste die Bresche und dann der zweite und der dritte.«

Seine Männer durch die Bresche führend, schoß Grant die Verteidiger mit dem Revolver nieder. Das war zuviel für die Tibeter, die das schwere Granatfeuer schon demoralisiert hatte. Sie ergriffen die Flucht. Manche zogen sich in das Labyrinth unterirdischer Gänge zurück, andere flüchteten mit Hilfe eines Seils über die Mauer auf der Rückseite des Forts. Gegen achtzehn Uhr war die Festung in Macdonalds Händen. Ein Offizier und drei Soldaten waren gefallen und sieben Offiziere und dreiundzwanzig Soldaten verwundet. Die Tibeter hatten fast dreihundert Tote und Verwundete zu beklagen. Für seinen Einsatz und seine Tapferkeit wurde Leutnant Grant später das Viktoriakreuz verliehen und seinem Gurkha-Sergeanten der begehrte Indische Verdienstorden. Es war, um Perceval Landon von der *Times* zu zitieren, »eine der tapfersten Leistungen, die an der indischen Front vollbracht wurden«. Und es war vielleicht das einzige Viktoriakreuz, das jemals im Beisein der Presse erworben wurde.

Die Einnahme des *Jong* sollte sich vernichtend auf den tibetischen Kampfgeist auswirken. Eine alte Überlieferung besagte, daß jeder weitere Widerstand zwecklos sei, wenn diese große Festung jemals einem Eindringling in die Hände falle. Nach Jahrhunderten der Invasion durch Chinesen, Nepalesen, Sikhs, Gurkhas und andere war dies geschehen. Francis Younghusband stand der Weg nach Lhasa offen. Hätte er freie Hand und für die Eskorte einen Kommandeur wie Brander gehabt, wäre die ganze Sache von Anfang bis Ende eine Angelegenheit von wenigen Wochen gewesen. Statt dessen hatte er sieben mühselige Monate benötigt, um Gjangtse zu erreichen, das gerade auf halbem Weg lag. Dieses Schneckentempo lag zum Teil an der Unentschlossenheit in London, aber auch an der übertriebenen Vorsicht von General Macdonald, der, wie Younghusband sich bei seinem Vater beklagte, immer handelte, »als würden die Tibeter von einem Napoleon befehligt«. Aufgrund der nahezu völlig gebrochenen Kampfmoral der Tibeter waren die einzigen verbliebenen Hindernisse der Karo-Paß, den die Verteidiger wieder besetzt hatten, und die ausgezeichnete natürliche Barriere, die der mächtige Fluß Tsangpo bildete. Der Paß war rasch eingenommen – in einem ähnlichen Kampf wie dem vor zwei Monaten. Die Überquerung des Flusses in Booten aus Segeltuch dauerte fünf Tage (und forderte drei Opfer; ein Offizier und zwei Gurkhas ertranken). Am 31. Juli 1904 waren Mission und Eskorte sicher am Nordufer des Tsangpo gelandet und bereit, nach Lhasa zu marschieren, das nur noch gute siebzig Kilometer entfernt war.

Die Ehre, der erste gewesen zu sein, dessen Augen die himmlische Stadt mit ihren goldenen Dächern und Kuppeln erblickte, sollte Major W. J. Ottley, dem Kommandeur der berittenen Infanterie, zufallen. Am 1. August, als sie knappe zwanzig Kilometer von Lhasa entfernt waren, ritt er mit einem zweiten Offizier um die Wette auf einen Berg, von dem aus Lhasa zu sehen war. »Ich muß zugeben«, schrieb er später, »daß ich so außer Atem war, daß ich kaum zwanzig Meter weit sehen konnte, geschweige denn zwanzig Kilometer.« Younghusband selbst, der eine wahre Prozession von Abgesandten aus Lhasa abwehren mußte, die ihn anbettelten, die Stadt nicht zu betreten, erblickte Lhasa erst am folgenden Tag. Er ritt neben O'Connor, als die Stadt plötzlich vor ihnen lag. Er drehte sich im Sattel zu seinem Freund und sagte nur: »Na, O'Connor, da ist es endlich!«

Fünfzehn Jahre früher hatte Francis Younghusband als junger Offizier davon geträumt, Lhasa allein zu betreten, verkleidet als Händler aus Jarkend. Nun ritt er mit allen diplomatischen Insignien und mit einer kleinen bewaffneten Eskorte in die Heilige Stadt ein. Die Tibeter, deren Kampfmoral gebrochen war, leisteten keinerlei Widerstand. Der Wettlauf war entschieden.

11. »Goldene Kuppeln wie lodernde Flammen«

Nun hatten die Sonderkorrespondenten ihren großen Tag. Die Außenwelt wartete gebannt auf jedes ihrer Worte. Sowohl sie selbst als auch ihre Leser waren sich dessen bewußt, daß sie die wohl mysteriöseste Stadt auf Erden betraten, deren Geheimnisse nun endlich alle erfahren würden. »Heute geschieht es vermutlich zum erstenmal in der Weltgeschichte«, schrieb eine Zeitung, »daß eine Nachricht erscheint, die unser Korrespondent aus Lhasa übermittelt hat.« Diese Behauptung ließ sich schwerlich widerlegen. »Der Potala«, telegraphierte Candler, »übertraf alle Erwartungen. Die goldenen Kuppeln leuchteten in der Sonne wie lodernde Flammen. Die Pilger von den kargen Hochplateaus müssen sie geblendet und ihre Herzen mit Ehrfurcht erfüllt haben.« Das Gebäude, kabelte Landon am gleichen Tag, »würde London beherrschen, und ganz Lhasa verblaßt daneben«. Doch nachdem sich die erste Euphorie gelegt hatte und man sich umzusehen begann, fragten sich die Zeitungsleute, warum so viele tapfere Männer und Frauen ihr Leben riskiert und manchmal sogar eingebüßt hatten, nur um in diese entlegene und reizlose Hauptstadt zu gelangen.

»Lhasa ist, wie die Tibeter überhaupt, sehr schmutzig«, erklärte einer. »Hier gibt es nur wenig, was einem Abendländer gefallen könnte.« Selbst Candler mit seiner Schwäche für die Tibeter mußte zugeben, daß Lhasa ein Schock für ihn gewesen war. Er schreibt: »Wir fanden die Stadt unbeschreiblich schmutzig und verwahrlost vor. Die Straßen waren nicht gepflastert, und es gab keine Kanalisation. Keines der Häuser war sauber oder gepflegt. Wenn es geregnet hatte, bestanden die Straßen aus riesigen Pfützen Brackwassers, in denen Schweine und Hunde nach Abfällen wühlten.«

Außer den »rabenschwarzen« Pfützen, den räudigen Hunden und den »Sauställen« von Behausungen fand Landon aber auch manches, was ihn faszinierte, so zum Beispiel den Lingkor, den

Weg, auf dem Pilger die Heilige Stadt andächtig umrundeten. Selbst einem Nichtgläubigen, schrieb er, blieben die Qualen der Hölle erspart, wenn er starb, während er diese buddhistische *Via dolorosa* abschritt, die Pilger aus den fernsten Teilen Asiens anzog. Landon, der sich Pilgern auf dem acht Kilometer langen Rundgang anschloß, vermutete, der erste Nichtgläubige zu sein, der die Pilgerwanderung rund um die Stadt machte. Er schrieb: »Vom Morgengrauen bis zum späten Abend bewegt sich eine Prozession die Straße entlang, Männer und Frauen, Mönche und Laien. Langsam schlurfen sie dahin und wechseln nicht ungern ab und zu mit einem anderen ein Wort ... aber in der Regel drehen sie mit leerem, allem Irdischen entrücktem Blick ihre Gebetsmühlen und murmeln unaufhörlich ihre heilige Formel, mit deren Hilfe sie die Türen zu ihren sechs Höllen schließen.«

Sein Pilgerrundgang führte ihn durch einige der verwahrlosesten Bezirke von Lhasa, wie zum Beispiel die Viertel, in denen die ausgestoßenen *Ragyapas*, die Leichenzerschneider, in erbärmlichster Armut hausten. Angeekelt berichtete er: »Es fällt schwer, sich eine widerwärtigere Beschäftigung vorzustellen, einen verrohteren Menschentyp, vor allem aber eine abscheulichere, übelriechendere Bruchbude als die, in der diese Menschen hausen. Verdreckt, halbnackt in ekelerregende Lumpen gehüllt, leben diese abscheulichen Menschen in Behausungen, die ein respektables Schwein ablehnen würde.«

Das Gebäude, das natürlich jedermanns Erwartungen übertraf, war der mächtige Potala mit seinen über tausend Zimmern. Fast dreihundert Meter lang, ragte er auf dem Felsen hoch empor vor dem Hintergrund der schneebedeckten Berge. Landon bejubelte ihn als »ein neues Prachtstück, das sich der Architektur der Welt hinzugesellte«, während Candler sagte, er sei »nicht ein Palast auf einem Fels, sondern ein Fels, der gleichzeitig ein Palast ist«. Später einmal hofften sie seine kilometerlangen, dunklen Korridore zu erkunden, doch zunächst hatten sie ein dringenderes Problem. Wo befand sich der Dalai Lama, mit dem zu verhandeln Younghusband so weit gekommen war und den die Presse natürlich interviewen wollte? Der Gottkönig, so erfuhren sie bald, war geflohen. Mit ihm war der nicht weniger mysteriöse Dordschjew verschwunden, den ebenfalls jeder interviewen wollte. Wohin die beiden sich begeben hatten, war nicht zu erfahren. Es dauerte drei Wochen, bis man herausfand, daß sie nach Norden geflohen waren, nach Urga, der Hauptstadt der Mongolei und zweitheiligsten Stadt des Lamaismus, die heute Ulan Bator heißt.

Wenn die Briten gehofft hatten, belastende Beweise für russische Machenschaften in Lhasa zu finden, dann wurden sie enttäuscht. Wie sich herausstellte, gab es weder ein Arsenal russischer Waffen, wie Kawaguchi behauptet hatte, noch Berater aus Petersburg, noch die Spur eines Beweises für einen Geheimvertrag irgendeiner Art. Eine Waffenfabrik, von der die Rede gewesen war, erwies sich als armselige Werkstatt, in der so primitive Feuerwaffen hergestellt wurden, daß Younghusband sich geschämt hätte, sie zu zerstören. Soviel zu den geheimdienstlichen Berichten über zaristische Machenschaften hinter dem Rücken der Briten. Soviel zum russischen Schreckgespenst.

In Petersburg reagierte man auf das britische Eindringen in Zentralasien weniger heftig als erwartet. Zum einen hatte man nichts zu verbergen und wußte, daß London ziemlich blamiert dastehen würde, wenn es keine Russen unter tibetischen Betten fand. Doch ein gewichtigerer Grund für Rußlands Schweigen war seine Verwicklung in einen verzweifelten Kampf mit den Japanern, der aggressiven neuen Macht in Asien. Die Russen benötigten jetzt alle Freunde, die sie finden konnten, einschließlich der Briten, die im übrigen versprochen hatten, ihre Mission wieder abzuziehen, sobald sie ihr Ziel erreicht hätte. Kritiker von Curzons Vorwärtsstrategie unterstellten ihm sogar, absichtlich einen Zeitpunkt gewählt zu haben, zu dem seine Petersburger Rivalen in Asien in der Klemme saßen und seiner Streitmacht nicht gefährlich werden konnten. Doch dafür findet sich in den Archiven des Foreign Office kein Beweis. Die Chinesen reagierten auf die Invasion in Gebiete, für die sie die Hoheitsrechte beanspruchten, mit gemischten Gefühlen. Zum einen waren sie gar nicht in der Lage, die Briten zu vertreiben, was einen gewaltigen Prestigeverlust bedeutete, selbst wenn die Besetzung zeitlich begrenzt war. Vorausgesetzt, die Briten erkannten hinterher wieder Chinas Suzeränität – wenn nicht gar seine volle Souveränität – über Tibet an, dann konnte andererseits diese Lektion durch eine moderne Armee Lhasa ein wenig Respekt einbleuen und bewirken, daß seine fanatischen Mönche in Zukunft etwas umgänglicher sein würden.

Auf die Gefahr hin, noch mehr das Gesicht zu verlieren, hatte der chinesische *Amban* Younghusband aufgesucht, sobald die Briten ihr Lager vor der Stadt aufschlugen, statt abzuwarten, daß der Brite zu ihm kam und sein Vorgehen zu rechtfertigen suchte. Er hieß Younghusband herzlich willkommen und erklärte ihm, daß er in den barbarischen Tibetern »finstere und gerissene Meister der Ausflucht« finden würde. Er versorgte die Mission auch mit willkommenem Hammel- und Rindfleisch, wobei er den Rechnungsbetrag (wie sich später herausstellte) verdoppelte, ehe er die Rechnung nach Peking schickte. Doch der wahre Grund für seine Freundlichkeit war, wie Macdonalds Offiziere folgerten, die Erleichterung, daß seine persönliche Sicherheit vor der Bevölkerung, die den Mandschus immer feindseliger gegenübertrat, gewährleistet war. Dennoch sollte sein Fraternisieren mit den Eindringlingen ihn seine Stellung kosten, als man in Peking davon erfuhr.

Die unerwartete Flucht des Dalai Lama stellte Younghusband vor ein Dilemma. Mit wem sollte er verhandeln? Er erwog sogar, seine Verfolgung aufzunehmen, mußte aber einsehen, daß niemand die Fluchtroute des Gottkönigs verraten würde. »Überall haben wir Spione und Informanten«, schrieb Candler, »und es gibt genug Leute in Lhasa, die viel tun würden, um sich mit den neuen Herren Tibets gut zu stellen«, doch selbst sie waren dazu nicht bereit. Vor seiner Flucht hatte der Dalai Lama sein Dienstsiegel dem Regenten übergeben, einem gütigen Tibeter, der, wie Younghusband später schrieb, »Kiplings Lama in *Kim* ähnlicher war als jeder andere Tibeter, dem ich begegnet bin«. Daß er im Besitz des Siegels war, bedeutete jedoch längst nicht, daß er auch im Namen des Staatsoberhaupts Verhandlungen führen konnte. Der Dalai Lama hatte keinerlei Instruktionen erteilt, wie die nationale Krise während seiner Abwesenheit zu behandeln sei, und er hatte niemanden ermächtigt, für ihn zu sprechen.

Dieses Hindernis wurde jedoch ganz unerwartet beseitigt, als die Chinesen ihm plötzlich alle Macht aberkannten, weil er sein Volk in der Stunde der Not verlassen hatte. Dieser Schritt verärgerte wiederum die Tibeter, die alle Erlasse, die dies verkündeten, herunterrissen oder beschmierten. Doch bis auf den verstockten Groll der fanatischsten Mönche (von denen einer auf Befehl Macdonalds für einen Mordanschlag auf zwei seiner Offiziere gehängt wurde) wurde den Briten in Lhasa ein freundliches Willkommen bereitet. Es hatte sich rasch herumgesprochen, wie barmherzig sie sich den Verwundeten auf dem Schlachtfeld von Guru erwiesen hatten und welche Ehrerbietung sie den heiligen Stätten entgegenbrachten. Außerdem bezahlten sie zur allgemeinen Überraschung für alles, was sie von der Bevölkerung erhielten, statt es sich einfach zu nehmen, wie man erwartet hatte. Younghusband wußte, wie wichtig es war, die Tibeter für sich einzunehmen, selbst wenn sich die priesterliche Hierarchie momentan noch abweisend verhielt.

Solcherart also war die Atmosphäre, in der Younghusband den komplizierten Prozeß in Gang setzte, mit den Tibetern einen Vertrag auszuhandeln. Dabei stand er unter zeitlichem Druck, denn der Winter nahte, der den Rückzug zu einem Problem machen würde. Außerdem stand er über die einzige telegraphische Verbindung nach Darjeeling unter ständigem Druck von London, die Sache zu erledigen und Tibet zu verlassen. Nach der militanten Entscheidung, bis zur tibetischen Hauptstadt vorzudringen, bekam das Kabinett jetzt langsam kalte Füße. O'Connor (später Oberst Sir Frederick) schrieb Jahre danach: »Sein sehnlichster Wunsch war der, den Vertrag unterschrieben zu sehen, so schnell wie möglich das Land zu räumen und dann so zu tun, als wäre man nie dort gewesen.«

Wie gewöhnlich war von Macdonald keine Hilfe zu erwarten. Er verlangte, daß sie Lhasa spätestens am 15. September verließen, da seine Soldaten ansonsten erfrieren müßten. Die Telegraphenleitung beförderte jetzt nicht nur Younghusbands Berichte über den Verhandlungsstand, sondern auch Macdonalds düstere Warnungen vor Verlusten durch Erfrierungen und Lungenentzündung, wenn man den Abmarsch nur einen Augenblick länger hinauszögerte. Neugierigen Tibetern, die wissen wollten, wozu der mysteriöse Draht da war und wohin er führte, wurde gesagt, er solle der Expedition behilflich sein, den Weg nach Indien zurück zu finden, wenn die Verhandlungen beendet seien. Auf diese Weise wurden sie davon abgehalten, die wichtige Kommunikationslinie zu zerstören. Als dreißig Jahre später eine Gruppe britischer Beamter Lhasa besuchte, war sie noch intakt.

Während die behutsamen Kontakte weitergeführt wurden, erkundeten die Mitglieder der Expedition, die daran nicht beteiligt waren, jeden Winkel der einst verbotenen Stadt, insbesondere die Klöster und Tempel. »Wir gingen meist in Gruppen zu vieren oder fünfen«, schrieb Candler, »und eine Kompanie Sikhs oder Pathans bezog im Hof Stellung für den Fall, daß etwas passierte.« Die tibetischen Gläubigen, die den Lingkor entlangtrotteten, waren ohne Ausnahme arm, in Lumpen gehüllt und häufig erblindet. »Es hat den Anschein«, schrieb er, »als begännen die Leute von Lhasa erst an die nächste Inkarnation zu denken, wenn für sie in der derzeitigen nichts mehr übrig ist.« Was den Potala betrifft, so sah Candler außer den hochaufragenden Schutzmauern und goldenen Dächern »und tausend blinden Fenstern, die das Unbekannte verbargen«, nichts. Es wurde ihnen allerdings erlaubt, den Jokhang zu besuchen, die Kathedrale von Lhasa, und sein kostbarstes Bildnis. Landon war tief beeindruckt von dem berühmten Schrein mit seinem großen goldenen Buddha, den er beschrieb als »den heiligen Mittelpunkt nicht nur Lhasas, sondern ganz Zentralasiens«. Er nahm an, daß er und seine beiden Kameraden die ersten Ungläubigen waren, die ihn betraten, denn die Beschreibungen der Pandits und anderer wurden dem nicht gerecht, was sie im flackernden Licht der Butterlampen jetzt selbst sahen.

Mit ihren Revolvern zur Sicherheit in der Tasche und begleitet vom Sekretär des *Amban* und einer Eskorte chinesischer Soldaten, betraten sie das heiligste aller buddhistischen Heiligtümer. Im nächsten Augenblick wurden die großen Türen hinter ihnen geschlossen. In der Düsternis gelangten sie durch einen Wald von Säulen und befanden sich schließlich im Herzen des Gebäudes. Hier stießen sie auf eine Kapelle nach der anderen, die mit Butterlampen nur schwach beleuchtet waren, alle einen kleinen Altar hatten und voller Heiligenbilder waren. Der Gestank ranziger Butter, teilte Landon den Lesern der *Times* mit, war abscheulich. »Alles, was man berührt, klebt von Fett«, schrieb er. »Der Dunst der brennenden Butter hatte im Laufe vieler Generationen sämtliche Oberflächen, also auch die Türen mit ihren Schnitzereien und die Wände, mit einem fettigen Film überzogen.« Der Boden war eine einzige Rutschbahn.

Der Hauptschrein des Jokhang lag am anderen Ende der Kathedrale. Seine zentrale Figur war der *Jo* selbst, eine Buddhastatue in doppelter Lebensgröße, die aus Buddhas Lebenszeit stammen sollte und die der begeisterte Landon beschrieb als »fraglos berühmtestes Götzenbild der Welt«. Beleuchtet von zahllosen Reihen von Butterlampen aus massivem Gold, übte die Statue einen ehrfurchtgebietenden Zauber auf ihn und seine Begleiter aus. Von der Düsternis, schrieb Landon, »hebt sich die leuchtende Massigkeit des Buddha sanft ab wie ein Gespenst und ohne Schatten«. Betende Mönche unterstrichen das Bild, das sich seit Jahrhunderten kaum verändert haben mochte.

Still verließen sie die Kathedrale. Draußen erwartete sie ein haßerfüllter Mob. Sein Zorn, so merkten sie schnell, richtete sich weniger gegen sie als gegen ihre chinesische Eskorte. Doch sie brauchten keine Angst zu haben, denn im nächsten Augenblick trat ein riesiger, muskulöser Lama auf die Menge zu und schwang eine zweieinhalb Meter lange Peitsche aus Nashornleder mit Metallverstärkungen. Brutal nach links und rechts um sich schlagend, verpaßte der Mönch, wie Landon sich erinnert, »der Meute entsetzliche Hiebe«. Dankbar nutzten Landon und seine Freunde die Gelegenheit, um sich aus dem Staub zu machen.

Während die anderen die Sehenswürdigkeiten besichtigten, mußte sich Younghusband mit den Tibetern auseinandersetzen, die nicht müde wurden, ihm weiszumachen, wie mühsam es sei, ihre Armee davon abzuhalten, die britischen Truppen auszuradieren. Doch mit einer klugen Kombination aus Zuckerbrot und Peitsche und mit der Drohung, Macdonalds Artillerie direkt auf den Potala zu richten, wenn die Ausflüchte nicht aufhörten, konnte Younghusband schließlich die Tibeter dazu bringen, ein Abkommen zu unterzeichnen, das als Englisch-Tibetischer Vertrag bekannt wurde. Angesichts der Hartnäckigkeit der Tibeter und der verrinnenden Zeit war das ein beachtlicher persönlicher Triumph; gewiß war es eine Bestätigung der Ansicht Curzons, Younghusband besitze eine besondere Begabung, mit Asiaten umzugehen. In drei Sprachen –

Tibetisch, Englisch und Chinesisch – wurde der Vertragstext abgefaßt, und dann setzte der Regent feierlich das Siegel des Dalai Lama darunter und Younghusband seine Unterschrift. Die Zeremonie fand am 7. September 1904 in der großen Durbar-Halle des Potala-Palastes statt. Um dem Vertrag die größtmögliche Autorität zu verleihen, bestand Younghusband darauf, daß er auch die Siegel des Regentschaftsrates, der drei bedeutendsten Klöster Tibets und der Nationalversammlung trug. Das einzige Siegel, das er nicht bekam, war das des chinesischen *Amban*, der darauf beharrte, daß er nicht ermächtigt sei, im Namen seiner Regierung den Vertrag zu signieren.

In diesem Vertrag erkannten die Tibeter den vorher (von ihnen) bestrittenen Grenzverlauf zwischen Tibet und Sikkim an. Sie erklärten sich bereit, zwei neue Handelsplätze einzurichten, einen in Gjangtse und den anderen in Gartok im westlichen Tibet, und in beiden eine britische Handelsvertretung zuzulassen. Außerdem erklärten sie sich bereit, sämtliche Befestigungsanlagen zwischen Gjangtse und der indischen Grenze zu schleifen und die Wege, die zu den neuen Handelsplätzen führten, offenzuhalten. Weitaus widerwilliger erklärten sie sich schließlich bereit, eine Wiedergutmachung von siebeneinhalb Millionen Rupien (562 000 Pfund) in fünfundsiebzig Jahresraten als einen Teil der Kosten für die Expedition Younghusbands zu zahlen. Zunächst hatte der Regent verlangt, daß die Briten an die Tibeter zahlten – für den Verlust von Menschenleben und die Zerstörungen, die die Expedition angerichtet hatte; doch schließlich – angesichts von Macdonalds Geschützen und der Erinnerung an das, was sie in Gjangtse angerichtet hatten – fügten sie sich. Zudem wurde vereinbart, daß die Briten, solange das Geld nicht ausbezahlt war, das Chumbi-Tal besetzt halten würden.

Ein weiterer Artikel verbot es den Tibetern, mit anderen ausländischen Mächten als den Chinesen ohne britische Zustimmung Beziehungen zu pflegen. Das richtete sich hauptsächlich gegen Rußland. Es sollte keine Dordschjew-Missionen an den Hof des Zaren und umgekehrt mehr geben. Eine Sondervereinbarung in dem Vertrag räumte dem neu zu ernennenden britischen Handelsvertreter in Gjangtse (der erste sollte O'Connor sein) das Recht ein, Lhasa zu besuchen. Zusätzlich zu allem übrigen ließen die Tibeter aus ihren Kerkern drei ihrer eigenen Landsleute frei, die eingesperrt worden waren, weil sie Sarat Chandra Das und Ekai Kawaguchi geholfen hatten. Candler beschreibt die Situation:

Ein alter Mann und sein Sohn wurden hereingeführt; völlig gebeugt und gebrochen sahen sie aus. Dem alten Mann waren am Morgen zum erstenmal seit zwanzig Jahren die Ketten abgenommen worden. Beim Eintreten blinzelte er ob des ungewohnten Lichts wie ein Blinder, dem durch ein Wunder das Augenlicht wiedergegeben wurde. Sein »Verbrechen« war Gastfreundschaft gegenüber Sarat Chandra Das im Jahre 1884 gewesen. Als nächster wurde ein alter Mönch des Sera-Klosters entlassen. Sein »Vergehen« war es gewesen, der Lehrer Kawaguchis gewesen zu sein, des japanischen Reisenden, der Lhasa in der Verkleidung eines chinesischen Pilgers besucht hatte. Wir, die wir diese traurigen Reste von Menschen sahen, mußten spüren, daß allein ihre Freilassung genügte, um unsere Anwesenheit in Lhasa zu rechtfertigen.

Die tibetische Hauptstadt Lhasa verließen die Briten am 23. September 1904, genau sieben Wochen nachdem sie dort einmarschiert waren. Unter lärmenden Wohlwollensbekundungen ihrer ehemaligen Feinde und beiderseitigen Bekundungen unverbrüchlicher Freundschaft zogen sie ab. Ein Zyniker mochte das natürlich als Freudenfest der Tibeter über den britischen Abzug interpretieren. Für Younghusband und seine Offiziere war es der Beweis, daß nach langen Jahren der Mißverständnisse und Uneinigkeit aus einem widerspenstigen Nachbarn ein Freund geworden war.

Und nun begegnen wir einem bisher völlig unvermuteten Aspekt von Younghusbands Charakter. Am Abend vor dem Abzug aus Lhasa hatte dieser typisch britische Held sein Lager verlassen und war in die Berge geritten, um einen Augenblick allein zu sein und einen letzten Blick auf die Landschaft zu werfen. Dabei ging etwas in ihm vor, was sein ganzes zukünftiges Leben verändern sollte. Was er empfand, als er an diesem ruhigen Herbstabend auf die Heilige Stadt blickte, berichtete er später: »Ich gab mich ganz den Empfindungen dieser ereignisreichen Zeit hin.« Doch er spürte nicht nur Befriedigung darüber, eine schwierige Aufgabe gelöst zu haben. Was Francis Younghusband in jenen tibetischen Bergen erfuhr, grenzte an eine Offenbarung, denn hinter den durchdringenden blauen Augen und dem Kitchener-Schnurrbart verbarg sich ein Zug religiöser Mystik.

In seinem Buch *India and Tibet* beschreibt er die Gefühle, die an jenem Abend Besitz von ihm ergriffen: »Dieses Hochgefühl des Augenblicks wuchs und wuchs, bis es mich mit überwältigender Intensität durchschauerte. Niemals mehr konnte ich jemandem übelwollen oder gar Feindschaft gegen jemanden hegen. Die ganze Natur und die gesamte Menschheit erschienen in einem rosigen Strahlen ... diese eine Stunde vor dem Verlassen Lhasas wog ein ganzes Leben auf.«

Doch seine Verzückung sollte bald vorbei sein. Kaum daß der Vertrag unterzeichnet und nach London Bericht erstattet worden war, gingen von der englischen Regierung Telegramme ein, die einzelne Vereinbarungen ändern wollte. Den Tibetern jetzt zu sagen, daß der Vertrag, den sie gerade unterzeichnet hatten, geändert werden müsse, das konnte nur den allerschlechtesten Eindruck machen und mußte die Mission noch monatelang in Lhasa festhalten. Younghusband beschloß, die Anweisungen zu ignorieren, und telegraphierte zurück, daß der Vertrag unterzeichnet sei, die Mission sich am folgenden Tag auf den Rückweg machen werde und es daher nicht möglich sei, die Verhandlungen noch einmal aufzunehmen. Wenn er Glück hatte, wäre bis zu dem Zeitpunkt, da er nach Hause zurückkehrte, ohnehin alles vergessen.

Das war es jedoch nicht, denn hinter den Kulissen spielte sich in London und Kalkutta zwischen Tauben und Falken, zwischen dem schwachen Kabinett, das den Russen nicht zu nahe treten wollte, und dem russenfeindlichen Vizekönig, ein erbitterter Kampf über die Bedingungen des Vertrags ab. Das Kabinett mißtraute Curzons aggressiver Vorwärtsstrategie in Zentralasien und fand, es sei von Ereignissen, die außerhalb seiner Kontrolle lagen, gezwungen worden, den Vormarsch auf Lhasa zu genehmigen. Außerdem hatte Younghusband mit einigen Zugeständnissen, die er den Tibetern abgerungen hatte – auch wenn sie sehr nach Curzons Geschmack waren –, seine Kompetenz überschritten, und nun setzte er sich auch noch über Anweisungen hinweg. Unglücklicherweise weilte

Curzon auf Heimaturlaub. Gesundheitlich selbst nicht ganz auf der Höhe, mußte er sich um seine schwerkranke Frau kümmern und war daher nicht in der Lage, seine eigenen Interessen zu vertreten, geschweige denn die seines Protegés.

So war Younghusband, als er nach London zurückkehrte, ein gefeierter Held und mußte gleichzeitig die Mißbilligung der Regierung hinnehmen. Von den Auseinandersetzungen zu berichten, die sich nun über Monate hinzogen, ginge über den Rahmen dieses Buchs hinaus. Es mag genügen festzustellen, daß verschiedene Klauseln in Younghusbands Vertrag beträchtlich abgemildert wurden. Die Wiedergutmachung wurde auf zwei Drittel der ursprünglichen Summe beschränkt, die Besetzung des Chumbi-Tales auf drei Jahre begrenzt. Letzteres geschah weniger aus Wohlwollen gegenüber den Tibetern, als um Annexionsbeschuldigungen aus Petersburg zuvorzukommen. Ebenso wurde auch das Recht des britischen Handelsvertreters in Gjangtse, nach Lhasa zu reisen, widerrufen. Der ursprüngliche Vertrag hatte dieses Recht ausschließlich den Briten vorbehalten und jedem anderen den Aufenthalt in Lhasa untersagt (was sich eindeutig gegen die Russen gerichtet hatte).

Nachdem das Kabinett die von Younghusband hart erkämpften Konzessionen weitgehend abgeschwächt hatte, blieb ein Vertrag übrig, der kaum die Zeit, Kosten, Mühen und Opfer (die Tibeter hatten Verluste von fast zweitausendsiebenhundert Mann erlitten) wert war, die er gekostet hatte. Was allerdings die verwunderten Tibeter von diesem überraschenden Rückzieher ihrer Bezwinger gehalten haben, ist unbekannt, denn nur noch im Westen beschäftigt dieses englische Abenteuer die Historiker. Seit der Ankunft eines weitaus skrupelloseren Invasoren im Jahre 1950 ist diese Angelegenheit für die Tibeter längst verblichen und vergessen.

Obgleich Younghusband zum Sündenbock für die Wankelmütigkeit des Kabinetts gemacht wurde (ehe sie es sich anders überlegten, hatten sie ihm sogar ein Glückwunschtelegramm geschickt), mangelte es ihm keineswegs an Unterstützung. Fürs erste war da die britische Öffentlichkeit, für die er ein Held im klassischen Sinn war. Dann kamen die Offiziere, die ihn begleitet hatten und deren jeder einzelne (Macdonald vielleicht ausgenommen) ihm bis ans Ende der

Welt gefolgt wäre. Uneingeschränkt lobten sie seine Führungsqualitäten und seinen sicheren Umgang mit den Asiaten, egal ob mit den eigenen britisch-indischen Truppen oder mit den Tibetern. Als ihm Dienst stehende Offiziere konnten sie jedoch nicht öffentlich für ihn eintreten. Doch die vier Sonderkorrespondenten – insbesondere der einflußreiche Perceval Landon von der *Times* – standen zu ihm, und sie unterlagen keiner solchen Beschränkung.

Sein mächtigster Verbündeter war jedoch der König, der persönlich die Einsprüche der Regierung dagegen abwies, daß er für einen Titel vorgeschlagen wurde. Nach einem heftigen Gerangel zwischen König und Kabinett hinter den Kulissen wurde Younghusband in den Ritterstand erhoben – wenngleich nur zum Knight Commander of the Indian Empire, dem niedrigsten Ritterorden des Indischen Reiches. Macdonald, der ursprünglich für den Bath-Orden vorgesehen war, wurde unerklärlicherweise im letzten Moment ebenfalls zum Knight Commander of the Indian Empire erklärt.

Es mußten jedoch zehn Jahre vergehen, ehe Austin Chamberlain, der damalige Indienminister, Younghusband zu sich rief, nachdem er die Unterlagen in dieser Angelegenheit gelesen hatte. Sich bei ihm für das Unrecht entschuldigend, das man ihm seiner Meinung nach angetan hatte, schlug Chamberlain ihn sofort für den Knight Commander of the Star of India vor, den höchsten Ritterorden des Indischen Reiches. So wurde Francis Younghusband, wenn auch verspätet, offiziell von allen Vorwürfen freigesprochen und seine Ehre wiederhergestellt. Doch da hatte er bereits die militärische und diplomatische Laufbahn aufgegeben. Im Alter von siebenundvierzig Jahren hatte er sich nach vierjähriger Tätigkeit als britischer Resident in Kaschmir aus dem Staatsdienst zurückgezogen, um sein Leben dem zu widmen, was seine wirkliche Berufung geworden war: der Religion. Wäre er in der indischen Politik geblieben, hätte er zweifellos höchste Ehren erlangt. Doch die Erleuchtung, die ihm auf dem Berg vor Lhasa gekommen war, ließ sich nicht vergessen. 1936 gründete er den Welt-Religions-Kongreß (WCF), dessen Ziel es war (und immer noch ist), Christen, Buddhisten, Muslims, Juden und Hindus miteinander zu vereinen. Doch im Gedächtnis geblieben ist Younghusband als Mann der Tat. Als er

1942 starb, schrieb Sir Frederick O'Connor in der *Times* über ihre gemeinsamen Monate in Tibet:

In all diesen Monaten der Kälte, des Unbehagens, der Erschöpfung und Gefahr hat er meines Wissens nicht ein einziges Mal Verärgerung und Ungeduld gezeigt ... Die ganze Zeit war er durch nichts zu erschüttern – wie ein Fels. Und wie einen Fels haben wir alle ihn bewundert; wir haben auf ihn vertraut. Aber diejenigen unter uns, die ihn gut gekannt haben, liebten ihn. Obgleich er die Menschen und ihre Fehler und Schwächen gut einschätzen konnte, ließ er sich nie zu einem unfreundlichen, ungehaltenen oder ungeduldigen Wort hinreißen. Jeder in unserer kleinen Truppe, das glaube ich sagen zu können, vom Ältesten bis zum Jüngsten, ob Europäer oder Inder, hat ihn bewundert und geachtet. Der Erfolg der Mission (und sie war keine leichte Aufgabe) war mehr als alles andere auf seinen persönlichen Charakter und Einfluß zurückzuführen, wie auch die freundschaftlichen Gefühle, die wir in Lhasa wecken konnten und die bis zum heutigen Tag unvermindert anhalten.

* * *

Wenige Monate nach der Rückkehr der Expedition wurden von eifrigen Verlegern zahlreiche Bücher auf den Markt gebracht, die die lange gehegten Geheimnisse der Heiligen Stadt offenbarten. Um möglichst der erste zu sein, hatte Perceval Landon Lhasa einen ganzen Monat vor allen anderen verlassen. Für einen Reporter war das ein riskantes Unterfangen, denn über den Vertrag wurde ja noch verhandelt. Seine Abreise hinderte die *Times* jedoch nicht daran, einen Knüller zu landen. Der berühmte Dr. George Morrison, ihr findiger Korrespondent in Peking, veröffentlichte am 17. September den Wortlaut des Vertrags; damit war er den Konkurrenten um Längen voraus, und in den meisten Einzelheiten war sein Bericht korrekt. Auf dem Pferderücken hatte Landon mittlerweile die sechshundertfünfzig Kilometer nach Darjeeling, der nächstgelegenen Bahnstation, in elf Tagen zurückgelegt; London erreichte er nach fünfunddreißig Tagen. Sein monumentales, zweibändiges

Werk *Lhasa*, das viele beeindruckende Photos enthielt, lag bereits vier Monate nach seiner Abreise aus Lhasa in den Londoner Buchhandlungen aus – eine erstaunliche Leistung sowohl des Autors als auch seines Verlegers. Dicht darauf folgten drei weitere Darstellungen der Expedition: Edmund Candlers *The Unveiling of Lhasa*, Oberstleutnant L. A. Waddells *Lhasa and its Mysteries* und ein seltsamer kleiner Band, *To Lhasa at Last*, der unter dem Pseudonym Powell Millington herauskam, ein Pseudonym, welches, soweit ich informiert bin, nie gelüftet wurde. Im folgenden Jahr erschien Hauptmann (inzwischen Major) Ottleys *With Mounted Infantry in Tibet*. Und vier Jahre später brachte John Murray schließlich Younghusbands eigenen unspektakulären Bericht unter dem Titel *India and Tibet* heraus. Die Regierung, die auch mitreden wollte, hatte unterdessen nicht weniger als drei offizielle Blaubücher veröffentlicht, zu denen später noch ein viertes kam. Kritiker unterstellten, daß sie das unrühmliche Verhalten des Kabinetts rechtfertigen sollten, wie man der Auswahl von Dokumenten und Berichten entnehmen konnte. Hauptmann O'Connor und der Reuter-Korrespondent Henry Newman veröffentlichten ebenfalls Darstellungen der Expedition; beide ergriffen für Younghusband Partei.

Nach solchen Enthüllungen konnte Lhasa nicht länger geltend machen, die geheimnisvollste Stadt der Erde zu sein. Für Forscher und Reisende war der Wettlauf nach Lhasa beendet. Allmählich schien jeder x-beliebige Angehörige der indischen Armee dort gewesen zu sein. Doch selbst wenn Lhasa das letzte seiner Geheimnisse der neugierigen Welt preisgegeben hatte, gab es noch riesige Gebiete des mysteriösen Landes, das nahezu der halben Größe Europas entspricht, zu erforschen und zu karthographieren. Es gab nicht nur gewaltige Gebirge zu erobern, einschließlich des höchsten Berges der Welt, sondern auch neue Pflanzen und womöglich unbekannte Tiere zu entdecken. Denjenigen, die sich für Okkultes und Übersinnliches interessierten, versprach Tibet mit seinen Geschichten von Menschen, die fliegen und allerhand andere Wundertaten vollbringen konnten, reiche Jagdgründe. Und wenn das noch nicht genug war, dann gab es immer noch das Gold.

Doch jeder, der glaubte, nun, da die Zitadelle gefallen war, könne man ohne weiteres nach Tibet gelangen, wurde enttäuscht. Die britische Regierung hatte sich dafür entschieden, daß es ein verbotenes Land bleiben sollte. Balfours wankende konservative Regierung unterlag schließlich im Dezember 1905 und wurde durch eine liberale Regierung unter Sir Henry Campbell-Bannerman ersetzt. Er wollte keinen Ärger wegen Tibet, und das erreichte man am einfachsten, wenn man niemanden hineinließ.

Einer der ersten, die mit diesem Verbot in Konflikt gerieten, war der berühmte schwedische Forscher Sven Hedin. Als einer der bedeutendsten Asienforscher hatte er nahezu zehn Jahre damit zugebracht, die weißen Flecken auf den Karten des chinesischen Turkestan auszufüllen. Mehr als einmal war er in das nördliche Tibet eingedrungen, von wo aus er, wie wir gesehen haben, 1901 seinen erfolglosen Versuch unternommen hatte, als Burjat-Pilger verkleidet Lhasa zu erreichen. Nun, im Jahre 1906, traf er in Indien ein, von wo aus er nach Tibet einreisen wollte. Sein Interesse an Lhasa war längst erloschen. Sein Ziel war die systematische wissenschaftliche Erforschung des südlichen Tibet. Für dieses Unternehmen war ihm erst wenige Monate zuvor die persönliche Billigung und Unterstützung Lord Curzons zugesichert worden, der sein Werk aufs höchste bewunderte. Der Vizekönig hatte es sogar arrangiert, daß drei indische Landvermesser in Dehra-Dun eigens ausgebildet wurden, um ihn zu begleiten. Doch das war vor dem Sturz der konservativen Regierung und Curzons Abreise aus Indien gewesen. Die neue Regierung erklärte nun, sehr zu Hedins Verdruß, daß er unter keinen Umständen Tibet betreten dürfe. Notfalls solle er mit Gewalt daran gehindert werden.

Lord Minto, Curzons Nachfolger, der davon überzeugt war, daß Hedins wissenschaftliche Arbeit auch für die britische Regierung von großem Wert sein würde, tat sein Bestes, um Londons Meinung zu ändern. Von politischen Erwägungen abgesehen, glaubte man jedoch in Whitehall, daß Hedin, ein ausgebildeter Geologe, beabsichtigte, nach Gold zu suchen. Minto schlug vor, Hauptmann Rawling, einen erfahrenen Forschungsreisenden, der an Younghusbands Expedition teilgenommen hatte, Hedin mitzugeben, so daß er beobachtet wurde. Doch der neue Innenminister, Lord Morley, hielt nichts davon. »Mein Gott, wie ich Morley haßte ...« schrieb Hedin später und fügte hinzu: »Die Engländer waren schlimmer als die Tibeter.«

Der Premierminister Campbell-Bannerman schloß sich Morleys Veto an und telegraphierte seine Entscheidung persönlich an Hedin. Fuchsteufelswild über diesen – wie er es nannte – Bruch des ihm gegebenen Versprechens durch die Briten, schwor sich der Schwede, sie zu überlisten und ihnen zu zeigen, »daß ich mich in Asien besser auskenne als sie ...« Er machte sich rasch auf den Weg nach Kaschmir, hielt sich in Srinagar nur auf, um eine Karawane zusammenzustellen, und zog nach Ladakh. Von dort, verkündete er, wolle er nach Turkestan, das nördlich lag, zurückkehren. Doch sobald er außer Sicht war, wollte er sich nach Osten wenden und hinter Campbell-Bannermans Rücken in Tibet eindringen. Aus Whitehall, wo man erriet, was er vorhatte, kam die Anweisung, ihn nicht nach dem chinesischen Turkestan ohne einen gültigen chinesischen Paß abreisen zu lassen, den er, wie man wußte, nicht besaß. Hedin besaß jedoch Freunde in der indischen Regierung, und so wurde das Telegramm mit der Anweisung auf mysteriöse Weise aufgehalten, bis er außer Reichweite war.

Nachdem Hedin die britische Regierung überlistet und einigermaßen blamiert hatte, reiste er zwei Jahre lang ungehindert durch das südliche Tibet und kartographierte Flüsse, Berge und heilige Seen; er brachte später einen umfangreichen Forschungsbericht heraus, der neun große Textbände und drei Kartenwerke umfaßte und der als »eines der umfassendsten Werke, die jemals über eine Region erstellt wurden«, galt. Die britische Regierung zeigte sich dermaßen beeindruckt vom Ergebnis seiner Arbeit und von seinem Wert für Britisch-Indien, daß sie ihm die Ehrenritterschaft verlieh und die Illegalität seiner Reise vergaß. Hedin fiel es weniger leicht zu verzeihen, und als Geographen in Großbritannien einige seiner Behauptungen anzweifelten, reagierte er zornig. »Seit hundertfünfzig Jahren«, erklärte er einer schwedischen Zeitung, »sind die Engländer im Besitz von Indien und haben doch so wenig getan, um Tibet zu erforschen, daß sie sich nicht damit abfinden können, wenn dann ein Ausländer kommt und Entdeckungen macht – und das trotz all der Mühen, die sie nicht gescheut haben, ihn daran zu hindern.«

Der temperamentvolle schwedische Forscher war indessen nicht der einzige Kritiker der britischen Tibetpolitik. Gesinnungsgenossen zuhauf hatte er sogar in der Verwaltung in Indien, ganz besonders unter den Grenzbeamten. Einer dieser Andersdenkenden war Hauptmann O'Connor, der britische Handelsvertreter in Gjangtse und enge Freund Francis Younghusbands. Seine unangenehme Aufgabe war es gewesen, die verwässerte Version der von Younghusband hart erkämpften Konzessionen ins Tibetische zu übersetzen und nach Lhasa zu übermitteln. Offiziell weilte er dort, um zu überwachen, daß der Handelsplatz gemäß dem (rudimentären) Abkommen von Lhasa geführt wurde, aber seine eigentliche Aufgabe bestand darin, auf seinem einsamen Horchposten politische Informationen für seine Vorgesetzten in Indien zusammenzutragen. Verärgert über die ängstliche Grenzpolitik, die von Westminster und Whitehall ausging, riet O'Connor seinen Vorgesetzten, während der anhaltenden Abwesenheit des Dalai Lama von Lhasa ihre Unterstützung auf den Pantschen Lama zu übertragen. Obwohl sie seinen Vorschlag ablehnten, dem Pantschen Lama moderne britische Waffen zu liefern, waren sie einverstanden, daß der Oberpriester von der indischen Regierung ein Auto geschenkt bekam.

So kam es, daß 1907 das erste Kraftfahrzeug – ein Clement mit acht PS – über die Himalajapässe gebracht und einer erstaunten Bevölkerung vorgestellt wurde. Von schwitzenden Kulis streckenweise auf Stangen getragen, dann wieder gezogen und geschoben, kam gleichzeitig O'Connors bescheidenerer Peugeot. »Als er erst einmal über den Dong-la-Paß gebracht worden war«, erinnert O'Connor sich in seinen Memoiren, »war es ein herrliches Vergnügen, über die weite Tuna-Ebene dahinzubrausen mit der sagenhaften Geschwindigkeit von fünfundzwanzig bis dreißig Kilometern pro Stunde – dem Äußersten, was wir schaffen konnten.« Doch da jeder Tropfen Benzin aus Indien über den Himalaja gebracht werden mußte, war das Autofahren in Tibet ein kostspieliges Vergnügen. Zudem ergaben sich aus der außergewöhnlichen Höhenlage ungekannte Probleme, insbesondere mit dem Vergaser, und so landete O'Connors Auto nach einigen Jahren schmachvoll in einem Stall, wo es vielleicht heute noch steht. Was aus dem Auto des Pantschen Lama geworden ist, wissen wir nicht.

Trotz seiner Beliebtheit bei den Tibetern hatte es O'Connor nicht leicht in Gjangtse. Die Chinesen, die ihren Gesichtsverlust bei Younghusbands Expedition nicht vergessen hatten, waren bestrebt, diesem britischen Beamten, der – nach ihrem Verständnis – auf ihrem Hoheitsgebiet stationiert war, das Leben so schwer wie möglich zu machen. Sie erkannten schnell, daß er und die Handvoll britischer Offiziere, die mit der kleinen Streitmacht in Tibet stationiert waren, die das Chumbi-Tal besetzt hielt, nur mäßig von der eigenen Regierung unterstützt wurden. »Natürlich erhoben wir diplomatischen Protest«, berichtet O'Connor in seinen Memoiren *On the Frontier and Beyond*, »aber es war nicht viel Druck dahinter, und darum hatte er auch wenig Wirkung.«

Den Chinesen muß es genauso ein Rätsel gewesen sein wie den Tibetern, warum die Briten nach und nach rückgängig machten, was sie einst in Lhasa so erbittert gefordert hatten. Doch sie begriffen bald, daß die britische Regierung – aus welchen Gründen auch immer – mit der ganzen tibetischen Affäre nichts mehr zu tun haben wollte. Und als die Briten sich zurückzogen und ein Vakuum hinterließen, füllten die Chinesen es aus. Niemand fragte dabei nach den Interessen der Tibeter. Der Englisch-Tibetische Vertrag, den Younghusband in Lhasa unterzeichnet hatte, gestand den Tibetern das Recht zu, für sich allein zu verhandeln, und widerrief damit praktisch die zuvor von Großbritannien geübte Anerkennung der Suzeränität Chinas über Tibet. Doch das wurde bald geändert. Um sich mit den Chinesen auszusöhnen, unterzeichnete die neue Campbell-Bannerman-Regierung im April 1906 mit China einen Vertrag, der dessen Suzeränität über Tibet wieder anerkannte, ohne daß sie Tibet davon informiert hätte. Im darauffolgenden Jahr wurde mit Rußland ein Vertrag geschlossen – das Englisch-Russische Abkommen –, in dem beide Länder Chinas »Suzeränitätsrechte« über Tibet anerkannten und übereinkamen, sich nicht in die inneren Angelegenheiten des Landes einzumischen. Auch hierbei wurden die Tibeter weder konsultiert noch informiert.

Was dann geschah, hatte die britische Regierung nicht vorausgesehen. Ohne jede Vorwarnung marschierten die Chinesen in Tibet ein; die Leichen von Mönchen und anderen Opfern säumten ihren Weg. Der Dalai Lama, der nach fünf Jahren im Exil soeben in seine Hauptstadt zurückgekehrt war, bat die Außenwelt um Hilfe, doch vergeblich. Im Februar 1910 besetzten die Chinesen mit zweitausend Mann Lhasa. Sie feuerten in die Menge, die sich versammelt hatte, um sie ankommen zu sehen. Es gelang ihnen jedoch nicht, den Dalai Lama und seine Minister gefangenzunehmen. Als sie entdeckten, daß er geflohen war, setzten sie sofort ein Kopfgeld auf ihn aus und ließen ihn von zweihundert Reitern verfolgen.

Tag und Nacht und auf Wegen, die sie bisweilen aufgrund von Weissagungen wählten, jagten die Flüchtlinge nach Süden, auf Britisch-Indien zu. Nachdem sie einige Male nur mit knapper Not davonkamen, erreichten sie schließlich völlig erschöpft Sikkim. Spät am Abend und immer noch Verfolger fürchtend, hämmerten sie an das Tor einer Fernmeldegrenzstation in Gnatong, die mit zwei ehemaligen Feldwebeln, Luff und Humphreys, besetzt war. Per Telegraph waren sie davon informiert worden, daß der Dalai Lama in ihre Richtung unterwegs war und sie ihm, soweit es ihnen möglich war, Hilfe und Schutz angedeihen lassen sollten. Nun sprangen die beiden aus ihren Betten. Als sie die Tür öffneten, sollen sie gefragt haben: »Wer von euch Burschen ist denn der Dalai Lama?« Verlegen ob der Bescheidenheit ihres Quartiers, fragten sie den Gottkönig, ob er die Nacht nicht lieber im offiziellen Bungalow der Verwaltung verbringen wolle. Doch der Dalai Lama meinte, er wolle lieber bleiben, wo er war. In Gesellschaft dieser kräftigen gutgelaunten Vertreter des britisch-indischen Reiches fühle er sich wohl sicherer. Nachdem die beiden Engländer der königlichen Gesellschaft Tee aufgebrüht und etwas zu essen angeboten hatten, hielten sie mit ihren Gewehren für den Rest der Nacht Wache, während der müde Dalai Lama in Feldwebel Luffs Bett schlief. Am nächsten Morgen bereiteten Luff und Humphreys der gesamten im Exil befindlichen tibetischen Regierung ein Frühstück und wünschten ihren Gästen Lebewohl, als diese auf britisches Territorium und in Sicherheit weiterritten.

So kam im Jahr des eisernen Hundes der größte lebende Buddha in den kleinen himalajischen Marktflecken Kalimpong, wo die gesamte Bevölkerung – Hindus und Muslims, Christen und Buddhisten – erschien, um ihn in seiner schweren Stunde willkommen zu heißen. Manche verneigten sich, andere warfen sich in den Staub. Unter denen, die an diesem Tag in die Stadt ritten, um ihn zu sehen, befanden sich auch die drei blonden Töchter eines schottischen Missionars. Als der Dalai Lama vor dem Bungalow, der in aller Eile für ihn hergerichtet worden war, vom Pferd stieg, erblickte er eines der Mädchen. Noch nie in seinem Leben hatte er solch goldenes Haar gesehen. Ungläubig faßte er danach, um es zu fühlen. Das kleine Mädchen lächelte ihm zu. Das war der Beginn der Freundschaft, die zwischen dem Dalai Lama und seinen früheren Feinden, den Briten, während seines zweijährigen Exils in Indien erwachsen sollte. In dieser Zeit sollten die Beziehungen Großbritanniens zu den Tibetern enger werden, als sie es jemals zuvor und auch je danach waren, und das hauptsächlich durch den Einfluß eines Engländers, Charles Bell. Bell, ein Tibetisch sprechender Politoffizier, war damit betraut worden, sich während des Exils um den Dalai Lama zu kümmern, und zwischen den beiden Männern entwickelte sich eine enge Freundschaft, die später wertvolle Früchte für Großbritannien tragen sollte.

In Lhasa entwickelten sich die Dinge für die Chinesen nicht zum besten. Von der Bevölkerung konnten sie keine Zusammenarbeit erwarten, das tibetische Parlament stellte sich quer, und in verschiedenen Teilen des Landes bildete sich eine Widerstandsbewegung, die sich »Die Morgenröte« nannte und immer wieder Anschläge verübte. Als die Chinesen den Pantschen Lama nach Lhasa einluden, in der Hoffnung, sich seine Autorität zunutze machen zu können, brachten wütende Tibeter ihr Mißfallen damit zum Ausdruck, daß sie ihm alte Socken und Dreck an den Kopf warfen, als er zusammen mit dem chinesischen *Amban* durch die Straßen ritt. Steuern fanden plötzlich ihren Weg nach Darjeeling, wo der Dalai Lama jetzt lebte, statt nach Lhasa, und die Chinesen mußten die Tibeter durchsuchen, die nach Indien reisten, um das zu unterbinden. Schließlich waren die Chinesen so ratlos, daß sie an den Dalai Lama herantreten und ihn bitten mußten, zurückzukehren, doch ohne Erfolg.

Inzwischen war die Zeit der Mandschus in Tibet wie auch überall sonst so gut wie abgelaufen. Im Oktober 1911 brach in China eine Revolution aus. Die Nachricht erreichte rasch die chinesische Garnison in Lhasa, wo die Soldaten meuterten, weil es seit Monaten keinen Sold mehr gegeben hatte. Einige der Offiziere, darunter sogar ein Oberst, quittierten den Dienst und gingen als Mönche ins Sera-Kloster. Von Gerüchten ermutigt, der Dalai Lama kehre zurück, um sie in einem heiligen Krieg gegen ihre Unterdrücker zu führen, erhoben sich die Tibeter gegen die Chinesen. Nur mit primitiven Feuerwaffen und Schwertern bewaffnet, erlitten sie zunächst schwere Verluste, doch allmählich wurden die demoralisierten, an Heimweh leidenden Chinesen von den Garnisonen außerhalb in die Hauptstadt getrieben.

Hier entwickelte sich eine seltsame Form des Stellungskrieges. Die Chinesen hielten den Süden der Stadt besetzt und die Tibeter den Norden. Zwischen diesen beiden Linien lag eine verbarrikadierte Straße. In den Häusern auf beiden Seiten waren die Fenster und Türen mit Sandsäcken versperrt. Von beiden Parteien wurden Tunnel in den Sektor des Gegners gegraben, in denen man Sprengladungen unter Schlüsselstellungen des Feindes legte. Um die Druckwelle der Explosion zu brechen, wurden die Tunnel im Zickzack angelegt. Simple, aber raffinierte Methoden wurden sowohl von den Chinesen als auch von den Tibetern entwickelt, um Tunnelbauer bei der Arbeit ausfindig zu machen. Das alles nahm eine neue Art der Kriegführung vorweg, die bald darauf in ganz Europa eingesetzt werden sollte.

Bei diesen Kämpfen wurden große Teile Lhasas in Schutt und Asche gelegt, und es dauerte nicht lange, bis den Chinesen die Lebensmittel ausgingen. Schließlich wurde ein Waffenstillstand vereinbart. Als Gegenleistung für freien Abzug über Indien übergaben die Chinesen ihre Waffen. Am 6. Januar 1913 marschierte die letzte belagerte Garnison aus Lhasa nach Kalimpong. Endlich hatten sich die Tibeter von den letzten ungebetenen Gästen befreit, wenn es diesmal auch drei schwere Jahre lang gedauert hatte. Erst jetzt kehrte der Dalai Lama in seine Hauptstadt zurück, um seine zweimal unterbrochene Herrschaft wiederaufzunehmen. Die neue republikanische Regierung Chinas, die Tibet nicht ganz aus der Hand verlieren wollte, telegraphierte dem Gottkönig und entschuldigte sich für die Exzesse der Soldateska des vorherigen Regimes; außerdem erklärte sie ihm, daß sie beschlossen habe, ihm seine frühere Stellung innerhalb des Chinesischen Reichs zurückzugeben. In einem Antwortschreiben, das die Tibeter bis heute als Schlußstrich unter der jahrhundertelangen chinesischen Kolonialherrschaft und als Beginn der modernen tibetischen Unabhängigkeit ansehen, wies der Dalai Lama dieses Angebot zurück und verkündete seine Absicht, die vollständige Regierungsgewalt über sein Land zu übernehmen. Siebenunddreißig Jahre und eine weitere göttliche Reinkarnation sollten vergehen, ehe Peking das anfocht.

Die Freundschaft des dreizehnten Dalai Lama mit Charles Bell sollte auch nach seiner Rückkehr nach Lhasa weiterbestehen. An Bell, zu dem er größtes Vertrauen hatte, wandte er sich oft in heiklen Fragen um Rat. Es war Bells Idee gewesen, 1913 vier tibetische Jungen auf eine englische Public School zu schicken. Er hatte gehofft, sie könnten später, wenn sie mit dem westlichen Leben vertraut waren, Tibet aus dem Mittelalter ins zwanzigste Jahrhundert führen helfen. Das Experiment, das in Rugby durchgeführt wurde, hatte nur zum Teil Erfolg. Ein britischer Grenzoffizier erinnert sich: »Sie gingen als scheue, unbeholfene Kinder und kamen zurück als perfekt englischsprechende Männer von Welt.« Das einzig Ärgerliche war, daß sie beinahe jedes Wort Tibetisch vergessen hatten. Doch noch enttäuschender war, daß die Gedanken, die sie in England aufgenommen hatten, für den Großteil der priesterlichen Hierarchie nicht annehmbar waren. Einer der Jungen brachte sogar ein Motorrad mit, das erste, das man in Tibet zu Gesicht bekam. Doch als ein hoher Beamter wegen der Maschine von seinem erschreckten Maultier abgeworfen worden war, wurde sie konfisziert und verschwand in einem Lagerraum im Potala. Einem anderen der Jungen, der als Elektroingenieur ausgebildet worden war, nachdem er Rugby absolviert hatte, war es jedoch schließlich zu verdanken, daß Teile von Lhasa elektrifiziert wurden.

Ein Beweis der Freundschaft zwischen Bell und dem Dalai Lama, dessen Biographie Bell später schreiben sollte, war die Geste des tibetischen Herrschers gegenüber Großbritannien bei Ausbruch des Zweiten Weltkriegs. Er und die tibetischen Klöster beteten nicht nur für einen britischen Sieg, sondern er stellte auch tausend seiner besten Soldaten zur Verfügung, die auf britischer Seite kämpfen sollten, wo immer sie gebraucht würden. Bells Einfluß im Potala sollte auch dazu führen, daß britischen Bergsteigern nach dem Krieg ein Vorsprung vor ihren Rivalen im Wettlauf um die Besteigung des Mount Everest gegeben wurde. Denn ihm allein war es zu verdanken, daß britische Bergsteiger als erste Tibet betreten und den großen Berg in Angriff nehmen durften, dessen Anziehungskraft bald selbst die von Lhasa übersteigen sollte.

In Wirklichkeit hatte bereits, was niemand wußte, eine heimliche Erkundung der Zugangswege zum Mount Everest stattgefunden, als sich der Dalai Lama im Exil in Darjeeling befand.

12. Das Rätsel des Schnees

Seit langem träumte Hauptmann John Noel, ein junger Offizier der indischen Armee, davon, als erster Weißer dem Mount Everest entgegenzutreten. Als er sich auf seine heimliche Reise vorbereitete – im Frühjahr 1913 –, war noch kein Europäer in die Nähe des Berges gekommen. Obgleich er schon seit sechzig Jahren als der höchste Berg der Welt galt, lag er unerreichbar – und darum um so verlockender – auf der Grenze zwischen den beiden verbotenen Ländern Tibet und Nepal. Seine ehrfurchtgebietende Höhe von fast neun Kilometern war von der Landvermessungsbehörde Britisch-Indiens bereits im Jahre 1852 ermittelt worden, und zwar auf Grund von Beobachtungen von den Ebenen Indiens aus. Der Chefrechner der Behörde, Radhanath Sikhdar, soll aufgeregt ins Büro des Generalgeometers gestürzt sein und ausgerufen haben: »Sir, ich habe den höchsten Berg der Welt entdeckt.« Die offizielle Darstellung verweist dies jedoch ins Reich der Legende und bezeichnet die Entdeckung der Höhe von 8840 Metern (eine Zahl, die später noch leicht korrigiert wurde) als Gemeinschaftsarbeit. Noch dreizehn Jahre sollten vergehen, ehe Gipfel XV, wie er damals hieß, seinen jetzigen Namen bekam – als Zeichen der Anerkennung für Sir George Everest, den »Vater« der modernen Survey of India. Doch das geschah erst, nachdem man vergeblich versucht hatte, seinen heimischen Namen ausfindig zu machen.

Anträge auf eine Expedition zum Everest waren von der damaligen Regierung zweimal zurückgewiesen worden. Der erste Antrag war 1893 von Leutnant Charles Bruce, einem bärenstarken jungen Offizier der indischen Armee, gestellt worden; Bruce war im ganzen Himalaja bekannt als Bergwanderer – und dafür, daß er einmal in einem Ringkampf drei Gurkhas gleichzeitig bezwungen hatte. Der zweite, der dreizehn Jahre später gestellt wurde, war abgelehnt worden, weil die britische Regierung damals gerade den

229

wichtigen Englisch-Russischen Vertrag von 1907 aushandelte und peinlichst darauf bedacht war, ihn durch nichts zu gefährden. Doch der Mount Everest konnte nicht für immer unberührt bleiben. Im April 1913 begab sich Hauptmann Noel als Einheimischer verkleidet und ohne die Erlaubnis seiner eigenen Regierung oder Lhasas, aber mit dem festen Entschluß, den Zugang zum Mount Everest zu erkunden, von Sikkim aus nach Tibet. Als erfahrener Bergsteiger, der sich im Himalaja gut auskannte und die Sprachen der Gebirgsstämme und auch etwas Tibetisch sprach, nahm er sich drei erprobte, treue einheimische Begleiter und drang über einen Paß nach Tibet ein, den Sarat Chandra Das auf seinen geheimen Reisen benutzt hatte.

Etwas beklommen näherte sich Noel mit seinen Leuten dem Grenzposten, einer kleinen Hütte aus Stein, die in den Tagen der Pandits von tibetischen Grenzwachen besetzt gewesen war. Zu ihrer Erleichterung war sie verlassen, vielleicht als Zeichen der verbesserten Beziehungen zwischen den Nachbarländern. Etwas weiter kamen sie an das einsame buddhistische Kloster Chorten-Nyim, das von sieben tibetischen Nonnen bewohnt war. Drei der Nonnen waren zur Erleichterung des verkleideten (aber blauäugigen) Engländers völlig blind. Noels Reise kann hier nicht in allen Einzelheiten beschrieben werden – das tat er nach dem Krieg vor der Royal Geographical Society selbst. Gesagt sei nur noch, daß er fünfundsechzig Kilometer vor seinem Ziel von bewaffneten Tibetern nach einem Handgemenge und einem kurzen Feuerwechsel zur Rückkehr gezwungen wurde. Glücklicherweise geschah es erst, nachdem er den oberen Teil des Mount Everest hatte betrachten können, und das aus kürzerer Distanz als jeder Europäer vor ihm.

Obgleich er zum Rückzug gezwungen worden war, noch ehe er die Vorberge des Everest erreicht hatte, wurde die von Noel erkundete Route später von den ersten offiziellen britischen Expeditionen gegangen. Die erste von ihnen, ein Erkundungstrupp, sollte dank des Einflusses von Charles Bell 1920 den Segen des Dalai Lama erhalten. Es war jedoch Noels Bericht vor der Royal Geographical Society im Jahr davor, der das nach dem Krieg wieder aufkommende Interesse am Mount Everest entfachte.

Allerdings ist es sehr unwahrscheinlich, daß jemals eine dieser Expeditionen stattgefunden hätte, wenn nicht der Dalai Lama seinen Freund Bell (inzwischen Sir Charles) nach Lhasa eingeladen hätte, als ersten Europäer, dem diese Ehre zuteil wurde. (Die einzige andere Route zum Everest führte durch Nepal, und Nepal war europäischen Reisenden damals immer noch verschlossen.) Das Motiv dieser Einladung war nichts, was der Dalai Lama zu verheimlichen suchte. An der Ostgrenze hatte er seit einiger Zeit Ärger mit den Chinesen. Seine Truppen kämpften dort (mit erstaunlichem Erfolg) gegen die der neuen republikanischen Regierung. Im Wunsch, britische Hilfe gegen diesen schwierigen Nachbarn zu erhalten, hoffte er, daß Bell, obgleich sich dieser offiziell bereits im Ruhestand befand, seine Regierung dazu bewegen könne, Tibet mit dringend benötigten Waffen und Munition sowie militärischer Ausbildung zu unterstützen. Das Kabinett, das befand, die bolschewistische Revolution habe Großbritanniens Verpflichtungen aus dem Englisch-Russischen Vertrag (der solche Besuche verbot) null und nichtig gemacht, drängte Bell, die Einladung anzunehmen. Im November 1920 traf er in Lhasa ein; er wurde von der gesamten Bevölkerung herzlich empfangen und zog in den Potala, wo er fast ein ganzes Jahr bleiben sollte und regelmäßig mit dem Dalai Lama und seinen Ministern zusammentraf.

In dieser Zeit schnitt Bell auch die Frage einer Everest-Expedition an. Obgleich der Everest den Tibetern weniger heilig war als mancher andere Berg, ganz besonders der Kailas im Südwesten, war er den Einheimischen in der Region heilig. »Eine Expedition von Weißen, die nicht an die tibetischen Geister glaubten und außerhalb der buddhistischen Bruderschaft standen, mußte die Geister des Ortes stören«, schrieb Bell später. Doch es gelang ihm, den Dalai Lama davon zu überzeugen, daß Engländer, so exzentrisch sie auch sein mochten, wenn sie als erste auf dem höchsten Punkt der Erde stehen wollten, nichts Unheilvolles an sich hatten. Um seinem Freund und auch der britischen Regierung eine Freude zu machen (er erhielt tatsächlich zu gegebener Zeit seine Waffen), gab der Dalai Lama seine Zustimmung, und Bell erhielt einen besonderen Paß, der das Große Rote Siegel der heiligen Herrscher Tibets trug. Er enthielt die Worte:

Den Beamten und Stammeshäuptlingen von Phari-Tschong, Kampa, Tin-ki und Shekar zur Kenntnis, daß eine Gruppe von Sahibs zu dem heiligen Berg kommen wird. ... Jegliche Hilfe und Schutz sollen ihnen gewährt werden ... Wir haben die Sahibs gebeten, die Gesetze des Landes zu achten, wenn sie den heiligen Berg besteigen, und weder Vögel noch Tiere zu töten, weil die Menschen darüber sehr betrübt sein würden ... Seine Heiligkeit, der Dalai Lama, unterhält sehr freundschaftliche Beziehungen zu der Regierung von Indien.

Er war auf den siebzehnten Tag des elften Monats im Jahr des eisernen Vogels datiert. Der Weg zum Mount Everest war nun offiziell frei, und im Mai 1921 reiste ein kleiner Erkundungstrupp, gemeinsam von der Royal Geographical Society und vom Alpine Club organisiert, von Sikkim aus nach Tibet ein. Zur Expedition gehörte ein Lehrer von Charterhouse, dessen Name, George Leigh-Mallory, in die Annalen der Helden eingehen sollte. Als bester Bergsteiger seiner Zeit wollte er, falls sich die Chance dazu bot, den kühnen Versuch unternehmen, den Gipfel zu erreichen. Ein Himalajaexperte sagte damals voraus: »Sie werden Mühe genug haben, den Berg überhaupt zu finden, geschweige denn etwas anderes zu unternehmen.« Gefunden haben sie ihn zwar, doch machte schlechter werdendes Wetter die Frage, ob Mallory den Gipfel in Angriff nehmen solle, überflüssig. Inzwischen waren in London die Vorbereitungen für die eigentliche Expedition im Gang.

Der Mount Everest hatte inzwischen eine so große Ausstrahlungskraft, daß Sir Francis Younghusband, der sich nunmehr im Ruhestand befand und Vorsitzender des Expeditionskomitees war, mit Briefen von Bewerbern aus aller Welt eingedeckt wurde, die darum baten, mitgehen zu dürfen. Doch auch im eigenen Land bestand kein Mangel an erfahrenen und erprobten Bergsteigern. Zunächst wurde Mallory wieder ausgewählt. Obwohl er mit sechsundfünfzig Jahren zu alt zum Klettern war, wurde Brigadegeneral Charles Bruce zum Leiter der Expedition berufen. Er hatte fast dreißig Jahre zuvor als erster die Idee zu einem solchen Unternehmen gehabt. Mit seiner langen Erfahrung und seinem umfassenden Wissen über den Himalaja, die dortigen Völker und Sprachen, war

Bruce die naheliegendste Wahl. Auch Hauptmann John Noel wurde ausgewählt. Seine Hauptaufgabe war es, den Aufstieg im Film festzuhalten.

Kaum waren die ermutigenden Berichte des Erkundungstrupps in London eingetroffen, da schiffte sich die von Younghusband handverlesene Mannschaft nach Indien ein. Ende März 1922 begann in Darjeeling eine kleine Armee Bergsteiger und Lastenträger ihren langen Marsch durch Sikkim und Tibet zum Kloster Rongbuk, das etwa fünfundzwanzig Kilometer vom Fuß der Everest-Nordwand entfernt lag. Es war keine Zeit zu verlieren. Der letzte Angriff auf den Gipfel mußte erfolgen, ehe Anfang Juni der Monsun ausbrach und den Berg in einen Alptraum von Lawinen und schmelzenden Gletschern verwandelte. Obgleich in bezug auf die moralischen und ethischen Aspekte der Verwendung von Sauerstoff Uneinigkeit herrschte, wurden einige Flaschen vorsichtshalber mitgenommen. Niemand war jemals zuvor höher als siebentausendfünfhundert Meter gestiegen; über die Auswirkungen noch größerer Höhen auf den menschlichen Organismus und das Gehirn konnten also nur Vermutungen angestellt werden. Nicht viele Bergsteiger hielten es damals selbst mit Hilfe von Sauerstoff für möglich, den Everest zu bezwingen.

Für die sechshundertfünfzig Kilometer bis zu dem entlegenen Kloster Rongbuk benötigten sie einen Monat. Den Mount Everest in voller Sicht, stand es allein in einem Tal von viertausendneunhundert Meter Höhe und war das höchstgelegene Kloster der Welt. Viele der Mönche lebten als Einsiedler, monate- oder jahrelang eingesperrt in aus dem Fels gehauene Zellen. Ein Eremit, der als Heiliger galt, hatte fünfzehn Jahre lang reglos in totaler Finsternis verbracht. Seine Meditation hatte er nur zur Entgegennahme von Nahrung unterbrochen – täglich wurde ihm von Mönchen, die er nie zu Gesicht bekam und mit denen er niemals sprach, ein Becher Wasser und eine Handvoll Gerstengrütze durch ein kleines Loch gereicht. Die Tiere in dem stillen, unberührten Tal zeigten keine Scheu vor Menschen. Vielleicht haben die Berichte der Bergsteiger von diesem Tal und dem Kloster James Hilton zu seinem Shangri-La in *Lost Horizon* angeregt. Heute besteht das Kloster nicht mehr. Es wurde von den Roten Garden völlig zerstört. Hier jedenfalls errichtete die Expedition ihr Basislager, hier hörte sie zum erstenmal vom *Yeti* oder Schneemenschen, der bisweilen, wie man sich erzählte, Frauen verschleppte oder Jaks den Hals durchbiß und ihr Blut trank. Mindestens vier dieser Ungeheuer sollte es in dieser Gegend geben. Die Expedition wurde auch vor den Schutzgeistern des Berges gewarnt, die gewiß versuchen würden, sie von seiner Besteigung abzuhalten.

Der Aufstieg, so wurde beschlossen, sollte nach der »Polarmethode« vorgenommen werden, was bedeutete, daß die zähen und vergnügten Sherpa-Träger so weit wie möglich den Berg hinaufsteigen und Depots oder Lager einrichten sollten, und das alle sechshundert Höhenmeter. Die Bergsteiger konnten diese Lager dann als eine Art Leiter benutzen, die sie so nah wie möglich an den Gipfel heranführte, so daß für den letzten Ansturm vielleicht noch sechshundert Meter blieben. Der erste Angriff wurde von Mallory geführt. Er und drei weitere Bergsteiger erreichten am 20. Mai 1922, ohne Sauerstoff und an der Höhenkrankheit leidend, eine Höhe von 7620 Metern – Weltrekord – und stiegen am folgenden Tag sogar noch höher, bis auf 8225 Meter. Doch um den Gipfel zu erreichen, hätten sie noch ein Lager aufschlagen müssen. Dazu waren sie jedoch nicht in der Lage. Sie hatten nicht mehr genug Proviant, waren durch die Höhenkrankheit geschwächt und hatten nicht die nötige Ausrüstung dabei. Überdies verschlechterte sich das Wetter rapide.

Nun schickte General Bruce zwei andere Bergsteiger hinauf, diesmal mit Sauerstoff, die versuchen sollten, den Gipfel zu erreichen. Unterwegs begegneten sie Mallory bei seinem Abstieg. Trotz des Umstands, daß ihre Sauerstoffausrüstung alarmierende Defekte aufwies, gelang es ihnen, bis auf 8300 Meter zu steigen, höher noch als Mallory, bevor sie von dem sich wieder verschlechternden Wetter zur Rückkehr gezwungen wurden. Aber sie waren bis auf fast fünfhundert Meter an den höchsten Punkt der Erde herangekommen, und jeder war jetzt davon überzeugt, daß es zu schaffen war. Obgleich sich das Wetter durch den nahenden Monsun immer mehr verschlechterte, entschloß sich Bruce, noch einen Versuch zu unternehmen, diesmal wieder angeführt von Mallory, dem Wunderkletterer. Noel sah mit seinen Kameras (die zu schwer waren, als daß die Sherpas sie immer wieder den Berg hinauf und herab tragen konnten), von unten zu, als die Gruppe sich auf den Weg machte. Zusammen mit einem Kameraden sah er den winzigen schwarzen Punkten – Bergsteigern und Sherpas – nach, die langsam immer höher stiegen. Dann waren sie plötzlich verschwunden.

»Mein Gott, sie sind weg!« keuchte er. »Eine Lawine«, erwiderte sein fassungsloser Kamerad. Mit Noels Fernrohr suchten sie verzweifelt die Stelle ab, wo die Bergsteiger eben noch gewesen waren. Ein ganzes Kliff von Eis und Schnee war abgebrochen. Von niemandem war eine Spur zu sehen. In aller Eile machten sie sich auf den Weg den Berg hinauf, und bald sahen sie vor sich etliche reglose Gestalten. Sie saßen unbeweglich im Schnee genau oberhalb der Stelle, wo der Berg abgerutscht war. Sofort wußte Noel, was geschehen war. »Sie hockten unmittelbar am Rand einer steilen Eiswand, die etwa fünfundzwanzig Meter hoch war«, schrieb er später in seinem Buch *Through Tibet to Everest*. »Die Lawine hatte sie bis an diesen Rand geschoben, und jetzt wagten sie nicht, sich zu bewegen, um nicht hinabzustürzen.« Dieses Schicksal hatte einige ihrer unglücklichen Gefährten ereilt. Die Seile, durch die sie mit den Sherpas weiter oben verbunden gewesen waren, waren gerissen wie dünne Fäden, und acht Sherpas waren in eine Gletscherspalte gestürzt. Die drei Europäer, die an der Spitze gegangen waren, hatten überlebt. Sie kletterten nun zurück zu Noel und seinen Gefährten am Grund des Kliffs. Dort fanden sie zu ihrer Bestürzung die Leichen von fünf Sherpas, die sofort tot gewesen sein müssen, als ihre Körper gegen das Eis geschleudert wurden. Ein abgerissenes Kletterseil führte zu zwei weiteren, die unter dem Schnee begraben lagen. Einer war tot, doch der andere war wie durch ein Wunder noch am Leben, wenngleich bewußtlos. Er sollte wieder zu sich kommen und sogar die nächste Expedition mitmachen. An seinem Seil hing noch ein toter Sherpa, der siebente. Doch er war unter Tonnen von Schnee und Eis begraben, und die Gruppe hatte nicht die Kraft, seinen Leichnam zu bergen.

Nun war es die nervenaufreibende Aufgabe, die Sherpas zu retten, die sich auf der äußerst gefährlichen Kante befanden. Einer nach dem anderen wurden sie von Mallory und einem der Bergsteiger aus ihrer gefährlichen Lage befreit. »Die Männer hatten die

Nerven verloren und schrien und strampelten wie Babys«, berichtet Noel. »Es war schlimm, ihren Zustand und ihren Schmerz mitzuerleben.« Manche hatten Brüder, alle hatten Freunde verloren bei diesem schrecklichen Ende der Expedition. Noel beschreibt es folgendermaßen: »Sie gingen zu den zerschmetterten Körpern und nahmen ihnen die Amulette und anderen Familienandenken vom Hals. Wir fragten die Männer, ob wir die Leichen mitnehmen sollten. Doch sie wollten es nicht, und so bedeckten wir sie mit Schnee und ließen sie zurück.«

Diesmal hatten die Schutzgeister gewonnen. Doch es sollte nicht lange dauern, bis die Engländer, klüger und entschlossener als je zuvor, zur nächsten Konfrontation mit dem Everest zurückkehrten. Wieder sollte es tragisch ausgehen, aber für das Bergsteigen war es vielleicht eine Schlüsselstunde. Hier ist nicht der Platz, die Geschichte von Anfang an zu erzählen, doch in der ersten Juniwoche 1924 hatten wieder Bergsteiger ihr Lager auf dem Berg aufgeschlagen. Sie hatten sich ihren Weg dahin erkämpft, nachdem sie zweimal von heftigen Schneestürmen, in denen sie zwei Sherpas verloren hatten, abgedrängt worden waren. Am Morgen des 4. Juni hatten zwei aus der Gruppe – Oberst Edward Norton und Dr. Howard Somervell – eine Höhe von 8230 Metern erreicht, und sie stiegen immer noch höher. Am Mittag waren sie bei 8535 Metern. Doch nun fühlte sich Somervell zu schwach, um noch weiter zu gehen. Das Atmen fiel ihm schwer, und er war dem Zusammenbruch nahe. Sein Puls lag bei hundertzwanzig. Er drängte seinen Kameraden, allein zum Gipfel weiterzugehen. Doch auch Norton konnte nicht mehr. Er war völlig erschöpft und begann unter Schneeblindheit zu leiden. Dennoch schleppte er sich weiter, bis er schließlich bei 8581 Metern zur Rückkehr gezwungen wurde, knappe 267 Meter unterhalb des Gipfels. Tief enttäuscht stieg er wieder dahin hinab, wo er Somervell zurückgelassen hatte.

Jetzt stand der Monsun unmittelbar bevor, und es war keine Zeit mehr zu verlieren. Am Morgen des 6. Juni schickten sich Mallory und Irvine (mit zweiundzwanzig Jahren der jüngste Everest-Besteiger) an, in einem letzten, verzweifelten Versuch den Gipfel zu erreichen. Die Nacht zuvor hatten sie zusammen mit den niedergeschlagenen Norton und Somervell verbracht, die sich beide in schlechter Verfassung befanden. Norton, der vorübergehend so gut wie blind war, konnte nur seinen Kameraden die Hand drücken und ihnen Erfolg wünschen. Mit acht Sherpas brachen Mallory und Irvine zum Lager V auf. Von dort aus schickten sie vier Sherpas zurück und verbrachten die Nacht oben. Am nächsten Morgen gingen sie bei ausgezeichnetem Wetter weiter und erreichten sicher Lager VI – in 8140 Meter Höhe. Hier schrieb Mallory eine Nachricht an Noel im Lager III, in der er ihm mitteilte, daß sie am nächsten Morgen gegen acht Uhr den Fuß der Bergspitze zu erreichen hofften, und ihm riet, seine Kameras bereitzuhalten. Mit ihr wurden die letzten vier Sherpas zurückgeschickt. Einer von ihnen, mit Namen Lakpa, überbrachte sie Noel noch am selben Abend. An diesem Tag war er bereits von 7600 auf 8200 Höhenmeter gestiegen und hatte dabei Ausrüstungsgegenstände für Mallory und Irvine getragen; dann war er wieder von diesen 8200 auf 6400 Meter abgestiegen – eine unglaubliche Leistung!

Mallorys schriftliche Nachricht war das letzte, was von den beiden Bergsteigern je gehört wurde, aber sie war nicht das letzte, was von ihnen gesehen wurde. Ein anderer Bergsteiger, Noel Odell, war inzwischen zum Lager V gekommen, um Mallory und Irvine jede erdenkliche Hilfe anzubieten. An diesem verhängnisvollen Morgen – dem 8. Juni 1924 – war er ihnen in ihrer Spur gefolgt, um sie als erster bei ihrer Rückkehr vom Gipfel zu begrüßen. Kurz nach Mittag – er hatte gerade eine Höhe von 7900 Metern erreicht – teilten sich plötzlich die Wolken, die den Gipfel des Everest eingehüllt hatten, so daß er die beiden sehen konnte. Wie zwei winzige Fliegen an einer gekalkten Wand hoben sie sich vom Schnee ab. In einem Bericht an die *Times* schilderte Odell, was er hoch über sich sah. »Meine Augen stellten sich auf einen winzigen schwarzen Punkt ein, der sich auf einem kleinen Schneekamm abzeichnete ... und der schwarze Punkt bewegte sich. Deutlich zeigte sich noch ein schwarzer Punkt, der sich den Schnee hinauf zu dem anderen hin bewegte. Dann näherte sich der erste der großen Felsschwelle und erschien kurz danach auf ihr, und der zweite folgte ihm.«

Im nächsten Augenblick nahmen ihm Wolken die Sicht. Mallory und Irvine wurden nie wieder gesehen. Doch das, was Odell durch sein Fernglas gesehen hatte, ließ ihn keine Besorgnis verspüren. Er war selbst ein erfahrener Bergsteiger, und nach seinen Worten »machten sie den Eindruck, gut voranzukommen«. Allerdings wurde die Zeit knapp, wenn sie den Gipfel erreichen und bis zum Dunkelwerden wieder im Lager VI sein wollten. Er kehrte nun zur Station IV zurück und überließ die winzigen Nachtlager in den beiden höheren Lagern Mallory und Irvine. Lager VI lag ein bißchen verborgen, und er vermutete, sie könnten es übersehen und bis zum Lager V zurückkehren. Jetzt verschlechterte sich das Wetter auf dem Mount Everest erschreckend; sehr beunruhigt suchte Odell am nächsten Morgen, dem 9. Juni, die beiden höher gelegenen Lager mit dem Fernglas ab. Er konnte keinerlei Bewegung erkennen. Sehr besorgt machte er sich nun bei bitterkaltem Seitenwind auf den Weg nach oben. In der Station V war niemand. Odell blieb hier über Nacht. Mit schnell dahinschwindenden Hoffnungen, sie noch lebend aufzufinden, kämpfte er sich durch entsetzliches Wetter bis zur Station VI. Doch alles in dem kleinen Zelt war so, wie er es verlassen hatte. Da wußte er, daß seine beiden Kameraden tot waren.

Der Verlust von Mallory und Irvine in Tibet ist wie der Tod Scotts und seiner Begleiter am Südpol eine der großen Tragödien der Erforschung unserer Erde. Immer wieder haben Bergsteiger die Frage diskutiert, was ihnen zugestoßen sein mag. Hatten sie den Gipfel erreicht, ehe sie umkamen? Hatten sie ihren Weg verloren und waren über eine der vielen Klippen rund um den Gipfel gestürzt? Es ist unwahrscheinlich, daß die Antwort darauf jemals gefunden wird. Für die Mönche des Klosters Rongbuk jedenfalls hatten sich die Warnungen, die sie den Bergsteigern erteilt hatten, mehr als erfüllt, nicht nur einfach, sondern zweifach. »Der Berg wird euch vernichten!« hatten sie erklärt, sobald sie über die geplante Besteigung informiert worden waren. Unter den vielen religiösen Malereien an den Wänden des Klosters fanden Bergsteiger später ein Bild, das einen erzürnten Berggott, umgeben von Dämonen und stark behaarten Menschen, darstellte; ihm zu Füßen lag, von Speeren durchbohrt, der nackte Körper eines weißen Mannes, der es gewagt hatte, die Göttinmutter der Welt zu stören, wie die Tibeter den Mount Everest nennen.

238

Die Nachricht von der Tragödie, die erst von Läufern und dann per Telegramm befördert wurde, erschütterte eine Welt, die einen Sieg erwartet hatte. Die elf Menschen – neun Sherpas und nun Mallory und Irvine – waren jedoch nicht gänzlich umsonst gestorben. Es bestand nun kein Zweifel mehr daran, daß der Everest zu besteigen war, wenngleich es bis zu seiner Bezwingung noch länger dauern sollte, als man angenommen hatte. Die Empfindungen anderer Bergsteiger über den Verlust von Mallory und Irvine hat vielleicht Sir Francis Younghusband am eindrucksvollsten zusammengefaßt. Er schrieb: »Wann und wo sie starben, wissen wir nicht. Sie liegen jedoch für immer in den Armen des Mount Everest – dreitausend Meter höher, als je ein Toter gelegen hat. Ihre Körper hat der Everest besiegt, aber ihr Geist ist unsterblich. Von nun an wird kein Mensch einen Himalajagipfel besteigen, ohne dabei an Mallory und Irvine zu denken.«

* * *

Ihr Opfer blieb jedoch nicht das letzte, das der tibetische Riese forderte. Am 23. April 1933 verkündeten die Schlagzeilen britischer Zeitungen: GRÖSSTES FLUGABENTEUER ALLER ZEITEN … UNION JACK SOLL AUF DEM MOUNT EVEREST GEHISST WERDEN. Die Sonntagszeitung *Reynolds News*, die es längst nicht mehr gibt, berichtete: »Eines der aufregendsten Flugabenteuer, die je ersonnen wurden, soll morgen mit dem Ziel unternommen werden, auf dem Gipfel des Mount Everest den Union Jack zu hissen. Mr. Maurice Wilson, Mitglied des Londoner Aero Club, wird vom Flughafen Stag Lane in Hendon starten, um den 8840 Meter hohen Himalajariesen zu bezwingen.«

Wilson wollte in der Tat auf halber Höhe des Mount Everest mit seiner Gypsy Moth eine Bruchlandung machen, dann zum Gipfel emporsteigen und mit dem Union Jack, den er mitführte, im Namen Großbritanniens Anspruch auf den Berg erheben. Im Ersten Weltkrieg hatte Wilson das Militärverdienstkreuz verliehen bekommen, weil er eine deutsche Maschinengewehrstellung eigenhändig vernichtet hatte. Im Bergsteigen besaß er jedoch keinerlei

Erfahrung, im Fliegen nicht sehr viel. Kaum zwei Monate vorher war er zum erstenmal allein geflogen. Daß er fest entschlossen war, das Abenteuer zu wagen, daran zweifelte keiner jener, die ihn kannten. »Ein gesunder, durchtrainierter Mensch kann dort Erfolg haben, wo eine größere Gruppe versagt«, versicherte er zuversichtlich den Reportern. Zu seinem Training gehörte offenbar auch sogenanntes progressives Fasten – nach der These: wenn man den Magen dazu brachte, mit immer weniger Nahrung auszukommen, könne man die zusätzliche Kapazität zum Atmen nutzen und somit die Sauerstoffaufnahme vergrößern. Dazu kam noch die Mystik. Wilson war überzeugt davon, daß ein Mensch, der an die drei Wochen lang keine Nahrung aufnahm, in einen Dämmerzustand an der Grenze zwischen Leben und Tod verfalle. Aus diesem würde er von körperlichen und geistigen Krankheiten befreit hervorgehen – wie ein neugeborenes Kind, aber mit der Erfahrung und dem Wissen seines bisherigen Lebens. Wenn er den Mount Everest im Alleingang bezwingen sollte, so wie einst die deutschen Maschinengewehre, dann mußten sich Tausende von Anhängern für seine Theorien gewinnen lassen.

Wie aus den Akten jener Zeit hervorgeht, dauerte es mehrere Tage, bis die Behörden in London und Delhi auf die Zeitungsberichte reagierten. Anscheinend hatten sie Wilsons Vorhaben, in den tibetischen Luftraum einzudringen, nicht sehr ernst genommen. Doch bald liefen die Drähte zwischen Whitehall und den Flugfeldern heiß, auf denen er auf dem Weg nach Purnea, dem dem Mount Everest nächstgelegenen Flugplatz in Indien, zu landen und aufzutanken gedachte. Alle erdenklichen Schwierigkeiten wurden Wilson in den Weg gelegt – in Kairo, in Bahrain, in Karatschi –, aber er flog entschlossen weiter. Als nicht mehr zu übersehen war, daß er allen Ernstes vorhatte, gegen die Flugregeln zu verstoßen, indem er Nepal überflog und in Tibet eindrang, wurde seine Gypsy Moth von den Behörden in Indien beschlagnahmt.

Als Wilson erkannte, daß ihm sein ursprünglicher Plan, auf dem Mount Everest zu landen, nicht gelingen würde, änderte er seine Taktik. Diesmal ließ er allerdings kein Wort darüber verlauten. Er begab sich nach Darjeeling und stellte drei Sherpas, die bereits an einer Everest-Expedition teilgenommen hatten, in seine Dienste.

Sie erklärten sich bereit, ihn als Sherpa verkleidet durch Sikkim nach Tibet einzuschleusen und zum Kloster Rongbuk zu führen. Von dem Geld, das er mit dem Verkauf des Flugzeugs erzielt hatte, kaufte er sich Ponys und begab sich in aller Heimlichkeit auf seinen sechshundertfünfzig Kilometer langen Marsch nach Rongbuk. Es verging einige Zeit, ehe die Behörden merkten, daß er nicht mehr in seinem Hotel war, doch da befand er sich mit seinen drei Sherpas bereits in Tibet.

Bis zuletzt hat Wilson Tagebuch geführt, und aus diesen Aufzeichnungen konnte das weitere Geschehen von dem Bergsteiger Eric Shipton rekonstruiert werden, der zusammen mit einem Begleiter im Jahr darauf Wilsons Leichnam und das Tagebuch fand. Beim Kloster Rongbuk trennte sich Wilson von seinen Sherpas; er erzählte dem Abt, er sei Mitglied einer früheren Expedition und begab sich allein auf den Weg zum Berg in der Überzeugung, in drei, vier Tagen den Gipfel zu erreichen. Mit einem Rasierspiegel wollte er den Sherpas vom Gipfel aus Zeichen geben, damit sie wußten, daß er oben angekommen war. Bei seinem ersten Versuch kam er nur bis zum Lager II, wo ihn aufkommende Stürme aufhielten und zur Rückkehr zwangen. Nachdem er sich zwei Wochen lang im Kloster ausgeruht hatte, machte er sich wieder auf den Weg. Diesmal nahm er die Sherpas mit.

Obgleich er nicht wußte, wie man Stufen ins Eis hackte, und keine Seile dabeihatte, gelang es ihm doch, das Lager III in einer Höhe von 6400 Metern zu erreichen. Hier zeigten ihm die Sherpas ein Vorratslager, das achthundert Meter weiter oben lag und von einer früheren Expedition stammte. Es enthielt Luxusartikel wie Schokolade, Sardinen, Baked Beans und Kekse. Hier schlug er sein Zelt auf und schickte die Sherpas zur Station III zurück. Was dann geschah, schildert Shipton.

Obgleich er einen Eispickel bei sich hatte, wußte er nicht, wie man damit umging, und kam nur langsam voran. Er kampierte allein auf dem Felsen dicht bei dem Vorratslager und wiederholte Tag für Tag seine erfolglosen Versuche, das Joch zu erreichen. Obgleich ihm Nahrungsmittel genug zur Verfügung standen, wurde er durch die harten Bedingungen immer mehr geschwächt. Das ging deutlich aus seinen Tagebucheintragungen hervor, die gegen Ende hin immer kürzer und unzusammenhängender wurden. Aber er gab nicht auf, sondern hielt fest an seinem Glauben an göttliche Inspiration.

Wilsons Tagebucheintragungen endeten am 31. Mai 1934. Entweder in der Nacht oder am Tag darauf starb er in seinem winzigen Zelt. Als Shipton und sein Begleiter ihn fanden, war es von den Stürmen zerfetzt. Übrig waren nur noch die Seile, die Wilson an Felsvorsprüngen befestigt hatte. Sein gefrorener Leichnam trug dünne graue Flanellhosen, Unterhosen, ein Hemd und einen leichten Pullover. Schuhe hatte er nicht an, sondern nur dünne Socken. Er war eindeutig nicht verhungert, sondern erfroren. Shipton und sein Begleiter begruben ihn in einer Gletscherspalte. (Jahre später wurde der Leichnam von dem Gletscher wieder freigegeben. 1960 fanden ihn chinesische Bergsteiger und begruben ihn wieder.)

Wilsons drei Sherpas kehrten nach Darjeeling zurück und berichteten, was sich zugetragen hatte. Sie hatten Glück, einer Bestrafung für ihren illegalen Grenzübertritt zu entgehen. Die britisch-indischen Behörden waren, wie aus dem offiziellen Schriftwechsel hervorgeht, der Meinung, man solle schlafende Hunde nicht wecken, und hofften, daß die Tibeter nie erfuhren, was geschehen war. Die drei Männer behaupteten, sie hätten einen ganzen Monat lang im Lager III auf Wilson gewartet. »Das ist«, wie Shipton bemerkt, »zweifelsohne unwahr, denn gewiß hätten sie dann von Zeit zu Zeit das Proviantdepot aufgesucht und so den Leichnam gefunden.« In der Nacht, nachdem sie Wilson begraben hatten, saß Shipton in seinem Zelt und las das Tagebuch, das er und sein Begleiter in der Hosentasche des Toten gefunden hatten. In seinem offiziellen Bericht bezeichnete Shipton dessen Inhalt als »im wesentlichen verständig« und »sehr bewegend«. Heute befindet es sich im Archiv des Alpine Club in London.

Noch ein letztes Urteil über diesen seltsamen Helden – und niemand stellt dabei seinen Mut in Frage – sei hier angefügt; es sind die Worte eines Bergsteigers, dem seinerseits dreimal mißglückte, zu erreichen, woran Wilson sein Herz gehängt hatte. In seinem Buch *The Spirit of the Hills* schrieb Frank Smythe, einer der größten Bergsteiger der Vorkriegszeit:

»Es war kein Bergsteigen, und doch war es großartig. Man mag es
als Wahnsinn bezeichnen, man mag es nennen, wie man will – aber
ist nicht doch etwas Erhabenes an dem Gedanken dieses jungen
Mannes, entfacht von der Flamme des Idealismus, dem Wunsch,
etwas zum Ausdruck zu bringen, das Bewußtsein zu erweitern, von
den Fesseln des Fleisches loszukommen, sich über alle irdischen
Zwänge zu erheben, sich allein auf den Weg zu machen, um den
höchsten Berg der Welt zu bezwingen ...?«

13. Lhasa öffnet seine Tore

Über Maurice Wilson, der den Mount Everest bezwingen wollte, wurde in den Geheimarchiven jener Zeit eine eigene Akte angelegt. Doch er war nicht der einzige, der zwischen den beiden Weltkriegen in Tibet eindrang. Obgleich Lhasa viel von seiner Anziehungskraft verloren hatte, kam eine ganze Reihe von Besuchern – Mystiker, Pflanzensammler, Forschungsreisende und bloße Abenteurer – illegal nach Tibet. Wenn ihr Land offiziell auch immer noch für Ausländer geschlossen war (mit Ausnahme der seltenen Einladungen durch den Dalai Lama selbst), bewachten die Tibeter die Pässe nach Britisch-Indien, das sie als freundlich gesinnt ansahen, eher nachlässig. Vorausgesetzt, man machte einen weiten Bogen um Lhasa, dann war es in den zwanziger Jahren weit weniger schwierig und gefährlich, nach Tibet einzudringen, als je zuvor seit der Zeit im achtzehnten Jahrhundert, da es sich von der übrigen Welt abgekapselt hatte. Einige dieser ungebetenen Besucher hatten sich, wie aus ihren Akten hervorgeht, zunächst um eine Einreiseerlaubnis bemüht, die ihnen aber verweigert worden war.

Eine ganz besonders entschlossene Tibetreisende war Alexandra David-Neel. Trotz ihres englisch klingenden Namens war diese bemerkenswerte Frau Französin. Eigentlich hatte sie für die Briten nicht sehr viel übrig. Unter Orientalisten wird sie geschätzt als Kennerin des tibetischen Buddhismus. Weitaus bekannter aber dürfte sie sein als die erste weiße Frau, die Lhasa betrat. Es erübrigt sich wohl zu sagen, daß sie es illegal tat, verkleidet als tibetische Bettelnonne, allerdings mit einem Revolver unter ihren Lumpen. 1972 jedoch, drei Jahre nach ihrem Tod, erschien in Frankreich ein despektierliches Buch – *A. David-Neel au Tibet* –, in dem behauptet wurde, sie wäre nie in Tibet gewesen, geschweige denn in Lhasa. Geschrieben hatte es eine Französin namens Jeanne Denys, die sie im Alter gekannt hatte. Die in diesem Buch erhobenen Behauptungen, die ohnehin nicht sehr stichhaltig waren, wurden von einem amerikanischen Gelehrten eindrucksvoll widerlegt. Es besteht wenig Grund, daran zu zweifeln, daß Alexandra David-Neels Erzählung *Le voyage d'une Parisienne à Lhasa* wahr ist, wenn auch einige ihrer an anderer Stelle gemachten Behauptungen die Leichtgläubigkeit des Lesers etwas überstrapazieren.

Als Alexandra David-Neel im Oktober 1923 ihren kühnen Vorstoß nach Lhasa unternahm, war sie vierundfünfzig Jahre alt und eine erfahrene Asienreisende. Daß sie als erste westliche Frau, der diese Ehre zuteil wurde, vom Dalai Lama während seines Exils in Darjeeling empfangen wurde, entfachte in ihr den Wunsch, mehr über den tibetischen Buddhismus zu erfahren; deshalb hatte sie sich 1914 illegal nach Tibet in ein Kloster begeben, das nur wenige Kilometer hinter der Grenze lag. Nachdem sie einige Monate als Einsiedlerin in einer Höhle in Sikkim verbracht hatte, ging sie im folgenden Jahr wieder nach Tibet und reiste diesmal bis nach Schigatse. Bei ihrer Rückkehr nach Sikkim fand sie heraus, daß die Briten von ihren illegalen Reisen erfahren und ihre Ausweisung angeordnet hatten. Unterzeichnet war diese Anordnung von Sir Charles Bell. Wütend schrieb sie viele Jahre später über die Briten: »Welches Recht hatten sie, Barrieren um ein Land zu errichten, das ihnen rechtmäßig gar nicht gehörte?« Um so entschlossener war sie nun, ihre Reisen in Tibet auszudehnen und wenn menschenmöglich, Lhasa zu besuchen. Doch zu versuchen, von Indien nach Tibet zu gelangen, wäre nun aussichtslos gewesen. Der einzige Weg war nun der über China. Auf diese Weise konnte sie die Briten überlisten. Eilig hatte sie es jedoch nicht. Je mehr Zeit sie darauf verwendete, ihr Tibetisch zu verbessern und ihre Kenntnisse der Religion und der Sitten des Landes zu vergrößern, desto größer wurden ihre Aussichten auf Erfolg.

Sie reiste ostwärts, über Burma, Japan – wo sie Ekai Kawaguchi begegnete – und Korea, hielt sich in buddhistischen Klöstern auf und tauchte immer tiefer in die östliche Lebensart ein. Begleitet wurde sie von einem jungen sikkimesischen Mönch mit Namen Yongden, den sie als Diener angestellt hatte, als er gerade fünfzehn Jahre alt war. (Später hat sie ihn als Sohn adoptiert.) Von Peking aus, das sie im Winter 1917 erreichten, machten sie sich auf den Weg zu dem großen Kloster Gumbum. Auf dem Maultier reisten sie dreitausendzweihundert Kilometer durch ein China, das damals vom Bürgerkrieg erschüttert und von Banditen heimgesucht war. Im Gumbum-Kloster hatten nahezu ein Vierteljahrhundert zuvor die unglückseligen Rijnharts Zuflucht genommen, bevor sie ihren glücklosen Vorstoß nach Lhasa unternommen hatten. Fast drei Jahre lang blieben Alexandra David-Neel und Yongden im Kloster, studierten den tantrischen Buddhismus und übersetzten heilige Texte. Als sie schließlich weiterzogen, unternahmen sie zahlreiche ausgedehnte Reisen durch die tibetischen Grenzgebiete und einmal sogar durch die benachbarte Mongolei.

Im Jahre 1923 endlich hielt Alexandra die Zeit für gekommen, nun die verbotene Reise nach Lhasa zu unternehmen. Inzwischen war ihr Tibetisch perfekt. (Das wurde später von Jeanne Denys in Abrede gestellt, aber David Macdonald, der britische Handelsvertreter in Gjangtse, schreibt in seinen Memoiren, sie habe es »wie eine Einheimische« gesprochen – wie auch er es sprach.) Ihre Karten und Streckenbeschreibungen in den Stiefeln versteckt, wandten sie sich westwärts nach Tibet. Um unnötige Aufmerksamkeit sowohl der Behörden als auch der Räuber zu vermeiden, reisten sie als tibetische Bettler – Mutter und Sohn – verkleidet, die vorgeblich eine Pilgerfahrt zur Heiligen Stadt unternahmen. Alexandra trug zerlumpte Kleidung und hatte sich außerdem mit chinesischer Tusche das Haar gefärbt und ihr Gesicht dunkler gemacht.

Ihre Gebetsmühlen drehend und den Rosenkranz betend, zogen sie in den nächsten vier Monaten trotz des tibetischen Winters weiter in Richtung Lhasa. Alexandra führte zwar einen kleinen Beutel Gold versteckt bei sich (und einen Revolver für den Notfall), aber Yongden verdiente beider Unterhalt als Wahrsager, damit ihre Geschichte glaubhafter erschien. Es war eine harte Zeit für beide, ganz besonders jedoch für Alexandra, die mittlerweile auf die fünfundfünfzig zuging. Mitunter schliefen sie im Wald in einem kleinen Zelt, das sie zwischen ihrem Gepäck versteckt hatten. Hin und wieder genossen sie die primitive Gastfreundschaft armseliger tibetischer Hütten. Und immerzu war Alexandra aufmerksam, lernte und sammelte Material für das Buch, das sie schreiben wollte, sofern sie die Reise überstand.

Es gab Augenblicke, da zweifelte sie daran, jemals lebend nach Lhasa zu gelangen. Neben den unvermeidlichen Zusammenstößen mit Banditen in Wildnis und Einöde bestand ständig die Gefahr der Entlarvung, erkannt zu werden von jemandem – einem Pilger etwa –, der sie gekannt hatte, ehe sie die jetzige Verkleidung angenommen hatten. Eines Abends – es war nicht mehr weit bis Lhasa – tauchte aus der Finsternis ein fremder Lama auf und setzte sich unaufgefordert an ihr Lagerfeuer. Eine ganze Weile sprach er kein Wort, hielt nur fest den Blick auf Alexandra gerichtet. Dann machte er plötzlich eine Bemerkung über ihre Erscheinung, die ihr verriet, daß er um ihr Geheimnis wußte.

»Das Herz blieb mir fast stehen«, schrieb sie später. »Dieser Mann kannte mich!« Aber woher? Der Lama, der ihre Verblüffung bemerkte, sagte die rätselhaften Worte: »Versuche nicht, dich zu erinnern! Ich habe so viele Gesichter, wie ich will, und dieses hier hast du nie gesehen.« Bis spät in die Nacht sprachen sie über Mystik und tibetische Religion. Instinktiv spürte Alexandra, daß dieser geheimnisvolle Reisende sie nicht verraten würde. Dann, ohne ein weiteres Wort, verschwand er plötzlich in der Nacht. »Er erhob sich«, berichtet sie, »und verschwand wie ein Phantom, genauso wie er gekommen war. Seine Schritte machten kein Geräusch auf dem steinigen Weg. Er trat in den Dschungel und schien mit ihm zu verschmelzen.«

Eines Nachts, nachdem sie über einen besonders hohen Paß gekommen und schon neunzehn Stunden auf den Beinen waren, machten sie völlig erschöpft direkt unterhalb der Schneegrenze halt und schlugen ihr Zelt auf. Nachdem sie Brennmaterial zusammengetragen hatten, stellten sie zu ihrer Bestürzung fest, daß Stahl und Feuerstein feucht geworden waren und nicht zündeten. Es dauerte noch ein paar Stunden bis zum Sonnenaufgang, und wenn sie sich in der nassen Kleidung und ohne Feuer hinlegten, mußten sie unweigerlich erfrieren. Wie aber sollten sie Stahl und Feuerstein trocken bekommen? Alexandra beschloß, sie mittels der tibetischen Kunst *Thumo reskiang* zu trocknen, in deren Geheimnisse sie vor Jahren, als sie als Einsiedlerin gelebt hatte, eingeführt worden war. Es ist eine seit Jahrhunderten von heiligen Männern im Himalaja überlieferte Methode, die Körperwärme zu erhöhen und so die schreckliche Kälte des Winters zu überstehen. Sie hatte selbst gesehen:

Nacht für Nacht saßen Eremiten bewegungslos und völlig nackt auf dem Schnee. Sie waren in die Meditation versunken, und um sie herum heulte und pfiff der fürchterlichste Schneesturm. Ich sah sie ihre Jünger mitten im Winter an einem See- oder Flußufer einer Prüfung unterwerfen. Sie mußten dabei Tücher, die in das eisige Wasser getaucht worden waren, auf ihren Körpern wie an einem Ofen trocknen. Und dann lernte ich selbst, wie man das machte. Fünf Wintermonate lang hatte ich mich darin geübt, bei viertausend Meter Höhe das dünne Baumwollgewand dieser Schüler zu tragen.

Yongden schickte sie soviel Kuhdung und trockene Zweige sammeln, wie er finden konnte, damit er sich einstweilen durch diese Anstrengung warm hielt. Alexandra preßte den nassen Feuerstein und den Stahl unter ihren Kleidern an den Körper und begann mit dem Ritual, das äußerste Konzentration verlangt. »Ich sah mich bald von Flammen umgeben, die höher und höher stiegen, bis sie mich ganz einhüllten und ihre Zungen über mir zusammenschlugen. Ich fühlte ein unbeschreibliches Wohlbehagen.«

Sie war eingeschlafen, aber ein lautes Krachen weckte sie. Das Eis auf dem nahen Fluß war geborsten. Sie öffnete die Augen, und die Flammen erstarben. Es wehte ein bitterkalter Wind, aber ihr Körper glühte. Rasch nahm sie etwas trockenes Gras und Kuhdung und schlug den Stein an. Von der Hitze ihres Körpers getrocknet, erzeugte er diesmal einen regelrechten Funkenregen, und nach wenigen Sekunden war das Gras entflammt. Dieses scheinbar übersinnliche Phänomen, das die *Sadhus*, die heiligen Männer im Himalaja, befähigt, halbnackt in eisiger Kälte zu überleben, wurde – das sollte noch erwähnt werden – mehr als einmal von unabhängigen und skeptischen Europäern bezeugt.

Während *Thumo reskiang* – inneres Feuer – sich noch in den Grenzen wissenschaftlicher Glaubwürdigkeit hält, kann das von *Lunggom*, der Kunst zu fliegen, die Alexandra bei früheren Reisen in Tibet erlebt haben will, nicht gerade behauptet werden. Eines Tages will sie auf einer verlassenen Ebene einen schwarzen Punkt in der Ferne gesehen haben, der ziemlich schnell auf sie zukam. Rasch blickte sie durch ihr Fernglas und konnte erkennen, daß es ein Mensch war, der sich mit hoher Geschwindigkeit in einer Folge außergewöhnlicher Sprünge fortbewegte. Als er näher kam, konnte sie sehen, daß sein Blick auf einen unsichtbaren, entfernten Punkt weit oben im All gerichtet war. Sie beschreibt, was sie sah: »Der Mann rannte nicht. Er schien sich vom Boden abzuheben und durch große Sprünge zu bewegen. Es sah aus, als besäße er die Elastizität eines Balles und prallte jedesmal zurück, wenn er mit den Füßen den Boden berührte. Seine Schritte waren von der Regelmäßigkeit eines Pendels.«

Wer es heute wagte, so etwas zu behaupten, würde sich der Lächerlichkeit aussetzen, so wie jemand, der von fliegenden Untertassen berichtet. Aber als Alexandra dies vor einem halben Jahrhundert schrieb, war die Leserschaft für solche Dinge noch sehr empfänglich. Immerhin war es die Ära des indischen Seiltricks, und jeder kannte jemanden, der jemanden kannte, der *das* gesehen hatte. In dem geheimen und geheimnisvollen Tibet mochte alles möglich sein, sogar das Fliegen. Alexandras Bücher, Bestseller nach damaligem Maßstab, erschienen zu einer Zeit, als das Interesse an östlicher Mystik und dem Okkulten auf dem Höhepunkt angelangt war. Seinen Ursprung hatte es in dem Werk ernsthafter Gelehrter des neunzehnten Jahrhunderts, aber auch in den fragwürdigeren Lehren der Helene Blavatsky. Seltsamerweise erscheint Alexandras Bericht über dieses außergewöhnliche Ereignis – der keine präzisen Angaben zu Zeit und Ort enthält – nicht in einem ihrer beiden Reiseberichte, sondern in einem anderen Werk, *Mit Mystikern und Magiern in Tibet*, das sich größtenteils mit dem Übersinnlichen beschäftigt. Warum, so mag man sich fragen, hat sie nicht versucht, mit dieser Erscheinung zu sprechen oder sie zumindest zu photographieren? Alexandra hat dafür die Erklärung parat, daß sie von ihren tibetischen Begleitern auf jener Reise davon abgehalten worden sei; sie hätten behauptet, das würde den Tod des heiligen Mannes bedeuten.

Wir überlassen es dem Leser, sich seinen Reim darauf zu machen, und kehren zu Alexandra und Yongden, die die Heilige Stadt betreten wollten, zurück. Zufällig fiel ihre Ankunft mit den tibetischen Neujahrsfeierlichkeiten zusammen, so daß in Lhasa an Pilgern und Feiernden von außerhalb kein Mangel war und ein fremdes Gesicht keine besondere Aufmerksamkeit mehr auf sich zog. »Zwei Monate lang«, berichtet Alexandra, »konnte ich mich im Rom der Lamas ungehindert bewegen, ohne daß jemand Verdacht schöpfte, daß sich zum erstenmal in der Geschichte eine ausländische Frau in der verbotenen Stadt aufhielt.« In den belebten Straßen, Basaren, Teehäusern und Tempeln fachsimpelte sie mit anderen Pilgern, die sie meist für eine Ladakhi hielten. Auf dem Markt fielen ihr die minderwertigen Waren auf, die aus Indien, Japan und Großbritannien importiert wurden, insbesondere die billige Töpferware und die scheußlichen bedruckten Baumwollstoffe. Ihr fielen auch die in Khaki gekleideten Soldaten auf, angeführt von einer Band, die – »gar nicht mal so schlecht« – englische Melodien spielte. Auch die europäischen Gewehre, die sie trugen (die von frommen Briten manipuliert worden waren, wie man ihr erzählte, damit sie keinem Europäer etwas antun konnten), gehörten zu der Unterstützung, die dem Dalai Lama nach Sir Charles Bells Besuch in Lhasa zuteil geworden war. Einige Tibeter versicherten ihr jedoch allen Ernstes, daß die Briten dem Dalai Lama Tribut entrichteten, und erklärten, Bell sei nach Lhasa gekommen, um die Befehle des Gottkönigs für den König von England entgegenzunehmen.

Sie konnte sogar den Potala besuchen – der während der Neujahrsfeier für Pilger geöffnet war – und von seiner erhabenen Höhe auf die Stadt hinuntersehen. Sie wurde von tibetischen Freunden vor dem Potala photographiert (wenngleich ihre Verleumderin später behauptete, das Photo sei eine Fälschung, eine Montage). Innerhalb dieses riesigen Gebäudes, teils Palast, teils Tempel, teils Festung, sah sie außer den Myriaden von Tempeln, Grabstätten und Schreinen »ganze Fluchten luxuriöser Apartments«. Es gab sogar Schreine, die den bösen Dämonen und Göttern der alten Bon-Religion geweiht waren, von denen manche, wie ihr erzählt wurde, so gefährlich waren, daß besondere Sicherheitsvorkehrungen getroffen werden mußten, damit sie nicht ausbrechen konnten. Alexandra beschreibt diese gefürchteten Monster:

In besonderen Gebäuden werden noch schlimmere Kreaturen symbolisch gefüttert, und die Gaben, die gebracht werden, stehen als Ersatz für die realistischeren und blutigeren Opfer des vorbuddhistischen Kults. Man kann nur – so glauben die Tibeter – durch genaueste Befriedigung ihrer Bedürfnisse und gebührende Verehrung Menschen und Tiere vor ihrer Grausamkeit schützen. Andere gefürchtete Böse und Unsichtbare sind durch die Kraft magischen Banns gefesselt, und es muß ständig darauf geachtet werden, daß die Zaubersprüche und anderen okkulten Verrichtungen, deren Kräfte die gefährlichen Wesen an der Flucht hindern, zur rechten Zeit rezitiert beziehungsweise verrichtet werden.

Nachdem sich Alexandra und Yongden zwei Monate lang unerkannt in Lhasa aufgehalten hatten, sahen sie sich plötzlich gezwungen, die Stadt zu verlassen. In der Hütte, in der sie logierten, waren sie Augenzeugen einer Auseinandersetzung gewesen, und sie sollten vor Gericht aussagen. Das erschien Alexandra allzu riskant, und so blieb ihnen keine andere Wahl, als schnellstens zu verschwinden. Sie eilten südwärts nach Sikkim und Britisch-Indien. Einige Kilometer von Lhasa entfernt drehte sich Alexandra noch einmal um und warf einen letzten Blick auf die Heilige Stadt. »Aus dieser Entfernung«, schrieb sie, »war der Potala ganz allein zu sehen … ein winziges Schloß, das in der Luft zu schweben schien wie eine Luftspiegelung.«
Ende August erreichten die beiden Gjangtse. Immer noch als Tibeterin verkleidet, gab Alexandra sich dem verblüfften britischen Handelsvertreter David Macdonald als die lästige Französin zu erkennen, die etwa acht Jahre zuvor von den Briten aus Sikkim ausgewiesen worden war. Es muß für sie ein Augenblick des Triumphs gewesen sein. Sie hatte nicht nur Annie Taylor, Mrs. Littledale und Susie Rijnhart übertroffen, sondern obendrein die britische Regierung überlistet.
»Sie muß sich unvorstellbaren Strapazen unterzogen haben«, schrieb Macdonald in seinen Memoiren und erklärte, daß die Expedition für eine Frau ihres Alters und ihrer Zerbrechlichkeit »eine erstaunliche Leistung« gewesen sei, die ungeheuren Mut erforderte. Der Tibetisch sprechende Macdonald war jedenfalls

davon überzeugt, daß sie aus Lhasa gekommen war – ganz gleich, was ihre Verleumderin später behaupten sollte –, denn er stellte ihr ein Schriftstück aus, das dies bestätigte. Er, ein Veteran der Younghusband-Expedition, hatte selbst einige Zeit in Lhasa verbracht.

Wenn Macdonald gewollt hätte, dann hätte er Alexandras Triumph etwas dämpfen können. Er hätte ihr eröffnen können, daß sie vielleicht die erste Frau, aber nicht der erste Mensch aus dem Abendland überhaupt gewesen war, der in Verkleidung Lhasa betreten hatte. Genau ein Jahr zuvor hatte Dr. William Montgomery McGovern, als eingeborener Lastenträger verkleidet, Tibet von Indien aus betreten und war bis nach Lhasa gelangt. Mit den anderen Viehtreibern zusammen hatte er in von Ungeziefer verseuchten Kuhställen schlafen, von getrocknetem rohem Fleisch leben und bisweilen durch brusthohe Schneewehen waten müssen. Doch in Lhasa wurde er durch eine Erkrankung dazu gezwungen, seine Verkleidung fallenzulassen und den Behörden gegenüber seine Identität preiszugeben. Während sie über sein Schicksal zu entscheiden hatten, verbreitete sich das Gerücht, daß sich ein Fremder in der Stadt aufhielt. Bald darauf versammelte sich eine große Menschenmenge vor dem Haus, in dem er wohnte, schrie: »Tod dem Ausländer!« und warf Knüppel und Steine gegen die Fenster. Glücklicherweise wußte keiner aus dem Mob, wie er aussah, und so konnte er, bevor die Meute sich Einlaß in das Haus verschaffte, verkleidet durch eine Hintertür entkommen. Wie er in seinem Buch *To Lhasa in Disguise* mitteilt, trat er von hinten an die Menschenmenge heran und mischte sich kurz unter sie. »Um gegenüber den anderen nicht zurückzustehen, schrie ich von Zeit zu Zeit selbst, und um das Ganze realistisch genug erscheinen zu lassen, hob ich einen kleinen Stein auf und warf ihn an mein Fenster.« Inzwischen hatten die Behörden Soldaten in Stellung gebracht, um ihn zu befreien, falls der Mob in das Haus eindringen sollte, doch gegen Abend zerstreute sich die Menge, und er konnte aus dem tibetischen Amtsgebäude, in dem er Unterschlupf gefunden hatte, nach Hause zurückkehren. Für den Rest seines Aufenthalts in Lhasa wurden zu seinem Schutz Wachen um das Haus herum aufgestellt.

Unter Hausarrest durfte McGovern fast einen Monat in der

Heiligen Stadt bleiben, um sich von der Ruhr und wohl auch von einer Lungenentzündung zu erholen. (Es mag überraschen, daß Alexandra David-Neel von all dem nichts hörte, als sie in Lhasa war.) Nach einer Audienz beim Dalai Lama und nachdem die Behörden ihm verziehen hatten, brach er schließlich mit einer bewaffneten Eskorte nach Indien auf. Man kann sich des Gefühls nicht erwehren, daß er die Nachsicht, mit der die Tibeter ihn behandelten, der langjährigen Freundschaft Charles Bells mit dem Dalai Lama verdankte. Nach seiner Rückkehr nach England, etwas zu spät für den Beginn des neuen Semesters an der Londoner Universität, wurden Dr. McGoverns Erlebnisse in acht Folgen im *Daily Telegraph* veröffentlicht.

Der Ruhm, in Lhasa gewesen zu sein, legal oder illegal, begann ein bißchen zu verblassen. Außer Sir Charles Bell waren noch zwei britische Beamte auf Einladung dort gewesen: Macdonald selbst und Oberst Eric Bailey, der oberste Regierungsbeamte in Sikkim. Lhasas Geheimnisse waren nicht nur durch eine Reihe von Besuchern, gebeten oder ungebeten, der Außenwelt enthüllt worden, es war auch längst keine verbotene Stadt mehr. Doch dadurch ließ sich Alexandra David-Neel ihren Triumph nicht schmälern, die erste weiße Frau gewesen zu sein, die die tibetische Hauptstadt betreten hatte. Das konnte ihr keiner nehmen. Und ihre Landsleute sahen darauf, daß keiner es versuchte. Bei ihrer Rückkehr nach Frankreich, nachdem sie vierzehn Jahre in Asien gewesen war, wurde sie gefeiert und mit Ehrungen überschüttet. Sie erhielt nicht nur die begehrte Goldmedaille der Geographischen Gesellschaft Frankreichs, sondern wurde auch zum Ritter der Ehrenlegion ernannt. Die Königliche Geographische Gesellschaft Belgiens verlieh ihr ihre Silbermedaille. Die Royal Geographical Society in London aber gab ihr nichts, denn sie hatte keinen Beitrag zur wissenschaftlichen Erforschung Tibets geleistet. Ihr Buch *Le voyage d'une Parisienne à Lhasa* enthielt nicht eine einzige Karte, wie Sir Francis Younghusband in seiner Rezension in der Zeitschrift der Gesellschaft anmerkte. Mit allem Nachdruck jedoch bewunderte er ihre außergewöhnliche Willenskraft und Tapferkeit.

Es mag überraschen, daß die Jahre der Entbehrungen in Tibet und Zentralasien Alexandras Gesundheit nicht beeinträchtigt hatten. Ihren treuen Begleiter Yongden, der über dreißig Jahre lang ihr Adoptivsohn war, sollte die respektgebietende Alexandra um vierzehn Jahre überleben. Sie starb 1969 im hohen Alter von einhundert Jahren.

* * *

Die weltweite Aufmerksamkeit, die Alexandra mit ihrer heimlichen Reise nach Lhasa auf sich zog, und das Charisma, das sie sogleich umgab, führten dazu, daß andere Frauen ihr nachzueifern versuchten. Eine dieser Damen, deren Name mehr als einmal in den Akten der indischen Regierung auftauchte, war eine Miß Gertrude Benham. Aus Gründen, die nicht näher bekannt wurden, fanden die britischen Grenzbehörden diese Engländerin mittleren Alters besonders lästig. Bald nach Alexandra David-Neels triumphaler Rückkehr unternahm sie ihren ersten nicht genehmigten Versuch, Lhasa zu erreichen, und kam allem Anschein nach bis nach Gjangtse. Ein aufgebrachter Oberst Bailey berichtete, Miß Benham falle ihm ungeheuer auf die Nerven, erklärte aber nicht, wieso und warum. 1929, fast vier Jahre später, versuchte sie immer noch, nach Tibet einzudringen. Inzwischen trug ihre geheime Akte die vernichtende, wenn auch grammatisch zweifelhafte Bemerkung: »Sie ist eine britische Reisende von der schlimmen Sorte, um Tibet betreten zu dürfen.« Aber warum, das werden wir nie erfahren.

Oberst Bailey ist nun schon über zwanzig Jahre tot und Miß Benham vermutlich noch länger; sehr wahrscheinlich noch am Leben, und zwar irgendwo in Schweden, ist ein Fräulein Aina Cederblom. Als junge Frau von einnehmendem Wesen, fünfundzwanzig Jahre alt, tauchte sie 1937 an der Grenze auf, fest entschlossen, den Briten zu entwischen und sich heimlich nach Lhasa zu begeben. Nach Sikkim gelangte sie ganz legal, und offenbar gelang es ihr, sich vor dem Unterzeichnen der vorgeschriebenen Erklärung zu drücken, mit der jeder Besucher sich verpflichtete, Tibet nicht zu betreten.

Und sie ging über die Grenze, als Tibeterin verkleidet. Durch ihren Grenznachrichtendienst erfuhren das die Beamten Britisch-Indiens sehr bald. Sie war nicht nur illegal in Tibet eingedrungen, sondern – entsetzlich! – lebte auch wie eine Eingeborene und schlief in den Herbergen entlang der Strecke in den Quartieren der Diener. Um Verfolger abzuschütteln und die Gefahr, entdeckt zu werden, zu verringern, wanderte sie nachts. Die junge schwedische Reisende, berichtete ein Grenzbeamter, »hat eine ziemlich eigensinnige und romantische Einstellung«. Sie war eindeutig in der Absicht nach Sikkim gereist, »unerkannt nach Lhasa zu gelangen«.

Zufällig war damals ein Arzt – Hauptmann W. S. Morgan –, der der britischen Handelsmission in Jatung zugeteilt war, ganz in der Nähe unterwegs. Er erhielt den Auftrag, unverzüglich Fräulein Cederbloms habhaft zu werden und sie über die Grenze zu geleiten – möglichst ohne daß die Tibeter überhaupt erfuhren, daß sie ihr Land betreten hatte. Doch Fräulein Cederblom gab nicht so leicht auf und bearbeitete den jungen Arzt. Hauptmann Morgan berichtete: »Sie bot an, mich als Köchin nach Gjangtse oder wohin immer mich meine Pflichten führen würden, zu begleiten – und ihr Auftreten war höchst einnehmend. Doch nach reiflicher Überlegung mußte ich ihr deutlich machen, daß ich mich außerstande sah, auf ein so entgegenkommendes Angebot einzugehen.«

Somit siegte also die Pflicht, und das reizende Fräulein Cederblom wurde von dem Arzt nach Darjeeling zurückbegleitet. Dort wurde sie nach einem Fluchtversuch mit einer Geldbuße von fünfzig Rupien wegen illegalen Grenzübertritts belegt. Außerdem wurde ihr das Versprechen abverlangt, es nicht noch einmal zu versuchen. Allem Anschein nach hat sie sich daran gehalten, denn in den Akten tauchte sie nicht wieder auf.

* * *

Obgleich Tibet bis zu dieser Zeit zum größten Teil erforscht und kartographiert war, legal oder illegal, gab es immer noch große Gebiete, in die nur wenige Weiße – wenn überhaupt – den Fuß gesetzt hatten. Zwischen den beiden Weltkriegen war in Bergsteigerkreisen ein seltsames Gerücht von einem mysteriösen Berg im östlichen Grenzland Tibets aufgekommen, der noch höher als der Mount Everest sein sollte und unter den Einheimischen den Namen Amne Matschin trug. Der erste Europäer, der ihn zu sehen bekam – zugegebenermaßen aus vielen Kilometern Entfernung –, war General George Pereira, der britische Militärattaché in Peking, der 1922 quer durch China und Tibet nach Indien reiste. Alles andere überragend, erschien er ihm als »gut über siebentausendfünfhundert Meter hoch«. General Pereira hatte die Absicht, ihn sich auf seiner Rückkehr etwas näher anzuschauen, starb aber vorher. Und dieser entlegene Berg war nicht ungefährlich zu besichtigen, denn die außergewöhnliche Feindseligkeit der dort lebenden Stämme bedeutete für jeden, der ihnen nahe kam, daß er sein Leben aufs Spiel setzte.

Einer, den dies nicht anfocht, war der amerikanische Botaniker Joseph Rock, der zwischen den Kriegen viele Jahre im chinesisch-tibetischen Grenzland mit dem Sammeln und Erforschen von Pflanzen zubrachte. Dieser Dr. Rock war mehr als jeder andere für die Legende verantwortlich, daß es in Tibet einen Berg geben solle, der noch höher war als der Mount Everest. Fest entschlossen, den Amne Matschin zu erreichen, machte er sich 1925 an der Spitze einer kleinen, aber gutbewaffneten Expedition auf den Weg. Monatelang wurden sie von einem heiligen Krieg zwischen fanatischen Muslims und tibetischen Eingeborenen aufgehalten, der mit der barbarischen Grausamkeit geführt wurde, für die diese Region seit jeher bekannt war. Rock schildert, wie die wilden tibetischen Reiter die Muslims mit ihren fürchterlichen, neun Meter langen Lanzen aufspießten »wie Frösche«. Gefangengenommene Tibeter ihrerseits wurden an den Daumen aufgehängt, und es wurden ihnen bei lebendigem Leib die Bäuche aufgeschlitzt, die mit glühenden Kohlen gefüllt wurden. In einer kleinen Stadt hingen hundertfünfzig Köpfe von Tibetern aufgefädelt wie eine grausige Blumengirlande, während »die Köpfe junger Mädchen und Kinder die Pfosten vor den Kasernen zierten«. Das Gebiet stand in einem so üblen Ruf, daß sich chinesische Truppen nicht hinwagten.

Nach Monaten der Verzögerung konnte Rock mit seiner Gruppe den Weg fortsetzen. Dabei überquerten sie leichenübersäte Schlachtfelder und Schauplätze abscheulicher Massaker. Schließlich gelangten sie an den Oberlauf des Gelben Flusses, an dem das Amne-Matschin-Gebirge lag. »Seit dem Anbeginn der Zeit hat noch kein weißer Mann hier gestanden«, schrieb Rock. An diesem Ende der Welt, wo der große Strom in einer Höhe von dreitausend

Metern fließt, begegnete er einem frommen Mann, der mittels an einer Holzplanke befestigter Messingformen heilige Buddhabilder aufs Wasser »druckte«. Stunde um Stunde verbrachte der Mönch mit diesem seltsamen Ritual.

Endlich standen sie vor dem sich hoch auftürmenden Amne Matschin. »Ich zählte neun Gipfel«, schrieb Rock. »Einer war eine riesige Pyramide von mindestens achttausendfünfhundert Metern Höhe. Er mochte noch höher sein als irgendein Gipfel im Himalaja einschließlich des Mount Everest.« Doch da er nicht mit einem Theodoliten ausgerüstet war (ein seltsames Versäumnis bei einer solchen Expedition), konnte er den Berg nicht mit der gebotenen wissenschaftlichen Genauigkeit vermessen. Nach den Worten seines Biographen gelangte Rock zu der Zahl von »mindestens« achttausendfünfhundert Metern durch eine fragwürdige Kombination aus Aneroidbarometer »und Inspiration«. Mit anderen Worten: Er hat die Höhe, in der er sich befand, auf viertausendneunhundert Meter geschätzt und dreitausendsechshundert Meter hinzuaddiert – die Höhe, die der Gipfel über ihm zu haben *schien*. So fest war er von dieser Zahl überzeugt, daß er sie in dem amerikanischen *National Geographic Magazine* vom Februar 1930 veröffentlichte.

Nachdem die Legende einmal in die Welt gesetzt worden war, hielt sie sich zäh und machte eine ganze Generation von Bergsteigern und Forschern glauben, daß es in dieser entlegenen und gefährlichen Gegend Tibets einen Berg gebe, der noch höher sei als der Mount Everest. Neue Nahrung erhielt die Legende im Zweiten Weltkrieg, als Piloten, die von ihrem Kurs abgekommen waren, berichteten, in dieser Gegend einen ungeheuer hohen Gipfel gesehen zu haben. Ein Pilot, der später umkam, behauptete, noch *nach oben* gesehen zu haben, als er in einer Höhe von achttausendachthundert Metern flog und einen schneebedeckten Gipfel sich vor ihm auftürmen sah. Sogar ein richtiger Aberglaube schien sich während des Kriegs unter den Piloten zu entwickeln – dergestalt, daß jeder, der »das Ding« sah, verloren war. Erst 1948 erzählte ein amerikanischer Pilot Reportern, daß er und seine Crew dessen Höhe auf neuntausendeinhundert Meter geschätzt hätten, also höher als den Everest. Mehr als zwanzig Jahre sollten noch vergehen, ehe schließlich die wirkliche Höhe des Amne Matschin festgestellt werden konnte – ganze 7614 Meter.

Aber es muß gesagt werden, daß Rock Botaniker war und nicht Geometer – einer aus einer kleinen, aber entschlossenen Gruppe, die seltene und unbekannte Pflanzen in Tibet und seinen Grenzgebieten sammelte, vor und sogar während des Zweiten Weltkriegs. Die meisten von ihnen waren begabte Laien. Der einzige andere Fachmann war Frank Kingdon-Ward, vielleicht der größte Pflanzensammler der Neuzeit und bekannt als der Mann, der die berühmte blaue Mohnblume von Tibet aus den Bergen östlich von Lhasa zur Kultivation in englische Gärten mitgebracht hatte. Die Laien waren größtenteils britische Grenzbeamte, die im Zuge ihrer Dienstausübung legal nach Tibet einreisen konnten. Doch einige dieser Botaniker waren, wie aus den damaligen Akten hervorgeht, illegale Eindringlinge, und auch Kingdon-Ward hatte mindestens eine seiner früheren Reisen nach Tibet ohne Erlaubnis unternommen. Von seinen Reisen brachte er buchstäblich Tausende von Exemplaren mit, einschließlich neuer Arten von Primeln, Mohnblumen, Enzian, Lilien, Rhododendren und anderer kostbarer Pflanzen. Die Namen einiger – wie zum Beispiel *Incarvillea younghusbandii* und *Gentiana przewalskii* – rufen Erinnerungen an Männer wach, die in der tibetischen Geschichte Spuren hinterlassen haben.

Manche der botanisierenden britischen Beamten konnten während des Zweiten Weltkriegs und danach in der botanisch ergiebigen Gegend um Lhasa tätig sein, da dort eine kleine britische Mission eingerichtet worden war. Das war eher durch einen Prozeß allmählicher Gewöhnung zustande gekommen als durch eine schriftliche Vereinbarung oder einen Vertrag. Ihr genauer Status war unbestimmt. Nach den Worten eines Mitarbeiters war sie ein Beispiel »der mittelasiatischen Tendenz, präzise Definitionen zu vermeiden«. Nach den verwässerten Bestimmungen des Younghusband-Abkommens durften britische Beamte nicht weiter als bis nach Gjangtse reisen, wo sich der Handelsplatz befand. Wenn hingegen der Dalai Lama den Wunsch hatte, irgendwelche britisch-indischen Beamten nach Lhasa einzuladen, dann stand ihm das frei. Sir Charles Bell hatte 1920 auf diese Weise die tibetische Hauptstadt besucht. Ihm folgte im Sommer 1924 Oberst Eric Bailey. Baileys Nachfolger in Sikkim, Oberst Leslie Weir, machte 1930 einen ähnlichen Besuch, und zwar in Begleitung seiner Frau. Sie war die erste Engländerin (und die zweite Weiße überhaupt), die Lhasa betrat. Zwei Monate blieben die Weirs dort. Sie wohnten in einem Haus mit dem Namen Deyki Lingka – »Garten der Glückseligkeit« –, das ihnen von den tibetischen Behörden zur Verfügung gestellt worden war und das später zum ständigen Domizil der britischen Mission in Lhasa werden sollte.

Zwei Jahre später wurde Oberst Weir vom Dalai Lama, der Probleme mit den Chinesen hatte und nach britischer Unterstützung strebte, wieder nach Lhasa eingeladen. Diesmal nahm er außer seiner Frau auch seine neunzehnjährige Tochter Joan Mary mit. »Es war richtig wohltuend«, erinnert sie sich, »unter den Tibetern zu leben. Wie arm, zerlumpt oder zahnlos sie auch sein mochten, ständig sah man sie lachen, singen und lustig sein. Wenn sie feierten, dauerte es oft tagelang.«

Waren jene Tage für die Weirs recht idyllisch gewesen, so hatten ihre Nachfolger, die Williamsons, weniger Glück. Harry Williamson, der Lhasa zweimal besuchte, sollte dort sterben. Es ging das Gerücht, daß er sterben mußte, weil er eine ganz besonders verehrte Gottheit photographiert hatte; der medizinische Grund war jedoch weltlicher Natur. Als er krank wurde, wollte Kalkutta ein Flugzeug nach Lhasa schicken und ihn ausfliegen lassen, aber die tibetischen Behörden ließen das nicht zu, um die Geister nicht zu verärgern. Noch nie war ein Flugzeug in Tibet gelandet. Williamson wurde in Gjangtse begraben, neben britischen Soldaten, die bei der Younghusband-Expedition gefallen waren. Seine Witwe brachte später aus Kalkutta einen Gedenkstein für sein einsames Grab.

Neu besetzt wurde Williamsons Stelle als oberster politischer Beamter in Sikkim dann durch Mr. (später Sir Basil) Gould, der auf Einladung der Tibeter 1937 Lhasa besuchte. Nach dem Tod des dreizehnten Dalai Lama hatten sie wieder Ärger mit den Chinesen und wünschten sich britischen Rat. Unter dem Vorwand, eine Mission zum Kondolieren zu schicken, hatten die Chinesen in Lhasa ein kleines Büro eingerichtet, und sie machten lange nach der Bestattung keinerlei Anstalten, es zu schließen. Als Gould schließlich abreiste, ließ er in Lhasa einen jungen Tibetisch sprechenden Beamten, Hugh Richardson, zurück (dessen Kenntnis Tibets und seines Volkes schließlich sogar das Wissen Sir Charles Bells übertreffen sollte). Als die Chinesen dahinterkamen, protestierten sie bei den Tibetern, die ihnen versicherten, sobald sie ihre Mission zurückzögen und den Betrieb ihrer Funkstation einstellten, würde von den Briten dasselbe verlangt. Peking lag jedoch sehr viel daran, an seinem neuerrichteten Brückenkopf in Lhasa festzuhalten – dem ersten seit 1913, als die chinesische Garnison aus Tibet vertrieben worden war. So kam es, daß sich die kleine britische Mission in Lhasa allmählich zu einer permanenten Einrichtung entwickelte, wenngleich sie keinen offiziellen diplomatischen Status besaß.

Beim Ausbruch des Zweiten Weltkriegs war Tibet eine neutrale Macht mit einem fünfjährigen vierzehnten Dalai Lama auf dem Thron. Die britische Mission mit ihrer Funkstation blieb während des Kriegs bestehen. Zuerst wurde sie von Frank Ludlow geleitet, einem berühmten Botaniker, dann von seinem Begleiter auf zahlreichen Botanisierexpeditionen in Zentralasien, Hauptmann George Sheriff. Mit Sheriff zusammen zog seine Frau in das Deyki Lingka, und sie verwandelte es nach und nach in ein kultiviertes Heim mit einem wunderschönen Garten, der dem tibetischen Namen des Hauses alle Ehre machte. Betty Sheriff hat ihre erste Audienz beim Dalai Lama, der damals gerade acht war, beschrieben. Unter den offiziellen Geschenken, die sie ihm aus Kalkutta mitgebracht hatte, befanden sich eine Spielzeugeisenbahn und ein Rennboot zum Aufziehen. Obgleich es bei den Tibetern als unschicklich galt, seine Freude zu zeigen, wenn man Geschenke erhielt, entging ihr doch nicht, daß »seine Augen beim Anblick der Eisenbahn und des Bootes Überraschung und Freude verrieten« wie bei jedem anderen kleinen Jungen.

Während ihrer zwei glücklichen, wenngleich abgeschiedenen Jahre in Lhasa während des Kriegs brachten die Sheriffs den Tibetern Tischtennis und Krocket bei. Die Lamas waren, wie Mrs. Sheriff amüsiert beobachtete, Meister im Mogeln. Sie bedienten sich ihrer langen Roben, um ihre Krocketbälle in bessere Positionen zu manövrieren. Die Mission besaß auch einen Filmprojektor, und die Tibeter wurden es nicht müde, Charlie Chaplin zu sehen, während die Sheriffs ihre langen Abende damit verbrachten, daß sie mit Reggie Fox, dem britischen Funker, Bridge spielten.

Doch der Krieg sollte an diesem fernen Horchposten nicht ganz spurlos vorbeigehen. Im Jahre 1943 erlebten sie einen der befremdlichsten Einfälle überhaupt, der ohne Vorwarnung vom Himmel aus geschah.

14. Der Sprung ins Land Gottes

Eines Nachts im Winter 1943 geriet ein Transportflugzeug der US Air Force auf der Versorgungslinie zwischen Indien und China über den Bergen im Norden Burmas in ein heftiges tropisches Unwetter. Für die fünfköpfige Besatzung – alle knapp über zwanzig – begann damit ein bizarres Mißgeschick. Das Flugzeug, ein umgebauter B-24-Bomber, wurde von einem Texaner geführt, Leutnant Robert Crozier, der dreiundzwanzig Jahre alt, aber bereits ein erfahrener Pilot war. In jener stürmischen Novembernacht flog er mit seiner Crew die viermotorige Maschine leer von Kunming im Südwesten Chinas zu ihrem achthundert Kilometer entfernten Stützpunkt Jorhat in Nordindien zurück. Diese Route, die über den östlichen Himalaja führte, waren Crozier und seine Crew schon oft geflogen. Unter den alliierten Flugzeugbesatzungen, die Waffen und anderes strategisches Material für Tschiang Kai-schek beförderten, hieß das Gebirge nur »der Buckel«.

Ursprünglich waren die Transporte auf dem Landweg über Burma befördert worden, doch der rasche japanische Vormarsch hatte dem ein Ende bereitet. Eine Ersatzroute war weiter nördlich ins Auge gefaßt, aber sie bedeutete den Bau von Straßen durch den südöstlichen Zipfel Tibets, und trotz Drucks von Großbritannien und Drohungen von China – Verbündete angesichts eines gemeinsamen Feindes – widersetzten sich die Tibeter hartnäckig dieser Idee, indem sie darauf pochten, neutral bleiben zu wollen in einem Konflikt, der sie nichts anging. Im Ersten Weltkrieg hatte der Dalai Lama für einen britischen Sieg gebetet und sogar tibetische Truppen zur Verfügung gestellt, doch diesmal blieb Lhasa entschieden neutral; seine Gebete galten nur dem baldigen Ende der Auseinandersetzung zwischen den Großmächten. So wurde die Luftbrücke Indien-China zu einer äußerst wichtigen strategischen Verbindung zwischen den beiden Kriegsschauplätzen.

Das seltsame Abenteuer, in das Leutnant Crozier und seine Crew hineingerieten, ist bis zum heutigen Tag eine der unbekanntesten Geschichten des Kriegs. Nur durch Zufall bin ich auf ein Exemplar von Croziers Bericht *Jump to the Land of God* gestoßen, den er nach dem Krieg einem Freund erzählt hatte. Er wurde in Idaho veröffentlicht, erscheint aber in keiner modernen Tibet-Bibliographie. Es besteht jedoch nicht der geringste Zweifel an seiner Authentizität, denn die inzwischen verstorbene Mrs. Betty Sheriff bezieht sich in ihren Memoiren über ihr Leben in Lhasa während des Kriegs kurz auf dieses Ereignis.

Der Ärger begann für Crozier und seine Mannschaft in einer Höhe von siebentausend Metern und sechshundertfünfzig Kilometer von Jorhat entfernt, wo sie landen sollten. Noch wenige Minuten zuvor war es eine friedliche asiatische Nacht gewesen, mit mattem Mondenschein. Jetzt, da das Unwetter sie umtoste, begann ihr Flugzeug gefährlich zu bocken. Rasch wurde alles von dicken schwarzen Wolken verdeckt, sogar die Positionslichter an den Flügelspitzen. Wenn sie es auch nicht wußten: Ihre Maschine kämpfte sich durch einen Sturm von fast zweihundert Kilometern pro Stunde, der sie allmählich von ihrem Kurs abdrängte. Als sie zur festgesetzten Zeit nicht über Jorhat ankamen, begann ihnen zu dämmern, daß etwas nicht stimmte, und bald merkten sie, daß sie sich hoffnungslos verirrt hatten und irgendwo über Zentralasien befanden. Ihr Alptraum hatte begonnen.

Versuche, Jorhat über Funk zu erreichen, trafen auf Schweigen. Ihre Funkgeräte waren beide kaputt. Inzwischen wurde auch der Treibstoff knapp. Wenn sie nicht durch ein Wunder bald die Lichter einer Stadt unter sich erkennen würden, bliebe ihnen nichts anderes übrig, als in die stürmische Nacht hinaus abzuspringen. Da tauchte plötzlich ein weißer Kegel aus den Wolken auf, ziemlich nahe am Flugzeug. Im Bruchteil einer Sekunde war ihnen klar, daß es sich um einen riesigen Himalajagipfel handelte. Als noch mehr Gipfel auftauchten, riß Crozier das Flugzeug hastig weg von dieser neuen, unerwarteten Gefahr. Die B-24 beschrieb eine Wende um hundertachtzig Grad und wurde so davor bewahrt, an einem der Gipfel zu zerschellen.

Die Instrumente zeigten an, daß sie nur noch für fünfzehn

Minuten Treibstoff hatten. Crozier befahl allen, den Fallschirm anzulegen und sich für den Absprung bereitzuhalten. Dann geschah plötzlich ein Wunder – oder etwas, was der angsterfüllten Mannschaft als ein solches vorkam. Durch eine kleine Lücke in den Unwetterwolken sahen sie erstaunt unter sich schwach die Lichter einer Stadt blinken. Instinktiv drückte Crozier die Maschine nach unten, solange er die Lichter noch sah. Er erkannte, daß die mysteriöse Stadt nicht etwa siebentausend Meter unter ihnen lag, sondern viel näher war. Wenn sein Höhenmesser nicht kaputt war, dann konnte das nur bedeuten, daß diese Stadt 3650 Meter über dem Meeresspiegel lag. In möglichst nicht zu steilem Sinkflug beschrieb Crozier mit dem Flugzeug einen weiten Bogen um die Lichter im Tal und hoffte verzweifelt auf Anzeichen eines Flugplatzes oder einer Landebahn, aber nichts dergleichen war zu erkennen. Ihre letzte Hoffnung war entschwunden. Es blieb ihnen nichts anderes übrig, als so schnell wie möglich abzuspringen. Wenige Minuten später fing ein Motor an zu stottern und fiel aus und gleich darauf der nächste. Als das Flugzeug begann, an Höhe zu verlieren, öffneten sie die Hecktür und sprangen einer nach dem anderen hinaus in die eisige Finsternis. Kurz darauf hörten sie in der Ferne eine schwache Detonation, als das Flugzeug an den Fuß eines Berges stieß.

Mittlerweile hatte das Dröhnen des Flugzeugs die Leute in der Stadt, die sie gerade umkreist hatten, in Panik aus den Häusern getrieben. Diese Stadt ohne Flugplatz war Lhasa. Vor langem schon hatten die Priester den Einwohnern versichert, daß jedes Flugzeug, das es wagte, über die Heilige Stadt zu fliegen und auf den Dalai Lama hinabzuschauen, verloren wäre. Dieses Flugzeug war nun das erste, das dies getan hatte. Und die ganze Bevölkerung hatte die Explosion gehört. Damit war bewiesen, daß die Priester recht gehabt hatten!

Doch nichts von alledem – ja nicht einmal, in welchem Land sie sich befanden – war Crozier und seiner Crew bekannt, als sie einer nach dem anderen etwa achtzig Kilometer südöstlich von Lhasa sicher den Boden berührten. Es war sehr kalt, unter minus zwanzig Grad, und damit sie nicht erfroren, hüllten sie sich für die Nacht in ihre Fallschirme ein. Sie wagten es nicht, im Finstern weit zu gehen, aus Angst, sie könnten einen Abhang hinunterstürzen. Da sie aus einem Flugzeug mit Druckausgleich gekommen waren, machte ihnen die dünne Luft ganz schön zu schaffen.

Ihr eiliger Ausstieg in dieser stürmischen Nacht hatte die fünf Flieger voneinander getrennt, doch zwei Abende später waren sie bis auf einen unter dem Dach einer freundlichen tibetischen Familie wieder beisammen. Am folgenden Tag brachten die Dorfbewohner das fünfte Mitglied der Mannschaft auf einem improvisierten Schlitten herbei. Er hatte sich die Füße leicht erfroren und konnte nicht gehen. Inzwischen hatten seine Kameraden herausgefunden, daß es sich bei diesem trostlosen Land ohne Bäume mit den schneebedeckten Gebirgszügen nur um Tibet handeln konnte. Nur wie sie den Rückweg über den Himalaja nach Indien finden sollten, daran wagten sie nicht zu denken.

Innerhalb von Stunden sprach sich ihr verblüffendes Erscheinen vom Himmel herab herum, und sie wurden zum Objekt ungläubiger, doch freundlicher Neugier. Von nah und fern kamen Leute, einfach nur, um sie anzusehen. Mit Hilfe einiger Worte Pidgin-Hindustani, die einer der Dorfbewohner sprach, gelang es, sich ein bißchen zu verständigen. Nach drei Tagen wurde ein berittener Bote nach Lhasa geschickt, um offizielle Instruktionen einzuholen, was mit diesen Fremden geschehen sollte.

Mittlerweile befand sich unter den Leuten, die in das Dorf gekommen waren, um sie zu sehen, auch ein buddhistischer Pilger aus einem der kleinen Himalajastaaten im Süden. Er sprach etwas Englisch, und Crozier fragte ihn, wie sie nach Indien zurückgelangen könnten. Doch der Mann warnte ihn davor, so etwas allein und unbewaffnet zu versuchen, denn es wäre blanker Selbstmord. Wenn sie nicht ohnehin von Banditen umgebracht würden, mußten sie ohne Reit- und Lasttiere und ohne dicke Kleidung in der Kälte auf den Himalajapässen unweigerlich umkommen. Auch über Croziers Vorstellung schüttelte er den Kopf, sie könnten sich mit einem Floß den Tsangpo hinuntertreiben lassen, der dicht an dem Dorf vorbeifloß, und so nach Indien gelangen. »Versucht haben es schon welche«, warnte er, »aber von keinem hat man je wieder gehört.« Ihre einzige Hoffnung, lebend wieder zurück zu kommen, bestand seiner Meinung nach darin, daß sie nach Lhasa gingen und sich dort den Behörden stellten, die sie dann nach Sikkim bringen lassen würden.

Diese Entscheidung wurde ihnen bald abgenommen, denn aus der Hauptstadt traf ein Beamter ein mit der Anweisung, die Flugzeugbesatzung dorthin zu bringen. Inzwischen hatte sich zwischen den jungen Amerikanern und den Tibetern eine herzliche Freundschaft entwickelt, so daß ihre Abreise von sehr bewegenden Szenen begleitet wurde. Die Leute im Dorf schenkten jedem einen selbstgenähten Pelzmantel, mit Pelz gefütterte Stiefel und Decken für die Reise in der Kälte mitten im Winter, auf der sie sogar einen sechstausend Meter hohen Paß zu überwinden hatten. Crozier und seiner Mannschaft war es sehr peinlich, daß sie nichts auf diese Geschenke erwidern konnten außer ihrer Dankbarkeit. Sie wußten nur zu genau, daß sie mit Sicherheit bereits tot wären, wenn die Leute im Dorf ihnen nicht Unterkunft in ihren Häusern und die Wärme ihrer Jakdung-Feuer angeboten hätten. Inzwischen hatten sie erfahren, daß das Dorf Tsetang hieß. Seine gesamte Einwohnerschaft kam ans Ufer des Tsangpo, um sie zu verabschieden. Sie sangen Abschiedslieder für ihre fremden Gäste und streckten ihnen zum Gruß die Zungen heraus. Bei der verzweifelten Überlegung, was sie als Erwiderung singen konnten, fiel den Fliegern nur »God Bless America« ein, aber die Dorfbewohner waren entzückt davon. Schließlich ritten sie mit ein wenig feuchten Augen davon. Und für die ihnen nachjubelnden Tibeter gingen sie zweifellos in die Legende ein als die Männer, die vom Himmel gefallen waren. In Lhasa sollte ihnen dagegen ein völlig anderer Empfang bereitet werden.

Sie waren noch nicht sehr weit geritten, da wurden sie daran erinnert, welches Schicksal sie ereilt hätte, wären sie noch einen Moment länger in ihrem dem Untergang geweihten Flugzeug verblieben. Es lag neben dem Tsangpo, rauchgeschwärzt und zerschmettert, wie ein riesiger toter Vogel. Für ein paar Tage, so erfuhren sie, hatte sich keiner in seine Nähe gewagt. Jetzt konnte man Hunderte von Tibetern wie Kolonnen von Ameisen den Berg hinaufsteigen und Teile des Flugzeugs in ihre Dörfer tragen sehen. Andere krochen über das Wrack und holten heraus, was zu gebrauchen war. Einer, dem eines der Funkgeräte zu schwer zum

Wegschleppen war, hieb mit einer Axt darauf ein, um es zu zerteilen.

Die Reise nach Lhasa enthielt einen mörderischen Aufstieg den vereisten Gokar-Paß hinauf. Im Gänsemarsch ritten sie und ihre tibetische Eskorte die schmale Felskante am furchterregenden, steilen Abgrund entlang. Immer wieder stolperten ihre Ponys direkt an der Kante und schickten polternd Steine in die Tiefe, so daß den Amerikanern das Herz bis zum Halse schlug. Sie mußten auch aufpassen, daß sie sich nichts erfroren, und so oft wie möglich vom Pferd steigen und zu Fuß gehen, um die Zirkulation in Gang zu halten. Dabei machte ihnen – und ihren Ponys – die dünne Luft das Atmen schwer. Doch nachdem sie zweimal unterwegs in Dörfern übernachtet hatten, konnten sie schließlich Lhasa in der Ebene erkennen. Es lag noch fünfzehn Kilometer entfernt mitten in einem weiten Tal. Den erschöpften Amerikanern muß es wie ein Paradies vorgekommen sein. Die Gruppe machte halt, und die fünf Flieger betrachteten mit Bewunderung den dreizehnstöckigen Potala. Als sie erfuhren, daß es tausend Räume in ihm gab, sagte einer der Amerikaner im Scherz, er möcht dort nicht die Fenster putzen müssen.

Als sie sich der Stadt näherten, erkannten sie, daß chinesische Beamte, deren Kriegsverbündete sie waren, ihnen unmittelbar vor der Stadt ein Zelt errichtet hatten. Eine Willkommensfeier war hier vorbereitet worden. Auf Kissen durften sie Platz nehmen, und sie mußten eine Menge Brandy trinken zu den zahlreichen Toasts, die ausgebracht wurden. Zuerst tranken sie auf ihre Gastgeber, dann auf Tibet, China und Amerika, dann auf den Dalai Lama, auf Tschiang Kai-schek und Präsident Roosevelt und schließlich auf New York und ihre Heimatstaaten. Dann wurde ihnen von den Chinesen mitgeteilt, daß sie nun in die Heilige Stadt hineingeführt würden, wo sie in der chinesischen Mission ein Bankett erwartete. Während über ihre Zukunft entschieden würde, wären sie in dem einzigen westlichen Haus in der Hauptstadt untergebracht – der britischen Mission – als Gäste von Hauptmann und Mrs. Sheriff. Eine kurze Nachricht von Sheriff, der sie in Lhasa willkommen hieß, wurde Crozier übergeben. Sie endete mit den Worten: »Ich bin sicher, daß Ihr Ungemach nun so gut wie vorüber ist.« Diese Versicherung sollte sich jedoch als voreilig erweisen.

Die chinesische Mission lag mitten im Herzen der alten Stadt, und um dahin zu kommen, mußten sie durch ein Labyrinth schmutziger, abfallübersäter Straßen und Alleen reiten, in denen es von Menschen, Jaks und Ponys wimmelte. Keines der Häuser hatte, wie sie bemerkten, Scheiben in den Fenstern. Es war unendlich primitiver als alles, was sie bisher in Indien und China gesehen hatten. Vor der chinesischen Mission saßen sie ab und wurden in einen Bankettsaal geführt. Dort wurde ihnen von ihren lächelnden Gastgebern eine Folge chinesischer Speisen serviert. Als sie die Hälfte der Gänge hinter sich hatten, bemerkten sie zum erstenmal, daß sich draußen auf dem Hof etwas abspielte.

Es begann mit nicht viel mehr als Gemurmel. Doch allmählich wurde es immer lauter. Schließlich wandte sich Crozier an einen der Gastgeber und fragte ihn, was da vor sich gehe. »Eine große Menschenmenge hat sich versammelt«, erhielt er zur Antwort. Und Crozier, der annahm, ihre Anwesenheit in Lhasa müsse allerhand Neugier und Aufregung verursacht haben, dachte nicht weiter darüber nach. Im übrigen bewirkte auch der genossene Brandy, daß weder er noch seine Kameraden merkten, in welchen Schwierigkeiten sie steckten. Erst als sie sich erhoben, ihren chinesischen Gastgebern dankten und sich auf den Weg zur britischen Mission machen wollten, entdeckten sie, was los war. Eine riesige, zornige Menge wartete draußen auf sie.

Bevor sie weiter darüber nachdenken konnten, traf mit einem mächtigen Schlag das erste Geschoß das Gebäude. Es folgte Wutgeschrei, und der Lärm wurde noch lauter. Ihre chinesischen Gastgeber verschwanden jetzt, doch nur, um ihre Ponys zum Haupteingang zu bringen. Die fünf Amerikaner, erklärten ihre Gastgeber, sollten schnell aufsitzen. Immer noch wurde ihnen keine Erklärung für das gegeben, was da vor sich ging. Jetzt waren noch mehr Chinesen erschienen, und die Flieger wurden zum Eingang geleitet, der auf den Hof führte. Dort standen ihnen, wie Crozier schätzte, fast zehntausend Tibeter gegenüber, die sie haßerfüllt anstarrten.

Als die Menge der Amerikaner ansichtig wurde, drängte sie noch weiter heran. Einen von ihnen traf ein Stein, doch er wurde zum

Glück nicht verletzt. Daraufhin ritten die Chinesen, die inzwischen aufgesessen waren, mitten in den Mob hinein und schlugen mit ihren Peitschen erbarmungslos auf die Leute ein. Im Nu wurden sie von einer Gruppe Tibeter unterstützt, vermutlich Polizisten oder Soldaten. Mit Knüppeln und Peitschen schlugen auch sie auf jeden ein, den sie erreichten. Unter ihnen befand sich ein Beamter im Ornat, der eine seltsame, aber fürchterliche Waffe führte. Es handelte sich um einen mit einem Lederriemen an seinem Handgelenk befestigten schweren Schlüssel aus Metall, den er in Kopfhöhe schwang, so daß es links und rechts nur so krachte. Zusammen drängten sie den Mob weit genug zurück, daß die Amerikaner auf ihre Ponys aufsitzen konnten. Dank der Unbarmherzigkeit ihrer Eskorte gelangten sie durch die Menge hindurch. Wieder flogen Steine, doch die Amerikaner gaben ihren Ponys die Sporen, gelangten außer Reichweite und wurden von ihrer Eskorte und ihren Gastgebern schnell eingeholt. Doch erst als sie drei Kilometer weiter in der britischen Mission in Sicherheit waren, erfuhren sie von Hauptmann Sheriff den Grund für die Wut der Menge.

In der Ruhe von Deyki Lingka, mit Drinks in den Händen und von alten Ausgaben der Times umgeben, erklärte er ihnen, daß sie unbeabsichtigt einen Akt der Blasphemie gegenüber dem Dalai Lama begangen hatten. »Ich nehme an, Sie wissen«, sagte er, »daß Sie die ersten waren, die jemals über Lhasa geflogen sind.« Damit hatten sie etwas getan, was keinem Tibeter, geschweige denn einem Ausländer erlaubt war. Sie hatten auf den Dalai Lama hinabgesehen. »Sie befanden sich über ihm, verstehen Sie?« erklärte Sheriff. »Die Bevölkerung ist verärgert. Sie haben es ja erlebt, als man mit Steinen nach Ihnen warf.« Um die Leute zu beruhigen, hatten die Behörden den Glauben verbreitet, ihr Flugzeug wäre zur Strafe vom Himmel geholt worden. »Auf jeden Fall«, fügte Sheriff hinzu, »möchte die Regierung Sie so schnell wie möglich hier weghaben.« Ohne Verzögerung wurde eine Karawane mit einer kleinen Eskorte tibetischer Soldaten zusammengestellt. Bis sie abmarschbereit war, sollten sie sich innerhalb der Mission aufhalten. Nach dem, was geschehen war, durften sie sich in der Heiligen Stadt nicht sehen lassen. Die Amerikaner waren jedoch froh, sich ausruhen zu können, ehe es auf die lange, strapaziöse Heimreise über die tiefverschneiten Pässe nach Süden ging. Fasziniert lauschten sie den Erzählungen der Sheriffs über dieses fremde, mittelalterliche Land. Sie lernten auch den einzigen anderen in Lhasa lebenden Europäer kennen, den britischen Funker Reginald Fox, der eine Tibeterin geheiratet hatte. Sie versprachen ihm, falls sie wohlbehalten nach Indien gelangen sollten, über Funk mit ihm Kontakt aufzunehmen und Neuigkeiten auszutauschen, sooft sie dicht genug an Tibet vorbeifliegen würden.

Am 19. Dezember 1943 – zu Mittag, so daß jeder es mitansehen konnte – ritten die fünf Amerikaner mit ihrer Eskorte aus Lhasa hinaus. Und das ist auch beinahe das letzte, was wir von ihnen erfahren. Von Crozier wissen wir, daß sein junger Bordingenieur aus dem Krieg nicht zurückgekehrt ist. Wir wissen auch, daß er und seine Crew wieder auf der Linie über den »Buckel« eingesetzt wurden und ihr Versprechen gegenüber Fox gehalten haben – beziehungsweise es versucht haben. Denn obgleich sie die Station AC4YN mehrere Male anpeilten, haben sie nie eine Antwort erhalten. Und so haben sie bis auf ihre Erinnerung alle Kontakte zu Tibet verloren.

* * *

So, wie die Schweiz alliierten Militärangehörigen zum Zufluchtsort wurde, die im besetzten Europa Kriegsgefangenenlagern entflohen waren, so wurde das neutrale Tibet zwei Österreichern zum rettenden Hafen, denen es gelungen war, über den Himalaja aus Britisch-Indien zu entkommen. Die Geschichte von Heinrich Harrer und Peter Aufschnaiter, die halbverhungert, zerlumpt und mit blutigen Füßen im Januar 1946 Lhasa erreichten, ist vermutlich bekannt genug, um hier nicht wiederholt werden zu müssen. Die beiden schon vor dem Krieg berühmten Bergsteiger erhielten Asyl und blieben in Lhasa, bis sie die chinesische Invasion 1950 zur Flucht zwang. Harrer wurde sogar Lehrer und Vertrauter des jungen Dalai Lama, den er mit moderner Wissenschaft und Geschichte bekannt machte.

Eine weitere Darstellung einer Flucht während des Kriegs nach Tibet – *The Long Walk* von Slavomir Rawicz – ist heute vielleicht weniger bekannt, obgleich sie bei ihrem Erscheinen heftige Kontroversen unter den Zentralasienexperten ausgelöst hatte. Das Buch, das über zehn Jahre nach den dargestellten Ereignissen erschien, schilderte erschütternd, wie der in Polen geborene Autor zusammen mit sieben Kameraden aus einem russischen Zwangsarbeitslager in Sibirien floh und über Tibet nach Indien gelangte. Während es die meisten Rezensenten als ein Meisterwerk der Reiseliteratur bejubelten, stellten andere, die das betreffende Gebiet besser kannten, seine Echtheit in Frage – am meisten Peter Fleming, der vor dem Krieg ausgedehnte Reisen in Zentralasien unternommen hatte. Schon kurz nach Erscheinen des Buches focht er in einem Artikel im *Spectator* zahlreiche Angaben an.

Zunächst stellte er die Frage, wie Rawicz die während des Kriegs wichtigste Verbindungsstraße zwischen Lantschou und Urumtschi im chinesischen Turkestan überqueren konnte, ohne es auch nur beiläufig zu erwähnen. Noch rätselhafter war, wie er das Hochland von Tibet erreichen konnte, ohne offenbar das sechstausend Meter hohe Bollwerk von Bergen, das er zunächst hätte überwinden müssen, zu bemerken. Darüber hinaus fragte sich Fleming, wieso sich angesichts der weitverbreiteten Publizität, die das Buch erzielt hatte, weder die drei überlebenden Reisegefährten des Autors noch irgend jemand vom Pflegepersonal des Hospitals in Kalkutta, in dem er sich von seinem Martyrium erholt hatte, zu erkennen gaben.

»Keiner der Ärzte und Schwestern, die ihn gepflegt hatten, der Beamten, die ihn befragt beziehungsweise die Berichte seiner Befragung studiert hatten, hat sich geäußert. Weder der damalige Direktor des militärischen Geheimdienstes in Indien noch sein unmittelbarer Untergebener in Kalkutta können sich an ein Ereignis erinnern, von dem selbst nach vierzehn Jahren noch etwas in ihrem Gedächtnis hätte haften müssen.«

Fleming resümierte: »Bedauerlicherweise muß man zu dem Schluß kommen, daß dieses exzellente Buch ein einziger fauler Zauber ist … Nie im Leben hat er diese Reise unternommen!« Rawicz, der heute zurückgezogen bei Nottingham lebt, hat diesen Angriff nicht widerspruchslos hingenommen. In einem Brief an den *Spectator* betonte er nachdrücklich, daß jedes Wort in seinem Buch

22 Überquerung des tibetischen Ödlandes mitten im Winter.

23 Der kälteste Punkt in Asien – auf der Tuna-Ebene.

24 Der Potala und das Lhasa-Tal. Man beachte die aufgezogene Flagge an der Frontseite.

25 Ostansicht des Potala; Pilger auf der heiligen Lingkhor-Straße.

26 Straße in Lhasa mit Chorten.

27 Das erste Auto (ein kleiner Peugeot) in Tibet – 1907 in Gjangtse.
Am Steuer Hauptmann Frederick O'Connor.

der Wahrheit entspräche, und er fügte hinzu: »Ich möchte daran erinnern, daß wir uns nicht auf einer Forschungsexpedition befanden: Wir waren halbverhungerte Flüchtlinge auf der Flucht vor einem Terror, den sich nur der vorstellen kann, der unter dem Kommunismus gelitten hat. Ich erinnere mich nicht, über welche Straßen und Berge wir gekommen sind – wir wußten ja ihre Namen gar nicht, hatten keine Karten und besaßen auch keinerlei Vorkenntnisse.«

Und damit war die Sache abgetan und ist es bis heute noch. Doch ein Buch über Tibet, über das keine Ungewißheit besteht, ist *The Third Eye*. Es wurde im gleichen Jahr veröffentlicht wie *The Long Walk* und ebenfalls zum Bestseller. Beginnend mit den Worten: »Ich bin ein Tibeter, einer der wenigen, die diese fremde westliche Welt erreicht haben«, gab es vor, von einem Lama namens Lobsang Rampa zu stammen. Er entführte seine entzückten Leser in die geheime Welt des Lamaklosters, wo er, wie er behauptete, im Alter von sieben Jahren ausgewählt worden sei für eine Operation, die ihm sein »drittes Auge« öffnen sollte. Ein Holzsplitter wurde ihm in die Stirn eingesetzt und damit eine Drüse stimuliert, die seine hellseherischen Kräfte verstärkte. Anschaulich beschreibt er (um seinen Verleger zu zitieren), wie »er sich in den Vulkanhöhlen unter dem Potala der erstaunlichen mystischen Erfahrung unterwarf, die als der ›lebendige Tod‹ bekannt ist«.

Ein begeistertes Publikum verschlang jedes seiner Worte – selbst nachdem die recht prosaische Wahrheit ans Tageslicht gekommen war. Lobsang Rampa war, wie sich erwies, kein anderer als Cyril Henry Hoskins, ein Klempner aus Cornwall mit einem Hang zum Okkulten. Wie jeder herausfinden konnte, hatte der kahlgeschorene Hoskins niemals England verlassen und war ganz gewiß nie in Tibet gewesen. Die öffentliche Bloßstellung (durch einen Privatdetektiv, den ein argwöhnischer Orientalist beauftragt hatte) konnte ihm jedoch nichts anhaben. Er hatte, wie er Reportern gegenüber erklärte, in einer früheren Inkarnation in einem tibetischen Kloster gelebt. Unbußfertig bis zuletzt schrieb er etwa neunzehn Bücher über seine Erfahrungen als tibetischer Lama. Als er mit siebzig Jahren starb, hatte er mehr als vier Millionen Exemplare davon verkauft. Und obgleich Hoskins ein Schwindler war, hatte er als

Bestsellerautor eines bewiesen: Der Hunger der Öffentlichkeit nach allem, was mit Tibet zu tun hatte, war in der Mitte des zwanzigsten Jahrhunderts genauso unersättlich wie im neunzehnten Jahrhundert.

Literarische Eindringlinge waren eine Sache, bewaffnete Invasoren jedoch eine ganz andere. Wir kommen nun zur finstersten Epoche der Geschichte Tibets. An seiner Ostgrenze formierten sich die Chinesen, die letzten ungebetenen Gäste. Und diesmal waren sie fest entschlossen zu bleiben.

15. Rote Garden in Lhasa

Am dreiundzwanzigsten Tag des neunten Monats im Jahr des eisernen Tigers – nach unserem Kalender am 7. November 1950 – marschierten die Chinesen in Tibet ein. Siebenunddreißig Jahre lang, seit die Mandschus auf so demütigende Weise aus Lhasa vertrieben worden waren, hatten sie ständig auf diesen Augenblick gewartet. Unter denen, die als erste erfuhren, daß die Chinesen die Grenze überschritten hatten, war ein Engländer. Er hieß Robert Ford und war von der tibetischen Regierung als Funker angestellt. Seine Station befand sich in dem entlegenen Städtchen Tschiamdo, achthundert Kilometer östlich von Lhasa und hundertfünfzig Kilometer von der chinesischen Grenze entfernt. Weil sich dieser Posten in extremer Isolation befand, galt der ehemalige Ausbilder der Royal Air Force in den Zeitungen zu Hause als »der einsamste Brite der Welt«. Bald sollte er ganz und gar abgeschieden sein. Denn die Chinesen, die jeglichen tibetischen Widerstand niederschlugen, griffen von Osten her an. Innerhalb weniger Tage war Tschiamdo – und mit ihm Robert Ford – in ihren Händen. Doch zuvor war es dem Engländer noch gelungen, die Nachricht von der Invasion nach Lhasa zu funken. Wenn er gewollt hätte, hätte er rechtzeitig westwärts fliehen und seine Haut retten können. Statt dessen gab er unermüdlich die neuesten Berichte über den Vormarsch der chinesischen Truppen über seinen Sender nach Lhasa. Als er schließlich seine Station aufgab und sich mit den sich zurückziehenden tibetischen Truppen in Sicherheit begeben wollte, war es zu spät. Die gefangengenommenen Tibeter wurden einfach nur entwaffnet und nach Hause geschickt. Ford aber wurde inhaftiert. Sein Pflichteifer kostete ihn die nächsten vier Jahre seines Lebens, in denen er in einem kommunistischen Gefangenenlager unaufhörlichen und unerbittlichen Verhören und Gehirnwäschen unterzogen wurde.

Die Invasion war allerdings nicht ganz ohne Vorwarnung gekommen. Im selben Jahr hatten die chinesischen Kommunisten, kurz nachdem sie an die Macht gekommen waren, öffentlich verlauten lassen, daß sie Tibet als Bestandteil eines souveränen Chinas ansahen, und verkündet, es bald aus den Klauen des britischen und amerikanischen Imperialismus befreien und es ein für allemal an das große Mutterland anschließen zu wollen. Auf seinem fernen Horchposten hatte Ford mit eigenen Ohren den Nachrichtensprecher im tibetisch-sprachigen Programm von Radio Peking dies als eine der Aufgaben der Volksbefreiungsarmee für 1950 verkünden hören. Zusammen mit den anderen Nachrichten, die er regelmäßig vom chinesischen Rundfunk abhörte, hatte er es nach Lhasa weitergegeben in dem beklemmenden Wissen, ein ausgezeichnetes Beispiel dieses Imperialismus zu sein, das den Chinesen höchst gelegen kommen würde.

Seit Monaten hatten die Behörden in Lhasa mit wachsender Besorgnis zum kommunistischen China mit seiner atheistischen Grundeinstellung und seiner rasch wachsenden militärischen Macht geblickt. Nun, da sich Pekings Absichten gegenüber Tibet klar abzeichneten, sandte die Nationalversammlung dringende Appelle um Hilfe in die Welt; nach Großbritannien, an die Vereinigten Staaten, nach Indien und Nepal wurden Telegramme geschickt. Der Dalai Lama, damals sechzehn Jahre alt, erinnert sich in seinen Memoiren:

Die Antworten auf diese Telegramme waren zutiefst entmutigend. Die britische Regierung drückte ihr tiefstes Mitgefühl mit dem tibetischen Volk aus und bedauerte, daß sie in Anbetracht der geographischen Lage Tibets, da Indien inzwischen unabhängig geworden war, keine Hilfe anbieten könne. Die Regierung der Vereinigten Staaten antwortete im gleichen Sinn und lehnte es ab, unsere Delegation zu empfangen. Die indische Regierung machte ebenfalls deutlich, daß sie uns keine militärische Hilfe angedeihen lassen würde, und riet uns, keinen bewaffneten Widerstand zu leisten, sondern Verhandlungen um eine friedliche Regelung aufzunehmen ...

Wieder einmal mußten die Tibeter in der Stunde der Not erkennen, daß sie allein waren. Genau wie im Jahre 1910, als die Mandschus in Tibet eindrangen, erreichte ihr Flehen taube Ohren. Insbesondere fühlten sie sich von Großbritannien verraten, in dem sie lange einen Freund und Beschützer vor den Chinesen gesehen hatten. Schlimmer noch: Die britische Regierung hatte das neue Regime in Peking offenbar de facto anerkannt. »Soll das heißen«, wurde Ford von den tibetischen Beamten gefragt, »daß die Briten mit den Kommunisten Freundschaft geschlossen haben?« Das einzige, was er tun konnte, war, ihnen in seinem unzulänglichen Tibetisch die Bedeutung von »*de facto*« zu erklären zu versuchen. Es bedeutete nicht, daß die britische Regierung die Kommunisten mochte. »Das nicht«, versicherte er ihnen. »Aber sie kann auch keinen Vorteil darin erkennen, so zu tun, als gäbe es sie nicht.«

Nachdem die Invasoren weite Teile Osttibets und ein Stück des Westens besetzt hatten, machten sie erst einmal halt. Zweifellos wollten sie zunächst die Reaktion der Welt auf ihr Eindringen abwarten; sie hofften vielleicht auch, daß die Tibeter die Sinnlosigkeit weiteren Widerstands erkennen und die weitere Besetzung auf friedlichem Weg gestatten würden. In Lhasa wandte sich das Kabinett verzweifelt an die Staatsorakel, um zu erfahren, was zu tun wäre. Als Ergebnis dieser Befragungen wurde dem jungen Dalai Lama, der noch nicht volljährig war, angetragen, die Führung des Landes zu übernehmen. Nach umfangreicher Gewissensprüfung willigte der jugendliche Gottkönig, der sich seiner Unerfahrenheit in weltlichen Dingen nur allzu bewußt war, ein.

Zur gleichen Zeit erlebten die bereits desillusionierten Tibeter einen weiteren Schock. Am Tage der chinesischen Invasion hatten die Tibeter die Vereinten Nationen um Hilfe angerufen. Nun mußten sie erfahren, daß die Generalversammlung beschlossen hatte, sich überhaupt nicht mit ihrem Fall zu befassen. Das hatten sie in der Hauptsache den Briten zu verdanken, die den völkerrechtlichen Status von Tibet in Frage stellten. In Anbetracht der Tatsache, daß die Briten über dreißig Jahre lang mit Tibet wie mit einem Land umgegangen waren, das de facto Unabhängigkeit genoß, fanden die Tibeter das befremdlich, wenn nicht gar ausgesprochen scheinheilig. Und so wurde die unbequeme Tibetfrage von der zivilisierten Welt ad acta gelegt, um neun Jahre später, als die Tibeter verzweifelt versuchten, das maoistische Joch abzuschütteln, wieder auf die Tagesordnung gesetzt zu werden. Weitere Klagen der Tibeter bei den Vereinten Nationen über die chinesische Okkupation ihres Territoriums wurden nicht zur Kenntnis genommen.

In einem verzweifelten Versuch, sich mit den Chinesen zu einigen, bevor sie noch tiefer nach Tibet eindrangen, schickte der Dalai Lama jetzt eine vierköpfige Delegation nach Peking. Dort wurden die eingeschüchterten und unerfahrenen Tibeter praktisch wie Gefangene behandelt und mußten Beschimpfungen und Erniedrigungen über sich ergehen lassen. Unter Androhung weiteren militärischen Vorgehens gegen Tibet und ohne Lhasa konsultieren zu dürfen, wurden sie gezwungen, einen »Vertrag« zu unterzeichnen, den die Chinesen ausgearbeitet hatten. Dieses sogenannte »Chinesisch-Tibetische Abkommen zur friedlichen Befreiung Tibets« hatte die Übertragung der Souveränität Tibets an China zum Ziel. Als die tibetischen Delegierten beteuerten, die offiziellen Siegel, durch die das Dokument erst rechtsgültig würde, nicht bei sich zu haben, ließen die Chinesen geschwind in Peking welche anfertigen, die dann mit großem Zeremoniell auf das Dokument gesetzt wurden.

Mit diesem Laissez-passer ausgestattet, traf kurz darauf ein chinesischer General mit einigen tausend bewaffneten Soldaten in Lhasa ein. In seinen Memoiren *Mein Land und mein Volk* schildert der Dalai Lama, wie er durchs Fenster sah, um einen Blick auf ihn zu erhaschen. »Ich weiß nicht genau, was ich erwartet hatte. Was ich sah, waren drei Männer in grauen Anzügen und spitzen Mützen, die zwischen der herrlichen Erscheinung meiner Beamten in ihren roten und goldenen Roben äußerst trist und unscheinbar wirkten. Hätte ich es nur gewußt, die Tristesse war der Zustand, in den China uns stürzen sollte, und die Unscheinbarkeit war gewiß eine Täuschung.«

Die Chinesen verlangten, daß die Tibeter ihre Truppen mit Nahrungsmitteln und anderen notwendigen Dingen versorgten; sie erklärten, da keine Straßen und Flugplätze vorhanden seien, könnten sie keine Versorgungsgüter von China heranbringen. Die Preise stiegen und mit ihnen der tibetische Unmut. Erzählungen von Flüchtlingen sind gewöhnlich mit Vorsicht zu genießen, doch angesichts dessen, was Peking inzwischen über die »gravierenden Fehler«, die es in Tibet beging, selbst eingestanden hat, gibt es keinen Grund, zu bezweifeln, daß die Anwesenheit von mehreren tausend chinesischen Soldaten (ihre Zahl wird mit bis zu zwanzig-tausend angegeben) allein in und um Lhasa die schwache Wirtschaft des Landes bis zum Zusammenbruch belastete. »Zum erstenmal in der Geschichte befand sich die Bevölkerung von Lhasa am Rand einer Hungersnot«, schrieb Tsepon Shakabpa, Tibets damaliger Finanzminister, später. Als die tibetischen Behörden angesichts zunehmender Proteste ihrer Bevölkerung die Chinesen baten, die Größe ihrer Garnison in Lhasa drastisch zu reduzieren, erhielten sie zur Antwort, die Soldaten seien doch zum Schutz der Tibeter da. Und im übrigen, wurden sie gefragt, hätten nicht ihre eigenen Vertreter das Dokument unterzeichnet, das die Stationierung von Truppen anordnete?

Zu Anfang führten sich die Chinesen ganz passabel auf. Die Soldaten hatten strikte Anweisungen, sich bei den Tibetern nicht unbeliebt zu machen. Wenn sie jedoch erwarteten, als Befreier willkommen geheißen zu werden oder als Mitglieder derselben Völkerfamilie, dann hatten sie sich kräftig geirrt. Die Kinder warfen mit Steinen nach ihnen, Erwachsene spien sie an und sangen unanständige Lieder über sie, die sie nicht verstehen konnten, und einige der kühneren Mönche machten Knoten in ihre Tücher und schlugen damit auf sie ein, wenn sie an ihnen vorbeiritten. Zunächst hielten die Chinesen die andere Wange hin. Doch als es immer schlimmer und der Haß immer stärker wurde, gaben sie ihre ursprüngliche Milde auf. Überdies war ihre eigene Moral in diesem gottverlassenen Land nicht sehr hoch, und das nicht nur unter den Soldaten, sondern auch unter den Arbeitern, die hergeschickt worden waren, um die neuen Reformen durchsetzen zu helfen. Für die auf Bequemlichkeit bedachten Chinesen war Tibet schon immer ein entbehrungsreicher Posten gewesen. Und nun wurden sie von diesen barbarischen Leuten, zu deren Wohl sie, wie ihnen gesagt worden war, hergekommen waren, nicht nur ständig brüskiert, sondern auch die Reformen wurden dauernd behindert.

Mitte der fünfziger Jahre ließen die Chinesen ihre Maske endgültig fallen. Die Versöhnlichkeit hatte, wie sie erkannten, zu nichts geführt. Im Leben der Tibeter sollte fortan der Marxismus an die Stelle des Buddhismus treten. Antireligiöse Propaganda nahm zu. Von der gleichgeschalteten Presse wurde sogar Buddha als Reaktionär gebrandmarkt. Das, was die Tibeter schon immer am meisten gefürchtet hatten – die Vernichtung ihrer Religion und ihrer Lebensart –, war eingetreten. Diese uralte Angst, die geradezu die Ausmaße einer nationalen Phobie angenommen hatte, hatte sie veranlaßt, sich von der übrigen Welt abzukehren und die Grenzen für alle Ausländer so lange Zeit geschlossen zu halten. Paradoxerweise hatten gerade die Chinesen anfangs diese Angst geschürt, indem sie gewarnt hatten, eines Tages würden die Briten und die Russen kommen und Tibets Religion zerstören, um sie durch eine fremde zu ersetzen. Die Briten waren gekommen, aber sie hatten ihre Religion respektiert. Nun beabsichtigten die Chinesen, genau das zu tun, was sie den Briten unterstellt hatten. Feindseligkeit wandelte sich in Haß.

Bewaffneter Widerstand erhob sich und breitete sich aus, insbesondere im Osten Tibets, der traditionell gesetzlosen Region, in der der kriegerische, freiheitsliebende Stamm der Khamba lebte. Versorgungstrupps wurden überfallen, Straßen und Brücken zerstört. Die Chinesen schlugen zurück und zerstörten durch Granatfeuer und Bombardements ganze Klöster, in denen sie Kernpunkte des Widerstands vermuteten. Heilige Gebäude und Monumente wurden entweiht. Um den Einfluß der Mönche zu untergraben, wurden sie verschiedentlich gezwungen, im Straßenbau und auf anderen Baustellen zu arbeiten, und öffentlich gedemütigt. Andere wurden aus ihren Zellen geholt und aufgefordert, öffentlich zu beweisen, daß sie übernatürliche Kräfte besaßen. All das bewirkte, daß sich immer mehr Tibeter den Guerillas anschlossen. Zunächst beschränkte sich der Widerstand auf den Osten, doch nach und nach griff er auf andere tibetische Provinzen über. Chinas Versuche, diese Bewegung durch grausame Urteile, Exekutionen, Deportationen und andere Repressalien zu zerschlagen, erwiesen sich als erfolglos. Nur wenig von alledem drang jedoch nach draußen. Gelegentlich sickerten Gerüchte nach Indien durch, doch da diese unmöglich auf ihren Wahrheitsgehalt überprüft werden konnten, wurde ihnen im Westen keine Beachtung geschenkt. Außerdem betrieb Nehru damals gegenüber seinem kommunistischen Nachbarn eine Beschwichtigungspolitik und wollte von solchen Geschichten nichts hören. Einem britischen Journalisten in Kalimpong wurde die Ausweisung angedroht, falls er sie weiterhin kolportierte. Doch im Herbst 1958 gelangten Berichte nach Indien, daß in Tibet ein großer antikommunistischer Aufstand ausgebrochen sei. Die Wahrheit ließ sich nicht länger verbergen.

Der Höhepunkt des Aufstands – blutig, tragisch und dramatisch – kam, wie die Welt heute weiß, im März des folgenden Jahres. Das Schlachtfeld lag mitten im Herzen von Lhasa. Die Berichte über das, was sich ereignete, sind sehr unterschiedlich. Bis zu dieser Erhebung hatte es in der Heiligen Stadt im wesentlichen nur passiven Widerstand gegeben, der sich auf Plakataktionen beschränkte, in denen die Chinesen aufgefordert wurden, »nach Hause« zu gehen. Dann erfaßten jedoch immer mehr Meldungen von Erfolgen der Guerillas die Straßen und Basare der Hauptstadt, je näher sie sich abspielten. Ein bedeutender Sieg gegen Ende 1958 war die Zerschlagung der chinesischen Garnison in Tsetang, wo fünfzehn Jahre zuvor Leutnant Crozier und seine Flugzeugbesatzung so herzlich aufgenommen worden waren. Die Aufruhrstimmung in Lhasa schlug hohe Wogen, und der Haß auf die Chinesen nahm überhand. In dieser geladenen Atmosphäre brach Mitte März der Aufstand aus.

Ein Gerücht entzündete ihn. Die Chinesen, so flüsterte man sich zu, planten, den Dalai Lama zu entführen und nach China zu verschleppen. Er war für den folgenden Abend zu einer Theatervorstellung in die chinesische Kaserne eingeladen und gebeten worden, ohne seine Leibwache und seine Minister zu kommen. Der Grund dafür, ob harmlos oder nicht, wird vermutlich nie zu erfahren sein; für die Leute von Lhasa jedoch konnte das nur eines bedeuten: Die Chinesen wollten ihren Gottkönig entführen. Es war allgemein bekannt, daß bei vier früheren Gelegenheiten hohe Lamas unter ähnlichen Umständen zu Veranstaltungen gelockt und nie wieder gesehen worden waren. Das Volk hatte Wut, aber auch Angst. In jener Nacht versammelte es sich am

Sommerpalast, wo der Dalai Lama residierte, und bat ihn, nicht zu gehen.

»Der folgende Tag«, so erinnerte sich der Dalai Lama später, »wurde der folgenschwerste Tag, den Lhasa jemals gesehen hatte.« Im Grunde genommen war er nur der erste von zwölf folgenschweren Tagen, nach denen die Straßen der Heiligen Stadt von tibetischem Blut getränkt waren. Vom frühen Morgen an strömten die Leute zu Hunderten und später zu Tausenden zum Sommerpalast. Sie riegelten ihn hermetisch ab und skandierten antichinesische Parolen. Sie erklärten, daß sie den Dalai Lama notfalls mit Gewalt davon abhalten würden, den Palast zu verlassen und der Einladung der Chinesen Folge zu leisten. Einige von ihnen, vor allem die Khambas, waren bewaffnet. Alle waren erregt. Der junge Dalai Lama war ratlos. Der überzeugte Anhänger der Gewaltlosigkeit, der neun Jahre lang die unsichere Koexistenz mit den Invasoren gewahrt hatte, mußte erkennen, daß eine Kraftprobe unvermeidlich war. Er schickte dem chinesischen General, der sein Gastgeber sein sollte, eine Nachricht, in der er die Einladung absagte mit dem Hinweis, daß er von der Menschenmenge am Verlassen seines Palastes gehindert werde. Gleichzeitig wurde der riesigen Schar vor dem Palast – schätzungsweise dreißigtausend Menschen gesagt, daß er nicht gehen würde. Doch das zerstreute ihre Befürchtungen nur zum Teil. Denn was sollte die Chinesen davon abhalten, zu kommen und ihn gewaltsam zu beseitigen? Um einer solchen Tat zuvorzukommen, wurden an allen Ausgängen Verteidigungsstellungen errichtet, und Posten bewachten die Mauern.

Inzwischen hatte die Nachricht von diesem Geschehen tibetische Armee-Einheiten, die in und um die Hauptstadt stationiert waren, erreicht, und auch sie schlossen sich der Menschenmenge an, die den Palast umgab. Sie brachten zusätzliche Waffen mit, die zusammen mit anderen, die jahrelang in Klöstern und Wohnhäusern versteckt gewesen waren, an diejenigen verteilt wurden, die damit umzugehen wußten. In der Zwischenzeit war ein Komitee gegründet worden, das in der Stadt antichinesische Demonstrationen und Kundgebungen organisieren sollte. Auf diesen wurde erklärt, daß Tibet nicht länger die chinesische Herrschaft anerkenne und seine Unabhängigkeit proklamiere. Außerdem wurde gefordert, daß die

Chinesen unverzüglich ihre Truppen aus dem Lande abzogen. Der Dalai Lama, der immer noch hoffte, ein Blutvergießen verhindern zu können, schickte eine Botschaft an die Rebellenführer und bat sie inständig, die bereits explosive Situation nicht noch zu verschlimmern. Seine moderate Haltung zu diesem entscheidenden Zeitpunkt wurde später von manchen als zu versöhnlich kritisiert. Briefe, die er an die Chinesen schrieb, wurden von seinen Kritikern als Beweis dafür angeführt, denn in ihnen tadelt er die Rebellen und bekundet Wohlwollen gegenüber den Chinesen. Durch die Veröffentlichung der Briefe durch die Chinesen in Verlegenheit gebracht, hat der Dalai Lama erklärt, sie seien ein letzter Versuch gewesen, die äußerst gefährliche Situation zu entschärfen und Zeit zu gewinnen. Letzteres scheinen sie tatsächlich erreicht zu haben, denn es folgte eine Zeit der Spannung, die einige Tage dauerte. Was die Chinesen in dieser Zeit taten, ist nicht gewiß; höchstwahrscheinlich warteten sie Instruktionen aus Peking ab. Der Zorn der Rebellen und der um den Palast versammelten Menschen verringerte sich indes nicht. Ein bedauernswerter tibetischer Beamter, den die Menge für einen Kollaborateur hielt, wurde ergriffen und gelyncht, als er versuchte, in den Palast zu gelangen. Ein anderer wurde angegriffen und schwer verwundet, weil man ihn für einen Chinesen hielt, der gekommen war, um den Dalai Lama fortzubringen.

Die prekäre Pattsituation dauerte bis zum 16. März, als die Nachricht den Palast erreichte, daß die Chinesen während der Nacht Artillerie in Stellung gebracht hatten, und zwar so, daß die Stadt und der Sommerpalast in ihrer Reichweite lagen. Am selben Tag wurden chinesische Soldaten gesehen, die den Palast mittels ganz besonderer Instrumente observierten. Die Tibeter, die wenig von moderner Waffentechnik verstanden, nahmen an, daß sie für die Artillerie die Entfernung maßen. Es gingen auch Gerüchte, daß die Chinesen mit Flugzeugen Verstärkung bringen würden. Die Tibeter um den Palast richteten sich darauf ein, ihren Gottkönig mit dem Leben zu verteidigen.

Die ersten Schüsse der Schlacht, die bald darauf in der Stadt ausbrach, fielen am folgenden Nachmittag um sechzehn Uhr. Zwei Mörserbomben schlugen innerhalb des Sommerpalastes ein. Sie richteten keine Zerstörung an, verursachten aber ungeheuren

Schrecken. Obgleich sie sich als zwei Einzelschüsse erwiesen, die aus keinem ersichtlichen Grund abgegeben worden waren, schien für die Tibeter damit die Bombardierung des Palastes begonnen zu haben. Von seinen Ministern und engsten Beratern gedrängt, willigte der Dalai Lama ein, in der Nacht im Schutz der Dunkelheit aus Lhasa zu verschwinden.

Der Ablauf seiner dreizehntägigen Flucht nach Indien ins Exil ist mittlerweile Geschichte und auf jeden Fall Bestandteil der tibetischen Folklore. Wie ein Khamba-Guerilla gekleidet und mit einem Gewehr in der Hand, schlüpfte er unerkannt durch eines der Tore des Palastes. Vor ihm, ebenfalls als Khambas verkleidet, gingen seine Mutter, seine Schwester und sein jüngerer Bruder. Ihr unmittelbares Ziel war die Rebellenhochburg Loka auf der anderen Seite des Tsangpo, wo er bis auf weiteres vor Verfolgung sicher sein würde. Denn zu dieser Zeit befand sich der Teil Tibets südlich des Flusses fest in Rebellenhand. Ihm etwas anhaben oder ihn töten zu können, vorausgesetzt, sie fanden ihn überhaupt, war den Chinesen dann nur noch aus der Luft möglich. Als der Dalai Lama mit einer bewaffneten Eskorte von Khambas und regulären tibetischen Soldaten südwärts eilte, hielt er immer noch an der Hoffnung fest, irgendwo im Süden Tibets bleiben zu können, von wo aus er weiterhin sein Volk führen und bestrebt sein konnte, mit den Chinesen zu verhandeln. Doch diese Hoffnung wurde rasch zunichte, als ein Reiter sie einholte und die entsetzliche Nachricht von dem überbrachte, was nach ihrer Flucht in der Hauptstadt geschehen war.

Einige Stunden bevor die Chinesen entdeckten, daß der Dalai Lama entkommen war, hatten sie begonnen, den Palast unter Granatfeuer zu nehmen, da sie annahmen, daß er sich noch darin aufhielt. Anstandshalber sollte gesagt werden, daß sie die Tibeter über Megaphone aufgefordert hatten, sich zu ergeben, da andernfalls Lhasa mit Granaten beschossen würde. An diese »Drohung«, wie sie es nannte, erinnerte sich Rinchen Dolma Taring, eine gebildete Tibeterin, die dem Dalai Lama ins Exil folgte. Doch diejenigen, die den Palast verteidigten, waren nicht in der Stimmung, sich drohen beziehungsweise warnen zu lassen, geschweige denn, sich zu ergeben. Um dem Dalai Lama und seinen Leuten genügend Vorsprung zu verschaffen, hat man die Menschenmenge um den Palast offenbar nicht davon informiert, daß er gar nicht mehr da war. Tragischerweise glaubten sie immer noch, daß sie ihren Gottkönig vor den Chinesen beschützten.

Der Beschuß setzte in den sehr frühen Stunden des 20. März ein – manche sagen, um ein Uhr, manche, um zwei Uhr –, also mehr als achtundvierzig Stunden nach der Flucht des Dalai Lama. Mit Entsetzen hörte die flüchtende Rinchen Taring, die als Nonne verkleidet die Nacht in einer Meierei auf dem Boden verbrachte, in über fünfzehn Kilometer Entfernung das Knallen, vor dem sie sich alle gefürchtet hatten – »erst eine Granate, dann noch eine und schließlich so viele, daß man sie nicht mehr zählen konnte«. In ihren Memoiren, *Daughter of Tibet*, berichtet sie, wie sie zu Dolma, ihrer Karma-Gottheit, gebetet hat, für ihre Freunde und ihre Familie und für all diejenigen, die sie in Lhasa zurückgelassen hatte und die nun der chinesischen Artillerie ausgesetzt waren. Der Beschuß hielt bis zum Morgengrauen an, setzte dann für eine Weile aus und ging um acht Uhr weiter.

In und um den Sommerpalast verursachten die explodierenden Granaten schwere Verluste unter den Verteidigern, denn nur wenige hatten sich eingegraben, und alle weigerten sich, zu fliehen oder sich zu ergeben. Wie viele ums Leben kamen, wird immer unbekannt bleiben, doch der Dalai Lama berichtet in seiner Autobiographie von »Tausenden von Leichen«, die man hinterher um den Palast herum liegen sah. So schlecht bewaffnet und unausgebildet die Tibeter auch waren, flackerte doch in der ganzen Stadt heftiger Widerstand auf. An vielen Stellen, wo die wütende Bevölkerung chinesische Stellungen angriff, kam es zu wilden Kämpfen Mann gegen Mann, bei denen die fanatischen Khambas gewöhnlich an vorderster Stelle zu finden waren. Doch die Chinesen, die von Natur aus keine solchen Kämpfer waren wie die Khambas, besaßen eine lange Erfahrung in dieser Art Kriegführung. Sie hatten sie sich im Kampf gegen die Nationalisten und gegen die Japaner erworben. Außerdem waren die beiden Seiten allein zahlenmäßig und von ihrer Feuerkraft her völlig ungleich. Viele Tibeter waren lediglich mit Knüppeln oder Steinen bewaffnet. Berichten zufolge kämpften die tibetischen Frauen genauso tapfer wir ihre Männer. Doch die

tibetische Erhebung von 1959 erinnert nur zu sehr an den verzweifelten, doch gleichermaßen hoffnungslosen ungarischen Aufstand
gegen die sowjetischen Waffen keine drei Jahre zuvor. Nachdem die
Chinesen die Verteidiger des Sommerpalastes zum Schweigen
gebracht hatten, richteten sie ihre Artillerie und Granatwerfer auf
andere Ziele, so auf die medizinische Fakultät, die nur schwach
verteidigt war, und das große Sera-Kloster, ein Zentrum der anti-
chinesischen Bewegung, sechs Kilometer von Lhasa entfernt.

Der Aufstand, hauptsächlich von den Khambas inspiriert und
geführt, war von Anfang an aussichtslos gewesen. Welche Chance
hatten die Tibeter zu jener Zeit, die Chinesen zu vertreiben? Mit
ihren Panzern, ihrer Artillerie und ihrer taktischen Überlegenheit
gewannen die Chinesen nach und nach die Oberhand. Am 23. Mai
waren die Kämpfe vorbei. Die tibetische Erhebung war blutig
niedergeschlagen. Und das hatte der Dalai Lama von Anfang an
befürchtet; er hatte in dem Aufstand die Gefahr der Selbstvernich-
tung gesehen, war jedoch machtlos gewesen, ihn zu verhindern.

Warum hatten sich so viele einfache Tibeter entschlossen, sich an
dieser vergeblichen Konfrontation mit den Chinesen zu beteiligen?
Geschah es nur aus der nationalen Empörung über die Angriffe, die
die heidnischen Invasoren auf ihre Religion und ihre Art zu leben
führten, die in der Furcht gipfelte, ihr Gottkönig könnte entführt
werden? Oder sollte, wie manch einer behauptet, irgendwo im
Hintergrund die allgegenwärtige Hand der CIA zu erkennen gewesen sein? Was immer die Wahrheit sein mag – es ist möglich, daß
viele Tibeter von ihrer eigenen Geschichte dazu ermuntert worden
waren, zu glauben, daß ihnen ihre Götter wie schon zuvor den Sieg
sichern würden.

Ein bekannter tibetischer Gelehrter, der heute im Westen lebt,
Dr. Dawa Norbu, sieht in dem Aufstand im wesentlichen eine
religiöse Erhebung. »Die einfach denkenden Tibeter«, schrieb er in
China Quarterly, »sahen in der [früheren] leichten Vertreibung der
chinesischen Truppen aus Tibet, die in Wirklichkeit nur durch die
Revolution von 1911 möglich gewesen war, schlichtweg das Werk
ihres Glaubens.«

Wie viele Menschenleben die drei Tage erbittertster Kämpfe
kosteten, die auf den Angriff auf den Sommerpalast folgten, ist

schwer zu sagen. Nachdem Indien seine Unabhängigkeit erlangt hatte, war auch die britische Mission in Lhasa geschlossen worden, und es lebte kein einziger Europäer mehr dort. Wenn allerdings der furchtsame Nehru dem indischen Generalkonsul, einem früheren Armeeoffizier, nicht das Sprechen verboten hätte, dann hätte er ein wertvoller Augenzeuge sein können. Seine über Funk übertragenen offiziellen Depeschen nach Delhi hatten die Welt über den Aufstand in Lhasa informiert. Sie befaßten sich jedoch in erster Linie mit der Sicherheit des Generalkonsulats und seiner Mitarbeiter, die sich den Kämpfen ungemütlich nahe befanden. Man ist gänzlich auf die Augenzeugen angewiesen, die natürlich alles aus der Sicht ihrer jeweiligen Partei gesehen und dargestellt haben. Die Tibeter selbst geben in einer halbamtlichen historischen Darstellung, die ein früherer Minister des Dalai Lama geschrieben hat, die Todesopfer mit etwa zwölftausend an. Anna Louise Strong, die ihr Leben lang mit dem kommunistischen China sympathisierte, behauptet hingegen, daß es bei den Tibetern nur etwa sechshundert Tote gegeben habe. Die Zahl hatte sie von chinesischen Beamten erhalten, als sie sich als offizieller Gast in Lhasa aufhielt. Für sie war das Ganze, wie vorauszusehen war, ein Aufstand der »über Leibeigene gebietenden Herrscher« Tibets. Die meisten anderen Kommentatoren halten dreitausend Tote für eine sehr realistische Zahl. Dazu müssen allerdings noch viele Tibeter hinzugezählt werden, die von den Chinesen ohne viel Federlesens unmittelbar nach den Ereignissen hingerichtet wurden.

Für die Tibeter kam nun eine lange, unglückliche Zeit religiöser und politischer Unterdrückung. Der Aufstand, der Tag für Tag die Schlagzeilen der Welt beherrscht hatte, verursachte eine ungeheure internationale Entrüstung und fügte dem Ansehen der Chinesen in der Dritten Welt dauernden Schaden zu. Sie machten sich nun daran, ein für allemal die Macht der Geistlichkeit und der landbesitzenden Familien zu zerschlagen. Mit einer beinahe cromwellschen Heftigkeit demolierten, plünderten und schlossen sie Klöster im ganzen Land und konfiszierten deren Ländereien und Vermögen. Mönche wurden gezwungen, ihrer Berufung zu entsagen, zu heiraten und sich auf dem Land niederzulassen oder zu verhungern. Tempel und Schreine wurden ihrer Heiligenbilder beraubt, und buddhistische Schriften wurden verbrannt. Um das Risiko eines neuen bewaffneten Widerstands zu verringern, wurden Tausende von Tibetern eingesperrt und viele andere deportiert, oftmals nach China. Zahlreiche chinesische Siedler wurden nach Tibet gebracht. Exekutionen, Prügel, öffentliche Erniedrigungen – und Selbstmorde – waren an der Tagesordnung. Für alle wurden Personalausweise eingeführt, und die Bewegungsfreiheit wurde drastisch eingeschränkt. Politische Umerziehung und Belehrung auf täglichen Versammlungen wurde zur Pflichtübung und zum Bestandteil der neuen tibetischen Lebensart, und jedes Mittel der Gewalt wurde genutzt, um die Tibeter zu zwingen, ihren alten Glauben abzulegen und Marx und Mao anzunehmen.

Viele Tausende Tibeter reagierten auf diese unterdrückerischen Maßnahmen auf die einzige ihnen noch verbliebene Art und Weise. Sie stimmten mit den Füßen ab. Sie zogen Hunderte von Kilometern südwärts über den Himalaja ins Exil nach Indien. Nur ein kleiner Prozentsatz von ihnen gehörte den adligen, einstmals landbesitzenden Familien an. Insgesamt gelangten etwa achtzigtausend Tibeter in Sicherheit; viele kamen auf der Flucht um, die entweder in den Pässen erfroren oder verhungerten oder von chinesischen Grenzsoldaten erschossen wurden. Viele Flüchtlinge brachten kostbare religiöse Kunstwerke und heilige Texte mit und bewahrten sie so vor der Zerstörung durch die ungläubigen Chinesen. Unterdessen setzten in den abgelegeneren Regionen Tibets die Guerillas ihre Attacken gegen die chinesischen Truppen fort, die von Peking, das entschlossen war, jeglichen noch bestehenden Widerstand zu vernichten, erheblich verstärkt worden waren. Es war jedoch ein aussichtsloser Kampf, und die schwer bedrängten Guerillas zogen sich schließlich über die Grenze nach Nepal zurück, wo sie in dem kleinen mittelalterlichen Königreich Mustang eine Zeitlang eine Operationsbasis unterhielten.

Die Chinesen sehen diese Ereignisse natürlich in einem völlig anderen Licht. Für sie war Tibet einfach ein Anachronismus, ein Gebiet unzulässiger Rückständigkeit in einem China, das das Licht des Marxismus gesehen hatte. Sie hatten es mit friedlicher Überzeugungsarbeit versucht, wurden dabei aber ständig von reaktionären Elementen behindert. Diese mußten nun gnadenlos eliminiert werden, wenn die Tibeter die Errungenschaften der modernen Zivilisation genießen wollten. Die Eier mußten aufgeschlagen werden, wenn man das Omelett braten wollte.

Keiner dieser schmerzlichen Prozesse wurde von unparteiischen Augenzeugen miterlebt – mit einer Ausnahme, wie wir noch sehen werden. Denn Tibet war nun noch mehr verbotenes Land als je zuvor, und das sollte fast zwanzig Jahre lang so bleiben. Die einzigen Menschen aus dem Westen, denen die Einreise gestattet wurde, waren die wenigen »Freunde« Chinas wie die alternde Anna Louise Strong, von der man erwarten konnte, daß sie ihre Kritikfähigkeit unterdrückte. (Das Schlußkapitel von Miß Strongs Buch über Tibet – *When Serfs Stood up in Tibet* – trägt den Titel »Errichtung des Paradieses«.) Keiner dieser »Freunde« sprach ein Wort Tibetisch, und selbst *ihre* Bewegungen wurden aufmerksam kontrolliert.

Doch einen wichtigen Augenzeugen all dessen hat es gegeben, Prem Nath Kaul, der kurz nach der Flucht des Dalai Lama als neuer indischer Generalkonsul nach Lhasa kam. Nach seiner Versetzung aus dem indischen Staatsdienst in den Ruhestand schrieb der ehemalige Offizier, der während des Kriegs der britischen Armee angehört hatte, ein bescheidenes Bändchen Memoiren unter dem Titel *Frontier Callings*. 1976 in Delhi veröffentlicht und außerhalb Indiens unbeachtet geblieben, ist es mit der Behutsamkeit verfaßt, die man von einem ehemaligen höheren Diplomaten erwarten kann, der vermutlich noch immer an die Sicherheitsbestimmungen seines Landes gebunden war. Selbst aus dem, was er schreibt, geht eindeutig hervor, daß er während dieser zwei Jahre in einem repressiven Polizeistaat lebte und nicht in dem Paradies, das Miß Strong beschrieb. Er berichtet, daß die Tibeter von den Chinesen gezwungen wurden, ihre Nachbarn zu denunzieren. Er schreibt über die »willkürlichen Verhaftungen«, die dem Aufstand folgten, und über die »vielen«, die immer noch in den Kerkern Lhasas schmachteten und auf ihren Prozeß warteten.

Kaul berichtet auch, daß die Chinesen konfiszierte buddhistische Kunstwerke in den Fluß oder die städtische Kanalisation warfen, bis ihnen aufging, daß sie damit kostbare Devisen wegwarfen. Von da an wurden beschlagnahmte Kostbarkeiten nach

China geschafft und gegen »enorme Preise« in Hongkong verkauft. Doch selbst im Ruhestand besaß Kaul offenbar nicht die Freiheit, die ganze Wahrheit zu erzählen. Die Internationale Juristen-Kommission, die ihren Sitz in Genf hat, unterlag keiner solchen Beschränkung. Nachdem das von der Kommission ernannte Untersuchungskomitee, dem namhafte Juristen aus Asien, Europa und Afrika angehörten, den Dalai Lama und andere tibetische Flüchtlinge als Zeugen gehört hatte, kam es zu dem Schluß, daß sich die Chinesen »durch das planmäßige Töten buddhistischer Mönche und Lamas« des Völkermordes schuldig gemacht hatten. Außerdem bezichtigte es die Chinesen, gegen die meisten Artikel der von der UNO verkündeten Erklärung der Menschenrechte zu verstoßen – zum Beispiel mit der Anwendung der Folter, »grausamer und erniedrigender Behandlung«, dem Verhängen von Zwangsarbeit, der Verweigerung religiöser Freiheit und der erzwungenen Heirat zwischen unwilligen Partnern. Ein Problem gab es jedoch bei der ganzen Sache. China war nicht Mitglied der Vereinten Nationen, und es war nicht gewillt, sich der Meinung der Welt zu beugen.

Sechs Jahre später, 1965, veröffentlichten die Juristen wieder einen Bericht, der besagte, daß sich die Situation in Tibet nicht geändert hatte. Und dann hatten die Tibeter noch einen Streich des chinesischen Schwerts erdulden müssen, nämlich die Ankunft der gefürchteten Roten Garden im Januar 1967, der Träger der sogenannten Kulturrevolution. Diese wildgewordenen maoistischen Sturmtrupps wüteten in den Städten und Dörfern Tibets und verbreiteten dort Furcht und Zerstörung wie in China. Der Buddhismus und die alte tibetische Lebensart wurden zu ihrem Hauptangriffsziel. Klöster und andere heilige Gebäude (von denen es einst Tausende in Tibet gegeben hatte), die bis dahin der Schändung und Zerstörung entgangen waren, waren nun verloren. Ein Dorfbewohner aus dem Westen Tibets, der nach Indien geflohen war, erzählte, daß die Roten Garden der Kulturrevolution als erstes in den Dörfern und Städten besondere Gruppen bildeten, die sie aus den ärmsten Schichten der Bevölkerung rekrutierten. Zu ihrer Leitung wurden tibetische Kollaborateure eingesetzt, die in den Büros der Besatzungsverwaltung tätig waren. Alle trugen rote Armbinden, trugen ein Exemplar der *Worte des Vorsitzenden Mao* bei sich und bekamen den Titel Genlog Rukach – Rotgardist – verliehen.

Den Leuten in den Dörfern, denen es vorher erlaubt gewesen war, ihre religiösen Handlungen zu verrichten, wurde es nun verboten. Sie wurden gezwungen, ihre religiösen Schriften zu verbrennen und den Roten Garden zum Beweis die Asche zu zeigen. Einigen gelang es jedoch, wichtige Texte zu retten, indem sie sie vergruben. Ein anderer Tibeter, ein siebzigjähriger Lama, berichtete, daß die Roten Garden in seinem Dorf eine Versammlung abhielten, auf der gesagt wurde, daß alles alte Gedankengut gewaltsam beseitigt würde. Jeder erhielt ein Exemplar der *Worte des Vorsitzenden Mao* in Tibetisch. Er berichtete: »Kurz darauf kamen die Roten Garden und zerstörten mein Kloster und verbrannten alle Schriften. Sie fragten mich, was ich nun tun würde. Ich sagte ihnen, ich würde die Worte des Vorsitzenden Mao lesen. Dann gingen sie wieder, und noch in derselben Nacht warf ich Maos Worte weg und verließ das Dorf zusammen mit anderen Leuten, die mich hierher gebracht haben.«

Während viele Tausende Tibeter die chinesische Besetzung ihres Landes als grausame Unterdrückung ansahen (über achtzigtausend waren, wie berichtet, aus dem Land geflohen), sah die halbchinesische Autorin Han Suyin nur Gutes daran. Nach ihrem Tibetbesuch als Gast der Chinesen im Oktober 1975 behauptete sie, daß sich die Reformen »außerordentlich befriedigend und äußerst populär« ausgewirkt hätten. Der Vorsitzende Mao, so schreibt sie in ihrem Buch *Lhasa, die offene Stadt* (sie war damals alles andere als offen), habe für Chinas rückständige nationale Minderheiten, einschließlich der Tibeter, stets ein Herz gehabt. Er habe verfügt, »daß für sie alles getan werden müsse, vielleicht sogar mehr als für das Volk der Han«. Das war jedoch keineswegs die Erfahrung von Prem Kaul, dem indischen Generalkonsul, der in Lhasa miterlebt hatte, wie die Han-Chinesen mit den Tibetern umgingen. Er berichtet, daß während der großen Lebensmittelknappheit, die seinen zweijährigen Aufenthalt in Lhasa kennzeichnete, die Lieferungen, die tatsächlich in der Hauptstadt eintrafen, abgefangen und »für die chinesischen Kader (Parteifunktionäre) verwendet« wurden.

Doch nach dem Tod Mao Tse-tungs und dem Sturz der Viererbande sah sich Peking gezwungen, zuzugeben, daß Tibet nicht das Paradies war, als das man es der Welt und auch Han Suyin präsentiert hatte. Keine fünf Jahre nach ihrem von offizieller Seite geförderten Besuch gaben höhere Beamte gegenüber jetzt zu Besuch weilenden Korrespondenten zu, daß sie ein ziemliches Schlamassel angerichtet hatten. Der General des harten Kurses, der in Tibet zehn Jahre lang die Politik Pekings durchgesetzt hatte, wurde in Unehren nach Hause geschickt und in den Ruhestand versetzt. Zwei hohe Parteifunktionäre, die nach dem Sturz der Viererbande nach Tibet geschickt worden waren, um herauszufinden, was dort vor sich ging, waren entsetzt von dem, was sie aufgedeckt hatten. Als Ergebnis dessen war nicht nur der General entlassen worden, sondern es wurde sofort eine neue Politik – bekannt als »Vorschrift 31« – als neuer, »korrekter« Kurs erlassen. Die Verfolgung der Religion wurde eingestellt, und die traditionellen Methoden der tibetischen Landwirtschaft wurden wieder eingeführt.

Von welcher Dauer das alles sein wird, läßt sich jetzt noch nicht sagen. Unlängst hat der Dalai Lama festgestellt: »Es ist schwer, den Chinesen zu glauben oder ihnen zu vertrauen. Wer einmal von einer Schlange gebissen wurde, ist vorsichtig, selbst wenn er nur ein Stück Seil sieht.« Doch unter Pekings neuer, entspannter Politik darf eine steigende Zahl tibetischer Flüchtlinge in das Land zurückkehren, um nach zwanzig oder mehr Jahren der Trennung ihre Angehörigen zu besuchen. Selbst die Kinder von Flüchtlingen, die 1959 gezwungenermaßen zurückgelassen werden mußten und mittlerweile erwachsen sind, erhielten die Erlaubnis, auf der Basis der Familienzusammenführung Tibet zu verlassen.

Nach monatelangen geheimen Kontakten haben drei offizielle Delegationen als Vertreter des Dalai Lama – dessen Vertrauen die Chinesen zurückzugewinnen hoffen – Tibet besucht. Alle drei lieferten allerdings sehr negative Berichte über das, was sie auf ihren mehrmonatigen Reisen gesehen hatten. Beinahe alle Klöster und Tempel des Landes, sagten sie, seien zerstört, einige wenige seien als Schaustücke für ausländische Besucher wiederaufgebaut beziehungsweise restauriert worden. Zahlen, die man ihnen gab, um zu zeigen, welchen Fortschritt Tibet unter chinesischer Führung genommen hatte, seien offenkundig frei erfunden. Dies gelte ganz besonders für den Bau von Schulen, die meist gar nicht existierten.

Die erste dieser Delegationen wurde von den Menschen Tibets mit solch stürmischer Begeisterung umringt, daß, wie berichtet wurde, sogar die chinesischen Dolmetscher zu Tränen gerührt waren. Die Ankunft der zweiten, im Juli 1980, führte zu noch ungebärdigeren Sympathiekundgebungen für den Dalai Lama. Daraufhin wurde ihre Reise von den beschämten Chinesen abgebrochen, und sie mußten Tibet wieder verlassen. Sie wurden von ihren Gastgebern sogar der absichtlichen Aufwiegelung bezichtigt. Pekings Verdruß wurde dadurch vergrößert, daß alles von einer Gruppe westlicher Reporter miterlebt wurde, die sich zufällig in Tibet befand. Einer von ihnen, David Bonavia von der *Times,* ein erfahrener Chinakenner, berichtete von einer »Eskalation der Frömmigkeit und religiösen Inbrunst, die keineswegs auf die ältere Generation beschränkt ist«.

Die Lehre von Karl Marx konnte den Tibetern auch nach dreißig Jahren nicht schmackhafter gemacht werden als die andere fremde Lehre, die die unerschrockene Annie Taylor und ihre unglücklichen Nachfolger, die Rijnharts, ihnen unter so großen Opfern bringen wollten. Heute triumphiert der alte Glaube wieder über den wissenschaftlichen Atheismus, auch wenn die Tibeter ihren Gottkönig immer noch nicht im Potala haben. Lange verborgen gehaltene Rosenkränze und Gebetsmühlen wurden wieder aus den Verstecken hervorgeholt, und von den *Chortens* an den Wegen, die die Roten Garden überdauert haben, flattern wieder Gebetsfahnen. Buddhistische Pilger, verschmutzt und in Lumpen gehüllt, ziehen wieder nach Lhasa, um sich vor den heiligen Stätten demütig niederzuwerfen.

Doch nach allem, was die Tibeter erlitten und gelernt haben, kann das Leben nie wieder so wie früher sein. Nur wenige würden sich das wohl wünschen. Heute würde niemand, nicht einmal der Dalai Lama, behaupten, das alte Tibet sei ein feudales Paradies gewesen. Und niemand behauptet, die Chinesen hätten in den letzten drei Jahrzehnten nichts getan, um das Leben der einfachen Tibeter zu verbessern. Es ist nur tragisch, daß so viel tibetisches Blut vergossen werden mußte, um so wenig zu erreichen. »Wenn man ihnen Zeit läßt«, schreibt ein Beobachter des gegenwärtigen Tibet, »dann sehe ich keinen Grund, warum sie nicht zusammenarbeiten sollten, um Tibet zu dem Glück und Wohlstand zu verhelfen, die ihm bisher versagt geblieben sind.« Das ist eine Hoffnung, die gewiß jeder, der der langen, schmerzlichen Geschichte der Zusammenstöße Tibets mit der Außenwelt gefolgt ist, teilen wird.

Doch schon sehen sie sich mit neuen Eindringlingen konfrontiert. Diesmal sind es die allgegenwärtigen Pauschaltouristen. Denn es waren nicht die Tibeter, die diese Landors und Littledales der Gegenwart in ihr Land eingeladen haben, sondern die Chinesen. Was sie bewegen mag, wenn sie ganze Busladungen neugieriger Ausländer die Privatgemächer des Dalai Lama im Potala bestaunen sehen, kann man nicht nachvollziehen. Vielleicht haben sie sich nach mehr als einem Jahrhundert ausländischer Zudringlichkeit mit dem schier endlosen Strom ungeladener Gäste abgefunden. Selbst wenn dem so sein sollte, fällt es schwer, kein Mitgefühl mit diesem liebenswürdigen, fröhlichen und schwergeprüften Volk zu haben, das die Welt immer nur um eines gebeten hat, nämlich in Ruhe gelassen zu werden.

I Tibet und umliegende Länder

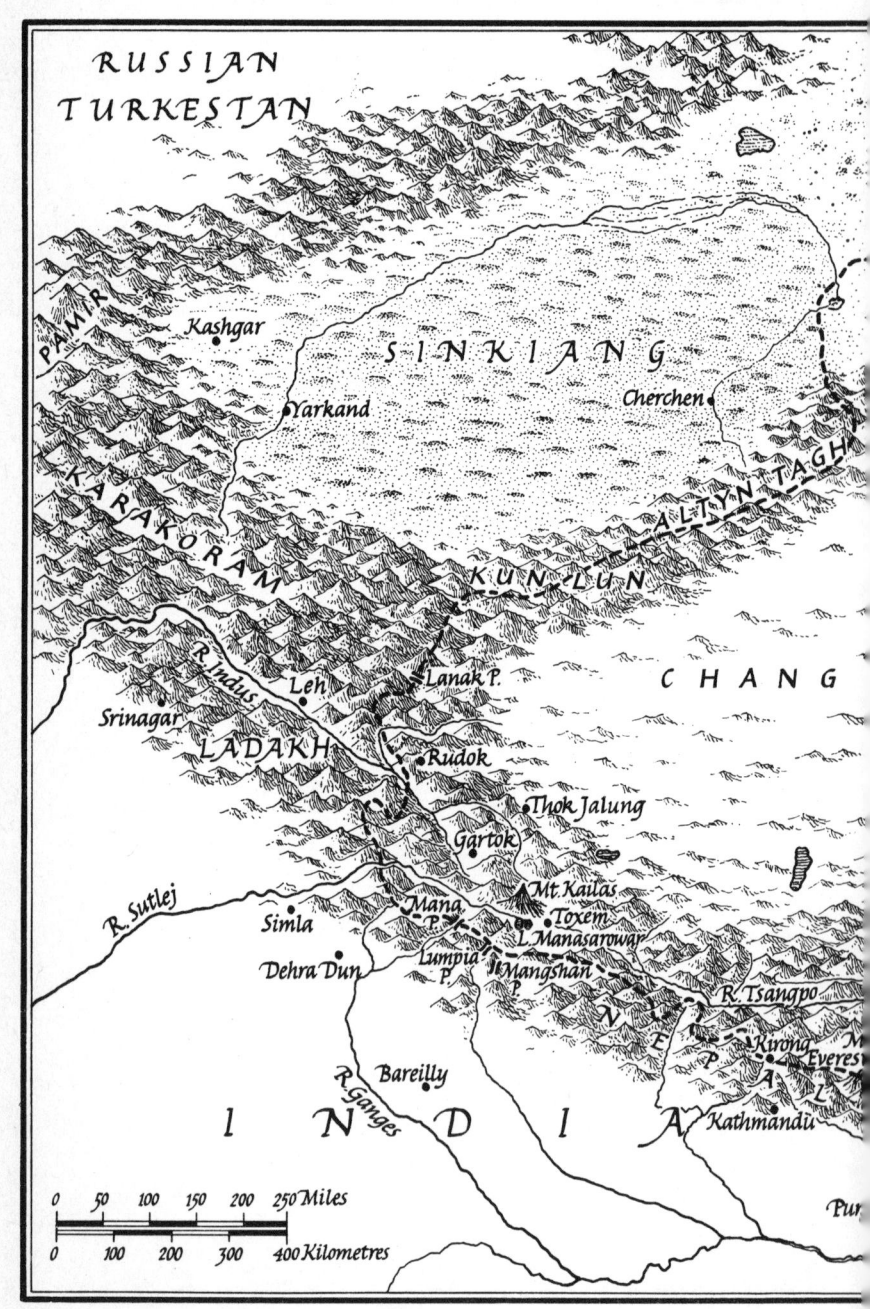

II Großtibet, Grenzverlauf nach Charles Bell

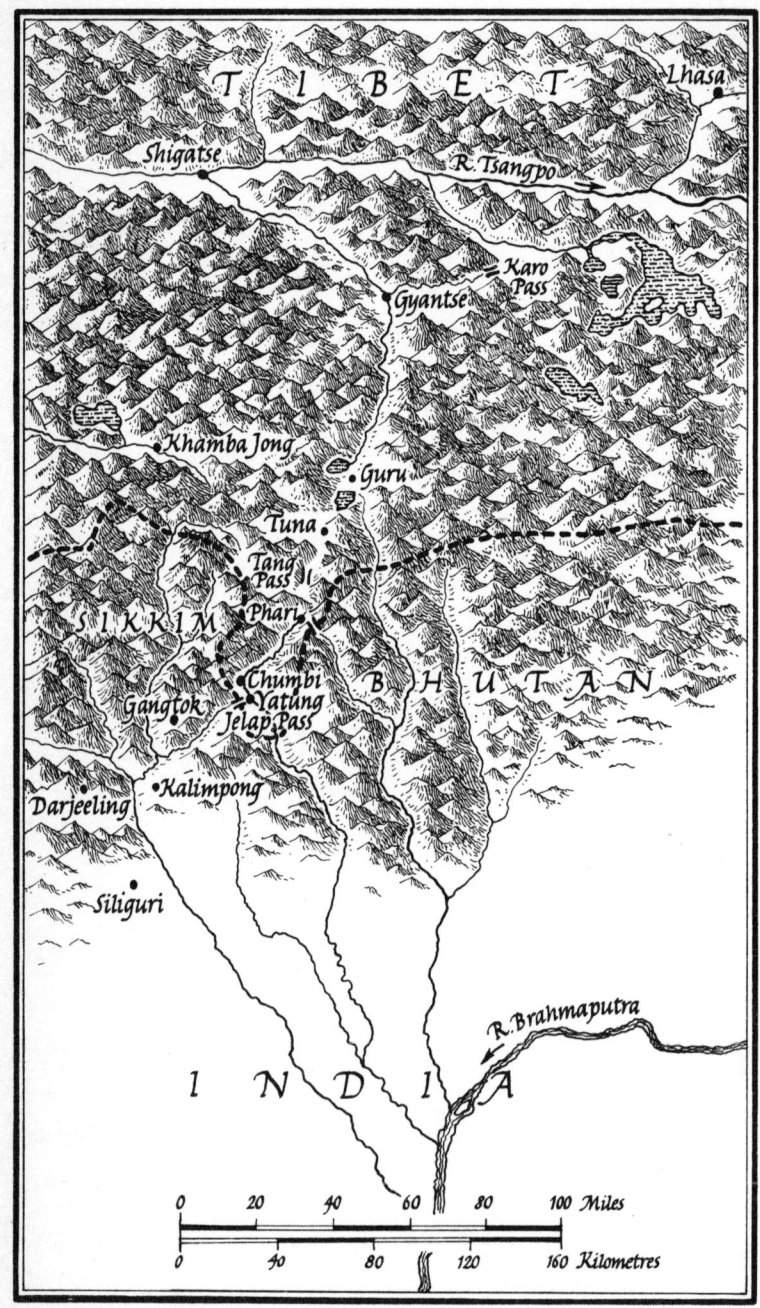

III Das Chumbi-Tal

Im Deutschen abweichende Bezeichnungen zu den vorhergehenden Karten:

Karte I

(Verni) – Alma-Ata
(Yarkand) – Jarkend
(Kun Lun) – Kunlun-Gebirge
(Tsaidam) – Zaidam
(L. Kuku Nor) – Kuku-nor-See
(Lanak P.) – Lanak-Paß
(L. Manasarowar) – Manasarowar-See
(L. Tangri Nor) – Nam-Tso-See
(Chengdu) – Tschongtu
(Gyantse) – Gjangtse
(Bay of Bengal) – Golf von Bengalen

(R. Yangtze) – Jangtsekiang
(Lumpia P.) – Lumpia-Paß
(L. Mansarowar) – Manasarowar-See
(Mangshan P.) – Mangschanpaß
(Kirong) – Kirongtschong
(Phari) – Phari-Tschong
(R. Salween) – Salwin

Karte III

(Karo Pass) – Karo-Paß
(Phari) – Phari-Tschong

Karte II

(Tun-huang) – Tungwang
(Yellow R.) – Hoangho (Gelber Fluß)
(L. Kuku Nor) – Kuku-nor-See
(Yarkand) – Jarkend
(Altyn Tag) – Altyn-tag-Gebirge
(Amne Machin Range) – Amne-Matschin-Gebirge
(Lanak P.) – Lanak-Paß
(Dam-jau-er P.) – Dam-jau-er-Paß
(R. Tsa Chu) – Dza-tschu
(Chengdu) – Tschongtu
(Nagchuka) – Nagtschudsong
(Chamdo) – Tschiamdo
(R. Sutlej) – Satlesch
(Mana P.) – Mana-Paß
(L. Tengri Nor) – Nam-Tso-See
(Goring P.) – Goring-Paß
(Gokar P.) – Gokar-Paß

ANHANG

BILDNACHWEIS

Abb. 1, 2, 4, 5, 8, 9 und 10 aus *Tibet* von Thomas Holdich, veröffentlicht von Alston Rivers in London.

Abb. 3 Abdruck mit freundlicher Genehmigung der Royal Geographical Society, London.

Abb. 6 aus *With the Tibetans in Tent and Temple* von Susie Rijnhart, erschienen bei Olphant, Anderson und Ferrier, London, 1901.

Abb. 7 aus *Two Lady Missionaries in Tibet* von Isabel Robson, erschienen bei S. W. Partridge in London.

Abb. 11 aus *India and Tibet* von Francis Younghusband, erschienen bei John Murray, London, 1911.

Abb. 12 aus *Three Years in Tibet* von Ekai Kawaguchi, veröffentlicht von der Theosophical Publishing Society in London, 1909.

Abb. 13 aus *In the Forbidden Land* von H. S. Landor, erschienen bei W. Heinemann, London, 1898.

Abb. 14 aus *Francis Younghusband* von Georg Seaver, erschienen bei John Murray, London, 1952.

Abb. 15 aus *My Journey to Lhasa* (englische Ausgabe) von Alexandra David-Neel, erschienen bei W. Heinemann, London, 1927.

Abb. 16 aus *Transhimalaja* von Sven Hedin (englische Ausgabe; Macmillan, London, 1909; deutsche Ausgabe: Leipzig, 1909).

Abb. 17 Zeichnung aus *The Great Closed Land* von Annie Marston, erschienen bei W. S. Partridge, London.

Abb. 18 Photographie von F. Spencer Chapman.

Abb. 19, 20, 21 und 22 Abdruck mit freundlicher Genehmigung des National Army Museum, London.

Abb. 23 aus *With Mounted Infantry in Tibet* von W. J. Ottley, erschienen bei Smith, Elder & Co, London, 1906.

Abb. 24 aus *Peking to Lhasa,* (Hrg. Francis Younghusband), erschienen bei Constable, London, 1925.

Abb. 25 aus *Lhasa: the Holy City* von F. Spencer Chapman, erschienen bei Chatto and Windus, London, 1938.

Abb. 26 aus *The People of Tibet* von Charles Bell, erschienen bei Oxford University Press, Oxford, 1928.

Abb. 27 aus *On the Frontier and Beyond* von Frederick O'Connor, erschienen bei John Murray, London, 1931.

BIBLIOGRAPHIE

Tibet. Historical Section, Foreign Office. London, 1920.

Papers Relating to Tibet und *Further Papers Relating to Tibet.* British Government Blue Books. London, 1904, 1905, 1910.

F. M. Bailey: *No Passport to Tibet.* London, 1957.

Noel Barber: *From the Land of Lost Content.* London, 1969.

Charles Bell: *Tibet, Past and Present.* Oxford, 1924.

(Deutsche Ausgabe: *Tibet einst und jetzt.* Leipzig, 1925.)

– *The People of Tibet.* Oxford, 1928.

– *The Religion of Tibet.* Oxford, 1931.

– *Portrait of the Dalai Lama.* London, 1946.

Gabriel Bonvalot: *Across Tibet.* London, 1891.

Hamilton Bower: *A Diary of a Journey Across Tibet.* London, 1894.

John Brereton: »Mission to Tibet« in: *Blackwoods Magazine,* Mai/Juni 1977.

Schuyler Cammann: *Trade through the Himalayas.* Princeton, 1951.

Edmund Candler: *The Unveiling of Lhasa.* London, 1905.

William Carey: *Travel and Adventure in Tibet. Including the Diary of Miss Annie R. Taylor's Remarkable Journey.* London, 1902.

Dalai Lama: *My Land and my People.* London, 1962.

(Deutsche Ausgabe: *Mein Leben und mein Volk.* München, 1982.)

Alexandra David-Neel: *Voyage d' une Parisienne à Lhasa. A pied et en mendiant de la Chine à l' Inde à travers le Thibet.* Paris, 1927.

(Deutsche Ausgabe: *Leben in Tibet.* Basel, 1984.)

– *Mystiques et magiciens du Thibet.* Paris, 1929.

(Deutsche Ausgabe: *Heilige und Hexer.* Leipzig, 1931.)

Jeanne Denys: *Alexandra David-Neel au Thibet.* Paris, 1972.

Peter Fleming: *Bayonets to Lhasa.* London, 1961.

Harold Fletcher: *A Quest of Flowers.* Edinburgh, 1976.

Robert Ford: *Captured in Tibet.* London, 1957.

Ghulam Rassul Galwan: *Servant of Sahibs.* Cambridge, 1923.

Basil Gould: *The Jewel in the Lotus.* London, 1957.

Fernand Grenard: *Tibet: the Country and its Inhabitants.* London, 1904.

Sven Hedin: *Transhimalaja.* Leipzig, 1909.

– *Wildes heiliges Tibet.* Leipzig, 1936.

Thomas Holdich: *Tibet, the Mysterious.* London, 1906.

Joseph Hooker: *Himalajan Journals*. London, 1854.

Evariste Régis Huc: *Souvenirs d' un voyage dans la Tartarie, le Thibet et la Chine*. Paris, 1925.

Paul Hyer: »Narita Yasuteru: First Japanese to enter Tibet«. *The Tibet Journal*. London, 1979.

International Commission of Jurists. *Tibet and the People's Republic of China*. Geneva, 1960.

Ekai Kawaguchi: *Three Years in Tibet*. Benares, 1909.

Rudyard Kipling: *Kim*. London, 1901.
(Deutsche Ausgabe: *Kim*. München, 1985.)

Alastair Lamb: *Britain and Chinese Central Asia*. London, 1960.

Perceval Landon: *Lhasa*. London, 1905.

Henry Lansdell: *Chinese Central Asia*. London, 1893.

St. George Littledale: »A Journey across Tibet from North to South«. *Geographical Journal*, Vol. 7, 1896.

Colman Macauley: *Report of a Mission to Sikkim and the Tibetan Frontier – 1884*. Kalkutta, 1885.

David Macdonald: *The Land of the Lama*. London, 1929.
– *Twenty Years in Tibet*. London, 1932.

John MacGregor: *A Chronicle of Exploration*. London, 1970.

Fosco Mariani: *Secret Tibet*. London, 1954.

Julie G. Marshall: *Britain and Tibet 1765 - 1947. A Select Annotated Bibliography of Printed Material in European Languages*. Latrobe University. London, 1977.

Kenneth Mason: *Abode of Snow*. London, 1955.

William McGovern: *To Lhasa in Disguise*. London, 1924.

Dorothy Middleton: *Victorian Lady Travellers*. London, 1965.

Hugh Mill: *The Record of the Royal Geographical Society. 1830 - 1930*. London, 1930.

Luree Miller: *On Top of the World*. London, 1976.

T. G. Montgomerie: »On the Geographical Position of Yarkund, and Some other Places in Central Asia«. *Journal of the Royal Geographical Society*, Vol. 36. London, 1867.

Frank Moraes: *The Revolt in Tibet*. New York, 1960.

Chris Mullin: *The Tibetans*. Report No. 49 of the Minority Rights Group. London, 1981.

W. H. Murray: *The Story of Everest*. London, 1953.
(Deutsche Ausgabe: *Das Buch vom Everest*. München, 1953.)

Henry Newman: *A Roving Commission*. London, 1937.

J. B. L. Noel: *Through Tibet to Everest*. London, 1927.

Dawa Norbu: »The 1959 Tibetan Rebellion: An Interpretation«. *The China Quarterly*. London, 1979 (März).

Braham Norwick: »Alexandra David-Neel's Adventures in Tibet. Fact or Fiction?« *The Tibet Journal*. London, 1979 (Herbst).

Frederick O'Connor: *On the Frontier and Beyond*. London, 1931.
W.J. Ottley: *With Mounted Infantry in Tibet*. London, 1906.
Michel Peissel: *Cavaliers of Kham. The Secret War in Tibet*. London, 1972.
(Deutsche Ausgabe: *Die Chinesen sind da! Der Freiheitskampf der Khambas*. Wien und Hamburg, 1973.)
George Pereira: *Peking to Lhasa*. Zusammengestellt von Francis Young-husband. London, 1925.
Luciano Petech: »China and the European Travellers to Tibet, 1860 bis 1880«. *T' oung Pao*, Vol. LXII, 4-5.
Peter, Prinz von Griechenland: *Physical Anthropological Observations on 5,000 Tibetans*. Third Danish Expedition to Central Asia. Kopenhagen, 1966.
Nikolai Michajlovic Przeval'skij: *Mongolia, the Tangut Country and the Solitudes of Northern Tibet*. London, 1876. (Russische Ausgabe: *Mongolija ć strana Tangutov*. Moskau, 1946 [Neuauflage].)
Lobsang Rampa: *The Third Eye*. London, 1956.
(Deutsche Ausgabe: *Das dritte Auge*. München, 1957.)
Indra Singh Rawat: *Indian Explorers of the 19th century*. Delhi, 1973.
Slavomir Rawicz: *The Long Walk*. London, 1956.
Donald Rayfield: *The Dream of Lhasa. Life of Nikolay Przhevalsky*. London, 1976.
(Deutsche Ausgabe: *Lhasa war sein Traum. Die Entdeckungsreisen von Nikolai Przevalskij in Zentralasien*. Wiesbaden, 1977.)
Hugh Richardson: *Tibet and its History*. London, 1962.
(Deutsche Ausgabe: *Tibet. Geschichte und Schicksal*. Frankfurt/Main, 1964.)
Susie Rijnhart: *With the Tibetans in Tent and Temple*. London, 1901.
Isabel S. Robson: *Two Lady Missionaries in Tibet*. London, 1911.
William Woodville Rockhill: *The Land of the Lamas*. London, 1891.
 – *Diary of a Journey through Mongolia and Tibet*. Washington, 1894.
Graham Sandberg: *The Exploration of Tibet*. Kalkutta, 1904.
A. Henry Savage Landor: *In the Forbidden Land*. London, 1898.
(Deutsche Ausgabe: *Der wilde Landor*. Leipzig, 1926.)
 – *Everywhere: the Memoirs of an Explorer*. London, 1924.
George Seaver: *Francis Younghusband: Explorer and Mystic*. London, 1952.
Tsepon W.D. Shakabpa: *Tibet, a Political History*. Yale, 1967.
William B. Sinclair: *Jump to the Land of God*. Caldwell, Idaho, 1965.
David Snellgrove, Hugh Richardson: *A Cultural History of Tibet*. London, 1968.
Anna Louise Strong: *When Serfs Stood up in Tibet*. Peking, 1960.
(Deutsche Ausgabe: *Entschleiertes Tibet*. Düsseldorf, 1972.)
Survey of India Department. *Exploration in Tibet and Neighbouring Regions*. Teil I: 1865-1879. Teil II: 1879-1892. 2 Bde. Dehra Dun, 1915.

Stephanne Sutton: *In China's Border Provinces. The Turbulent Career of Joseph Rock*. New York, 1974.
Han Suyin: *Lhasa, the Open City*. London, 1977.
Rinchen Dolma Taring: *Daughter of Tibet*. London, 1970.
 (Deutsche Ausgabe: *Eine Tochter Tibets*. Düsseldorf, 1972.)
Annie Taylor: *Pioneering in Tibet*. London, 1895.
James Ramsey Ullmann: *Kingdom of Adventure: Everest*. London, 1948.
Austine Waddell: *Lhasa and its Mysteries*. London, 1905.
J. T. Walker: »Four Years Journeying through Great Tibet by one of the Trans-Himalayan Explorers of the Survey of India«. *Proceedings of the Royal Geographical Society*. London, Februar 1885.
Claude White: *Sikkim and Bhutan*. London, 1909.
Alan Winnington: *Tibet. Record of a Journey*. London, 1957.
George Woodcock: *Into Tibet*. London, 1971.
Francis Younghusband: *India and Tibet*. London, 1910.
 – *The Epic of Mount Everest*. London, 1926.
 (Deutsche Ausgabe: *Der Heldengesang vom Mount Everest*. Basel, 1928.)

Namenregister

Alexander der Große 51
Alpine Club 232, 243
Alpine Journal 153
Atma Ram 100 f.
Aufschnaiter, Peter 271

Bailey, Eric 64 f., 254 f., 260
Balfour, Arthur 219
Bell, Sir Charles 14 ff., 224, 226 f., 230 f., 246, 251, 254, 259
Benham, Gertrude 255
Bethune, Hauptmann 200
Blavatsky, Helene 250
Bon-Religion 20 f., 172
Bonavia, David 293
Bonvalot, Gabriel 94–99, 102 f., 105, 117, 122
Bower, Hamilton 99–108, 117, 122
Boxeraufstand 176
Brander, Oberst 199 ff.
Bruce, Charles 229, 232 ff.
Buchan, John 179
Buddhismus 11, 20 f., 27, 93, 158, 174 f., 280, 290
Burjat-Mongolen 174 f., 177

Campbell, Archibald 32
Campbell-Bannerman, Sir Henry 219 f., 222
Candler, Edmund 189, 195 ff., 205 f., 208, 210, 213, 218
Cederblom, Aina 255 f.
Chamberlain, Austin 216
Chanden Singh 134–142, 144, 151 f.

Chaplin, Charles Spencer 261
China Quarterly 286
China Times 180
Chumbel 60
CIA 286
Crozier, Robert 263–269, 271
Curzon, Lord George Nathaniel 155, 169 f., 175, 179–183, 187, 190, 207, 211, 214 f., 219

Dalai Lama 14, 21, 23, 26, 42, 44, 73, 80, 87, 91 f., 106, 110 f., 129, 265
erster 21; fünfter 22; sechster 22; zwölfter 44 f.; dreizehnter 170–176, 182, 190, 194, 198, 206, 208, 212, 221, 223–227, 230 ff., 245 f., 251, 254, 259 f., 263; vierzehnter 261, 268, 270 f., 276 ff., 281–287, 289 f., 292 ff.
Daily Mail 184, 189, 195
Daily Telegraph 254
Dalgleish, Andrew 31, 99
David-Neel, Alexandra 245–255
Davys, Leutnant 197
Dedeken, Pater 94 ff., 98
Denys, Jeanne 245, 247
Dordschjew 174 f., 206, 211
Dufferin, Lord 78, 80
Dunlop, Major 195
Dutreuil de Rhins, Jules 11, 116–123, 137, 162

Elgin, Lord 155
Ellis, Oberst 106
Erster Weltkrieg 130, 239, 256, 263
Everest, Sir George 229

Fleming, Peter 272
Fletcher, William 122, 127, 130
Ford, Robert 275 ff.
Fox, Reginald 262, 271
Freshfield, Douglas 153 f.

Geographical Journal 153
Geographische Gesellschaft Frank-
   reichs 254
Gould, Sir Basil 260
Grant, John 202 f.
Grenard, Fernand 116–122

Hadow, Leutnant 196
Harman, H. J. 61 ff.
Harrer, Heinrich 12, 271
Hastings, Warren 49, 71, 78
Hayward, George 31
Hedin, Sven 13, 177 f., 219 ff.
Henri, Prinz von Orleans 94 ff.
Herrnhuter Brüdergemeine 130
Herodot 9, 49
Hilton, James 16, 233
Holdich, Sir Thomas 153
Hooker, Joseph 31 f.
Hoskins, Cyril Henry 273
Huc, Evariste Régis 87
Humphreys 223
Hyer, Paul 170

Internationale Juristen-Kommission 290
Irvine, Andrew 236–239

*Journal of the Royal Geographical
   Society* 55 f., 254

Kalian 54
Kang-hsi 47
Kang-yu Wai 180
Kaul, Prem Nath 289 ff., 291
Kawaguchi, Ekai 116, 168–177,
   207, 213, 246
Kharak Singh 153

Kingdon-Ward, Frank 259
Kintup 61–66
Kipling, Rudyard 34, 208
Kishen Singh 57–61, 64 f.
Kitchener, Lord Horatio Herbert
   187
Königliche Geographische Gesell-
   schaft Belgiens 254
Kulturrevolution 23, 290

Lamaismus 21, 207, 245 f., 290
Landon, Perceval 194, 197 f., 203,
   205 f., 210 f., 216 f.
Lansdell, Henry 91–94, 105, 122
Leigh-Mallory, George 232,
   234–239
Littledale, Mr. St. George
   122–130, 169, 294
Littledale, Mrs. St. George
   122–130, 169, 252, 294
Ludlow, Frank 261
Luff 223
Lunggom 249
Lung-pa 26

Macauley, Colman 78 ff., 83
Macdonald, David 26 f., 247,
   252 ff.
Macdonald, J. R. L. 184, 186–189,
   192–199, 201, 203, 208 f.,
   211 f., 215 f.
Mandschuherrscher 10, 32, 72, 85,
   169, 208, 224, 275
Mani Singh 34 ff., 40 f., 50, 54 f.
Man Singh 134–137, 142, 144, 148,
   151 f.
Mao Tsetung 288, 291
Marco Polo 16
Marx, Karl 288, 293
McGovern, William Montgomery
   253 f.
Minto, Lord 219
Mohamed-i-Hameed 32 f.
Montgomerie, Thomas George

32–37, 39–44, 46 ff., 50,
    53–57, 62, 65
Moorcroft, Thomas 31
Morgan, W. S. 256
Morley, Lord John 220
Morrison, George 217
Murchison, Sir Roderick 46 f.

Nain Singh 34 ff., 40–57, 61, 64 f.,
    71
Napoleon I. 184, 203
National Geographic Magazine 258
Nehru, Javaharlal 281, 287
Newbolt, Sir Henry 31
Newman, Henry 218
Nikolaus II., Zar von Rußland
    174 f., 211
Noel, John 11, 229 f., 223–237
Noga 111–116
Norbu, Dawa 286
Norton, Edward 236 f.

O'Connor, Frederick 182, 189 f.,
    194, 196, 202, 204, 209, 212,
    217 f., 221 f.
Odell, Noel 237
Odoric 9
Ottley, W. J. 204, 218

Pantschen Lama 22 f., 26, 42, 49,
    71, 78, 221 f., 224
Parr, Randall 181, 185
Pereira, George 257
Peter, Prinz von Griechenland und
    Dänemark 19
Pontso 110–114
Prschewalski, Nikolai 11, 72–77,
    83, 90, 94, 99, 105, 117, 122, 177
Ptolemäus 9

Radhanath Sikhdar 229
Radio Peking 276
Rahim 160–164
Rampa, Lobsang 273

Rassul Galwan 121
Rawicz, Slavomir 271 f.
Rawling, Hauptmann 219
Reuter's Limited 184, 218
Reynolds News 239
Richardson, Hugh 7, 261
Rijnhart, Charles Carson 11,
    157–162
Rijnhart, Petrus 11, 157–168 f.,
    247, 293
Rijnhart, Susie 11, 157–168 f.,
    247, 252, 293
Roberts, Lord 106
Rock, Joseph 257 ff.
Rockhill, William Woodville 65,
    83–91, 105, 122, 157
Roosevelt, Franklin Delano 268
Rote Garden 23, 233, 290 f., 293
Rousseau, Jean-Jacques 16
Royal Geographical Society 46, 50,
    55, 57, 60 f., 66, 71, 90, 105 f.,
    130, 153, 178 f., 230, 232, 254
Ryder, C. H. D. 61

Sarat Chandra Das 36, 69, 75, 78 f.,
    84, 170, 175, 177, 213, 230
Savage Landor, Henry 11, 131,
    133–155, 157, 163, 169, 294
Savage Landor, Walter 133
Scotts, Robert Falcon 238
Se-leng-o 86
Shakabpa, Tsepon 177, 279
Sheriff, Betty 261 f., 264, 268, 271
Sheriff, George 261 f., 268, 270 f.
Shipton, Eric 241 f.
Smyth, Etwall 34
Smythe, Frank 242
Somervell, Howard 236
Spectator 272
Stein, Sir Aurel 58
Strong, Anna Louise 287, 289
Survey of India 30, 50, 57, 61, 63,
    66, 153, 229
Suyin, Han 291 f.

Taring, Rinchen Dolma 284 f.
Taylor, Annie Royle 109–117,
    122, 252, 293
Temple, Richard 66
Thorold, W. G. 99–103, 105
Thumo reskiang 248 f.
Times 153, 184, 194, 197, 203, 210,
    216 f., 237, 293
Tsa Rong-ba 176
Tschiang Kai-schek 263, 268

UNO 277, 290
Urdu 2

Victoria, Königin von England 129
Viererbande 291, 292
Volksbefreiungsarmee 276

Waddells, L. A. 218

Walker, James 34, 55, 57, 59 f.,
    65 f.
Walsham, Sir John 100
Walton, Hauptmann 199
Weir, Joan Mary 260
Weir, Leslie 260
White, Claude 182
Williamson, Harry 260
Wilson, Hakua 151 f.
Wilson, Maurice 12, 239–242, 245

Yasuteru, Narita 170
Yongden 246 f., 249 f., 252 f., 255
Younghusband, Sir Francis 11, 84,
    179, 181–194, 196–204,
    206–209, 211–219, 221 f.,
    232 f., 239, 253 f.

Zweiter Weltkrieg 12, 227, 256,
    258 f., 261, 264

Ortsregister

Afghanistan 28
Altyn-tag-Gebirge 94 ff., 107
Amne Matschin 256–259

Bahrain 240
Bareilly 39, 42
Batang 98
Bengalen 78, 180
Bipung 63
Brahmaputra 17, 42, 61, 63 f.
Britisch-Indien 30 ff., 46, 70, 72, 79, 153, 220, 223, 229, 245, 252, 255, 271
Buchara 91, 94
Burjat 174
Burma 18, 20, 80, 246, 263

Chang'an 20
Chefoo 78
Cherchen 117, 123, 125
China 15, 17 f., 20, 30, 47, 53, 62, 71, 83, 85 ff., 95, 98, 100, 104 f., 110, 118, 133, 179 f., 182, 222, 246 f., 257, 263, 269, 275, 288 ff.
Chinesisch-Turkestan 31 ff., 99, 117, 122, 219, 272
Chorten-Nyim 230
Chumbi-Tal 78, 185, 188 f., 199, 212, 215, 222

Dam-jau-er-Paß 113
Darjeeling 53, 60, 62 ff., 78, 80, 115, 170, 175 ff., 180, 187, 191, 217, 224, 227, 233, 240, 242, 246, 256

Dehra-Dun 30, 34 ff., 39, 41 f., 46, 48, 54 f., 67, 101, 219
Delhi 240, 287, 289
Dong-la-Paß 188, 221
Dza-tschu 164, 166

Formosa 169

Gansu 14, 20
Gartok 17, 36, 51 f., 54, 212
Gelber Fluß (*siehe* Hoangho)
Gjangtse 17, 183, 185, 188, 190, 192 f., 198 ff., 203, 212, 215, 221 f., 247, 252, 255 f., 259 f.
Gnatong 223
Gobi 58
Gokar-Paß 268
Goring-Paß 128
Gumbum 87 f., 110 f., 157, 163, 247
Guru 27, 189 f., 192, 194, 196, 198, 209

Himalaja 9, 12, 14, 18, 26, 34, 54, 56, 60 f., 78 f., 92, 106, 133, 154, 170, 179, 221, 229 f., 232, 239, 258, 263 f., 271, 288
Hoangho 17
Hongkong 93, 290

Iikundo 119
Indien 10, 15, 17 ff., 28, 30, 40, 49, 54, 59, 69, 74, 84, 92, 94, 100, 106 f., 110, 133, 179, 182 f., 209,

219 f., 221, 224 f., 229, 233, 240,
246, 251, 253, 257, 263, 266, 269,
272, 275, 280, 284, 287 f.
Indischer Ozean 64
Indus 17, 51, 54
Issyk-Kul 77
Itarhi 65

Jangtsekiang 17 f., 73, 115, 119
Japan 169, 246
Jarkend 31 ff., 204
Jatung 17, 181, 185 ff., 256
Jelap-Paß 176, 184 f., 187
Jerusalem 93
Jong-lam-Handelsroute 45 f.
Jorhat 263 f.

Kailas 23, 55, 169, 231
Kairo 240
Kalimpong 19, 80, 92, 183, 223,
225, 281
Kalkutta 30, 78, 80 f., 92 f., 99 f.,
174 f., 177, 180 ff., 191, 214, 260,
272
Kamba-Jong 182 f., 185, 190
Kampa 232
Karakol 77
Karakorum 14, 31 f., 117
Karatschi 240
Karo-Paß 199 ff., 204
Kaschgar 15, 31, 122
Kaschmir 50, 55, 175, 216, 220
Katmandu 39 f., 92
Kham 201
Khiva 70
Kirong 39, 41
Kongbo-Berge 18
Konstantinopel 90
Korea 169, 246
Kirong
Kuku-nor 15, 58
Kunlun-Gebirge 14, 107, 117
Kunming 263

Ladakh 17, 29, 49 f., 91 f., 99, 104,
130, 163, 164, 220
Ladakh-Gebirge 14
Lantschou 84 ff., 272
Leh 92, 101
Lhasa 9–13, 17, 22, 27, 29 f., 40,
42–46, 49, 52, 58 f., 63, 67,
69–80, 83, 86–94, 96–101,
103–107, 109–118, 122,
124–130, 133 f., 136 f., 140 f.,
157–160, 163, 168–174,
176–179, 181 ff., 187, 189–193,
195, 199, 201, 203–219,
221–227, 230 f., 245–248,
250–256, 259 ff., 263, 265–271,
275–279, 281 f., 284–287, 289,
291, 293
Loka 284
London 56, 79 f., 174 f., 180 f., 183,
191, 201, 203, 207, 209, 214 f.,
217, 232 f., 240, 242
Lop-nor 59
Lumpia-Paß 134

Mana-Paß 50
Manasarowar-See 41, 46
Mangschan 154
Mangschan-Paß 134, 153 f.
Marpung 62
Mekong 17 f., 119, 164
Milam 34
Mongolei 17, 20, 207, 247
Mont Blanc 95, 188
Mount Everest 11 f., 227, 229–242,
245, 255–258
Mustang 288

Nagchuka 118
Nanschan-Berge 14
Nepal 20, 39 f., 70, 181, 229, 231,
240, 275, 288

Pamir 94, 188

Peking 30, 43 f., 72, 80, 83 f., 87 f.,
    90, 92 f., 100, 107 f., 168, 176,
    179 ff., 208, 217, 226, 246, 257,
    261, 275, 277 ff., 283, 288, 292
Pemako 63
Petersburg 30, 56, 73 f., 77, 121,
    174, 179, 181, 207
Phari-Tschong 17, 185 ff., 232
Port Arthur 169
Prshewalssk 77
Purnea 240

Qinghai 14

Rongbuk 233, 238, 241
Rudok 17
Rußland 175, 212, 222

Salwin 17 f., 119
Samarkand 15, 70, 91, 94, 99
Satlesch 51
Schanghai 110
Schigatse 17, 22, 30, 42, 49, 136,
    246
Schlucht der Roten Götter 198 f.
Sera-Kloster 173, 212, 225, 286
Shekar 232
Sibirien 272
Sichuan 14, 20, 113
Sikkim 17, 31, 78, 80, 89, 93, 107,
    129 f., 136, 176, 181 f., 185, 190,
    212, 223, 230, 232 f., 241, 246,
    252, 254 f., 260, 267
Siliguri 189
Simla 39, 106, 182
Sining 118, 121
Srinagar 220

Tang-la-Gebirge 161
Tankar 158
Taotschou 110 ff.
Taschi Gomba 163 f., 166
Taschilhunpo 22, 42
Tatschienlu 59
Tengri-nor-See 98, 102
Thok-Jalung 48, 50–54
Thom Bundo 119, 121
Tienschan-Gebirge 77
Tientsin 92
Tin-ki 232
Toxem 135
Tsangpo 17 f., 36, 42, 46, 61–64,
    69, 134, 204, 266 f., 284
Tschang-tang 11, 16 f., 58, 74, 94,
    96, 98, 101, 107, 122 f., 175
Tschiamdo 17, 89 f., 275
Tsetang 267, 281
Tuna 187 ff., 197, 199
Tuna-Ebene 221
Tungkuan 58 ff.
Turfan 15
Turkestan 220

U 114
Ulan Bator 207
Urga 207
Urumtschi 272

Xinjiang 14, 17

Yunnan 14, 20, 72

Zaidam 15, 159